新编 中学历史 关键词

许 斌 解光云 主编

江苏人民出版社

图书在版编目(CIP)数据

新编中学历史关键词/许斌,解光云主编. --南京:
江苏人民出版社,2024.6.(2024.9 重印)—ISBN 978 - 7 - 214 - 29129 - 5

Ⅰ. G634.513

中国国家版本馆 CIP 数据核字第 2024NF7033 号

书　　　名	新编中学历史关键词	
主　　　编	许　斌　解光云	
责 任 编 辑	康海源	
装 帧 设 计	有品堂_刘俊	
责 任 监 制	王　娟	
出 版 发 行	江苏人民出版社	
地　　　址	南京市湖南路 1 号 A 楼,邮编:210009	
照　　　排	江苏凤凰制版有限公司	
印　　　刷	南京新洲印刷有限公司	
开　　　本	718 毫米×1000 毫米　1/16	
印　　　张	24.5　插页 2	
字　　　数	360 千字	
版　　　次	2024 年 7 月第 1 版	
印　　　次	2024 年 9 月第 2 次印刷	
标 准 书 号	ISBN 978 - 7 - 214 - 29129 - 5	
定　　　价	76.00 元	

(江苏人民出版社图书凡印装错误可向承印厂调换)

编 辑 委 员 会

余盖平(安徽省宣城市第三中学)

吴广伦(上海市浦东教育发展研究院)

吴国华(安徽省安庆第一中学)

陈　瑞(安徽省教育招生考试院)

陈忠良(安徽省广德市教师发展中心)

赵传玉(安徽省六安第一中学)

赵聪宇(威海经济技术开发区凤林中学)

胡晓丽(安徽省合肥市第六中学)

胡燕华(安徽省芜湖市第三中学)

姜　婷(安徽省无为第三中学)

徐　谦(安徽省合肥市阳光中学)

徐汉平(安徽省芜湖市第十二中学)

陶　红(安徽省芜湖市第三中学)

黄　滔(上海市普陀区教育学院)

黄友高(安徽省芜湖市第一中学)

黄文明(安徽省阜阳市第十一中学)

黄珍德(华南师范大学历史文化学院)

黄嘉福(赣南师范大学历史文化与旅游学院)

曹　娟(安徽省芜湖市田家炳实验中学)

储蓉蓉(安徽省南陵中学)

解光云(安徽师范大学历史学院)

缪家慧(江苏省南京市第十二中学)

潘文杰(安徽省合肥一六八中学)

前　言

　　新版部编中学历史教材内容丰富，关键词众多，需要适当解释，以便扩充必备知识，提升教学效能。《新编中学历史关键词》精选初高中统编历史教材中的主要关键词，顺应新时代，依据新课标，基于新教材，参考已出版的工具书加以简明阐释，推荐阅读契合教学评一体化要求的重要著作，力求为新时代中学历史教学提供一部实用、好用的工具书——同步新教材，助力中高考，服务教学评!

　　《新编中学历史关键词》编辑委员会汇聚著名学者、考试研究专家和中学名师，特邀人民教育出版社历史编辑室资深编辑许斌编审，全面指导编纂工作;特邀武汉大学历史学院杨国安教授、华南师范大学黄珍德教授、安徽师范大学刘道胜教授为词条审阅专家。编写组按中国史和世界史两组分工编撰词条，并对初稿和定稿进行审读和统校。

　　中国史组召集人:李应平　王彦章　孙华莹

　　世界史组召集人:刘宏法　成振海　江琴

　　初稿审读和统校组:解光云　王彦章　成振海　孙华莹　江琴　刘宏法　李应平　徐汉平　李三军　王宜林　储蓉蓉　鲍春宝

　　定稿审读和统校组:解光云　王彦章　成振海　江琴

　　《新编中学历史关键词》编写组参考和借鉴了诸多文献资料，受益良多。因限于篇幅，难以一一列举，深表歉意，谨在此一并致谢!

　　词条释义主要参考文献(包括但不限于):

　　(1) 中国大百科全书总编辑委员会和中国大百科全书出版社编纂:《中国大百科全书》，中国大百科全书出版社;

（2）中国大百科全书出版社《不列颠百科全书》国际中文版编辑部编译：《不列颠百科全书》（国际中文版），中国大百科全书出版社；

（3）陆谷孙主编：《英汉大辞典》，上海译文出版社；

（4）夏征农、陈至立主编：《辞海》，上海辞书出版社；

（5）顾明远主编：《教育大辞典》，上海教育出版社；

（6）张文贤主编：《国际惯例词典》，复旦大学出版社；

（7）王邦佐主编：《政治学辞典》，上海辞书出版社；

（8）刘志新：《百年党史关键词（1921—2021）》，人民日报出版社；

（9）吕宗力主编：《中国历代官制大辞典》，商务印书馆；

（10）冯天瑜主编：《中华文化辞典》，武汉大学出版社；

（11）中国中共党史学会编：《中国共产党历史系列辞典》，中共党史出版社；

（12）李植枬主编：《外国历史词典》，湖北教育出版社。

目　录

中　国　史

安史之乱　唐朝节度使安禄山和史思明发动的叛乱。唐玄宗统治后期,社会矛盾尖锐。平卢(今辽宁朝阳)、范阳(今北京)、河东(今山西太原西南)三镇节度使安禄山秘密集结军队,囤积粮草等物资。天宝十四载(755年)十一月,安禄山拥兵15万,以奉旨诛讨杨国忠的名义,在范阳起兵叛乱。叛军历时七个月,攻下洛阳建立政权"燕",进入长安,烧杀抢掠。唐玄宗逃往蜀中,七月,唐肃宗于灵武即位,改元至德。叛军集团内部也出现分裂,安禄山被其子安庆绪所杀。至德二载(757年),唐肃宗之子李俶和郭子仪一举夺回长安,唐将鲁炅竭力保全江汉和江淮地区。安庆绪退守邺郡(今河南安阳)。乾元二年(759年)三月,叛将史思明杀安庆绪,两年后史思明为其子史朝义所杀,叛军无力与唐军继续进行军事战斗。广德元年(763年),前后历时八年的安史之乱以史朝义自杀而告终。严重破坏国家生产,生灵涂炭,是唐朝由盛而衰的转折点。(*推荐阅读　李碧妍:《危机与重构:唐帝国及其地方诸侯》,北京师范大学出版社*)

安西都护府　唐朝统辖西域地区的最高军事行政机构。贞观十四年(640年)八月,唐朝军队平高昌。次月,以高昌地为西州,设安西都护府,治西州交河城。二十二年(648年)闰十二月,取龟兹,移安西都护府至龟兹国城,统龟兹、疏勒、于阗、焉耆四镇,又于西突厥阿史那贺鲁部置瑶池都督府,隶安西都护府。永徽二年(651年),阿史那贺鲁部叛乱,唐弃四镇,都护府内移于西州。显庆二年(657年),平贺鲁,分其地为羁縻濛池、昆陵两都护府。次年(658年),复移安西都护府于龟兹国,统领天山南北西突厥部落及其附属国诸羁縻府州。龙朔元年(661年),招抚吐火罗等国。辖境东起金山(今

阿尔泰山)，西抵西海(今里海)，包括葱岭东西，东接西州，西至药杀水(今锡尔河)、乌浒水(今阿姆河)流域诸国的广大地区。后曾几次移徙，武周长寿元年(692年)复四镇，还治龟兹。贞元六年(790年)，吐蕃攻陷北庭都护府。不久，又攻陷安西都护府。此机构在唐朝统治西域过程中发挥了重要作用，为中华民族共同体的形成与发展作了突出贡献。(推荐阅读 石墨林:《唐安西都护府史事编年》,新疆人民出版社)

按察使 官名。唐初仿汉刺史设立，赴各道巡察，考核吏治。景云二年(711年)分置十道按察使，成为常设官员。开元二十年(732年)改称"采访使"，乾元元年(758年)又改称"观察处置使"。实为各州刺史的上级，权力仅次于节度使，凡有节度使之处亦兼带观察处使衔。宋代不设节度使，转运使初兼领提刑，后别设提点刑狱，是为后世按察使前身，与唐代观察使性质不同。金承安四年(1199年)改提刑使为按察使，主管一路的司法刑狱和官吏考核。元代改称"肃政廉访使"。明初复用原名，为各省提刑按察使司的长官，主管一省司法，又设按察分司，分道巡察。中叶后各地多设巡抚，按察使成为巡抚属官。清沿明制，各省均设，掌刑名按劾之事，隶属各省总督、巡抚，为正三品官。别称"臬司"。清末改称"提法使"。(推荐阅读 杨鸿年、欧阳鑫:《中国政制史》,武汉大学出版社)

澳门白马行医院 原名圣拉法艾尔医院，始建于明朝隆庆三年(1569年)，是中国第一家西式医院。白马行医院历经多次重修，现存建筑是1939年改建的，位于澳门伯多禄局长街。1999年澳门回归后，改为葡萄牙驻中国澳门总领事馆。该建筑为三层柱廊式，柱子修长，中部顶上有山花，属葡萄牙殖民式建筑风格。建筑总面积约2000平方米，整座建筑形体开敞轻快，具有亚热带建筑特色。(推荐阅读 黄启臣:《澳门通史》,广东教育出版社)

八股取士 明清两朝选拔官吏采用的科举考试之法。明成化年间开始用排偶文体阐发经义的科举考试办法，以后便承袭下来。戊戌变法时废除八股文，改试策略。光绪三十一年(1905年)，科举制度被正式废除。所谓八股文，每篇由破题、承题、起讲、入题、起股、中股、后股、束股八部分组成。八股文的试题出自四书五经，应试者必须依照格式填写，不能自由发挥个人见解，因而逐渐教条化，逐渐禁锢了人们的思想，扼杀了人们的创新能力，为后

来社会发展埋下了祸根。(推荐阅读　张希清、毛佩琦、李世愉主编:《中国科举制度通史》,上海人民出版社)

八七会议　中共中央在湖北汉口秘密召开的紧急会议。1927 年蒋介石、汪精卫先后叛变革命,中共中央在共产国际帮助下召开紧急会议。1927 年 8 月 7 日,瞿秋白、李维汉、毛泽东、苏兆征、蔡和森、邓小平等 22 人出席会议。会议主要解决了三大问题。第一,总结了大革命失败的经验教训,批判和纠正了陈独秀右倾投降主义的错误。第二,确定了土地革命和武装反抗国民党反动派的总方针,并把发动农民举行秋收起义作为当时党的主要任务。毛泽东在会议中提出"今后要非常注意军事,须知政权是由枪杆子中取得的"的重要论断。第三,产生新的领导机构。会议选举瞿秋白、李维汉、苏兆征等组成中共中央临时政治局。会议动员鼓舞了全党和全国人民在革命面临失败的形势下,继续坚持革命斗争,中国革命从此开始由大革命失败到土地革命战争兴起的历史性转变。(推荐阅读　中共中央党史资料征集委员会、中央档案馆编:《八七会议》,中共党史资料出版社)

八旗制度　后金至清把部众分为八部、各有旗号的军政合一组织形式。清代满族的一种社会组织形式。努尔哈赤在统一女真各部的过程中,把原先的"牛录"(一种女真人从事军事和狩猎的基层编制单位)改造为"固山"(汉语"旗"的意思),初建黄、白、红、蓝四旗,后又增加镶黄、镶白、镶红、镶蓝四旗(即是在原来四种颜色的旗帜上镶上不同颜色的边缘,规定黄、白、蓝镶红边,红旗镶白边)。万历四十三年(1615 年),努尔哈赤正式建立八旗制度。皇太极即位以后,将归附的蒙古人和汉人编为蒙古八旗和汉军八旗,其特点为"以旗统人""以旗统兵"。在建立之初兼有军事、行政和生产三方面的职能。后来受到中原文化的影响,把黄色作为皇帝的专用颜色,因此满旗八旗正黄、镶黄两旗就成了天子亲自统帅的两旗,顺治以后加上了正白旗,合称"上三旗"。作为一个军事组织,八旗军队后与绿营兵共同构成清代统治阶级统治全国的工具。作为一个行政机构,在某些地区,八旗各级衙署与州县系统并存至清末。清朝灭亡后,这一制度逐渐瓦解。(推荐阅读　陈长文:《清代的八旗制度》,吉林文史出版社)

八王之乱　291—306 年,西晋八个诸侯因权力斗争而发生的战乱。战

乱参与者主要有汝南王司马亮、楚王司马玮、赵王司马伦、齐王司马冏、长沙王司马乂、成都王司马颖、河间王司马颙、东海王司马越等八王,史称"八王之乱"。战乱主要分为两个阶段:第一阶段从元康元年(291 年)三月到六月,持续三个月;第二阶段,从元康九年(299 年)到光熙元年(306 年),历时七年。这场战乱是中国历史上最为严重的皇族内乱之一,再加上天灾、瘟疫,民众颠沛流离,社会经济遭到严重破坏,随后各少数民族首领起兵反晋,最终导致西晋王朝覆灭及近三百年的动乱,之后北方进入十六国时期。(推荐阅读 仇鹿鸣:《魏晋之际的政治权力与家族网络》,上海古籍出版社)

《八一宣言》 中国共产党为建立抗日民族统一战线而发表的宣言。1935 年 8 月 1 日,中国共产党驻共产国际代表团草拟《为抗日救国告全体同胞书》。同年 10 月 1 日,正式以中共中央、中华苏维埃共和国中央政府的名义在法国巴黎出版的《救国报》上发表,向全国人民呼吁:无论各党派间过去和现在有任何政见和利害不同,无论各界同胞间有任何意见或利益差异,无论各军队间过去和现在有任何敌对行动,都应团结起来,停止内战,一致抗日。号召全民总动员,集中人力、物力、财力,组织国防政府和抗日联军,为抗日救国的神圣事业而奋斗。宣言提出了抗日救国十大纲领,推动了抗日救亡运动的发展。(推荐阅读 张久旭:《〈八一宣言〉:抗日民族统一战线政策之源》,《吉林日报》2015 年 8 月 1 日第 7 版)

罢黜百家,尊崇儒术 汉武帝为强化专制主义中央集权在思想文化领域采取的统治政策和治国思想。汉初统治者倡导和奉行黄老学说,经过几十年的休养生息,到汉武帝时期迫切需要从政治和经济上进一步强化专制主义中央集权制度。董仲舒吸收了法家、道家、阴阳家等各种不同学派有利于加强君权的因素,对儒学加以发展,迎合了统治阶级加强中央集权的需要。建元元年(公元前 140 年),董仲舒在举贤良对策中提出:"诸不在六艺之科孔子之术者,皆绝其道,勿使并进。"董仲舒的建议被汉武帝采纳,五年(公元前 136 年)置儒学博士。此后,官吏多为儒生,精通儒家经典更成为做官的主要条件,儒学逐步发展。董仲舒的"新儒学"成为汉以后历代封建统治者尊崇的正统思想,也是中国传统文化的主流思想。(推荐阅读 张红珍:《罢黜百家,独尊儒术:汉代儒学与政治》,西南交通大学出版社)

白鹿洞书院 又称白鹿洞书堂，中国四大书院之一，位于江西庐山五老峰东南。白鹿洞书院，因宋代朱熹和陆九渊，以及明代王阳明等曾在此讲学或辩论，成为理学传播的中心。朱熹所撰《白鹿洞书院揭示》影响极大，其内容为"五教之目""为学之序""修身之要""处世之要""接物之要"五部分，均采自历史上圣贤及经典言论，并作简要说明，后被奉为官私学校办学纲领。书院以其悠久的办学历史、深远的文化影响而被誉为"天下书院之首"，在中国教育和文化发展史上具有极为重要的意义。（推荐阅读　吴国富、黎华：《白鹿洞书院》，湖南大学出版社）

白银货币化 亦称货币白银化。作为贵金属的白银，由金属商品变成货币的过程，这一过程的关键时期是明代。明代货币史经历了从铜到钞，再到铜、钞、银兼行，最后白银升为主币的过程。明代伊始仿照元朝货币制度，禁止民间以金银作为支付手段。从洪武元年至七年（1368—1374年），铜钱是流通领域中的法定货币。洪武八年（1375年），明代官方发行"大明通行宝钞"纸币作为法定的货币。正统元年（1436年），白银、铜钱和宝钞兼行于流通领域，但是宝钞存而不行，白银在民间广泛流通。除了少数的实物交易外，基本上民间的交易活动完全实现了白银化。万历九年（1581年）"一条鞭法"推行全国，规定赋役合一，按亩计税，各种赋税皆用白银折纳，赋役变动为折银计算，民间之于朝廷的各项义务和责任，都折成银以交付，"银始独重于天下，百物皆取银为准矣"。至此，在增加国家财政收入的目标引导下，朝廷政令施行，只征银，促使白银货币化终于完成。不仅给明代商业带来了繁荣，更将明代货币置入了国际货币环境之中，并惠及之后的清代和民国，为中国货币国际化起到了积极作用但同时也带来了一定的弊端。（推荐阅读［美］彭慕兰：《大分流》，史建云译，江苏人民出版社）

百家争鸣 战国时期在思想领域不同学派的涌现及各家流派之间彼此诘难、相互争鸣的局面和风气。因当时处于由奴隶社会向封建社会的过渡时期，新旧阶级之间、各阶层之间的斗争复杂而又激烈，代表不同阶级、阶层、各派政治力量的学者或思想家都企图按照本阶级或本集团的利益和要求，对宇宙、社会和万事万物做出解释或提出主张，其中较为突出的有儒、道、墨、法、名、兵、农、纵横、阴阳等家。其代表人物及徒众竞相宣扬和实践

各自主张,如天道观、认识论、名实关系、社会伦理、礼法制度以及各种政治主张等。百家争鸣是春秋战国时期社会经济发展、阶级关系变化在思想领域的反应,是中国历史上第一次波澜壮阔的思想解放运动,为新兴的地主阶级登上历史舞台奠定了思想理论基础,成为后世中华思想文化的源头活水。(推荐阅读　于凯:《百家争鸣的大变革时代:战国》,上海人民出版社)

百团大战　抗日战争时期八路军在华北地区向日伪军发动的战略性进攻战役。1940 年 8 月至 1941 年 1 月,朱德、彭德怀指挥八路军第一二九师、晋察冀军区、第一二〇师等部共 105 个团 20 余万人,在华北地区发动震惊中外的百团大战。8 月 20 日至 9 月 10 日为第一阶段,中心任务是交通总破袭,重点摧毁正(定)太(原)铁路,使日军在华北的主要交通线陷入瘫痪。9 月 22 日至 10 月上旬为第二阶段,重点攻击交通线两侧及根据地内的日伪军据点,进行榆(社)辽(县)、涞(源)灵(丘)等战役及对德石、济邯、同蒲等交通线的破击战。10 月中旬至 1941 年 1 月为第三阶段,主要是反击日伪军对太行、太岳、平西、北岳、晋西北等抗日根据地的大规模报复“扫荡”。八路军百团大战仅前 3 个半月,进行大小战斗 1800 余次,歼灭日伪军 4.6 万余人,攻克据点 2900 余个,破坏铁路 470 余千米、公路 1500 余千米,破坏桥梁、车站、隧道 260 多处,缴获枪 5800 余支、火炮 53 门。这是抗日战争相持阶段八路军在华北地区发动的一次规模最大、持续时间最长的战役,给日伪军以沉重打击,提高了中国共产党和八路军的威望,鼓舞了中国军民抗战的斗志,增强了必胜的信心。(推荐阅读　中国人民革命军事博物馆《百团大战历史文献资料选编》编审组编:《百团大战历史文献资料选编》,解放军出版社)

班禅额尔德尼　简称“班禅”,是藏传佛教格鲁派(黄教)中与达赖喇嘛并列的两大宗教领袖之一。“班”,梵语“班智达”的略称,意为博学之士;“禅”,藏语意为大;“班禅”,意为大班智达,即大学者;“额尔德尼”,满语意为珍宝。班禅原为后藏(今日喀则市)一带对佛学知识渊博的高僧的尊称。顺治二年(1645 年),和硕特蒙古固始汗尊格鲁派领袖人物罗桑却吉坚赞为班禅(即班禅四世,前三世是追认的)。康熙元年(1662 年),罗桑却吉坚赞圆寂,他的弟子、黄教另一领袖达赖五世为他寻找转世“灵童”,从此,黄教建立了班禅活佛系统。五十二年(1713 年),清朝中央政府册封班禅五世罗桑意

希为班禅额尔德尼,赐金册金印,正式确定了班禅额尔德尼的地位。此后历世班禅额尔德尼转世确认,必经中央政府册封批准,成为定制。(推荐阅读 拉巴平措、陈庆英总主编:《西藏通史》,中国藏学出版社)

半坡遗址 黄河中游地区的一处新石器时代遗址。遗址属于仰韶文化类型,位于陕西省西安市浐河东岸的二级台阶上,南临半坡村,故名。1954年春被发现,面积约5万平方米,经碳-14测定年代为距今6800—5300年。1954—1957年,中国科学院考古研究所先后进行了5次大规模的发掘,发掘面积达1万平方米。出土的文物中,最为知名、最为宝贵的是人面鱼纹彩陶盆,属国家一级文物,现收藏于中国国家博物馆。遗址的考古发掘与研究,丰富了原始社会黄河中游聚落形态的历史认识,为科学地认识人类社会的发展规律提供了启示。(推荐阅读 张之恒:《中国考古通论》,南京大学出版社)

保甲制 中国古代编制乡村民户以加强基层治安管理的制度,其本质特征是以"户"(家庭)为社会组织的基本单位。这一制度始于宋代王安石变法,他主张以十户为一保,五十户为一大保,十大保为一都保,分别设保长、大保长、都保正和副保正。每户两丁以上者,出一人为保丁,保丁平时种田,农闲时练兵,进行军训,夜间轮差巡查,维持治安。到了明清时期,保甲制逐渐演变为乡村基层组织,分掌户口、治安和赋税等职能。1932年8月1日,国民党政府在河南、湖北、安徽三省颁布《各县编查保甲户口条例》,采用保甲制作为基层政治管理制度,两年后,在国民党政府统治的各省市推行。(推荐阅读 薛理禹:《明代保甲制研究》,中国社会科学出版社)

保路运动 四川、广东、湖南、湖北等省人民反对清政府将民办的川汉、粤汉铁路出卖给帝国主义的群众运动。亦称"铁路风潮"。宣统三年(1911年)5月9日,清政府宣布实行"铁路国有"政策,将已归民办的川汉、粤汉铁路的筑路权抵押给英、法、德、美四国银行团。"铁路国有"政策激起广大民众的强烈不满,四川、广东、湖南、湖北等省人民的保路运动迅速兴起,湖南行动最为迅速,四川最为激烈。6月17日,成都各团体组织成立"保路同志会"(后改为"保路同志军")。同年8月下旬,罢课罢市、抗粮抗税逐渐成为群众抵抗的主要方式。9月7日,四川总督赵尔丰残酷镇压、屠杀请愿群众30

余人,制造"成都血案"。各县保路同志军在中国同盟会组织下发动武装起义,把保路运动推向高潮,成为武昌起义的前奏。(推荐阅读 戴执礼:《四川保路运动史料》,科学出版社)

杯酒释兵权 宋太祖赵匡胤为防范禁军将领兵变,以和平方式解除元勋将领兵权的事件。建隆二年(961 年),太祖召侍卫马步军都指挥使石守信、殿前都指挥使王审琦等宴饮,以高官厚禄为条件,劝其多买良田美宅、歌姬舞女以终享天年,放手兵权,于是石守信、王审琦、高怀德、张令铎等大将皆辞去朝中军职,后又以同样的手段收回王彦超、武行德、郭从义、白重赞、杨廷璋等节度使的兵权。这有利于加强皇权对军队的控制,消除藩镇割据的隐患,巩固了国家的统一与安定。(推荐阅读 王育济、范学辉:《宋太祖传》,人民出版社)

北伐战争 国共合作领导国民革命军于1926—1927 年为推翻北洋军阀统治而进行的革命战争。1926 年 7 月 1 日,广州国民政府发表《北伐宣言》,7 月 9 日国民革命军誓师北伐,八个军约十万人,分三路从广东出师。北伐中,共产党组织并发动广大工农群众积极配合,有力地推动了北伐的进展。在连克长沙、武汉、南京、上海等地以后,国民政府内部因对中国共产党的不同态度而一度分裂,后蒋介石、汪精卫集团先后发动反革命政变,国共两党合作破裂,北伐陷于停顿。此战是一场规模空前的反帝反封建的革命战争,在不到十个月的时间里就打垮了吴佩孚和孙传芳的主力,显示了国共合作的力量,基本上推翻了北洋军阀的反动统治,使革命势力很快发展到长江流域。(推荐阅读 范忠程:《北伐战争史稿》,湖南人民出版社;曾宪林:《北伐战争史》,四川人民出版社)

北庭都护府 唐朝设在西域地区天山北路的最高行政机构,为唐六都护府之一。武周长安二年(702 年)设置,府治庭州(今新疆吉木萨尔北破城子),统辖天山北路诸羁縻府州,辖境东起今阿尔泰山、巴里坤湖,西达今咸海西突厥诸部族。先天元年(712 年)又设北庭伊西节度使,由北庭都护兼领,统瀚海、天山、伊吾三军共两万人。开元中期,北庭都护盖嘉运对州城重加修筑,城中除府邸、军衙外,还有佛寺道观、贩卖市场。安史之乱后,唐朝军事力量削弱,其辖地被回纥、葛逻禄占据。贞元六年(790 年),府治被吐蕃

攻占,9世纪中叶为回纥所居。都护府的设置加强了唐朝中央政权对西域的管理,维护了中央集权,保障了西域地区的安定,促进了西域与内地的经济文化交流。(推荐阅读　孟凡人:《北庭和高昌研究》,商务印书馆)

北庭都元帅府　元代管理新疆地区的军政机构。都元帅府原是金国最高军事机构,天会三年(1125年)始立,后成为全国最高军事机构。最高长官为都元帅,下设左副元帅、右副元帅、元帅左监军、元帅右监军、左都监、右都监等军事长官。元朝于沿边地区设都元帅府、元帅府,置都元帅、元帅等官,为地方军事长官。元成宗至元十八年(1281年)在今新疆置别失八里宣慰司都元帅府。元贞元年(1295年)改立北庭都元帅府,领天山北路。治今吉木萨尔县西北。延祐时,辖境相当于今新疆乌鲁木齐、吉木萨尔、奇台、阜康、米泉等市、县地。都元帅府的设立加强元朝对新疆地区的管辖,维护国家统一。(推荐阅读　程妮娜:《金朝前期军政合一的统治机构都元帅府初探》,《吉林大学社会科学学报》1999年第3期)

北魏俸禄制　北魏国家统一筹集禄银按级别高低发给官吏的制度。北魏官吏旧无俸禄,中央官吏按等级得到战争中获得的财物和劳动人口,地方官吏只要上缴一定数量的租税的绢帛等实物,就可以任意搜刮百姓,导致吏治黑暗,贪污成风,威胁到北魏政权的稳定。太和八年(484年),孝文帝实行俸禄制,"故宪章旧典,始班俸禄。户增调三匹,谷二斛九斗,以为官司之禄。均预调为二匹之赋,即兼商用",实行"以品定俸"和"季禄制"。同时,孝文帝还规定"禄行之后,赃满一匹者死"的严厉惩治措施,将实行俸禄与严惩贪赃紧密地结合在一起。俸禄制的推行,使北魏吏治状况明显好转,为北魏政权进行各方面的改革提供了一个有利的政治环境,成为推动北魏王朝走向兴盛的重要因素。(推荐阅读　刘德成:《中国财税史纲》,中国社会科学出版社)

北洋舰队　清政府组建的新式海军。同治十三年(1874年)清政府筹划海防。次年李鸿章受命督办北洋海防事宜,先后向英、德订购军舰,派遣学生分赴英、法学习海军。设立北洋水师学堂,修筑旅顺和威海卫(今山东威海)军港。中法战争后,李鸿章加速购置舰船,扩充北洋海军。光绪十一年(1885年)海军衙门设立。十四年(1888年)制定《北洋海军章程》,编成北洋海军,有镇远、定远铁甲舰2艘,济远、致远等巡洋舰7艘,蚊炮船6艘,鱼雷

艇 6 艘,练船 3 艘,运船 1 艘,共有军舰 25 艘,官兵 4000 余人,派丁汝昌为提督,军事训练由英、德教习主持。中日甲午战争中,北洋海军覆灭。以后虽逐渐购置舰船,并设北洋统领,但已不成军。至宣统元年(1909 年),南、北洋各舰改编为巡洋舰队和长江舰队,北洋海军名义取消。北洋海军是中国建立的一支近代化海军舰队,同时也是清朝建立的四支近代海军中实力最强、规模最大的一支。北洋海军覆灭标志着洋务运动的破产。(推荐阅读　张侠等合编:《清末海军史料》,海洋出版社)

《本草纲目》　中国古代药学史上篇幅最大、内容最丰富的药学巨著。明代李时珍著。成书于万历六年(1578 年),刊于万历二十四年(1596 年)。全书共计 52 卷,约 190 万字,记载药物 1872 种。将药物划分为 16 部、60 类,附药图 1100 余幅,增加处方 8161 个。采用多级分类法,建立了较完备的药物检索法、分类法。每种药物基本分列释名、集解、正误、修治、气味、主治、发明、附方等项。系统总结 16 世纪中叶之前的药物学知识、经验,在中国药物学史上具有举足轻重的地位。书中还包含植物学、矿物学和动物学等方面的知识。在国内外刊印和流传,广获称赞,英国生物学家达尔文称它为"古代中国的百科全书"。(推荐阅读　李时珍:《本草纲目》,江苏人民出版社)

毕昇(? —约 1051)　北宋发明家。布衣出身,初为杭州书肆刻工。庆历间,为弥补雕版印刷的缺点,发明活字印刷术。以胶泥刻字,一字一印,用火烧坚即成活字。在一铁板上置松脂、蜡、纸灰等混合物,铁板四周围一铁框,在框内摆满字印,满一铁板为一板,置火上加热,混合物即熔化,用一平板把字压平便可印刷。其法未及推行即卒。事迹见于沈括《梦溪笔谈》。活字印刷术是印刷史上一次伟大的技术革命。(推荐阅读　佟春燕:《典藏文明:古代造纸印刷术》,文物出版社)

闭关锁国　清政府在面对西方殖民者时所执行的控制贸易及限制与其交往的政策。其大体可分为两个阶段,乾隆二十二年(1757 年)前,以"迁海令""禁海令"为代表,严禁商民船只私自出海,强迫海岛和沿海居民内迁三十至五十里,并设界不得逾越,主要目的为隔绝大陆人民与台湾郑氏抗清力量相通,防范人民集聚海上对清政府的统治造成威胁;清统一台湾后,又逐

步放开海禁。乾隆二十二年（1757年）后,清政府下令只准在广州一口岸进行贸易,实行商行制度,制订《防范夷商规条》,规定"防夷五事",颁布《民夷交易章程》《防范夷人章程》《八条章程》等,以条规立法形式,严格限制对外贸易,使闭关锁国政策成为制度。这一政策是封建经济的产物,严重影响了近代中国经济的发展,加深了中国与世界的隔阂与矛盾,阻碍了中国社会的发展进程。（推荐阅读　何炳棣:《明清社会史论》,中华书局）

编户齐民　编入户籍的平民。因在籍人户的权利义务大体一致,故名编户齐民。西汉被政府正式编入户籍的地主、自耕农、佣工、雇农等,凡是政府控制的户口,都必须按姓名、年龄、籍贯、身份、相貌、财富等项目,一一载入户籍。"编户",是指正式纳入国家户口登记序列的人口;"齐民",是说凡登入国家户籍之中的人口,一律都是皇帝的臣民,原则上都要纳税服役。编户齐民既是行政管理制度,又是赋税制度。对国家的义务（农民的主要负担）有:田租,十五税一;人头税,算赋120钱,口赋20钱;徭役,每年一个月,不去则交更赋代役;兵役,一生服役2年等。（推荐阅读　刘敏:《秦汉编户民问题研究》,中华书局）

编年体史书　按照年月日顺序编写的史书。《春秋》是中国传世最早的一部编年体史书,出自鲁国史官之手,记载的是鲁国的国史。此后的《左传》《竹书纪年》《汉纪》《后汉纪》《资治通鉴》等均为这种体裁的史书。编年体以年月为经,以史事为纬,可以看出同时期各事件间的联系,为重要的史书体裁之一。（推荐阅读　金毓黻:《中国史学史》,上海古籍出版社）

《变法通议》　维新派领袖梁启超为宣传维新变法所撰写的政论集。光绪二十二年（1896年）,梁启超担任《时务报》主笔期间发表一系列宣扬变法的文章,后结集而成。共7万多字,分为《自序》《论不变法之害》《论变法不知本源之害》《学校总论》《论科举》《论学会》《论师范》《论女学》《论幼学》《论学校余论》《论译书》《论变法必自平满汉之界始》《论金银涨落》《论变法后安置守旧大臣之法》等14篇文章。以资产阶级进化论的观点阐明"变"是"古今之公理",为"保国、保种、保教"计,必须学习西方,实行变法。主张兴学校、变科举、育人才、变官制、行立宪,进而要求清政府仿效日本明治维新,以免遭瓜分。在当时社会上起了相当大的影响,有力推动了戊戌变法的开展。文

字生动流畅,是维新运动的代表著作之一。后人收入《饮冰室合集》。(推荐阅读 汤志钧、汤仁泽编:《梁启超全集》,中国人民大学出版社)

博鳌亚洲论坛 旨在促进亚洲经济、社会、文化、环境等合作的非官方合作组织。1998 年 9 月,澳大利亚前总理霍克、日本前首相细川护熙和菲律宾前总统拉莫斯倡议成立一个类似达沃斯"世界经济论坛"的"亚洲论坛",得到有关亚洲各国的认同。2001 年 2 月 26—27 日,来自中国、日本、澳大利亚、菲律宾等 20 多个国家的代表在海南省琼海市博鳌镇召开大会,通过《博鳌亚洲论坛宣言》《博鳌亚洲论坛章程指导原则》等纲领性文件,论坛正式成立。博鳌镇为论坛总部的永久所在地,每年定期举行年会。论坛以为亚洲和世界发展凝聚正能量为使命,以经济发展为主线,为政府、企业及专家学者等提供一个共商经济、社会、环境及其他相关问题的高层对话平台,为亚洲及世界的和平、繁荣与可持续发展贡献力量。(推荐阅读 纪念海南参与博鳌亚洲论坛 20 年丛书编委会编:《博鳌记忆:亲历者眼中的博鳌亚洲论坛 20 年》,海南出版社;纪念海南参与博鳌亚洲论坛 20 年丛书编委会编:《博鳌力量:新闻里的博鳌亚洲论坛 20 年》,海南出版社)

布达拉宫 位于西藏拉萨市西北角布达拉山上,传说为吐蕃赞普松赞干布所建的宫殿,宫内珍藏大量佛像、壁画等文物,是藏民族文化艺术的瑰宝,也是世界上海拔最高,集宫殿、城堡和寺院于一体的宏伟建筑。据史书记载:7 世纪 30 年代,吐蕃第 33 代赞普松赞干布迁都拉萨,始建布达拉宫为王宫。松赞干布在此划分行政区域,分官建制、立法定律、号令群臣、施政全蕃,并遣使周边各国或与邻国建成姻亲关系或订立盟约,加强吐蕃与周边各民族经济和文化交流,促进吐蕃社会的繁荣,成为吐蕃王朝统一的政治中心。9 世纪,随着吐蕃王朝的解体,布达拉宫遭到衰落。崇祯十五年(1642 年),五世达赖喇嘛建立了甘丹颇章政教合一地方政权,拉萨再度成为西藏的政治、宗教、文化、经济中心。从顺治二年(1645 年),五世达赖喇嘛决定重建布达拉宫开始,到 20 世纪 30 年代,重建和增扩工程才全部完成。布达拉宫的修建充分证明了中国古代西藏劳动人民的无穷智慧,更是汉藏民族交往交流交融的历史见证。(推荐阅读 傅崇兰主编:《拉萨史》,中国社会科学出版社;马新明主编:《拉萨史话》,社会科学文献出版社)

布政使司　明清主管一省民政、财赋的机构。全称承宣布政使司,简称布政司,别称藩台或藩司,是明朝行省中平行的三个最高权力机构之一,掌行政权,与都指挥使司、提刑按察使司合称"三司"。明初,废行中书省,权力由布政使司、都指挥使司、按察使司分割。明朝宣德十年(1435 年)以后,两京和十三布政使司分管全国的府、州、县等,布政使成为一省最高的行政长官。后来,明政府为加强统治而专设总督、巡抚等为一省最高长官,布政使司权位渐轻,到清朝正式成为督、抚属官,专管一省之财赋、人事等,与专管司法的按察使并称"两司"。清沿明制,亦设布政使司。(推荐阅读　浙江布政使司、按察使司编:《治浙成规》,浙江古籍出版社)

蔡侯纸　东汉蔡伦发明用新原料来造纸,因其被封龙亭侯遂有此称。元兴元年(105 年),蔡伦在前人的基础上,总结制造麻纸技术的经验并进行技术革新,用树皮、破渔网、破布、麻头等作原料,制造成了适合书写的植物纤维纸。这种纸很便宜,质量高,原料又很容易找到,所以逐渐被普遍使用。至东晋末期,纸的使用已经完全普及,并逐渐传至周边各国,在世界范围内为文化的发展做出了贡献。(推荐阅读　杨露雅:《蔡侯纸写千年》,《陕西日报》2023 年 10 月 10 日第 12 版)

草市　中国古代定期举行的以鱼盐酒茶或日用百货等生活必需品为主要交易对象的民间集市。有说因集市主要以买卖草料为主而得名,亦有说是因集市房舍以草盖成而得名。各地对其叫法不同,两广、福建等地叫墟,川渝黔等地叫场,江西等地叫坪,北方则叫集。其在东晋时已出现;唐时逐渐兴盛于水路交通要道或津渡及驿站所在地,如赤壁、灌家口和张桥草市;宋时有的已发展成为新的商业市区,甚至有的已远超城郭内的旧市区,如南宋时鄂州的南草市,更甚者发展为城镇,如福城。草市以农村商品经济为基础,逐渐发展成为具备比较完备饮食服务功能的经济区,便捷了百姓的生活,促进了经济的发展。(推荐阅读　傅宗文:《宋代草市镇研究》,福建人民出版社)

茶马贸易　中国西部历史上汉藏民族间一种传统的以官茶换取西藏等地少数民族马匹的政策和贸易制度,是内地与边疆地区商业贸易的主要形式。雏形大约起源于 5 世纪的南北朝时期,大规模的茶马贸易始于唐朝,宋

朝才成为定制。宋神宗熙宁年间施行茶马法,于成都设置"检举茶监司",专门管理茶马交易。明洪武年间,户部确定以陕西、四川茶叶易番马,于是在各产茶地设置茶课司,定有课额,专门管理茶马贸易事宜。清沿明制,在西北地区的哈萨克、蒙古等少数民族,每年到甘肃、四川边界地方,以马匹交换茶叶。被选购之马匹,亦谓之茶马,"茶马古道"沿线的民间贸易则益加繁荣。咸丰时地方马场奉命裁撤,各地军队所需马匹统归自购,官府设置的茶马交易随之停废,延续400余年的茶马互市交易自此终止。此种贸易是中原农业地区与边疆游牧区经贸联系的主要途径,不仅促进了内地与边疆少数民族地区经济、文化的交流,也推动了少数民族地区社会经济的发展。(推荐阅读 张云主编:《西藏历史55讲》,中国藏学出版社)

察举制 中国古代主要行于汉代到隋代的一种选官制度。始于汉文帝,汉武帝时以明文规定相关内容,形成较为完备的制度。公卿、列侯等地方官员向中央推举人才,经过朝廷考核后获得任官资格。主要有岁举和诏举,岁举周期为一年一次,由刺史、郡国守相察举孝廉及秀(茂)才等。皇帝诏令规定诏举时间、对象、员额等。平民和现任吏员都可以成为察举对象。考察科目有"有道""贤良方正""文学""明经"等。东汉末年,受个人喜好、门阀的影响越来越大。隋唐时期,察举制逐渐被由中央设科招考、士人自由投考的科举制所取代。(推荐阅读 阎步克:《察举制度变迁史稿》,辽宁大学出版社)

禅让制 中国原始社会部落联盟民主推选首领的制度。相传尧为部落联盟领袖时,四岳推举舜为继承人,尧对舜进行三年考核,使其帮助办事。尧死后,舜继位,用同样推举方式,经过治水考验,以禹为继承人。禹继位后,又举皋陶为继承人,皋陶早死,又以伯益为继承人。《尚书·尧典》有"昔在帝尧,聪明文思,光宅天下,将逊于位,让于虞舜"的记载。上古时期的禅让制度,实际上是以传贤为宗旨的民主选举首领制度。后来中国的王朝更替,也有以禅让之名,行夺权之实的。(推荐阅读 徐祖祥:《从禅让制到世袭制——中国早期国家起源过程中政治权力的演变》,《华中科技大学学报》(社会科学版)2002年第2期)

澶渊之盟 北宋与辽在澶州缔结的一次盟约,澶州亦名澶渊郡,故有此

称。景德元年(1004 年)9 月,辽圣宗及其母亲萧太后率 20 万大军南下围攻定州。宋朝君臣大惊,有的大臣建议宋真宗南逃。宰相寇准力排众议,坚持请宋真宗北上亲征,以鼓舞士气。宋真宗遂至澶州督战,澶州守军射死辽军大将肖挞凛("凛"亦作"览"),以及部分宋军坚守辽军背后城镇,以致辽恐腹背受敌,提出议和。景德二年(1005 年)初,双方议定:宋辽约为兄弟之国;宋真宗称萧太后为叔母;宋每年纳给辽银 10 万两、绢 20 万匹;宋辽边境维持旧状,仍以白沟河为界等。澶渊之盟以后,宋辽两国进入了一个长达百年的并立时期,为中原和北部边疆经济文化的交流创造了条件。(推荐阅读 中国社科院《中国史研究动态》编辑部:《中国史研究历程·辽金西夏卷》,商务印书馆)

长征精神 1934—1936 年间中国共产党领导中国红军长征过程中形成的革命精神。习近平总书记在纪念长征胜利 80 周年大会上阐述:伟大长征精神,就是把全国人民和中华民族的根本利益看得高于一切,坚定革命的理想和信念,坚信正义事业必然胜利的精神;就是为了救国救民,不怕任何艰难险阻,不惜付出一切牺牲的精神;就是坚持独立自主、实事求是,一切从实际出发的精神;就是顾全大局、严守纪律、紧密团结的精神;就是紧紧依靠人民群众,同人民群众生死相依、患难与共、艰苦奋斗的精神。2021 年 9 月,党中央批准了中央宣传部梳理的第一批纳入中国共产党人精神谱系的伟大精神,长征精神被纳入。长征精神作为中国共产党人红色基因和精神谱系的重要组成部分,已经深深融入中华民族的血脉和灵魂,成为社会主义核心价值观的丰富滋养,成为鼓舞和激励中国人民不断攻坚克难、从胜利走向胜利的强大精神动力。(推荐阅读 杜艳华、刘学礼:《长征精神》,中共党史出版社)

朝贡贸易 中国古代一种海外贸易制度的称谓。先秦时期,朝贡作为一种政治理念开始出现。汉代开始有"四夷"朝贡的记载。作为一种贸易制度,源于宋代市舶司的"抽买""抽解"和"进奉"。准许外国使节在进贡的前提下,随所乘船舶、车马携带商货来中国进行贸易。海舶输入商货由政府收买,其余许民间买卖。元代行抽分。明初至嘉靖时实行海禁,对私人的海上贸易进行严格的控制。在海禁期间,允许海外各国在"入贡"时附带进行贸易。《明史·食货志五》:"海外诸国入贡,许附载方物与中国贸易。因设市

舶司,置提举官以领之。"明廷还规定各国的入贡期限,多数是三年一贡,独日本十年一贡。清代实行闭关锁国的政策,朝贡贸易体制发展更加成熟与保守。清末,随着国力衰微与外国侵略,朝贡贸易基本停止。朝贡具有政治和贸易双重功能,是中国古代中外交往的重要途径之一。(推荐阅读　伍庆玲:《朝贡贸易制度论》,《南洋问题研究》2002 年第 4 期;康灿雄:《西方之前的东亚:朝贡贸易五百年》,社会科学文献出版社)

陈桥兵变　后周殿前都点检赵匡胤等共同策划,以夺取后周政权为目的的军事政变。后周显德六年(959 年)六月,赵匡胤升任殿前都点检、归德军节度使,统领殿前司禁兵。在周世宗柴荣病逝之前,在军队中握有实权的赵匡胤、石守信、王审琦等人曾秘密结为"义社兄弟"。他们是赵匡胤发动兵变取代后周建立宋朝的主要力量。不久,后周世宗病逝,其子柴宗训继位,为恭帝。因恭帝年幼,符太后摄政。但是,此时的军权却牢牢掌握在赵匡胤、石守信、王审琦等高级将领手中。赵匡胤乘主少国疑之机,阴谋夺取政权。次年正月元旦,北方前线突然报告契丹与北汉联军南下,直奔后周都城。宰相范质、王溥二人仓促之下不辨真伪,与符太后紧急商议,决定派遣赵匡胤率领诸军北上迎敌。大军停歇于开封城东北 40 里的陈桥驿时,赵匡胤之弟赵匡义与归德军掌书记赵普等发动兵变,将黄袍披在赵匡胤身上,立其为天子。赵匡胤推脱再三,最终同意称帝。不久,称帝后的赵匡胤率领大军回到开封城,以武力逼迫恭帝让位,改国号为"宋",建立宋朝。(推荐阅读邓小南:《祖宗之法:北宋前期政治述略》,三联书店)

陈廷章　唐代辞赋家。生卒年代不详。《全唐文》载其文《水轮赋》《腐草为萤赋》《斗牛间有紫气赋》《冰泉赋》《风不鸣条赋》《艾人赋》等六篇。《全唐文》卷九四八中陈廷章的《水轮赋》以"汲引之道成于运轮"为韵,对筒车有生动具体的描述:"水能利物,轮乃曲成,升降满农夫之用,低徊随匠氏之程。始崩腾以电散,俄宛转以风生。虽破浪于川湄,善行无迹;既斡流于波面,终夜有声。"水转筒车的形制、运转、功用等跃然纸上,清晰表达了水转筒车比辘轳和桔槔的进步之处。(推荐阅读　张柏春:《中国传统水轮及其驱动机械》,《自然科学史研究》1994 年第 3 期;王颜:《世界视野下的唐代科技文明》,科学出版社)

程朱理学　宋代理学的主要派别之一。创始人为周敦颐,奠基者为程颢、程颐兄弟,世称"二程",集大成者是朱熹。二程认为"理"(又称"天理")或"道"是世界万物的本体,认为"理"是自然界和社会的本源,"理"先于"气"产生,"气"依"理"而存在,宣扬封建伦理道德。朱熹继承和发展了二程的理学,使之成为更系统化、更丰富的新儒家学派。他提高了"理"的地位,提出"存天理,灭人欲",他把三纲五常作为最高的道德标准,并加以解说,使之理论化和通俗化,他还提出了"格物致知""正心诚意""居敬"等一系列理论。之后,其学说和著作得到统治者的推崇,因此成为理学的正统,亦成为官方哲学。从南宋后期起,理学长期保持着思想上的统治地位,对后世有着巨大且深远的影响。(推荐阅读　李娟:《宋代程朱理学官学地位研究》,东北师范大学出版社)

赤壁之战　曹操为吞并江南而与刘备、孙权进行的一场有决定意义的战役。中国历史上以弱胜强的著名战役之一。东汉末年,曹操初步统一北方,于建安十三年(208年)7月,率兵20万南下,企图一举消灭据有荆州的刘表和江东的孙权,统一全国。孙权、刘备联军5万共同抗曹。曹军进到赤壁,与孙刘联军隔江对峙。孙刘联军利用曹军远来疲惫、疾疫流行、不习水战、后方不稳等弱点,放火延烧曹操水师;孙权大将周瑜与刘备又从陆路猛攻,水陆并进,曹军全线崩溃,退回北方。刘备通过这次战争,占据荆州大部及益州,孙权据有江东,最终形成魏蜀吴三国鼎立的割据局面。(推荐阅读宋杰:《三国兵争要地与攻守战略研究》,中华书局)

楚汉之争　西楚霸王项羽和汉王刘邦为争夺最高封建统治权进行的一次大规模战争。公元前206年,刘邦进抵霸上,秦王子婴投降,秦朝灭亡。项羽后自立为西楚霸王,分封诸王,其中刘邦被封为汉王,后刘邦趁项羽征讨齐地之际,挥师向东,攻占关中,进而占领西楚根据地彭城。项羽回师反击,大败刘邦。刘邦经整顿后,联合各地反对项羽的力量,与项羽在荥阳、成皋地区相持。同时,派韩信攻占魏、赵、燕、齐等地。项羽腹背受敌,兵势受挫。公元前203年,约定以鸿沟为界,东西分属楚汉。次年,刘邦趁项羽撤兵,全力追击,并约韩信、彭越合围。项羽败退至垓下,不久在乌江自杀。刘邦随即称帝,建立汉朝。楚汉战争历时4年多,战地之辽阔,规模之巨大,用兵韬

略之丰富,前所未有,在中国古代战争史上占有重要地位。楚汉战争最终实现了西汉王朝的大一统,具有积极的历史意义。

春秋五霸　春秋时先后称霸的五个诸侯。一说指齐桓公、晋文公、楚庄王、吴王阖闾、越王勾践,另一说指齐桓公、宋襄公、晋文公、秦穆公、楚庄王。齐桓公(?—前643年),春秋时齐国君,姜姓,名小白。任用管仲进行改革,国力富强。以"尊王攘夷"相号召,助燕国打败北戎,营救邢、卫两国,制止戎狄对中原的进攻,联合中原诸侯进攻蔡、楚,与楚国会盟于召陵,并安定东周王室内乱,多次大会诸侯、订立盟约,成为"春秋五霸"之首。晋文公(公元前697或前671—前628年),春秋时晋国君,名重耳,在位时改革内政,整军经武,使国力渐强,又平定周王室内乱,迎接周襄王复位,以"尊王"相号召。城濮之战,大破楚军,并在践土大会诸侯,成为霸主。楚庄王(?—前591年),春秋时楚国君,名旅,一作"吕""侣",重用孙叔敖等,整顿内政,兴修水利,推行县制,增强兵力。楚庄王三年(公元前611年),攻灭庸国,国势大盛,继又进攻陆浑之戎,陈兵周郊,问鼎中原。楚庄王十七年,在邲大败晋军,陆续使鲁、宋、郑、陈等国归附,成为霸主。阖闾(?—前496年),亦作"阖庐",春秋时吴国君,名光,任用伍子胥、孙武,整顿内政,灭亡徐国,攻破楚国,一度占领楚都郢,因秦兵来救及吴国内乱退兵,后在槜李被越王勾践打败,重伤而死。勾践(?—前465年),亦作"句践",春秋时越国君,姒姓,亦称"菼执",曾被吴王夫差击败,屈服求和,入吴为人质三年。回国后,刻苦图强,卧薪尝胆,任用范蠡、文种等人,十年生聚,十年教训,终于转弱为强,灭吴国。继在徐州大会诸侯,成为霸主。诸侯争霸战争,各民族进一步交融,华夏族发展壮大,同时也为战国时期的兼并统一战争做了先期准备。(推荐阅读　朱良:《春秋:五霸迭兴》,上海文化出版社)

辞章之学　古人说的"辞章"是韵文和散文的总称,也可指文章的写作技巧。"辞章之学"就是文章之学,包括范围相当广泛,凡是写作中的语言运用问题,无论是关乎语法修辞的、关乎语音声律的,还是关乎题材风格的,都属于辞章之学。(推荐阅读　郑颐寿:《辞章学概论》,福建教育出版社)

刺史　官名。西汉元封五年(前106年)始置。分全国为十三部(州),部置刺史,以六条察问郡县,职任监察,官阶低于郡守。成帝时改刺史为"州

牧"。哀帝初复旧制,旋再称"州牧"。东汉初亦称"刺史"。灵帝时,为应对民众反抗,又改刺史为"州牧",居郡守之上,掌一州军政大权。自三国至南北朝各州亦多置刺史,多以都督兼任,并加将军之号,权力很大。其不加将军者称为"单车刺史"。隋初撤郡,设州、县两级,州的长官,除雍州称"牧"外,余皆称"刺史"。后世州刺史与原先郡太守相当,职权渐轻。宋代以朝臣充知州,虽有"刺史"一官,仅属虚衔,并不赴任;习惯上又与太守均用作知州的别称。清代也用作知州别称,实与前代的刺史不同。(推荐阅读　白钢:《中国政治制度通史》,人民出版社)

崔寔(? 一约170)　东汉后期著名思想家、政论家,字子真,涿郡安平(今属河北)人。少时沉静,好典籍。桓帝时,任议郎,迁大将军梁冀司马,后出任五原太守。延熹二年(159年)梁冀伏诛后,禁锢数年。著有《政论》和《四民月令》等。《政论》的主要内容为提倡节俭,倡导以徙民实边调整人口与耕地的比例,主张将德教与刑罚并用等。《四民月令》记载了东汉豪族地主田庄情况和各种农作物的种植方法,后来,由北魏贾思勰引载《齐民要术》,隋杜台卿引载《玉烛宝典》。(推荐阅读　孙启治译注:《政论·昌言》,中华书局)

达赖喇嘛　大活佛封号。藏传佛教格鲁派(黄教)中地位最高的两大活佛之一(另一为班禅额尔德尼)。达赖是蒙古语"海"的意思,喇嘛是藏语"上师"的意思。这个称号最初由明代蒙古土默特部首领俺答汗赠给格鲁派高僧索南嘉措,称其为"圣识一切瓦齐尔达喇达赖喇嘛"。顺治十年(1653年),清世祖福临正式册封达赖五世罗桑嘉措为"达赖喇嘛",正式确立了达赖喇嘛的宗教地位和名号。此后,达赖喇嘛须经中央政府册封,启用印信,成为历史定制。(推荐阅读　王森:《西藏佛教发展史略》,中国社会科学出版社;牙含章编著:《达赖喇嘛传》,人民出版社)

大定之治　金国在金世宗完颜雍统治期间出现的稳定繁荣局面。完颜雍在位29年,对内励精图治,革除弊政。政治方面进行吏治改革和律法改制等;经济方面进行休养生息、计口授田、通检推排(金朝调查税户资产多寡以定赋役轻重的办法)等;文化方面推行汉化政策和"女真文化复兴运动";军事方面对猛安谋克制进行改革,以达到军事力量的聚集;民族方面推行"女

真为本"的民族政策,对汉族、契丹族等民族实施歧视与压迫;对外方面停止侵宋战争,主动和宋朝议和、缔结和约等。通过一系列措施,使金国达到了鼎盛时期,因其年号为"大定",史称"大定之治"。(推荐阅读 李锡厚、白滨:《辽金西夏史》,上海人民出版社)

大明律 明初制定的一部综合性法典。至正二十七年(吴元年,1367年)十月,朱元璋命令左丞相李善长、御史中丞刘基等依据《唐律》编成《律令》。洪武六年(1373年)十一月,刑部尚书刘惟谦等以《律令》为基础,详定《大明律》。次年二月修成,颁行全国。《大明律》共12卷、606条。洪武二十二年(1389年),按六部职掌分作吏、户、礼、兵、刑、工六律,为30卷、460条。其中《名例律》1卷、47条,是纲领。《吏律》2卷、33条,涉及文武官吏应当遵循的职司法规及公务职责。《户律》7卷、95条,涉及有关社会经济、人身关系及婚姻民事立法。《礼律》2卷、26条,涉及祭祀及君臣、父子、夫妇之间各种礼仪立法。《兵律》5卷、75条,涉及军戎兵事立法。《刑律》11卷、171条,涉及刑事犯罪的论罪定刑及诉讼、追捕、审判的原则。《工律》2卷、13条,涉及工程营建、官局造作以及河防、道路、桥梁方面的立法。与《唐律》相较,《大明律》结构更合理,文字更简明,且经济、军事、行政、诉讼方面的立法更充实。《大明律》的律文结构及量刑原则对《大清律》有较大影响。(推荐阅读 杨一凡:《明代立法研究》,中国社会科学出版社)

大清律例 清王朝颁行的较为系统、最具代表性的封建法典。共40卷。《大清律例》的制定过程,从顺治年间的《大清律集解附例》起,历康熙朝,经雍正朝的《大清律例集解》,数易其稿,到乾隆五年(1740年)方告成熟,正式颁行。在法典结构方面采取律例合编的方式,条例特别发达。条例即皇帝认可的判例和皇帝根据某些具体案件的处理而发出的带有规范性的命令和规定,简称为例。例是律的补充,是审理案件、定罪量刑的依据。颁行后虽历经修订,但主要是增减修改附律之条例,律文则变动不大。直至宣统二年(1910年)《大清现行刑律》颁行,才予废止。汲取历代王朝的立法经验,结合自身统治经验,具有鲜明的时代特色。(推荐阅读 王春荣:《大清律例法译全本校注》,中国政法大学出版社)

大清邮政官局 清政府设立的国家邮政机构。晚清时,传统的邮驿体

系不断瓦解,邮政呈现混乱局面,既有官办的驿站、文报局,民办的民信局、侨批局,也有西方列强私设的客邮、商埠邮局等。光绪四年(1878 年),在北洋大臣李鸿章的协调下,总税务司英国人赫德在天津等五处海关仿照欧洲办法试办邮政。光绪十八年(1892 年),南洋大臣刘坤一和北洋大臣李鸿章上书呼吁清政府尽快正式开办邮政。二十二年(1896 年)3 月 20 日,总理各国事务衙门上书奏请正式开办邮政,光绪皇帝当天朱批同意开办"大清邮政"。次年 2 月 20 日,正式开办,赫德被总理衙门委令为总邮政司。宣统三年(1911 年)5 月,邮传部接管邮政业务,邮传部左侍郎李经芳任局长。国家邮政机构的设立标志着中国近代邮政由此诞生,中国开始与世界各国邮政平等交往。(推荐阅读 哈恩忠:《开办大清邮政档案》,《历史档案》2012 年第 3 期)

大索貌阅 隋唐时期地方官员亲自检查百姓年貌形状,以便核实户籍的制度。开皇五年(585 年),隋文帝命令天下州县貌阅,严防脱漏户口,隐瞒年龄,逃避赋税。大业五年(609 年),民部侍郎裴蕴因当时户口脱漏、诈伪老小以避赋役的严重问题,直接影响国家财政收入,故建议大力推行"大索貌阅"。"大索"的目的在于搜括隐匿人口,而"貌阅"目的则在于责令官员亲自当面检查年貌形状,以便查出那些已达到成丁之岁,而用诈老、诈小的办法逃避承担赋役的人。唐代继承了隋法,把貌阅加以完善及制度化。唐代的貌阅以"过貌形状"记录人体肤色、身高、面部标记等特征。隋代定户等时三党五党共为一团,唐代貌阅亦按地区分成团,故貌阅百姓亦称"团貌"。开始每年一团,即"小团"。开元二十九年(741 年)后,一度改为三年一团。天宝四载(745 年)后,恢复每年一团旧制。团貌结束,即造簿籍,清定之后,不得更改。团貌结果即直接作为手实的依据,记入户籍。隋唐通过貌阅严格控制人民,尤其是赋役承担者——丁口。同时,貌阅也为巩固封建统治,维护封建法治提供了保障。(推荐阅读 岑仲勉:《隋唐史》,商务印书馆)

大汶口文化 中国新石器时代的文化。1959 年,首次发现于山东宁阳堡头村,因遗址位于堡头村西和泰安大汶口一带,故名。主要分布在鲁西南和苏北一带。据碳-14 法测定,距今约 6500—4500 年,延续时间约 2000 年左右。在许多遗址中都发现氏族公共葬地,晚期墓葬中各墓之间随葬品多

寡悬殊。生产工具以磨制石器为主,骨、角、牙器多而精致。陶器以灰陶最多,红陶次之,还有黑陶、白陶和少量彩陶。从地层关系和陶器特征上,都证明该文化是这一地区龙山文化的前身。苏北一带的"青莲岗文化",也应属于该文化的范畴。(推荐阅读　高广仁、栾丰实:《大汶口文化》,文物出版社)

大一统　统一全境。《公羊传·隐公元年》:"何言乎王正月?大一统也。"《汉书·王吉传》:"《春秋》所以大一统者,六合同风,九州共贯也。"大,谓重视、尊重;一统,指天下诸侯统一于周天子。后称统治全国为"大一统"。(推荐阅读　杨向奎:《大一统与儒家思想》,北京出版社)

大医精诚　唐朝孙思邈所著《备急千金要方》的第一卷,是医德教育的重要文献。从"大医"的学识修养、从医诊疾、待人接物等方面做了精辟论述,提出对医生术业的基本要求是"博极医源,精勤不倦",并指出"安神定志,无欲无求,先发大慈恻隐之心"是"大医"诊疗的基本状态,继而从"大医之体""为医之法"等方面详细论述"大医"修养。文中从儒、释、道等多种论述观点出发,兼容并蓄,是优秀中医文化的代表。(推荐阅读　李剑:《中国医学史》,科学出版社)

大月氏　古代游牧于中亚地区的部族。"氏"又作"支"。先秦古籍记作"禺知""禺氏""牛氏"等。汉代古籍通常略写为"月氏"。秦汉之际游牧于今祁连山以西至天山、阿尔泰山东麓一带。西汉文帝三至四年(公元前177—前176年),匈奴入侵,月氏人被迫西迁,大部分迁移至塞种地区(今新疆伊犁河流域)。西迁的月氏人被称为"大月氏",未西迁的人进入南山(今祁连山)被称为"小月氏",后逐渐与羌人杂居、交融。公元前130年左右,为乌孙部族所败,迁至阿姆河流域,吞并原居于此的大夏国。扶植原大夏国人为五翕侯,逐渐从游牧转向农耕。约公元前1世纪中,原大夏五翕侯之一的贵霜翕侯兼并其余四翕侯,号封贵霜王,建立贵霜王朝。4世纪上半叶,被北天竺笈多王朝所败。(推荐阅读　[日]小谷仲男:《大月氏——寻找中亚谜一样的民族》,王仲涛译,商务印书馆)

"大跃进"　1958—1960年,中国共产党在探索建设社会主义道路过程中开展的以实现工农业生产高指标为主要特征的群众运动。1957年10月

27日,《人民日报》发表社论,首次提出了"大跃进"的口号。1958年5月,中共八大二次会议通过"鼓足干劲,力争上游,多快好省地建设社会主义"的总路线,会后"大跃进"在全国范围内逐渐开展起来。在"大跃进"中,高指标、瞎指挥、虚报风、浮夸风、"共产风"盛行,各地纷纷提出工业"大跃进"和农业"大跃进"的不切实际的目标,片面追求工农业生产和建设的高速度,大幅度地提高和修改计划指标。1961年1月,中共八届九中全会决定对国民经济实行"调整、巩固、充实、提高"的八字方针,运动事实上被停止。这场运动打乱了国民经济秩序,浪费了大量的人力物力,造成了国民经济比例严重失调,使社会主义建设事业受到重大损失。(推荐阅读　罗平汉:《"大跃进"的发动》,人民出版社;王梦初编:《"大跃进"亲历记》,人民出版社)

当铺　中国古代以收取物品作抵押、发放高利贷的一种机构。又称为质铺、解库、解铺、典库、典铺、解典库等。南北朝时期产生,最初局限于寺院经济。唐代出现专营抵押放款的质库。以后历代相沿。清代商品经济发达,活动范围遍布城乡,成为社会上最重要借贷组织之一。多设在工商业发达的城市或市镇,经营者既有官府,也有地主商人。当铺接收当物,压低押价,支付"当本";当本按月计息。当户如不按期支付利钱,利上加利;如过期无力赎取,当铺即将所当物件变卖获利。当铺作为中国古代历史上非银行性质的金融行业,有利于解决民众生活的燃眉之急,缓和社会矛盾,稳定社会秩序。(推荐阅读　刘秋根:《中国典当制度史》,上海古籍出版社)

党锢之祸　东汉时期官僚士大夫对宦官乱政不满,与宦官发生党争的事件。东汉桓帝、灵帝时,由于宦官专权垄断仕途,严重侵夺了士人的上进之路,大批太学生、儒生与官僚士大夫结合,在朝野形成了一股强大的官僚士大夫反对宦官专权的社会政治力量。"党锢"事件共两次,均以反宦官集团的失败而结束。士大夫集团受到严重打击,党人被残酷镇压。日后宦官集团更加为所欲为,残害百姓,因而激起民变,酿成黄巾之乱。士大夫、豪强离心,于是黄巾之乱以后群雄并起,东汉最终走向了灭亡。(推荐阅读　孟祥才:《秦汉政治思想史》,中国社会科学出版社)

《岛夷志略》　元代航海家汪大渊所撰的记述海外诸国见闻的著作。原名《岛夷志》,现存诸本并作今名《岛夷志略》,当系明人抄本所改。汪大渊两

次随商船游历东西洋许多国家,所到地方皆记其山川、习俗、风景、物产以及贸易等情况。全书共分 100 条,除末条"异闻类聚"系抄撮前人说部而成外,其余每条大抵记述一个国家或地区,有些条还附带提到邻近的若干地方。全书所记达 220 余国名和地名,其中有不少是首次见于中国著录;涉及的地理范围东至今菲律宾群岛,西至非洲。汪大渊自谓其记述"皆身所游览,耳目所亲见",比较翔实可信。该书是研究元代海外贸易和 14 世纪亚非各国史地的重要资料,为中外学者所重视。(推荐阅读 汪大渊:《岛夷志略校释》,苏继庼校释,中华书局)

《道德经》 成书于战国前期一部用韵文写成的道家哲学著作。又称《老子》。据传该书是对春秋时期老子思想的记述,后经多人加工与补充。该书分为 81 章,分《道篇》和《德篇》。书中最高的哲学范畴是"道"。"道"本来是具体的道路,其后逐渐演变成反映客观规律和人们处事原则的哲学概念。此书的巨大功绩在于把这些具体领域中的"道"概括为普遍的、不带具体规定的"道",并对"道"的性质和内容作了多方面的阐释。汉初的统治者采取"与民生息"的政策,曾一度把老子的"无为"思想作为执政信条。在"无为而治"的影响下,汉王朝一改政权建立初百废待兴的旧貌。魏晋时期政治混乱,战争频仍,玄学家、不得意的知识分子、失势的权贵感到人生无常,往往从《道德经》中寻求精神寄托。该书对中国传统哲学、科学、政治、宗教等产生了深刻影响。(推荐阅读 谢青松:《道德经阐幽》,中国社会科学出版社)

道教 中国古代以"道"为最高信仰的本土宗教。奉老子为道祖,尊称"太上老君"。主张通过修炼可使人长生永存,成为神仙,以三清为最高尊神,以丹鼎、符箓为主要修炼方法,以成仙得道为最终目的,以《道德经》《太平经》等为主要经典。其产生于东汉中叶,东汉张陵创立的"五斗米道"和张角创立的"太平道"是道教早期的两大派别;魏、晋、南北朝时期,受到儒学的影响,主张"贵儒"和"尊道",并在民间广泛流传,北魏寇谦之创"北天师道",东晋葛洪撰《抱朴子》,南朝宋陆修静创"南天师道";唐朝统治者奉行三教并行政策,道教最受尊崇;金王重阳创立全真道,因其徒丘处机为元太祖成吉思汗所重视,全真派盛极一时;之后道教分为正一、全真两大教派,并逐渐式微。新中国成立后,道教徒建立了道教协会。道教经籍论著甚多,丰富了中

国传统文化。(推荐阅读　傅勤家:《中国道教史》,商务印书馆)

邓小平理论　中国特色社会主义建设的重要指导理论之一。形成于中共十一届三中全会前后,成熟于1992年邓小平的南方谈话,中共十四大确立了其在全党的指导地位,中共十五大将其定名为"邓小平理论",并在党章中规定:中国共产党以马克思列宁主义、毛泽东思想、邓小平理论作为自己的行动指南。其对社会主义的本质和发展道路,社会主义建设的思想路线、发展战略和发展动力,社会主义经济体制改革和政治体制改革,社会主义精神文明建设,对外开放,外交战略,军队和国防建设,祖国统一等一系列问题,做了系统地初步回答,是马克思列宁主义的基本原理与当代中国实践和时代特征相结合的产物,是对毛泽东思想的继承和发展,是中国共产党集体智慧的结晶,是指导中国人民在改革开放中实现社会主义现代化的科学理论。(推荐阅读　邓小平:《邓小平文选》,人民出版社)

邓小平南方谈话　1992年邓小平视察南方时发表的一系列重要讲话。20世纪90年代初改革开放进入关键期,许多深层次问题尚未得到根本解决,成为制约进一步改革开放的思想瓶颈。在这个紧要关头,1992年初邓小平先后到武昌、深圳、珠海和上海等地视察,发表一系列重要谈话,提出进一步明确什么是社会主义、怎样建设社会主义这一重大理论问题;提出判断改革开放的"三个有利于"标准,计划与市场都是手段,社会主义的本质是解放生产力、发展生产力,消灭剥削,消除两极分化,最终达到共同富裕;明确坚持"两手抓、两手都要硬",一手抓改革开放,一手抓打击各种犯罪活动,要靠法制和必须始终坚持四项基本原则等。邓小平南方谈话在国内外产生了巨大的影响。1997年,江泽民在中共十五大报告中指出:"一九九二年邓小平南方谈话,是在国际国内政治风波严峻考验的重大历史关头,坚持十一届三中全会以来的理论和路线,深刻回答长期束缚人们思想的许多重大认识问题,把改革开放和现代化建设推进到新阶段的又一个解放思想、实事求是的宣言书。"(推荐阅读　本书编写组编:《改革开放简史》,人民出版社、中国社会科学出版社)

东北抗日联军　东北三省反抗日本帝国主义侵略的人民武装力量。简称"抗联"。九一八事变后,中共东北党组织先后领导创建了10余支抗日游

击队,开展游击战争。1935 年 8 月 1 日,中共中央发表《八一宣言》呼吁建立抗日武装统一战线,中共满洲省委在抗日游击队的基础上,先后组建了东北人民革命军、东北抗日同盟军、东北反日联合军等 6 个军。1936 年 2 月 20 日,杨靖宇、赵尚志、周保中等人联名发表了《东北抗日联军统一军队建制宣言》,东北各抗日力量统一改称为"东北抗日联军"。1937 年,队伍发展壮大到三万余人。全面抗日战争期间,由于斗争形势恶化,部队减员较大,到 1941 年初已不足 2000 人。1941 年冬,部队转至苏联境内组成南、北野营,继续在黑嫩平原开展游击战争。1942 年 8 月,南、北野营合编为东北抗日联军教导旅,并配合苏军大举反攻。1945 年 10 月,中共中央决定将东北抗日联军与挺进东北的八路军、新四军合并为东北人民自治军。1946 年 1 月改称东北民主联军,1947 年改称东北人民解放军。这支军队为中国抗日战争、解放战争的胜利,作出了重要贡献。(推荐阅读　冯仲云:《东北抗日联军十四年苦斗简史》,中央文献出版社)

东北鼠疫　又称 1910 年鼠疫事件。宣统二年(1910 年)10 月 25 日,满洲里首发鼠疫,之后疫情迅速蔓延,横扫东北平原,波及河北、山东等地,肆虐半年之久,死亡人数达 6 万之多,清政府直接、间接经济损失多达 5 万两白银,被称作"20 世纪世界上最严重的一次流行性鼠疫"。鼠疫出现后,清政府下令各处严防,12 月指派天津北洋陆军医学院副监督伍连德为全权总医官赴哈尔滨,开始了大规模的鼠疫防疫工作。在伍连德等专家的建议下,清政府及各地方当局对疫情采取了科学而有效的防疫措施,遏制住了疫情。经历此次疫情,中国的近代防疫体制开始起步,以伍连德为首的中国医务工作者在防疫中的专业表现,让世界医学界为之惊叹。同时,中国政府防疫的成功,打破了俄日两国以防疫为理由,妄想进一步控制中国东北的企图。(推荐阅读　阿成:《伍连德医生——纪念伍连德医生扑灭东北鼠疫 100 周年》,《光明日报》2010 年 12 月 17 日第 12 版)

东北易帜　1928 年东三省当局宣布服从南京国民党政府的事件。1928 年 4 月,南京国民政府开始"二次北伐",向奉系军阀张作霖发起进攻。北伐军接连取得胜利,张作霖率奉系主力退往关外,北洋军阀统治结束。6 月初,奉系军阀张作霖在京津地区战败退回东北时被日本关东军炸死,其子张学

良接任东三省保安总司令职。在南京国民党政府的争取下,12 月 29 日,张学良不顾日本帝国主义的阻挠和反对,发出"易帜"通电,宣布从即日起,东三省"遵守三民主义,服从国民政府,改易旗帜"(由北洋军阀政府的五色旗改悬国民政府的青天白日旗)。30 日,南京国民党政府任命张学良为东北边防军司令长官,并根据张学良的推荐任命了奉、吉、黑、热四省政府主席。这一事件标志着北伐的结束,南京国民政府完成形式上的统一以及北洋政府正式结束。(推荐阅读 全鹜颉:《东北易帜的实现及其原因分析》,《历史教学(上半月刊)》2014 年第 5 期)

东南互保 义和团运动期间英国与东南地方督抚保护英国及其他列强在长江流域既得利益的活动。光绪二十六年(1900 年)6 月,英国由驻上海代理总领事霍必澜(一译华仑)策动盛宣怀,联络两江总督刘坤一、湖广总督张之洞等,与各国驻上海领事商定《东南保护约款》和《保护上海城厢内外章程》,规定上海租界由各国共同"保护",长江及苏、杭内地归各省督"保护"。两广总督李鸿章、山东巡抚袁世凯等亦加入。后因形势变化,未订立正式约款。(推荐阅读 戴海斌:《试析 1900 年"东南互保"中的几个问题》,《历史档案》2014 年第 1 期)

都察院 官署名。明、清全国最高监察机构。掌纠劾百司,提督各道,为天子耳目风纪之司。明洪武十五年(1382 年)改御史台置。长官为左、右都御史,下设副都御史、金都御史。又分十三道,设置监察御史,巡按州县,考察官吏。清代沿置,改以左都御史、左副都御史为主官,右都御史及右副都御史专为总督、巡抚加衔;裁撤金都御史。雍正元年(1723 年)以六科给事中并入,合称"科道"。所属有六科、十五道、五城察院、宗室御史处及稽察内务府御史处等机构。(推荐阅读 陆振兴:《明代都察院研究》,研究出版社)

都指挥使司 都指挥使的官署名称,简称都司。都指挥使官名始自五代,宋代相沿。元代设置都指挥使司。明朝初年,设有帐前总制亲军都指挥使司,置都指挥使一名。除内地都司外,明朝在东北边疆设奴尔干都司,在西番设乌思藏、朵甘卫都司。洪武八年(1375 年),改都卫指挥使司作都指挥使司、行都司,置各都司长官一人,均用流官,仅少数民族地区羁縻卫所用其首领充任。与同知、金事共同执掌一方军政。一人统司事,称掌印;一人练

兵,一人屯田,称金书。凡遇到朝廷大事,都指挥使司上奏时,优先级高于布政司与按察司。羁縻卫所也设有都指挥使,掌附辑诸部族,谨守疆土,修职贡,供征调。所属卫所分隶于五军都督府,军政听于兵部。设有都指挥使、都指挥同知、都指挥金事等官。以流官充任,或得世官。辖有经历司、断事司、司狱司等。都司掌一省或一方军政,卫所统率地方军队。洪武初年,废除边境府州县后,将该地区民政归并入都司卫所。后来,不设府州县的地方均设置都司卫所。都司卫所兼理民政逐渐演变为地方行政制度的一部分。清初,或裁废都司卫所,或改置府州县,都司卫所逐渐消失。(推荐阅读　南炳文、汤纲:《明史》,上海人民出版社)

独立自主的和平外交方针　中华人民共和国建立后一贯奉行的维护国家主权和安全、维护世界和平的外交政策。新中国成立前夕,毛泽东强调:"中国必须独立,中国必须解放,中国的事情必须由中国人民自己作主张,自己来处理,不容许任何帝国主义国家再有一丝一毫的干涉。"周恩来指出:"我们对外交问题有一个基本的立场,即中华民族独立的立场,独立自主、自力更生的立场。"1949年9月《中国人民政治协商会议共同纲领》规定:"中华人民共和国外交政策的原则,为保障本国独立、自由和领土主权的完整,拥护国际的持久和平和各国人民间的友好合作,反对帝国主义的侵略政策和战争政策。"这确立了新中国外交政策"独立自主"和"维护和平"的主基调。新中国成立初期,中国外交坚持"另起炉灶""打扫干净屋子再请客",废除了帝国主义强加在中国人民头上的一切特权和不平等条约。1982年9月,中共十二大报告郑重申明中国坚持独立自主的对外政策,以和平共处五项原则为指导发展同各国的关系。1986年4月,六届全国人大四次会议批准的国务院《关于第七个五年计划的报告》中正式提出"独立自主的和平外交政策"这一概念,从十个方面全面阐述了中国独立自主和平外交政策的主要内容和基本原则。(推荐阅读　尚伟:《和平、发展、合作、共赢:独立自主的和平外交营造国际环境》,国家行政学院出版社)

渡江战役　解放战争时期人民解放军在长江中、下游地区对国民党进行的强渡长江的作战行动。1949年4月20日,国民党政府拒绝在国共双方和谈代表团拟定的《国内和平协定》上签字,毛泽东和朱德发布《向全国进军

的命令》。20 日子夜,刘伯承、邓小平、陈毅等人指挥解放军第二、第三野战军和地方武装共约 100 万人,在西起江西湖口东至江苏江阴的广大战线上,兵分三路强渡长江,彻底摧毁了国民党军的长江防线。23 日,南京在中国人民解放军渡江部队作战下成功解放,国民党蒋介石集团在大陆的统治覆灭。解放军持续向南方进攻,杭州、南昌、上海分别于 5 月 3 日、22 日、27 日成功解放。6 月 2 日,第三野战军一部解放崇明岛。至此渡江战役结束,共歼国民党军 46 个师,43 万余人。此役为解放全中国打下了坚实的基础。(推荐阅读　中国人民解放军历史资料丛书编审委员会编著:《渡江战役》,解放军出版社)

敦煌莫高窟　亦称"千佛洞",中国著名石窟。位于甘肃敦煌东南。这些石窟的造像、绘画风格等基本相同。现存窟龛 400 余个,其中唐代窟龛为 213 个。前秦建元二年(366 年)僧乐傅开始凿窟造像。历经隋唐以至元代,均有修建。现尚存有壁画和雕塑作品的共 492 窟。壁画的内容包括佛本生、佛传、经变、供养人和建筑彩画图案等;彩塑像有佛、菩萨等。作品反映了中国 5—14 世纪的部分社会生活及历代造型艺术的发展情况。莫高窟出土了多种文字写本,敦煌文书总数超过 4 万件,其中汉文写本 3 万件以上。此外,还有藏文、于阗文、突厥文、回鹘文、粟特文、梵文等写本。敦煌文书推进了与中世纪西亚、东亚相关的历史学、语言学、考古学、民族学、宗教学、文学、艺术学等学科的研究。1987 年,莫高窟作为文化遗产被列入《世界遗产名录》。(推荐阅读　常青:《中国石窟简史》,浙江古籍出版社)

多元一体　中华文明演进的主要特点。随着考古学的发展,越来越多的考古资料证明中华文明实际上有众多发源地,目前已经可以确定的文化区有:中原区及环绕其周边的海岱区、江浙区、长江中游区、长江上游区、甘青区、雁北区和燕辽区,史学家苏秉琦形容为"满天星斗"。这些文明都是中华文明的重要组成部分,决定了中华文明的多元性。不同地域和不同民族文明在交往过程中又逐渐整合,使中华文明向一体的方向发展。在这一过程中,中原华夏文明为核心,核心向周围扩散,周围向核心趋同,核心与周围互相补充、互相吸收、互相融合。多元一体的格局最晚在西周时就已经建立,此后始终保持完整性而没有打破。(推荐阅读　李韵、王笑妃:《五项考

古成果再次见证中华文明多元一体》,《光明日报》2023年2月16日第9版)

二次革命　以孙中山为首的资产阶级革命派,继辛亥革命后发动的反对袁世凯独裁的武装斗争。1913年3月国会召开前夕,袁世凯派人暗杀国民党代理理事长宋教仁。4月非法签订《善后借款合同》,准备发动内战。孙中山力主讨袁,因国民党内意见分歧未果。袁世凯先发制人,6月初罢免江西都督李烈钧、广东都督胡汉民、安徽都督柏文蔚等人职务,派兵南下进驻江西。国民党人被迫起兵。7月12日李烈钧在湖口组织讨袁军,15日黄兴在南京就任江苏讨袁军总司令,18日陈炯明在广东宣布独立,上海、安徽、福建、湖南、四川等地也先后宣布独立。但国民党缺乏明确纲领,组织涣散,在袁军大举进攻下,陷于被动应战,各省相继取消独立。不到两个月,江西、江苏等地的国民党军队均被袁军击溃,孙中山、黄兴再度逃亡日本。"二次革命"以失败而告终。(推荐阅读　[美]史扶邻:《孙中山与中国革命》,丘权政、符致兴译,山西人民出版社)

二里头遗址　夏商时代遗址。位于河南洛阳盆地东部的偃师市境内二里头村,其年代约为距今3800—3500年。1959年开始发掘,从该遗址文化层及遗物来看,其年代晚于河南龙山文化、早于郑州二里冈文化。遗址内发现有宫殿、居民区、制陶作坊、铸铜作坊、窖穴、墓葬等遗迹。出土有大量石器、陶器、玉器、铜器、骨角器及蚌器等遗物。是一座精心设计、规模庞大、结构复杂的都城遗址,有最早的宫城、最早的官营手工作坊、最早的青铜礼器群及青铜冶铸作坊、最早的绿松石群、最早的城市主干道路网和车辙痕迹等,其遗址的宫城布局开中国古代都城规划制度的先河,其较为完善的形制和结构为后世沿用和借鉴。学界普遍认为,该遗址为夏朝中晚期都城遗址,二里头文化是夏文化。二里头遗址和河南郑州大师姑遗址、河南灵宝西坡遗址、河南登封王城岗遗址、河南新密新砦遗址、山西襄汾陶寺遗址一起被列为中华文明探源工程首批重点项目,是全国重点文物保护单位。(推荐阅读　许宏:《最早的中国:二里头文明的崛起》,三联书店)

法币改革　1935年国民政府的一次币制改革。在白银大量外流、社会经济动荡、金融业危机四伏的情况下,废止银本位制,实行纸币制,这是中国近代史上一次重要的币制改革。1935年11月4日起实行,其主要内容:统

一货币发行权,实行法币政策,以中央、中国、交通三银行(后加中国农民银行)所发行之钞票为法币;实行白银国有,禁止白银流通;放弃银本位制,采用外汇本位制。法币的价值用外汇率来表示,法币与英镑保持规定汇率,当时规定法币 1 元合英镑 1 先令 2.5 便士。同年 12 月美国变更购银办法,致使世界银价猛跌,影响中国外汇基金的稳定。1936 年 5 月,国民政府被迫与美国缔结《中美白银协定》,法币又与美元保持固定汇率,法币 1 元等于 0.2975 美元,使法币成为英镑、美元的附庸。改革结束了长期落后混乱的货币制度,稳定了货币金融市场,客观上推动了社会生产的发展,为后来的全面抗战打下了经济基础,但也加强了国民政府的金融垄断,后用膨胀发行法币的办法填补财政赤字,导致恶性通货膨胀,成为国民经济崩溃的重要原因。(推荐阅读　姚会元:《论法币改革》,《学术月刊》1997 年第 5 期)

藩镇割据　唐中叶以后部分地方军政长官据地自雄对抗中央的政治局面。唐玄宗在位(712—756 年)时期,共设置 9 个节度使以保卫国家安全。节度使拥有扩充军队、委派官吏、征收赋税等权力。节度使的职位继承方式主要包括父子相继和部将承袭,职位一经确认,不可随意更改。节度使统一掌管军镇,有藩卫唐朝政府的责任,故又称藩镇。藩镇的类型主要包括河朔型藩镇(与中央直接对抗,也称叛镇)、中原型藩镇、东南型藩镇、边疆型藩镇。军镇制度在安史之乱爆发后逐渐扩展到内地,唐德宗时,藩镇数量多达40 多个。唐朝中央政府曾于唐宪宗元和年间平定淮西、河朔等镇,但削藩效果不明显。割据局面一直延续两个世纪,阻碍社会发展,人民处于水深火热之中。北宋初期,政府解除藩镇兵权,割据局面才得以结束。(推荐阅读张国刚:《唐代藩镇研究》,中国人民大学出版社)

《反分裂国家法》　2005 年 3 月 14 日,十届全国人大三次会议通过的遏制"台独"分裂势力、维护两岸关系和平发展的法律。该法旨在反对和遏制"台独"分裂势力分裂国家,促进祖国和平统一,维护台湾海峡地区和平稳定,维护国家主权和领土完整,维护中华民族的根本利益。该法明确规定:世界上只有一个中国,大陆和台湾同属一个中国,中国的主权和领土完整不容分割。维护国家主权和领土完整是包括台湾同胞在内的全中国人民的共同义务。台湾是中国的一部分。国家绝不允许"台独"分裂势力以任何名

义、任何方式把台湾从中国分裂出去。解决台湾问题,实现祖国统一,是中国的内部事务,不受任何外国势力的干涉。国家主张通过台湾海峡两岸平等的协商和谈判,实现和平统一。"台独"分裂势力以任何名义、任何方式造成台湾从中国分裂出去的事实,或者发生将会导致台湾从中国分裂出去的重大事变,或者和平统一的可能性完全丧失,国家得采取非和平方式及其他必要措施,捍卫国家主权和领土完整。该法公布实施以来,在反对和遏制"台独"分裂行径、维护台海和平稳定、促进两岸关系和平发展等方面,发挥了十分重要的作用。(推荐阅读　栗战书:《坚决反对"台独"分裂,坚定推进祖国和平统一——在〈反分裂国家法〉实施15周年座谈会上的讲话》,《人民日报》2020年5月30日第3版)

范旭东(1883—1945年)　中国著名实业家、中国近代化学工业奠基人。湖南湘阴人,原名源让,字明俊,后改名锐,字旭东。早年在日本京都帝国大学(今东京大学)专修化学,以求科学救国。1912年回国后任职于财政部,1913年赴欧洲考察。1914年在塘沽建立久大盐业公司,先后设六厂,生产精盐。1917年在塘沽设立永利制碱公司,生产纯碱(兼制烧碱),聘用美国哥伦比亚大学博士毕业的侯德榜担任制碱工程师,经历近8年的磨炼,1926年6月,永利碱厂第一次生产出优质纯碱,这是中国首次打破了外国垄断局面,永利"红三角"纯碱在当年即获美国费城万国博览会金质奖,从此进入了国际市场。1922年8月在塘沽创办黄海化学工业研究社,研究成果遍及化工、医药、化肥、国防、金属、地质、食品等领域。1936年在南京建成"远东第一大厂"——永利硫酸铵厂,奠定了中国近代化学工业的基础。抗日战争全面爆发后将工厂迁往内地,继续在大后方创办实业,重建中国化工基地,任国民参政会参政员。1945年10月4日,在重庆辞世,毛泽东听闻消息亲往吊唁,送挽幛评价说:"工业先导,功在中华。"(推荐阅读　张守涛:《工业先导:范旭东》,江苏人民出版社)

淝水之战　发生在东晋和前秦间著名的以少胜多的战例。前秦政权控制了北方后,企图一统天下,前秦建元十九年(东晋太元八年,383年),前秦苻坚率80余万大军南下攻打东晋,晋相谢安派出侄子谢玄等将领率八万训练有素的北府兵迎击秦军主力。战争前期,前秦军势如破竹,连续战胜东晋

军队。由于前秦将领轻敌、士兵不团结等原因,战争局势开始逆转,东晋军队在洛涧(即洛河,在今安徽淮南东)大破秦军前哨,苻坚登上寿阳城观看淝水对岸晋军情况,遥望八公山(今安徽寿县北),见对方军容严整,心生恐惧,把草木都看成晋兵。晋军进至淝水,要求秦兵略向后退,以便渡河与之决战。苻坚企图乘晋军半渡时猛攻,不顾部属反对,指挥军队后退。后退中的前秦军队遭到晋军突然袭击,前秦军大败,溃兵逃跑时闻风声鹤唳,以为都是晋军追兵。拥有绝对优势的前秦败给了东晋,这是中国历史上典型的以少胜多之战,整个战役带来的影响决定了此后约两百年历史走向——北方再度分裂,南北对峙。(推荐阅读　王荣珍编著:《淝水之战》,吉林出版集团有限责任公司)

分封制　古代国王或皇帝分封诸侯的制度。商代已开始分封诸侯。周灭商和东征胜利后,大规模将封地连同居民分赏王室子弟和功臣。诸侯在其封国内有世袭的统治权,对天子有服从命令、定期朝贡和提供军赋等责任。古籍中称之为“封建”。该制度与宗法制互为表里,一定程度上促进了西周的统一和稳定,但同时也存在地方独立性过强的巨大隐患,逐渐成为西周衰落和动荡的制度根源。(推荐阅读　李雪山:《商代分封制度研究》,中国社会科学出版社;葛志毅:《周代分封制度研究》,黑龙江人民出版社;李治安:《元代分封制度研究》,中华书局)

《封建论》　唐代文学家柳宗元创作的一篇议论文篇名。文章中的“封建”是指春秋以前的“封邦建国”的分封制。作者从当时反对藩镇割据、巩固唐王朝统治的需要出发,依据历史事实,对分封制进行了全面分析,论证了郡县制的优越性,肯定了秦朝以郡县制取代分封制,建立封建专制主义中央集权制度的历史必然性。这篇文章从理论上有力地抨击了维护分封制的谬论,打击了藩镇们的气焰,具有强烈的现实性和鲜明的战斗性。(推荐阅读　瞿林东:《魏晋南北朝隋唐史学》,北京师范大学出版社)

扶清灭洋　义和团运动中提出的政治口号。甲午战争之后,中国社会民族矛盾尖锐,山东地区兴起以反洋教为旗帜的农民反帝爱国运动——义和团运动。它以“扶清灭洋”为口号,得到下层民众的积极响应,迅速发展成为席卷华北平原的大部分地区,甚至蔓延到东北及内蒙古的一场反帝斗争

运动。这一口号充满反帝爱国色彩,顺应了近代中国反帝反封建的历史要求,具有进步性的一面。但同时也存在明显的局限性:"扶清"将清政府和国家混为一谈,丧失了对腐朽的清政府应有的警惕之心,最后被清政府利用和出卖;"灭洋"盲目排外,不是实现救亡图存的正确路径。(推荐阅读　王如绘:《冠、戚义和拳举事口号考证》,《历史研究》2002 年第 5 期)

福建土楼　福建地区闽南人和客家人使用的富有特色的民居建筑。客家土楼是福建土楼的典型代表。形成于宋元时期,成熟于明清及民国时期,并延续至今。主要分布于福建省西部的永定、武平、上杭及南部的南靖、平和、华安、漳浦等地,现存约 3000 座。早先的福建土楼以生土作为主要建筑材料,掺上细沙、石灰、竹片、木条等,经过反复揉、舂、压建造而成。楼顶覆以瓦盖,经久不损。一般高可达五六层。到明末清初,客家人开始使用砖石砌墙。外形有圆形土楼、方形土楼、五凤楼、八卦形土楼、椭圆形土楼等类型。在客家人聚集地区,圆形土楼和方形土楼最常见。圆形土楼是在方形土楼的基础上发展起来的,是土楼建筑体系中出现最晚的一种形式,但却是客家民居最经典的形式。2008 年列入世界文化遗产的 46 座福建土楼由六群四楼组成,包括南靖县的田螺坑土楼群和河坑土楼群以及华安县的大地土楼群,永定县的初溪土楼群、洪坑土楼群、高北土楼群等。(推荐阅读　祖友义主编:《中国民居》,北京科学技术出版社)

府兵制　西魏、北周至隋、唐的兵制。西魏大统年间丞相宇文泰所建。共二十四军,由六柱国分领,下设十二大将军、二十四开府。军士由各级将领统率,另立户籍,与民户有别。北周武帝时,府兵军士改称"侍官",不属柱国,以加强中央的控制。隋初称军府为"骠骑府",以骠骑将军为长官,车骑将军为副;或设与骠骑府平行的车骑府。大业三年(607 年)改称"鹰扬府",以鹰扬郎将为长官,鹰击郎将为副。各府分隶十二卫;军人称"卫士",其户籍改属州县,标志着兵农合一的完成。唐初一度恢复"骠骑府""车骑府"旧称,旋改为折冲府,设折冲都尉与左、右果毅都尉。凡入选府兵者,平日务农,农隙教练,征发时自备兵器资粮,分番轮流宿卫京师、防守边境。军府绝大部分分布于京师附近的关内、河东、河南等道,用意在"举关中之众以临四方"。每府兵额由八百人至一千二百人,编制单位有团、旅、队、火。从高宗

时起,府兵即因分番更代多不按时,负担过重,逃避兵役。开元时,因府兵无力自备兵器、资粮,须由政府拨给,卫士改用招募,戍边的兵士也改用官健(士兵兵器资粮由官府供给)。天宝八载(749 年),折冲府无兵可交,这一制度名存实亡。(推荐阅读　熊伟:《府兵制与北朝隋唐国家政治生态研究》,人民出版社)

府院之争　北洋政府时期黎元洪与段祺瑞之间争权夺利的斗争。1916年袁世凯身故之后,总统黎元洪与国务总理段祺瑞都想乘机控制北京政府,扩充自身势力。1917 年第一次世界大战爆发,段祺瑞主张参战,企图以此为由向日本借款以扩充军力,实现一统中国的美梦。黎元洪、冯国璋则寻求英美扶持与其抗衡,阻止日本在中国势力的扩张。他们联合国会抵制宣战案,即使受到段祺瑞威胁也未妥协。段祺瑞愤而要求解散国会,5 月 23 日黎元洪却宣布免除段的职务,使矛盾升级。段祺瑞因此离京赴津,准备用武力倒黎。总统府与国务院之间的争斗不仅是北洋政府内部的权力之争,背后更是各帝国主义在华利益之争。加剧了民国时期的政局动荡,更加深了中国的半殖民地化程度。

改土归流　明清两代在西南及湖广少数民族聚居区以任命有任期的流官取代世袭土司的政治措施。永乐十一年(1413 年),明朝政府设置贵州布政使司取代思州、思南等八府的世袭土司。雍正四年(1726 年),清朝云贵总督鄂尔泰取消土司制度的建议被中央采纳。中央最先于云贵地区设置府、厅、州、县,后又逐渐推广到广西、四川、湖北、湖南等省。八年(1730 年),改土官为流官的地区共 309 个,所涉民族有布依族、苗族、彝族等。清政府根据土司本人的态度主要采取赏赐和惩处两种处理措施。改土归流地区在经济、建筑、文化教育等方面基本与汉族地区同制。这一政策的实施,减少了边疆地区潜在的叛乱因素,加强了中央集权,有利于边疆地区社会经济、思想文化的发展,也促进了内地和边疆的交流。(推荐阅读　马菁林:《清末川边藏区改土归流考》,巴蜀出版社)

港珠澳大桥　连接香港、珠海和澳门,跨越伶仃洋的超大型桥梁工程。大桥项目总设计师是孟凡超,总工程师是苏权科,岛隧工程项目总经理、总工程师是林鸣。20 世纪 80 年代初,香港、澳门与内地之间的陆地运输通道

不断完善，人员、物资交流日益频繁，但香港与珠江三角洲西岸地区的交通联系却因伶仃洋的阻隔而受到限制，迫切需要建设一座连接港珠澳三地的跨海通道。2003年8月启动前期工作，2009年12月15日开工建设，2016年9月主体桥梁正式贯通，2017年全桥建成，2018年10月24日正式通车运营。总投资约1200亿元人民币，全长55千米，主体工程由6.7千米的海底沉管隧道和长达22.9千米的桥梁组成。海底隧道处于海洋深水区，两端专门填筑东、西两个人工岛。东人工岛与香港之间以及西人工岛与珠海、澳门之间是跨海桥梁，包括三座通航孔桥和约20千米的非通航孔桥。江海直达船通航孔桥为钢塔钢箱梁斜拉桥。它不仅是世界最长的跨海大桥，而且是粤港澳大湾区的一座新地标，是一张"国家新名片"。其建成表明，中国在超大型交通基础设施建设的技术装备、科技创新、跨境工程组织管理和决策协调机制等多个领域取得全面突破。其建成开通，有利于三地人员交流和经贸往来，有利于促进粤港澳大湾区发展，有利于提升珠三角地区综合竞争力，对于支持香港、澳门融入国家发展大局，全面推进内地、香港、澳门互利合作具有重大意义。（推荐阅读　曾平标：《中国桥——港珠澳大桥圆梦之路》，花城出版社）

高濂（约1527—约1603年）　明代戏曲作家。字深甫，浙江钱塘（今杭州）人。约生于嘉靖初年，主要生活在万历时期。曾任鸿胪寺官，后隐居西湖。著有《玉簪记》《节孝记》《遵生八笺》等，均存于世。《遵生八笺》是一部养生学专著，全书共分8目19卷，其中，卷1至卷2为"清修妙论笺"，是养身格言，其宗旨多出于佛道思想；卷3至卷6为"四时调摄笺"，是按时调养的方法；卷7至卷8为"起居安乐笺"，专门介绍各种可资颐养的宝物器具；卷9至卷10为"延年却病笺"，是讲服气导引的一些方法；卷11至卷13为"饮馔服食笺"，介绍食品名目；卷14至卷16为"燕闲清赏笺"，论述赏鉴清玩器物的情况，并附种植花卉的方法；卷17至卷18为"灵秘丹药笺"，是经验的方药；卷19为"坐外遐举笺"，介绍历代隐逸100人的事迹。此书内容甚为丰富，涉及面极广，其中有关古器玩物之类的论述，是研究中国古代工艺美术史的重要资料。（推荐阅读　李玉安、黄正雨：《中国藏书家通典》，中国国际文化出版社）

《告台湾同胞书》　中国共产党和中国政府的对台方针政策从"解放台湾"转变为"和平统一"的标志性文件。1979 年 1 月 1 日，以全国人大常委会名义发表，郑重宣布了在新的历史条件下台湾回归祖国、争取祖国和平统一的大政方针。其要点是：强调坚持一个中国的立场，反对台湾独立；"尊重台湾现状和台湾各界人士的意见，采取合情合理的政策和办法，不使台湾人民蒙受损失"；提出解决台湾问题要"寄希望于 1700 万台湾人民"的方针；停止对金门等岛屿的炮击，两岸通过商谈结束军事对峙状态；希望双方尽快实现通邮、通航、通商。这一文件所宣告的台湾回归祖国、实现祖国和平统一大业的大政方针，标志着新时期对台方针政策的重大转变。（推荐阅读　王升：《〈告台湾同胞书〉的历史意义》，《台湾研究》2019 年第 1 期）

葛洪（约 281—341 年）　东晋时期的学者、医学家、道教理论家。丹阳句容（今江苏句容县）人。出身于天师道世家，自幼深受熏陶，爱好修道炼丹之术。终其一生著述极多，除诗、赋、章、表及神仙传数百卷（大部亡佚）外，还有《神仙传》《抱朴子》内外篇。其中，《抱朴子》内篇 20 卷，论述神仙黄白、鬼怪变化、养生延年、禳邪却祸之事，属道家；外篇 50 卷，论述时政得失、人事臧否，属儒家。精通医术，著有《玉函方》100 卷，后删定为《肘后备急方》，多为简易治疗方法和易得之药，便于民间使用，一直为后世所重。在道教理论上，首次提出"玄"的概念作为道教思想体系的核心。"玄"即"道"，是创造天地万物之母。修炼玄道为成仙途径。《抱朴子》内篇中首次辑录了许多已经失传的炼丹著作，并在长期实践的基础上记录了许多炼丹方法，具有一定的科学价值。主张养心颐神、崇信炼制和服食金丹，又将神仙方术与儒家纲常名教结合起来，主要神仙养生为内，儒术应世为外。（推荐阅读　汤一介：《早期道教史（增订本）》，中国人民大学出版社）

工农武装割据　毛泽东提出的关于中国革命新道路理论的一个科学概念。土地革命时期，毛泽东在农村革命根据地的革命实践基础上，对这条革命道路进行系统的理论概括，形成"工农武装割据"思想。这一思想包括武装斗争、土地革命和根据地建设三个部分。土地革命是中国革命的基本内容；武装斗争是中国革命的主要形式，是农村根据地建设和土地革命的强有力保证；农村革命根据地是中国革命的战略阵地，是进行武装斗争和开展土

地革命的依托。三者相辅相成,在中国共产党的领导下,密切配合,形成有机的统一。这一理论是马克思主义与中国国情相结合的产物,为新民主主义革命找到一条有中国特色的道路。它主张将党的工作重心转移到农村,依靠土地革命积蓄力量,时机成熟之后再通过武装斗争夺取政权。该理论明确了中国革命的方向,为中国革命的最终胜利奠定了坚实的基础。(推荐阅读　韩广富、曹希岑主编:《中国共产党历史上的1000个为什么》,中共党史出版社)

工商食官　西周工商业的一种独特的经济模式。西周时,工和商并称相连,均由奴隶主垄断。工商奴隶为官府生产和交换,他们的衣食等基本生活资料都由官府供给。《国语·晋语四》:"公食贡,大夫食邑,士食田,庶人食力,工商食官。"韦昭注:"工,百工。商,官贾也。《周礼》曰府藏皆有贾人,以知物价。食官,官廪之。"当时,手工业和商业基本上由官府经营管理,周王室和诸侯公室都拥有各种手工业作坊,作坊由司工(司空)负责,还设工正、陶正、车正等专业作坊的工官。作坊里有众多的具有专门技艺的工匠,号称为"百工"。周初手工业工人多是从商朝俘虏而来,由于他们有一技之长,故其地位大体上近似于平民阶级。另外,有不少手工业奴隶在监工的监督下从事繁重的杂役劳动。奴隶主操纵工商大权,坐享其利,却不直接参与各种具体的工商活动。所有生产、出售、贩运、交换活动,统统都由官府所属的工、商奴隶来承担。(推荐阅读　梅其君、韩赫明:《从手工业专门化生产看"工商食官"》,《贵州社会科学》2022年第1期)

古田会议　1929年12月在福建上杭县古田举行的中国共产党红军第四军第九次代表大会。会议决议的中心思想是要用无产阶级思想进行军队和党的建设,为人民军队的建设指明了方向。会上通过了《中国共产党红军第四军第九次代表大会决议案》,由毛泽东主持起草,亦称《古田会议决议》。决议在军队建设方面明确规定了红军的性质、宗旨和任务,强调要加强红军政治工作。决议在党的建设方面强调了加强党的思想建设的重要性,提出加强党的组织建设的任务。会议决议是中国共产党和红军建设的纲领性文献,是党和人民军队建设史上的里程碑,具有十分重要的意义。(推荐阅读　中共福建省委党史方志办:《古田会议永放光芒》,福建人民出版社)

关税与贸易总协定　关于关税和贸易规则的多边国际协议,也指执行这个协定的国际组织。参加联合国经社理事会国际贸易组织筹备委员会第二次会议的 23 个国家于 1947 年在日内瓦签订,1948 年 1 月 1 日起正式生效。宗旨是达成互惠互利协议,大幅度削减关税和其他贸易壁垒,取消国际贸易中的歧视待遇,从而达到促进商品生产与交换、提高人民生活水平、保证经济持续增长、提高世界资源利用效率的目的。1994 年 12 月,有 125 个成员。总部在日内瓦。总协定自成立以来,共进行了八轮多边贸易谈判。第八轮乌拉圭回合谈判达成建立世界贸易组织的协议。1995 年 1 月 1 日起总协定与世贸组织并存,一年后为后者所取代。(推荐阅读　[英]伯纳德·M. 霍克曼、米歇尔·M. 科斯特茨基:《世界贸易体系中的政治经济学》,吴海蓉等译,上海财经大学出版社)

《关于建国以来党的若干历史问题的决议》　中国共产党历史上具有深远意义和重大影响的重要文件。1979 年 11 月起,在中共中央政治局、中央书记处领导下,由邓小平、胡耀邦主持,开始起草《关于建国以来党的若干历史问题的决议》。1981 年 6 月,中共十一届六中全会审议并一致通过。《决议》对建国 32 年来党的重大历史事件特别是"文化大革命"作出了正确的总结,科学地分析了在这些事件中党的指导思想的正确和错误,分析了产生错误的主观因素和社会原因,实事求是地评价了毛泽东在中国革命中的历史地位,充分论述了毛泽东思想作为中国共产党的指导思想的伟大意义。《决议》肯定了中共十一届三中全会以来逐步确立的适合中国情况的建设社会主义现代化强国的正确道路,进一步指明了中国社会主义事业和党的工作继续前进的方向。《决议》的通过,标志着中国共产党在指导思想上的拨乱反正胜利完成。(推荐阅读　陈东林:《邓小平与〈关于建国以来党的若干历史问题的决议〉》,《当代中国史研究》2004 年第 4 期)

《关于正确处理人民内部矛盾的问题》　毛泽东 1957 年 2 月 27 日在最高国务会议第十一次(扩大)会议上的讲话。经过修改和补充后,发表于 1957 年 6 月 19 日的《人民日报》,后编入《毛泽东文集》第 7 卷。总结中国社会主义改造基本完成以后的新的历史经验,借鉴吸收一年多来国际共运的历史经验,创造性地提出正确区分和处理人民内部矛盾与敌我矛盾两类不

同性质矛盾的学说；指明在我国革命时期的大规模的疾风暴雨式的群众阶级斗争基本结束，提出把正确处理人民内部矛盾作为我国政治生活的主题，提出在解决人民内部矛盾方面实行"团结—批评—团结"；指出在社会主义社会中，基本矛盾仍然是生产关系和生产力之间的矛盾、上层建筑和经济基础之间的矛盾，在处理共产党和民主党派的关系方面实行"长期共存、互相监督"，在促进艺术发展和科学进步方面实行"百花齐放、百家争鸣"，在处理问题和解决矛盾方面实行"统筹兼顾、适当安排"等一系列正确的方针和方法。讲话公开发表前，反右派斗争已开始，由于当时对政治形势作了过分严重的估计，在讲话稿的整理过程中加进强调阶级斗争很激烈等同原讲话精神不协调的论述。是毛泽东关于社会主义建设的经典著作之一。

官督商办　清政府利用私人资本创办近代民用工业的一种组织形式。主要流行于19世纪70—80年代。洋务派为适应"求富"的目的，或为解决军用企业的资金、原料、燃料、交通运输等需要而创办。民间商股成为其主要资金来源，有时政府也预先垫款以做资本，但开办后要陆续归还。这种类型的企业主要有上海轮船招商局、开平煤矿、上海机器织布局等。名义上商人可以参与管理，但实权掌握在清政府委派的总办或督办手中，极其腐败的管理导致企业亏损严重，投资的商人越来越少，后来多改为官商合办或直接变成商办。（推荐阅读　张后铨主编：《招商局史·近代部分》，中国社会科学出版社）

官渡之战　曹操与袁绍在官渡（今河南中牟东北）地区进行的决战。东汉末年，北方最大的割据势力袁绍占据青、冀、幽、并四州，军事实力强大，物资储备丰富。此时，曹操在政治上"挟天子以令诸侯"，经济上募民屯田，军事上占据豫、兖、徐州，但是，总体上处于兵少粮缺的状态。建安四年（199年），袁绍带兵十万南下攻打曹操，两军胶着于官渡。五年（200年）二月，曹操采取声东击西、诱敌深入、后发制人等计初胜袁绍，并先后斩其大将颜良、文丑。十月，袁绍谋士许攸以献计偷袭乌巢（今河南封丘西）投奔曹操，曹操连夜率军至乌巢，火烧粮草。袁军军心涣散，大将张郃、高览归顺曹操，曹操全力冲击，获得胜利。该战役是中国历史上著名的以弱胜强的战役，为曹操统一北方奠定了基础。（陈昌远：《官渡之战》，河南人民出版社）

官僚资本主义　半殖民地半封建国家的买办的、封建的国家垄断资本主义。其发展特点是利用政治特权，通过超经济掠夺方式迅速膨胀，如排挤和吞并民族资本主义，借助滥发纸币、募借内外债、商业投机等途径，残酷掠夺广大劳动人民等。在抗战胜利以后达到最高峰。蒋、宋、孔、陈四大家族，在他们当权的20多年中，垄断了全国经济命脉。它的存在极大阻碍了中国经济的发展，迟滞了中国社会的进步，给人民群众带来了沉重的负担，是近代与帝国主义、封建主义并列的三大反动势力之一。新中国成立以后，官僚资本被没收，成为国营经济的组成部分，为社会主义革命和社会主义建设奠定物质基础。（推荐阅读　许涤新、吴承明主编：《中国资本主义发展史》，社会科学文献出版社）

光武中兴　光武帝刘秀在位时期国家出现的盛世局面。25年，西汉宗室刘秀重建汉朝，史称东汉。随后，又平定一些割据政权，实现全国统一。光武帝吸取西汉后期的教训，加强皇权，增强尚书台的作用，严格控制外戚干政；裁并郡县，裁减官吏，精兵简政，节省开支；选贤任能，整顿吏治，惩处贪污腐败；清查全国垦田、户口数量，抑制豪强；释放奴婢，与民休息；重视文教，提倡儒学；又允许北方少数民族内迁，缓和民族矛盾。通过一系列措施，到光武帝统治后期，东汉政权得到巩固，社会重新安定，经济逐渐恢复，国力日益强大，因刘秀谥号为光武，故有此称。（推荐阅读　潘志辉编绘：《图画中国历史：大汉天威与光武中兴》，哈尔滨出版社）

国共北平和谈　以周恩来为首席代表的中共代表团和以张治中为首席代表的南京政府代表团在北平举行的和平谈判。经过三大战役，国民党政府的主力部队损失殆尽，国民党政府在军事、政治和经济等方面都已濒临绝境，国民党政府倒台已成定局。1949年元旦，蒋介石发出"求和"声明，以争取喘息时间，企图"划江而治"。1月14日，毛泽东发表《关于时局的声明》，提出惩办战争罪犯、废除伪宪法、废除伪法统、依据民主原则改编一切反动军队、没收官僚资本、改革土地制度、废除卖国条约、召开没有反动分子参加的政治协商会议，成立民主联合政府等八项条件，作为进行和平谈判的基础。迫于内外压力，蒋介石于1月21日宣告引退，由李宗仁代理其总统职务。4月15日，中共代表在尽可能采纳南京政府代表团提出的意见后，提出

8 条 24 款的《国内和平协定》,以 4 月 20 日为最后签字时限。但在蒋介石的授意下,南京政府最后拒绝在协定上签字,北平和谈破裂。

国民革命运动　1924—1927 年中国人民进行的反对帝国主义、反对封建主义的国内革命战争。1923 年,中国共产党第三次全国代表大会决定与中国国民党建立革命统一战线。1924 年,孙中山召开国民党第一次全国代表大会,确定联俄、联共、扶助农工三大政策,改组国民党,实现第一次国共合作,并创办黄埔军校,建立革命军队。1926 年 7 月,国民革命军肃清了广东境内的军阀势力,统一和巩固广东革命根据地后出师北伐。在北伐战争中,中国共产党发动广大工农群众积极支援和配合,革命势力很快发展到长江、黄河流域。帝国主义为维护其在华利益,加紧对中国革命的干涉,并从革命队伍内部寻找新的代理人。以蒋介石为首的国民党右派便和帝国主义勾结起来,准备叛变革命。1927 年 4 月 12 日和 7 月 15 日,蒋介石、汪精卫先后在上海、武汉发动反革命政变,残酷屠杀共产党人和革命人民,第一次国内革命战争遭到失败。

国人暴动　西周周厉王统治时期爆发的国都平民暴动。西周时期将居住在国都的平民称为国人。国人多为各级贵族的疏远宗族成员,部分失势的贵族和贫困的士也会成为国人的组成部分。国人在平民中地位相对较高,有参与议论国事的权利。西周中期以后,王室统治已渐趋衰落,社会矛盾尖锐。周厉王即位后,却实行"专利"政策,把山林川泽收归王室,损害了国人的利益。还派卫巫监视、处死抱怨的民众。种种倒行逆施之下,不堪忍受的国人发动暴动,驱逐了周厉王。周厉王仓皇出逃到彘(今山西霍州),王朝大臣召公、周公临时主持政事,收拾残局,史称"共和行政"。公元前 841 年为共和元年,这是中国现存史料中有确切纪年的开始。暴动沉重打击了西周的统治,加速了它的崩溃过程。(推荐阅读　杨宽:《西周史》,上海人民出版社)

国子监　中国古代最高教育行政管理机构。西晋咸宁二年(276 年)始设国子学,与太学并立。南北朝时,或设国子学,或设太学,或两者同设。北齐改名国子寺。隋文帝时以国子寺总辖国子、太学、四门等学,炀帝时改国子寺为国子监,并开设进士科,开创科举取士的先河。唐、宋亦以国子监总辖国子、太学、四门等学。元代设国子学、蒙古国子学、回回国子学,亦分别

设监领学。明清仅设国子监,为教育管理机关,兼具国子学性质。清末改革学制,光绪三十一年(1905年)设置学部,国子监裁废,教育行政功能并入学部,其历史使命便告结束。国子学(国子寺、国子监)与太学,名称虽异,历代制度亦有变化,但俱为最高学府。当两者并设时,国子学之教育对象属更高级统治者子弟。北京内城东北安定门有遗址,建于元世祖至元二十四年(1287年),明清时增修。1961年3月4日,被中华人民共和国国务院公布为第一批全国重点文物保护单位。(推荐阅读 李永康:《国子监·孔庙》,中国工人出版社)

过渡时期总路线 从新中国成立到生产资料公有制的社会主义改造基本完成这一阶段的总路线。毛泽东在1952年首次提出,在1953年召开的中共中央政治局会议上作了比较完整的表述,1954年2月中共七届四中全会通过决议,正式批准了过渡时期总路线,并于同年9月载入《中华人民共和国宪法》。其核心是"一化三改""一体两翼",二者密切联系不可分割,总路线的主体任务是实现社会主义工业化,"两翼"是对个体农业、手工业以及资本主义工商业的社会主义改造,体现了变革生产关系同解放和发展生产力的辩证统一。在总路线的指导下,到1956年我国三大改造基本完成,公有制占绝对优势的社会主义经济制度初步建立,顺利地完成了从新民主主义向社会主义的过渡,第一个五年计划也提前超额完成,为社会主义工业化奠定了初步基础。(推荐阅读 本书编写组编著:《中国共产党简史》,中共党史出版社)

《海国图志》 魏源编著的一部世界地理历史知识的综合性图书。成书于道光二十二年(1842年),共50卷。道光十七年(1847年)、咸丰二年(1852年)分别增至60卷、100卷。作者在林则徐的嘱托下,根据《四洲志》及相关中外文献资料编纂而成。著作涉及世界各地的政治、经济、军事、科技、地理知识、历史发展等方面。书中提出"师夷之长技以制夷"的观点,主张学习西方国家的科学技术,为"洋务运动"的开展奠定了基础。魏源在书中表达了对西方民主选举的称赞,主张突破"家天下"的藩篱,废除世袭制和终身制。传播至日本并被翻刻,在一定程度上助推了"明治维新"的发生。(推荐阅读 魏源:《海国图志》,陈华、常绍温、黄庆云、张廷茂、陈文源点校注释,岳麓书社)

韩伯禄（1836—1902年）　法国耶稣会士。字石贞，1836年6月25日出生于法国南特。1868年到上海徐家汇供职，曾多次到华东地区（尤其是江苏和安徽两省）、华中地区收集动植物标本。利用这些动植物标本，同治十二年（1873年）在徐家汇组建了自然博物馆，是中国最早的自然博物馆，也是中国境内第一座具有近代意义的博物馆。徐家汇博物馆于1930年被划归至同属耶稣会的震旦大学，改名为震旦博物馆。曾经到菲律宾、苏门答腊、爪哇等地采集动植物标本。光绪二十五年（1899年），赴越南、柬埔寨、老挝等国采集动植物标本。次年因劳累过度，重病于河内。自河内返回上海，两年后病逝。平生收藏的动植物标本数以千计，在当时的远东地区首屈一指。当时有关中国动物的论文，大多刊发于他创办的《中华帝国自然史丛刊》上。主要著述有《南京地区河产贝类》等。（推荐阅读　安必诺、何碧玉等：《20世纪中国古代文化经典在法国的传播编年》，大象出版社）

汉赋　一种介于诗歌和散文之间的文学体裁。讲究文采、韵节，通过"铺采摛文"以"体物写志"。一般分为大赋和小赋两类。从内容上看，大赋多是铺叙夸耀都城、宫殿、苑囿之盛和帝王大规模行猎的场景，旨在歌功颂德，粉饰太平，迎合统治者好大喜功、追求享乐的心理，而在篇末寓讽谏之意。大赋为达到形式上的华美恢宏，往往夸张浮饰又大量堆砌辞藻，喜用冷字僻词以炫博争奇，兼之后期的大赋多模拟而少创新，行文板滞。主要作品有司马相如的《子虚赋》，扬雄的《长杨赋》《羽猎赋》，班固的《两都赋》，张衡的《东京赋》《西京赋》等。小赋篇幅较短，或抒情述志，或借物寓言，内容比较广泛，风格比较清新，主要流行于东汉。著名作品有张衡的《归田赋》、赵壹的《刺世疾邪赋》、祢衡的《鹦鹉赋》等。（推荐阅读　汪小洋：《汉赋文化史论》，东南大学出版社）

和平共处五项原则　20世纪50年代中国政府提出的处理国与国关系的基本准则。简称"五项原则"。1953年12月，周恩来代表中国政府在同印度举行谈判时第一次提出互相尊重领土主权、互不侵犯、互不干涉内政、平等互惠、和平共处的原则，得到印度方面的赞同，并写进中印《关于中国西藏地方和印度之间的通商和交通协定》中。在1955年4月亚非会议的发言中，周恩来又把"互相尊重领土主权"改为"互相尊重主权和领土完整"，从此，这

一原则作为中国和平外交政策的完整体现,在国际关系中产生了深远的影响。它不仅得到相同社会制度国家的确认,也得到不同社会制度国家的确认,成为中国对外政策的基石,成为处理国与国之间关系的基本准则。(推荐阅读 孙泽学、常清煜:《新中国成立初期和平共处外交与国家形象的塑造》,《当代中国史研究》2021年第6期;徐坚:《中国共产党的国际关系理论创新——从和平共处五项原则到人类命运共同体》,《外交评论(外交学院学报)》2021年第4期;王传兴、王子钰:《独立自主和平外交政策的历史演进与理论阐释》,《当代中国与世界》2022年第2期)

河姆渡文化 长江流域的一种新石器时代文化。根据碳-14测定距今约7000年至5000年,因1973年首次发现于浙江余姚河姆渡而得名。社会经济以稻作农业为主,兼营采集和渔猎,河姆渡遗址发现成堆的稻谷、谷壳、稻叶、稻秆等;河姆渡遗址发现大量的菱角、芡实、橡子、酸枣、麻栎等水陆生长的果实;狩猎捕捞的工具有石质或骨质的叉、镖、钩、镞、凿、匕等;在河姆渡遗址还发现了木桨,表明在江南水乡乘坐独木舟捕捞鱼虾已较普遍。河姆渡人的手工业颇为发达,包括制陶业、纺织业、骨器制作、竹木器加工等。河姆渡由早期打桩立柱架空的干栏式木构建筑,发展到后来的栽柱式地面木构建筑,木构件已普遍使用卯榫结构和企口板,卯榫结构奠定了7000年以来中国木构建筑技术的基础。这一文化成就证明了中国古老文化的摇篮,并非只有黄河流域,长江流域也是中华民族文化古老的摇篮。(推荐阅读 刘军、姚仲源:《中国河姆渡文化》,浙江人民出版社)

河西走廊 亦称"甘肃走廊"。东起乌鞘岭,西至古玉门关,南北介于南山(祁连山和阿尔金山)和北山(马鬃山、合黎山和龙首山)间,地带狭长,形如走廊,位于黄河西部故名。自古便是通往新疆、中亚、西亚的要道,是丝绸之路重要组成部分,沿途主要有武威、金昌、张掖、酒泉、嘉峪关等城市。这一走廊成为连接中西的孔道和桥梁,对丝绸之路的畅通和繁荣,以及中西文明的交流融合、汇聚传承贡献巨大。(推荐阅读 王宗维:《汉代丝绸之路的咽喉——河西路》,昆仑出版社)

红船精神 红色革命精神之一,指的是开天辟地、敢为人先的首创精神,坚定理想、百折不挠的奋斗精神,立党为公、忠诚为民的奉献精神。1921

年 8 月初,中国共产党第一次全国代表大会在浙江嘉兴南湖的一条游船上胜利闭幕,庄严宣告中国共产党的诞生。这条游船因而获得了一个永载中国革命史册的名字——红船。红船见证了中国历史上开天辟地的大事变,成为中国革命源头的象征。这一精神同井冈山精神、长征精神、延安精神、西柏坡精神等一道,伴随中国革命的光辉历程,共同构成中国共产党在前进道路上战胜各种困难和风险、不断夺取新胜利的强大精神力量和宝贵精神财富。(推荐阅读习近平:《弘扬"红船精神" 走在时代前列》,《人民日报》2017 年 12 月 1 日第 2 版)

红山文化 中国新石器时代的文化。1935 年,考古学家在辽宁赤峰(今属内蒙古)红山发现文化遗迹,故名。年代约与仰韶文化中晚期相当,根据遗迹、遗物的典型特征以及碳- 14 测定的年代数据判断,距今约为 6500 年至 5000 年,分早、中、晚三期,每一期又可分出早、晚两段。主要分布在辽宁西部一带。生产工具中有打制石器、磨制石器和细石器,陶器中有细泥彩陶和带篦纹、划纹的粗陶,玉器有玉龟、玉龙、玉凤、玉兽等。当时的经济生活以农业为主,也饲养猪、羊等家畜,并辅以狩猎。2012 年,红山文化遗址成功列入中国世界文化遗产预备名单,2014 年,赤峰市与朝阳市共同签署了《红山文化遗址联合申报世界文化遗产工作备忘录》,宣布将对红山文化魏家窝铺遗址、红山后遗址、牛河梁遗址进行联合申遗。(推荐阅读 于建设:《红山文化与中华文明》,中国社会科学出版社)

鸿胪寺 中国古代官署。原为秦朝时期九卿之一的典客,专司民族事务。汉武帝时更名为"大鸿胪",东汉后转变为赞襄礼仪的机构。北齐时期,正式设立鸿胪寺,职能扩大为:掌诸侯王及少数民族首领迎送、接待、朝会、封授等礼仪,及赞导郊庙行礼、管理郡国计吏等事宜。官署主官为鸿胪寺卿。此后历朝政府沿袭,设立鸿胪寺执掌民族事务、外交事务和祭祀礼仪等事务,是封建社会沿用最长的官署之一,直到清末才被废除,被外务部等近代机构所取代。

虎门销烟 钦差大臣林则徐在广东虎门集中销毁鸦片的历史事件。18 世纪末 19 世纪初,英国向中国大量倾销鸦片以打开中国市场。鸦片的大量流入损害了国人的身体健康,造成白银外流,一定程度上动摇了清政府的统

治。道光十八年(1838年)七月,林则徐提出《严禁鸦片章程》的禁烟方案,并最先在湖广地区实施,取得较为明显的成效。十一月,林则徐以钦差大臣的身份,前往广东禁烟。十九年(1839年)正月,林则徐抵达广东,采取传讯洋商、禁止鸦片贸易往来、限定缴纳鸦片期限及封闭商馆等措施收缴英国趸船上的全部鸦片。四月二十二日(6月3日)开始在虎门海滩进行了为期23天的销烟活动,共计销毁鸦片19187箱、2119袋,共2376254斤。打击了西方侵略者的嚣张气焰,鼓舞了中国人民的禁烟决心和斗志。(推荐阅读 萧致治:《鸦片战争史》,福建人民出版社)

护法运动 孙中山为维护《中华民国临时约法》、反对北洋军阀的独裁专制统治而发动的战争。亦称"护法战争"。1917年7月张勋复辟时,孙中山即号召护法。段祺瑞在日本帝国主义支持下,重任北京政府的国务总理,拒绝恢复《临时约法》和国会。孙中山即以维护《临时约法》为号召,于同月率驻沪海军到广州,联合"暂行自主"的西南滇桂军阀,于8月在广州召开国会非常会议,成立护法军政府。并被选为大元帅,领导滇军、粤军以及部分桂军、黔军、湘军、川军等,抗击北洋军阀段祺瑞的军事进攻,曾将进入湖南和四川的北洋军队击败。但滇桂军阀并非真正拥护孙中山,只为借"护法"扩大地盘。1918年5月孙中山被排挤去职,护法军政府遂成为南方军阀的政权,向北洋军阀靠拢,酝酿南北议和,护法运动失败。(推荐阅读 尚明轩主编:《孙中山全集》,人民出版社)

护国战争 蔡锷、唐继尧等人为反对洪宪帝制讨伐袁世凯的战争。1915年起,袁世凯加紧推行帝制复辟计划,激起了全国人民的坚决反对。12月25日,唐继尧等通电全国宣布云南独立,又将云南陆军编成护国军第一、二、三军,护国战争正式爆发。1916年1月,蔡锷亲率护国第一军向四川进发,相继攻占叙州、江安等地。2月21日,李烈钧率护国第二军进军广西,先后收复皈朝、剥隘等要地。3月15日,陆荣廷宣布广西独立,护国战争达到高潮。袁世凯被迫于3月22日宣布取消帝制,命四川将军陈宧与蔡锷谈判议和,妄图退保总统地位。但护国军坚持袁不退位,无调停可言。袁世凯内部又分崩离析,陕西、四川、湖南纷纷宣布独立。6月6日,袁世凯在恐惧和怨恨中死去。7月14日,唐继尧通电撤销军务院,战争宣告结束。护国战争

推翻了洪宪帝制,埋葬了袁世凯,具有革命进步意义;但代之而起的是北洋军阀段祺瑞的专制统治,资产阶级民主革命的任务远没有完成。(推荐阅读高光汉:《护国运动史》,云南大学出版社)

华北事变 日本侵略蚕食中国华北一系列事件的总和。从 1935 年初起,日本在华北蓄意制造了一系列挑衅事件,南京国民政府在日本的施压下相继签订《秦土协定》《何梅协定》,使中国丧失了察哈尔、河北两省的大部分主权。此后日本又策动"华北五省自治运动""香河事件",成立"冀东防共自治委员会""冀察政务委员会"等。这些事件基本上都发生在华北地区,故称"华北事变"。国民党政府的丧权辱国政策,助长了日本吞并整个华北进而灭亡中国的侵略野心,日本轻而易举地控制了华北大部分地区,使中华民族陷入空前严重的危机之中,中日民族矛盾上升到主导地位,事变后中华民族面临亡国灭种的危险,全国各地掀起抗日救国的高潮。(推荐阅读 张皓、朴泓燕:《从胡白事件到〈何梅协定〉:蒋介石对华北事变的处置》,《抗日战争研究》2018 年第 2 期)

华夏认同 在华夏民族形成的过程中逐渐产生了民族认同的思想意识。古代常以"夏"与"蛮"对称,以"华"与"夷"对称,乃以文化和族类作为区分尊卑贵贱的标准。实际上,早期华夏系由部分羌、夷、戎、狄、苗、蛮等族体共同融混而成,已将这些民族包括在内。华夏族开始形成于夏朝,这是中国出现的第一个国家。秦始皇于公元前 221 年建立以华夏为主体的统一的多民族国家,在广大聚居区内逐步实现车同轨、书同文、行同伦。秦汉以后,华夏族这一称谓后为"秦人""汉人"乃至"唐人"所代替,但是"华"作为中国民族的概念并未消失。近代出现"中华民族"的概念后,遂以中华民族作为中国各民族的总称。大体上经历了西周早期周人对夏人的血缘认同、春秋时期蛮夷对华夏文化的认同、战国时期内迁各族逐渐融入华夏族及秦之后的民族融合。(推荐阅读 王明珂:《华夏边缘:历史记忆与族群认同》,上海人民出版社)

华夏族 汉族的前身。华夏亦作"诸夏",汉族先民或中国(中原)的古称。通常认为始见于《左传·襄公二十六年》"楚失华夏,则析公之为也"。最早以"华""夏"分称者较多。"华"意为"荣"(《说文·华部》),"夏"意为"中

国之人"(《说文·攵部》),"中国"则含有中原之意。《书·孔氏传》中称"冕服采章曰华,大国曰夏";唐朝经学家孔颖达疏谓"中国有礼仪之大故称夏,有服装之美谓之华",并认为华夏连称"谓中国也"。古代常以"夏"与"蛮夷"或"蛮"对称,以"华"与"夷"对称,乃以文化和族类作为区分尊卑贵贱的标准。实际上,早期华夏系由部分羌、夷、戎、狄、苗、蛮等族体共同融混而成,已将这些民族包括在内。开始形成于夏朝,这是中国出现的第一个国家,由传说中黄帝的后代——禹的儿子启建立于公元前 21 世纪。公元前 221 年,秦始皇建立以华夏为主体的统一的多民族国家,在广大聚居区内,逐步实现车同轨、书同文、行同伦,华夏开始成为稳定的族体,为汉民族的形成奠定基础。(推荐阅读　何德章:《汉族族称的出现与定型》,《历史研究》2022 年第 5 期;罗新慧:《华夏共同祖先意识的萌生发展——以"祝融八姓"为中心》,《历史研究》2023 年第 1 期)

皇族内阁　清末预备立宪过程中成立的以满族、皇族为主的责任内阁。又称"亲贵内阁"。宣统三年(1911 年)5 月,由于国内革命运动和立宪运动迅猛发展,清政府被迫发布上谕,宣布裁撤军机处,改设内阁,任命庆亲王奕劻为内阁总理大臣,但公布的 13 名内阁成员中,满族占 9 人,其中皇族占 7 人,军政大权集中于皇族亲贵手中。该措施倒行逆施,使清政府的腐败专制暴露无遗,使得不少立宪派转而支持革命,清廷处于空前孤立的地步,加速了清朝的覆亡。(推荐阅读　李细珠:《新政、立宪与革命:清末民初政治转型研究》,北京师范大学出版社)

黄巢起义　黄巢领导的唐末农民大起义。咸通十四年(873 年),关东地区发生严重旱灾,唐政府依然勒令民众如期上缴赋税,激起广大民众的强烈不满。乾符元年(874 年),王仙芝领导民众进行起义。二年(875 年),黄巢率领民众响应王仙之起义,双方合作领导起义。次年,黄、王因是否响应朝廷招安问题分兵。乾符五年,王仙芝在申州、黄梅之役战死,义军大部分投靠黄巢,黄巢成为首领,称"冲天太保均平大将军",建元"王霸"。黄巢带领民众一路南下,经淮南、浙东等地,进入福建。六年(879 年),黄巢率军进入岭南,攻克广州后回师北伐。广明元年(880 年)十一月,黄巢攻克洛阳,进入长安,在民众拥护下建立农民政权,国号"大齐",改元"金统"。中和三年

（883年），起义军撤出长安，进攻陈州（今河南淮阳），与唐军周旋三百日左右，军队战斗力下降，腹背受敌。四年（884年），黄巢败走山东，于泰山狼虎谷战败自杀。起义表现了农民的反抗精神，沉重打击了唐王朝的封建统治。（推荐阅读　方积六：《黄巢起义考》，中国社会科学出版社）

《黄帝内经》　现存最早、影响最大的一部中医经典。首载于《汉书·艺文志》，列于"医经"类之首。该书非一时一人之作，而是在一个相当长的历史时期内集众多医家的劳动成果。包括《素问》和《灵枢》两部分。现今通行的《素问》以唐代王冰编次整理、宋代林亿等校正刊行的版本为原型；通行的《灵枢》以南宋史崧校正"家藏旧本"刊印流传。其主要内容有阴阳五行、藏象、经络、病因病机、诊法、病证、治则治法、养生等。除医学理论外，还记载了古代哲学、天文学、气象学、生物学、地理学、数学、社会学等诸多学科知识，是一部围绕生命问题而展开的百科全书。标志着中医理论体系的形成，为数千年来中医学的发展奠定了坚实的基础，在中国医学史上占有十分重要的地位，被后世尊为"医家之宗"。（推荐阅读　吴润秋主编：《中医经典精读精讲》，广东科学技术出版社）

黄鹄号蒸汽轮船　近代由中国人自己制造的第一艘以蒸汽为动力的轮船。黄鹄，鸟名。《楚辞·惜誓》："黄鹄之一举兮，知山川之纡曲。"朱骏声《说文通训定声·孚部》："形似鹤，色苍黄，亦有白者，其翔极高，一名天鹅。"徐寿在安庆内军械所与华蘅芳、吴嘉廉、龚云棠及次子徐建寅等合作下，于同治四年（1865年）试制成功。为木质明轮船，载重二十五吨，长五十五尺，高压引擎，单汽筒直径一尺，长二尺，锅炉长十一尺，直径二尺六寸，机器集中在船的前半部，每小时行二十至四十里左右。造价用银八千两左右。

黄花岗起义　中国同盟会在广州举行的武装起义。亦称"辛亥广州起义""辛亥广州三月二十九日之役"。宣统二年（1910年）秋，孙中山与同盟会的重要骨干在马来半岛的槟榔屿召开会议，决定在广州发动新的起义。会后，孙中山到各地募款。黄兴、赵声负责筹划起义，主持了总机关"统筹部"。由于形势的变化，起义在实力尚未集中的情况下发生。三年三月二十九日（1911年4月27日），黄兴率敢死队130人攻入总督衙门，分路与大队清军展开激烈巷战。但因伤亡过重，被迫退却，一百余人死难，后由善堂收殓遗

骸七十二具,葬于黄花岗,史称"黄花岗七十二烈士"。这场起义震动全国,成为辛亥革命的前奏。(推荐阅读　廖书兰:《黄花岗外》,团结出版社)

黄巾起义　东汉末年发生的中国历史上规模最大的一次以宗教形式组织的农民大起义。当时政治黑暗、宦官专政、豪族地主疯狂兼并土地、阶级矛盾日益尖锐。巨鹿人张角创立了"太平道",并秘密组织活动,在他的号令下,走投无路的贫苦农民纷纷揭竿而起,头裹黄巾,故被称为黄巾军。虽然黄巾军多次打败东汉政府军,但在政府军和豪强地主武装的联合镇压下最终失败。起义动摇了东汉王朝的统治基础,地方势力乘机拥兵自重,军阀割据局面出现,东汉政权名存实亡。(推荐阅读　刘凤鸣:《黄巾起义与山东半岛的方仙道文化》,《山东大学学报》(哲学社会科学版)2007 年第 2 期)

黄老无为　中国古代道家学派的代表性思想。"黄"即黄帝,战国时期道家学者假托黄帝之名撰写了《黄帝四经》等著作,故黄帝被视为道家的代表人物;"老"即老子,道家学派创始人。"无为"即"无为而治"思想,其主张顺应自然、不刻意强求。无为思想发端于春秋战国时期。汉初,汉高祖刘邦为稳定秩序,恢复经济,采用陆贾的建议,将"无为而治"确定为治国理念,推行轻徭薄赋、与民休息政策,由此获得极大发展。汉武帝时期,社会经济获得很大恢复与发展,统治者亟需进一步强化专制主义中央集权制度。因此,该思想已不能满足政治需要,其正统地位被儒家所取代。唐宋之际,这一思想与儒、释教思想渐趋融合。(推荐阅读　曲柄睿:《身体与国政:黄老学说影响下的战国秦汉政治》,《文史哲》2023 年第 3 期;李禹阶:《黄老学说:法家之东方"别派"与另类的"汉承秦制"》,《陕西师范大学学报》(哲学社会科学版)2023 年第 5 期)

徽派民居　徽州地区的明清古民居。现存徽派民居多由当地著名的徽商所建,其基本组合形态是合院,在合院的基础上衍生出众多独有的建筑特色。比较典型的合院平面形式有:三合院、四合院、H 形合院(即两个三合院的组合)、日字形合院(即两个四合院的组合)、一个三合院和一个四合院的组合形式等。民居具有鲜明地域性特色,一般都是粉墙、黛瓦、黑墙边,整体色彩以黑、白、灰为主,建筑风格朴素淡雅。民居内部的布局以中轴线对称分列,面阔三间,中为厅堂,两侧为厢房,厅堂前方中部为天井,构成一座以

天井为中心的三间两过厢组合、长方形平面、双楼层的内向小型三合院或四合院。除此之外,还蕴含浓厚的文化底蕴:顺应自然环境,与山水融为一体,体现了"天人合一"的理念;聚落与山水环境的和谐,建筑群体与街巷空间的和谐,又反映出儒学思想对和谐的追求;黑、白、灰为主的色调,折射了程朱理学的审美倾向;遍布的祠堂和牌坊,又是儒家伦理道德的象征。是中国最著名的古民居之一,堪称建筑与文化相结合的典范。(推荐阅读　单德启编:《安徽民居》,中国建筑工业出版社)

基层群众自治制度　中国特色社会主义政治制度体系重要组成,是人民依法直接行使民主权利的一项基本政治制度。中国的城市社区和农村的社会治理又被称为"基层治理"。根据居民或村民居住状况、人口多少,按照便于群众自治的原则设立的城市居民委员会和农村村民委员会即基层群众自治组织,不是一级政权组织,在区县或乡镇人民政府的指导下进行工作,其主要任务是办理本居住地区属于居民委员会或村民委员会法定职责范围内的公共事务和公益事业,调解民间纠纷,协助有关部门维护社会治安,开展建设,向政府反映居民群众的意见、建议和提出要求。其主要特征是民主选举、民主协商、民主决策、民主管理。实行基层群众自治制度,发展基层民主,保障人民群众依法行使民主权利,是中国社会主义民主政治建设的重要内容。(推荐阅读　陈斯喜:《中国基层群众自治制度》,中国民主法制出版社)

羁縻府州　唐、宋、明各朝在少数民族地区设置的具有一定自治性的地方行政单位。为了管理和笼络边远少数民族,唐代在这些地区设置羁縻都护府、都督府、州、县,由少数民族首领充任都护、都督、刺史和县令,允许世袭,有一定地方自治权,但必须接受都护府、边州都督的监督和领导,各府州户籍、赋税不入户部是其重要特点。宋代在西南部分地区因袭此制,设置了羁縻州、县、峒。明代在边境部分地区设置羁縻卫所,性质与唐宋羁縻府州相似。这一地方行政制度的设立体现了中原王朝对少数民族采取笼络政策和因俗而治的特点,有利于促进边疆少数民族地区的发展,加强各民族之间的政治、经济和文化交流,增强少数民族对统一多民族国家的认同。(推荐阅读　刘统:《唐代羁縻府州研究》,西北大学出版社)

急递铺　金、元、明、清时传送文书的驿站。由宋代创设的急脚递发展起来,宋代每十八里或二十里、二十五里置一铺。递铺有步递、马递、急脚递(又称急递铺)和金字牌急脚递之别,各种递铺传送文书种类和日行途程不同。递铺虽以传递官府文书为主,但接待使客、运送官物,乃至提供马匹车船等交通工具之事,亦所在多有。《元史·兵志四》:"古者置邮而传命,示速也。元制,设急递铺以达四方文书之往来。"《元经世大典·急递铺总序》:"十里或十五里或二十里设一急递铺。十铺设一邮长,铺卒五人。文书至……卒腰革带,带悬铃……赍文书以行,夜则持炬火焉。道狭,车马者、负荷者,闻铃则遥避路旁,夜亦以惊虎狼。……定制一昼夜走四百里。"明代每十里设一铺,每铺设铺长一名,铺兵要路十名,专一传送公文。递送公文,照依古法,一昼夜通一百刻,每三刻行一铺,昼夜须行三百里。公文到铺,随即递送,无分昼夜。清代咸丰、同治以后,随着轮船、铁路、电讯、邮政相继发展,驿站逐渐变得无足轻重。光绪三十二年(1906 年),设立邮传部以掌轮、路、电、邮,在此前后,驿站相继裁去。(推荐阅读　田大刚:《明代〈南京至甘肃驿铺图〉考释》,《历史档案》2021 年第 3 期)

计划经济体制　一种由国家计划主导的、高度集中的经济体制。有效运作的前提是全社会的直接社会化大生产和生产资料的完全社会所有制,其基本内涵与特征是依赖政府制定的指令性计划,按比例地分配社会劳动,有计划地发展社会经济,直接地分配社会产品。20 世纪 30 年代形成的苏联模式是计划经济体制的典型代表。新中国成立初期,曾经借鉴苏联经验,逐步建立起计划经济体制,对当时国民经济的恢复与发展起到积极作用。但这一体制也存在一定程度的弊端,高度集中的指令性计划压低了地方政府和企业的自主权,排斥市场与商品货币关系则阻碍了市场经济的发展。20 世纪 80 年代以来,一些实行计划经济体制的国家逐步进行经济体制改革。1978 年,中共十一届三中全会提出"计划和市场都只是发展经济的手段",由此开启了对计划经济体制的调整与改革。1992 年,中共十四大确定了中国经济改革的总目标是建成社会主义市场经济,这一经济体制逐步退出历史舞台。(推荐阅读　桂世镛等主编:《中国计划体制改革》,中国财政经济出版社)

纪传体史书　中国传统史书的一种重要形式,创始自西汉司马迁的《史记》。记述了大量人物传记,并以此为主线叙述历史的演进过程与重大事件。由本纪、表、书、志、世家、列传等组成。其中,"本纪"基本上为编年体,主要记载国家大事与帝王事迹;"世家"主要记载诸侯与贵族的事迹;"列传"主要记载帝王与诸侯以外的代表人物事迹,包括少数民族与国内外地理;"书"主要记载各朝代的典章制度和有关自然、社会各方面的历史。优点是便于记载政治、经济、文化等多方面的情况,能广泛地记载社会各阶级、阶层人物的事迹,内容比较丰富。读者可以从中全面了解某一历史事件的发生、发展过程,进而总结历史经验教训,获得智慧。缺点是记事分散于本纪、列传、书、志诸篇之中,不能完整地叙述每一历史事件的过程,不能表明历史事件之间的联系。(推荐阅读　王保顶:《前四史解读》,江苏人民出版社;王锦贵:《中国纪传体文献通论》,中华书局)

家庭联产承包责任制　农户以家庭为单位向集体组织承包土地等生产资料和生产任务的农业生产责任制形式。以包产到户和包干到户为主。基本特点是在保留集体经济必要的统一经营的同时,使生产者在劳动和经营方面获得了相对的独立性和自主权,使劳动和经营的成果同生产者的利益紧密联系起来。这样的做法既克服了管理过分集中和平均主义等弊病,又坚持了土地等基本生产资料的公有制和某些统一经营的职能,发挥了集体经济的优越性和农民家庭的积极性。因此,家庭联产承包责任制是广大农民群众的一大创举,它不仅调动广大农民的积极性,促使农村生产力的解放和发展,较好地解决亿万农民的温饱问题,而且对于实现农业的现代化发挥重要作用,引发农村社会的深刻变革,带动各个领域改革开放的蓬勃发展。(推荐阅读　刘志新:《百年党史关键词(1921—2021)》,人民日报出版社)

甲骨文　商周时代刻在龟甲兽骨上的文字,亦称"契文""龟甲文字""殷墟文字"。商代甲骨文是商王朝利用龟甲兽骨占卜吉凶时刻写的卜辞和与占卜有关的记事文字,为盘庚迁殷到纣亡之间的遗物,是研究商周社会历史的重要资料。最初出土于河南安阳小屯村的殷墟,光绪二十五年(1899 年)才被学者发现,三十年(1904 年)孙诒让著《契文举例》,始作考释。1928 年后,多次发掘,先后出土达十余万片,已发现的甲骨文单字在 4500 字左右。

在可识的汉字中,该文字是最古的文字体系,其文字结构由独体趋向合体,而大批形声字的出现,体现其符号化程度很高,这说明甲骨文是经过长期发展而来的文字,在甲骨文以前很久,文字就已产生。(推荐阅读　于省吾:《甲骨文字释林》,商务印书馆)

贾湖遗址　中国新石器时代前期重要遗址。位于河南省舞阳县贾湖村,距今约 9000—7500 年。遗址平面近圆形,面积约 5.5 万平方米,最早于 20 世纪 60 年代初被发现。1983—2013 年先后进行了 8 次科学发掘,清理出大量住房、墓葬、土陶、石器、骨器、龟甲、碳化稻和粟等遗存,包括迄今所知世界最早的五声至七声音阶骨笛,具有文字性质的甲骨契刻符号等。这一遗址是黄河中游至淮河中下游之间新石器文化关系的一个连接点,为研究当时的社会、经济、技术、文化、艺术等提供了宝贵的实物资料。(推荐阅读 孔昭宸等:《河南舞阳县贾湖遗址八千年前水稻遗存的发现及其在环境考古学上的意义》,《考古》1996 年第 12 期)

建安文学　汉末建安时期的文学。建安是汉献帝的年号。文学史上的建安时期,则指建安至魏初的一段时间。代表作家有曹操、曹丕、曹植和"建安七子"等。以诗歌的成就最为显著。作品既继承了汉乐府民歌的某些特点,情词并茂,又表现出诗人的个性;有不少反映社会动乱、大众痛苦,以及作者渴望建功立业的雄心。作品情调慷慨,语言刚健,南朝文学批评家钟嵘在《诗品》中曰:曹植的诗"骨气奇高,词采华茂,情兼雅怨,体被文质",刘桢的诗"仗气爱奇,动多振绝,真骨凌霜,高风跨俗"。曹丕《典论·论文》写道:"文以气为主,气之清浊有体。不可力强而致。"后人称为"建安风骨"。同时也出现注重修辞炼句的倾向。辞赋则进一步转向抒情小赋。该文学的许多特点对后来文学的发展趋向有重要影响,唐代诗人李白有"蓬莱文章建安骨"之句。(推荐阅读　夏传才主编:《建安文学全书》,河北教育出版社)

鉴真东渡　唐朝僧人鉴真东渡日本传播佛教律令、中华文化的事件。鉴真 14 岁出家,22 岁接受了佛教的具足戒,对三藏皆有造诣,最为擅长佛教。天宝元年(742 年),鉴真积极回应日僧荣睿、普照的邀请,先后五次率众东渡日本传教,因气候等不利因素的影响均以失败而告终。东渡途中极为坎坷,双目失明,亲历好友病逝。天宝十二载(753 年),鉴真第六次东渡日本

成功,到达日本九州,次年至平城京(今奈良),受到日本朝野的欢迎。鉴真在日期间,主持修建戒塔,传授戒法,将中国的建筑、雕塑、医药学、书法等介绍到日本。日本现存的唐招提寺,就是由鉴真及其弟子所建。传有《鉴真上人秘方》。东渡传播了优秀的传统文化,促进了中日文化的友好交流。(推荐阅读　许凤仪:《鉴真东渡》,上海人民出版社;[日]真人开元、李言恭、郝杰:《唐大和上东征传》,汪向荣、严大中校注,中华书局)

交子　中国最早的纸币,也是世界上最早的纸币。北宋初年,四川地区只流通铁钱,铁钱面值小、体积大、流通不便,交子由此产生。最初由商人私营的"交子铺"发行。天圣元年(1023年),宋廷将交子的发行收归官营。自此,成为四川地区的法定货币,与铁钱共同流通。流通范围随着商品经济的发展逐步扩大,南宋朝廷曾在两淮和东南地区发行交子。政府严禁民间私造,违者以罪论之。北宋后期,由于发行过多,开始贬值。交子发行是中国货币史上的重大事件,标志着纸币开始在中国出现并流通,促进了商品经济的发展。(推荐阅读　汪圣铎:《两宋财政史》,中华书局)

节度使　唐代开始设置的地方军政长官。因受职之时,朝廷赐以旌节,故称节度使。节度意为节制调度。东汉永初二年(108年),梁慬主持西北军事,任诸军节度使。曹魏景元四年(263年),魏军伐蜀,由司马昭指授节度。南北朝时,刺史多加持节都督,但是辖区小、职权轻。北周及隋改节度使为总管。隋炀帝时废总管,唐初恢复,仍称都督。自贞观以后,内地都督府大多省罢,只有军事活动频繁的地区尚存,且统辖州、县、镇戍。唐朝武德六年(623年),诸州总管加号使持节。永徽以后,都督带使持节。天宝初年,沿边设有九节度使。辖境内各州刺史(郡守)皆为其属。亲王、宰相遥领,以副大使知节度事。节度使带中央官衔,官衔最高为同平章事,名为使相。至德以后,中原地区的刺史亦作使相。河北等地节度使拥兵自重,自行传位给子孙或部将,不奉朝命,世为藩镇。五代时期,节度使数量激增,废置无常。北宋建立初,仍有掌握实权的节度使,名为归镇,总领所辖州郡行政事务,正三品。太平兴国二年(977年),节度使所领支郡逐渐被切削殆尽,仅领有本州府事;武臣以节度使为阶官的不必赴治所,宗室、国戚仅作奉朝请,无实际职权。(推荐阅读　丁俊:《唐代节度使领州府体制研究》,《历史研究》2023年第3期)

《金薯传习录》 乾隆年间陈世元所作一部推广甘薯栽培的著作。陈世元六世祖陈振龙于明万历年间,从菲律宾携带薯藤,并习栽种之法归国。万历二十一年(1593 年)饥荒,陈振龙之子陈经伦具禀福建巡抚金学曾,备陈种植甘薯利益,请予推广甘薯种植。金学曾批准并试种成功,称之"金薯",以示纪念。陈世元继承祖志,与三个儿子致力于甘薯的推广事业,先是携其种以教浙人,后又运种来往于鲁豫,由此流播益广。其晚年赴河南教种甘薯,去世后,河南巡抚毕沅奏其事迹,乾隆帝赏其国子监学正职衔。陈世元经过多年实践,积累了丰富的种薯经验,为了让更多的人了解甘薯的价值和栽种方法,编辑了《金薯传习录》并刻版行世。该书分上下两卷,上卷叙述甘薯移种传植的经过和栽种管理办法,下卷则汇集有关的诗文题咏。但这样一部珍贵的古代农业文献传本很少,目前仅福建省图书馆藏有一部清乾隆本全帙,系近代福州藏书家沈祖牟故物。(推荐阅读 李群:《中国农业史概论》,科学出版社)

金田起义 洪秀全在广西桂平县金田村领导举行的武装起义。为与封建势力作斗争,道光二十三年(1843 年)洪秀全创立拜上帝会,后与冯云山等进行反清活动,在广西桂平紫荆山区建立拜上帝会的基地处吸收杨秀清、萧朝贵、韦昌辉、石达开等参加,并领导汉族、壮族和瑶族人民进行反抗。道光三十年六月(1850 年 7 月)洪秀全号召各地会员到桂平县金田村集合,称"金田团营"。上帝教会员到金田团营后,按军事编制建立了一支队伍,与清军展开战斗。十二月十日(1851 年 1 月 11 日)洪秀全在金田村誓师起义,建号太平天国,气势磅礴的太平天国农民战争从此开始。(推荐阅读 林志杰、傅诚金:《金田起义历史遗址》,广西师范大学出版社)

锦衣卫 明朝专有的军政情报搜集机构。洪武十五年(1382 年)设立,1661 年被废止,原为护卫皇宫的亲军,掌管皇帝出入仪仗。所属镇抚司分南北两部,最高长官为指挥使,通常由外戚、宦官担任,另设同知、指挥佥事等职位,其下有官校。主要职能为侍卫仪仗、搜集情报、侦察、逮捕、审问等活动。直接向皇帝负责,实行严刑酷狱,凌驾于三法司之上,除拥有众多特权外,还拥有大量田地。之后设有东厂、西厂,成为厂卫并称的特务组织,是封建君主专制空前强化的标志,也是封建社会走向腐朽没落的表现。(推荐阅

读　曹循:《明代锦衣卫官制与职权新探》,《历史研究》2021 年第 1 期)

京剧　中国"国粹"之一的戏曲剧种。乾隆五十五年(1790 年),由徽商出面组织的来自南方的四大徽班——三庆班、四喜班、和春班、春台班陆续在北京献艺。与嘉庆、道光年间同来自湖北的汉调艺人合作,徽汉合流。同时接受昆曲、秦腔的部分剧目、曲调和表演方法,并吸收一些民间曲调,逐渐融合、演变、发展成"皮黄戏"。后逐渐脱离徽班、昆剧而成为独立的新剧种。自咸丰、同治以来,程长庚、谭鑫培、梅兰芳等著名演员加以改革和发展,逐步形成相当完整的艺术风格和表演体系,成为全国性剧种,并正式定名为"京剧"。1928—1949 年,北京曾称北平,曾改名平剧,新中国成立后恢复。唱腔基本属于板腔体,以西皮、二黄为主要腔调。用京胡、二胡、月琴、三弦、笛、唢呐等管弦乐器和鼓、锣、铙、钹等打击乐器伴奏。表演上唱、做、念、打并重,多用虚拟性的程式动作。传统剧目有 1000 多个,在舞台上广泛流传的有《霸王别姬》《群英会》《打渔杀家》《三岔口》等 200 多个。(推荐阅读　晏亚仙:《中国京剧基础知识》,江西教育出版社)

京师大学堂　中国近代最早的国立大学。光绪二十四年(1898 年)创立于北京,为戊戌变法的措施之一。初议设道学、政学、农学、工学、商学等十科,实际仅办诗书、易、礼四堂及春秋两堂,性质仍同于旧式书院。二十六年(1900 年),帝国主义武装侵占北京,被迫停办。二十八年(1902)年复校,设预备科及速成科,同年京师同文馆并入。二十九年(1903 年)增设进士馆、译学馆及医学实业馆。三十一年(1905 年)归学部统辖。至宣统三年(1911年)全校共有七门十三科,1912 年 5 月改名北京大学,严复任校长。1917 年1 月,民主革命家、教育家蔡元培出任校长对学校进行了整顿和革新,北大成为全国规模最大的大学。北大在教学和科学研究上成就卓著,培养了许多一流的专家学者,对中国近代革命运动和科学文化的发展作出了重要贡献。(推荐阅读　北京大学、中国第一历史档案馆编:《京师大学堂档案选编》,北京大学出版社)

京师同文馆　清末第一所官办外语专门学校。由恭亲王奕䜣和文祥于咸丰十一年(1861 年)奏请开办,是总理衙门下属机构,以培养翻译人才为主要目的,多由外国人担任教官。开始仅设英文馆,后相继增设法文馆、俄文

馆、德文馆、东文馆。同治六年(1867年)又增设算学馆,教授天文、算学,学制八年。外语是必修科,每三年大考一次,成绩优秀者授官,成绩不合格者降革留馆。校务初由提调主持,另有副提调、教习、助教若干。后设总教习,美国传教士丁韪良总管校务近30年。光绪二十六年(1900年)同文馆解散,二十八年(1902年)并入京师大学堂。同文馆的创立和发展,是中国近代教育史上的重要里程碑,为培养外语人才、推动文化交流和学术发展做出了重要贡献,其兴衰历程展示了中国教育在近代化过程中面临的挑战和变革。(推荐阅读　禹仁朋:《从西语到西学:清末京师同文馆创办始末》,《北京档案》2023年第2期;高时良:《中国近代教育史资料汇编·洋务运动时期的教育》,上海教育出版社)

京张铁路　近代中国第一条由本国工程师詹天佑自主设计修建的铁路。铁路全长约200公里,共分为三段,第一段从北京丰台至南口,第二段从南口至青龙桥关沟,第三段青龙桥关沟至河北张家口。光绪三十一年(1905年)9月4日开工修建,宣统元年(1909年)10月2日竣工,比原计划提前两年,约花费白银700万两,节余28万两。这条铁路事关西北边防,它的成功修筑,除军事意义外,更给古老的中国注入了现代工业文明的活力,推动了中国各省自办铁路的发展,在中国铁路建设史上留下了光辉的一页,具有丰富的历史、科技、艺术价值。(推荐阅读　张家口市文物考古研究所编:《京张铁路河北段文物遗存调查》,天津古籍出版社)

经济特区　在一个国家或地区内划出一定的范围,实行特殊的经济政策和经济体制的地区。在对外经济活动中,采取更为开放的政策,如实行优惠税率,提供良好、安全、可靠的投资环境,建立事权集中、高效能的涉外经贸管理体制,以吸引外国投资,引进先进技术和管理经验,扩大劳动就业,增加外汇收入,繁荣本地区和带动附近地区的经济。它与一般的出口加工区不同,是工业、农业、商业、服务业、旅游业等相结合的综合性的经济特别区域。一般设置在地理位置优越、交通方便的港口或边境城市。从1979年9月起,中国政府先后在广东的深圳、珠海、汕头和福建的厦门分别指定一定区域,设立了经济特区;1988年决定把海南办成全国最大的经济特区;2010年5月将新疆的喀什、霍尔果斯定为经济特区。中国经济特区的创办与成功

实践,是中国改革开放以来实现历史性变革和取得伟大成就的一个精彩缩影与生动反映,是中国共产党执政的光辉杰作,是对党的正确领导和社会主义制度优越性的一个有力印证。(推荐阅读　谢富胜:《中国道路的政治经济学》,中国人民大学出版社)

井冈山会师　朱德、陈毅率领的革命队伍在井冈山与毛泽东领导的工农革命军会师。1927 年 10 月,毛泽东率领湘赣边界秋收起义的工农革命军第一军第一师到达井冈山地区,进行土地革命和游击战争,开展创建革命根据地的斗争。1928 年 4 月,朱德、陈毅率领自湘南撤离的部队上井冈山,与毛泽东领导的部队会师,成立工农革命军第四军(后改称"工农红军第四军"),朱德任军长,毛泽东任党代表兼军委书记。从此,他们领导的军队被称为"朱毛红军"。5 月召开中共湘赣边界第一次代表大会选举产生以毛泽东为书记的中共湘赣边界特委。会师后的红军在井冈山开展武装斗争,井冈山根据地不断巩固和扩大。(推荐阅读　刘海霞:《井冈山精神》,人民日报出版社)

井田制　商周时期的土地国有制度。该制度将土地划分为井字形的九块,中间一块为公田,周围为私田。私田由奴隶主分配给不同奴隶耕种。公田由所有奴隶共同耕种,其收获归奴隶主所有。奴隶必须优先耕种公田。井田在法律上属于王室,土地禁止买卖,奴隶对土地只有使用权,没有所有权。春秋战国时期,随着生产工具的进步,大量私田逐渐被开垦出来。各诸侯国为增加收入,进行税制改革,无论公田、私田,一律按亩纳税,实际上承认了土地私有的合法性,促使了土地由国有向私有的转化。公元前 356 年,商鞅在秦国实施改革,主要内容有:"废井田,开阡陌"、"民得买卖",承认土地私有,井田制由此瓦解。这一制度是中国古代土地制度的重要发展阶段,它促进了农业生产的发展,为国家的财政收入提供了重要的来源。(推荐阅读　吴慧:《井田制考索》,农业出版社)

靖康之变　北宋靖康年间金军掳走宋徽宗、宋钦宗,引发北宋政权覆亡的历史事件。又称"靖康之耻""靖康之祸""靖康之难"。宋徽宗宣和七年(金天会三年,1125 年),金太宗下诏分东西两路进攻宋朝,西路军在太原受阻,东路军直逼东京。在此形势下,徽宗传位钦宗,退居太上皇,钦宗即位次

年,改元"靖康"。宋金双方历经多次和议、战争,最终金军攻破东京(今河南开封)。靖康二年(1127年)四月,金军俘虏徽宗、钦宗、宗室、后妃等数千人,掠夺诸多财宝等北去。不久,北宋康王赵构在应天府称帝,后定都临安,史称"南宋"。这一事件标志着北宋的灭亡,开启南宋与金对峙的时代,推动北方少数民族与汉族的融合,促进经济重心的南移。(推荐阅读 游彪:《靖康之变》,湖南人民出版社)

靖难之役 明朝燕王朱棣以"靖难"为名发动争夺帝位的战争。又称靖难之变。明太祖在位时分封诸子为王,以加强皇权,藩王势力日益膨胀,尤其是燕王朱棣。因太子朱标早逝,洪武三十一年(1398年)皇太孙朱允炆继位,是为建文帝。建文帝即位后采取一系列削藩措施,并找理由准备削除燕王。朱棣于建文元年(1399年)起兵反抗,挥师南下,史称"靖难之役",于建文四年(1402年)攻下帝都应天(今南京),建文帝下落不明,战争历时四年(1399—1402年)。同年,朱棣即位,是为明成祖。此战给明初刚刚恢复的社会经济带来不小破坏,尤其是战争剧烈地区所受破坏更大。(推荐阅读 十三陵特区明代帝陵研究会:《靖难之役》,北京燕山出版社;樊树志:《明史十二讲》,中华书局)

"九二共识" 1992年海峡两岸关系协会(简称"海协会")与台湾海峡交流基金会(简称"海基会")就两岸事务性商谈中均坚持一个中国原则达成的共识。核心是双方都坚持一个中国原则,体现了大陆和台湾同属一个中国,界定了两岸关系的性质。对于一个中国内涵的认知求同存异,搁置争议,以利协商。这一共识,成为两岸商谈的政治基础。2008年以后,进一步成为两岸关系和平发展的基础。海峡两岸曾经在此基础上建立和增进了政治互信,极大地促进了两岸文教、社会和人员交流,促进了两岸民间社会的融合。"九二共识"成为海峡两岸交流合作、协商对话过程中来之不易的政治共识,对于维护台海和平,稳定两岸关系,推动和平发展,依然是无可替代的定海神针。(推荐阅读 苏虹:《和平的守望——世界大局下两岸关系扫描》,上海社会科学院出版社)

九品中正制 魏晋南北朝时期的官吏选拔制度。东汉末年曹操当政,提倡唯才是举。魏文帝曹丕采纳吏部尚书陈群的建议,推选各郡有声望善

识别人者出任中正,将当地士人按才能分别评定为九等(九品),政府按等选用,确立"九品官人法",仍然保持曹操用人"不计门第"的原则。司马懿当政后于各州设大中正,任用世族豪门担任,选取原则以家世为重。从此,"上品无寒门,下品无势族",逐渐成为维护世家大族特权的工具。随着士族的没落,这一制度无法继续,隋文帝废除此制,开始采用分科考试的方式选拔官员。(推荐阅读　张旭华:《九品中正制研究》,中华书局)

九一八事变　日本关东军突袭沈阳,以武力侵占东北的事件。1930 年,世界资本主义经济危机波及日本,为了转移日益激化的国内阶级矛盾,日本加快了武力侵华的步伐。由于国民政府实行不抵抗政策,日本遂于一月后发动了大规模武装侵占东北三省的战争。1931 年 9 月 18 日夜 10 时余,日本关东军按照预谋的计划,自行炸毁沈阳北郊柳条湖附近一段南满铁路,然后诬称系中国军队所为,当即派兵突然进攻中国军队驻守的北大营和沈阳内城。南京国民政府正全力进行反人民的内战,坚持不抵抗政策。19 日 8 时 30 分,北大营、沈阳内城相继为日军占领,中午沈阳完全陷落。1932 年 2 月 5 日日军占领哈尔滨,至此东北三省全部沦陷。九一八事变是日本变中国为其殖民地的开始,此后东北三省被日本帝国主义蹂躏、奴役 14 年之久,也是中国各阶层人民在民族危机的刺激下,掀起空前规模的抗日救国高潮的开始,对中日两国历史均具重大影响。(推荐阅读　臧运祜主编:《九一八事变与日本侵华战争》,社会科学文献出版社)

九章律　汉高祖刘邦建立大汉王朝初期颁行的法典。由丞相萧何参考秦代法律制定,保留秦律中的法律原则、指导思想及其科罪定刑的标准,删除秦律中某些不合时宜的条文,对一些定罪、刑罚有所减缓。分为《盗律》《贼律》《囚律》《捕律》《杂律》《具律》《户律》《兴律》《厩律》九章。前六章源于战国时魏相李悝的《法经》,是犯罪和刑罚方面的规定,杂有审判、禁囚等内容,大体与秦律一致;后三章新增关于户口、赋役、畜产、仓库、兴造等事项的规定,被称为"事律"。原文已失传。通用于西汉东汉四百余年,促进了两汉的社会稳定,对政治、经济、文化的正常发展起到了保障作用,也为后世封建王朝法律的制定提供了蓝本。(推荐阅读　李俊强:《唐前律典的历史书写与谱系制造》,《学术月刊》2023 年第 6 期)

《九章算术》 现存中国古代最早的算学著作。该书出自众人之手，历经多次修补，至迟在东汉和帝时已经编定。该书共分为 9 章：（一）方田。主要内容为分数四则算法（即加、减、乘、除）和不同形状平面形求积法。（二）粟米。主要内容为粮食交易计算法及其法则。（三）衰分。主要内容为手工业与农业领域分配比例算法。（四）少广。主要内容为方与圆的面积、体积计算方法，以及开平方法和开立方法。（五）商功。主要内容为不同形状立体形求积法。（六）均输。主要内容为政府组织粮食运输，平均负担的计算法。（七）盈不足。主要内容为盈亏问题解法和运用同类计算方法解算其他类型算术题。（八）方程。主要内容为联立一次方程组解法和正负数。（九）勾股。主要内容为勾股定理应用与测量问题的解法。书中共汇集 246 个应用题及其解算方法，系统总结了先秦至东汉初期的数学成就，为中国古代数学的发展起到了承前启后的作用，是世界范围内古代数学名著之一。（推荐阅读 郭书春：《九章算术译注》，上海古籍出版社）

军机处 清代设立的处理机要的中枢机构。全名"办理军机事务处"。雍正七年（1729 年）为处理西北军务而设，初名"军机房"。雍正十年（1732 年）改名"军机处"。宣统三年（1911 年）废止。军机处无正式衙署，无专职官员，由皇帝挑选的亲近官员主持工作，是为军机大臣，军机大臣的僚属为军机章京。军机大臣通常由三品以上官员兼任，主要负责秉承皇帝旨意撰拟谕旨、对国家治理和军事谋略提出处理意见、辅佐科举和监察事务等。军机章京则主要负责日常工作，如处理文书、记注档册、撰拟文稿等。最初为临时机构，后演变为常设机构。在此过程中，权力逐渐扩大，以至于取代了议政王大臣会议和内阁，成为掌控国家军政大权的中枢机构。设立这一机构提升了行政效率，使处理政务更加迅速、机密，同时也标志着封建君主专制主义中央集权制度达到顶峰。（推荐阅读 刘文鹏：《清代雍正朝军机处满文议复档的形态特点与主要功能》，《档案学通讯》2022 年第 6 期；钱穆：《中国历代政治得失》，九州出版社）

均输平准 汉武帝时期实行的经济政策。西汉时期，郡国诸侯原本都要向中央政府贡输物品，往来繁杂，运输成本高，富商大贾趁机牟利。针对这一现象，桑弘羊提出均输法，元封元年（公元前 110 年）大力推行，平准在

均输全面推广的同一年开始实行。在主管中央财政的大司农下设立均输官，均输官将各郡国应缴贡的一部分特产物品运往京都，其余转运至各处贩卖，起到增加政府收入、稳定物价的作用，王安石变法时曾效仿实行均输法。平准法是国家平衡物价的政策，在长安和主要城市设立平准官，利用均输官所存物资，根据物价，贵时抛售、贱时收购以稳定物价。有利于抑制商人垄断市场，起到稳定物价、增加政府财政收入等作用。（推荐阅读　刘玉峰：《汉武帝盐铁官营、均输平准政策之得失》，《学习时报》2008 年 9 月 22 日第 9 版）

均田制　北魏至唐中叶计口分配土地的制度。从北魏太和九年（485年）政府颁布均田令开始实施，经东魏、西魏、北齐、北周、隋到唐中叶，前后约三百年。北魏初，长期战争使土地荒芜，地籍散乱，严重影响赋役征收。太和九年孝文帝采纳李安世建议，计口分配空荒土地。男年十五以上授露田四十亩，女二十亩，奴婢相同。有牛一头授田三十亩，限四头为止。所授之田不准买卖。年老及身死还田官府。初受田男子另给桑田二十亩，可传子孙，不得买卖，但有余（超过二十亩）可卖，不足可买。缴纳麻布为“调”的地方另给麻田，男十亩，女五亩，奴婢相同。年老及身死还田。新附民户加给宅地，每三口一亩，奴婢五口一亩。桑田及宅地均为世业。受田后不得迁徙。地方官按级别给作为俸禄的职分田。北齐北周隋唐均沿此制，办法略有变更。如北齐男年十八始授田，名目、数量亦不同。唐女子一般不授田，男子给永业田二十亩，口分田八十亩，狭乡减半，但实际多未授足。王公以下还有永业田，官吏又给职分田及公廨田，都按级别分授。至唐天宝年间，土地买卖和兼并加剧，政府直接支配的土地日益减少，此制无法继续推行。（推荐阅读　李锡厚：《均田制兴废与所有制变迁》，社会科学文献出版社）

君主专制　以君主（国王、皇帝等）为国家元首的政权组织形式。原为个人掌握国家最高权力的统治形式，后指由君主全部或部分掌握国家最高权力，并通过军政官僚机关管理国家的政体。在国家处于奴隶制度和封建制度时，通常实行君主专制制，君主拥有无限权力，其意志就是法律，如古埃及、巴比伦、中国等。欧洲中世纪的很多君主制国家实权分散在封建领主手中，经过逐步加强王权的过程，过渡到君主专制。法国、英国、西班牙等国曾

实行等级代表君主制,即君主借助于等级(教士、贵族、市民等)代表机构,削弱封建割据势力,加强自己的统治。在君主专制发展的过程中,有的国家经过资产阶级革命废除君主制,实行共和制;有的国家仍保留君主制,但转变为君主立宪制。在现代,君主制已日益减少。(推荐阅读　刘志松:《明清基层社会治理丛论》,中国政法大学出版社)

《郡县论》　明末清初思想家顾炎武历览古今治乱得失的作品。详细剖析了郡县制存在的问题,并且提出自己的改革思路。共分为九篇,从中央与地方的权利关系、郡县官员的职权、职称考核、监察、责任、地方财政收支、官员制度设计等方面进行论述,提出"寓封建之意于郡县之中,而天下治矣""封建之失,其专在下;郡县之失,其专在上"的观点。顾炎武从历史研究、社会实际出发,以"厚民生,强国势"为根本理论,提出了改革地方政治的设想。该作品反映出一定的历史认知高度,具有历史辩证思维,蕴含了顾炎武经世致用的学术宗旨。(推荐阅读　顾炎武:《顾炎武集》,凤凰出版社;曹正汉:《统一而治殊:论顾炎武的"混合体制论"》,《社会》2023 年第 5 期)

郡县制　自春秋战国到秦代逐渐形成的地方行政制度。春秋时期,秦、晋、楚等国先在边地设县,后逐渐在内地推行。春秋末期,各国开始在边地设郡,面积较县为大,但是地位比县低,且郡县之间无相互统属的关系。战国时期,逐渐形成以郡统县的层级制度。秦统一六国后,分全国为 36 郡,后增加到 40 余郡,郡下设县。郡县长官均由中央政府任免。汉承秦制,不断增设新郡,多达 105 郡国。国指诸侯国。汉武帝以后,国的地位相当于郡。一郡一般统辖约 20 个县。此制确立之后,中央通过考课和监察加强对地方的控制。秦汉之制,郡守于每年秋冬向中央上计,县也要上集簿于郡。守令有功则受奖赏或升迁,有过则贬谪、免官或刑罚。中央派郡监或刺史监郡,郡县派督邮或廷掾监县或乡。通过自上而下的层层督课,使中央政令顺利贯彻到基层。秦汉郡县制代替了西周分封制,为后来两千多年的地方行政体制奠定了坚固的基础。郡县两级制行政区划层级也成为后世行政区划的主要层级制度。(推荐阅读　曹正汉:《论郡县制国家的统与治》,《学术界》2021 年第 8 期)

开元盛世　唐玄宗开元年间(713—741 年)出现政局稳定,经济繁荣,文

化昌盛,国力富强的局面。这是唐朝极盛的时期。当时粮食布帛产量丰富,物价低廉,商业繁茂,道路畅通,行旅安全。到开元二十年(732年),全国786万多户(最多时逾千万)、4000多万人口,比唐初户口增加一倍半以上。社会经济的繁荣必然推动文化事业的发展。唐诗最为后世称道,著名诗人高适、岑参、王维,特别是李白、杜甫都生活在这个时代,而唐代中期的著名诗人("大历十才子")也是这个时期培育出来的,音乐、绘画、雕刻、塑造等艺术也无不有显著成就。国力强盛是开元之治的另一重要标志。当时唐朝的声威远达西亚,各国使者和商人往来不绝。成为唐王朝的鼎盛时期,史称"开元盛世"。(推荐阅读　曲昌春:《开元盛世:唐史并不如烟》,中国书店)

康乾盛世　又称"康雍乾盛世"。这一时期政治清明、经济发展迅速、耕地面积扩大、人口迅速增长、疆域开拓。三位皇帝都以勤政著称,他们独断朝纲,推行一系列改革措施加强中央集权、提高行政效率、强化君主专制,维持了100多年的盛世局面。但盛世之下潜藏危机,尤其乾隆统治后期,统治腐败、土地兼并严重、阶级矛盾尖锐、农民起义不断;小农经济和重农抑商政策等因素阻碍资本主义萌芽进一步发展;闭关锁国政策使中国逐渐落后世界潮流而不自知。(推荐阅读　葛剑雄:《中国人口发展史》,四川人民出版社)

《康熙字典》　清康熙时编撰的一部汉字辞书。清代张玉书、陈廷敬等奉诏编纂,依据《字汇》《正字通》加以增订而成,共42卷。康熙五十五年(1716年)印行。载古文以溯其字源,列俗体以著其变迁。末附《补遗》,收冷僻字;又列《备考》,收有音无义或音义全无之字。共收47035字,分为12集、214部。道光间王引之订正重刊,改正引用书籍字句讹误者2588条,并撰《字典考证》附后。王力《康熙字典音读订误》订正5200余字音读、注释之误。该字典问世后,社会影响巨大。其文字、音义、书证被广泛引用,其体例也成为后世出版字书的蓝本。作为中华文化的重要参考文献之一,具有极高的研究价值。(推荐阅读　尹传政:《〈康熙字典〉的文化传承意义》,《学习时报》2021年10月8日第4版)

抗美援朝　新中国成立初期,中国人民组建志愿军为援助朝鲜人民抵抗美国武装侵略、维护领土主权、保卫国家安全而进行的反侵略战争。1950

年 6 月 25 日，朝鲜内战爆发。美国公开宣布对朝鲜进行武装干涉，并派遣美国海军第七舰队侵入台湾海峡。操纵联合国安理会通过决议，成立由美国指挥的"联合国军"。美军越过"三八线"，向中朝边境鸭绿江、图们江地区进犯，对中朝边境的中国城乡进行频繁的轰炸扫射。10 月上旬，中共中央根据朝鲜党和政府的请求，作出"抗美援朝，保家卫国"的战略决策，组成中国人民志愿军，任命彭德怀为司令员兼政治委员。10 月 19 日夜，中国人民志愿军跨过鸭绿江，开赴朝鲜战场。战争历时两年零九个月，分两个作战阶段。第一阶段，从 1950 年 10 月 25 日至 1951 年 6 月中旬，中国人民志愿军和朝鲜人民军以运动战为主，将以美国为首的"联合国军"和南朝鲜（韩国）军从鸭绿江边打回到"三八线"，迫使其接受停战谈判。第二阶段，从 1951 年 6 月中旬至 1953 年 7 月 27 日，中国人民志愿军和朝鲜人民军实施"持久作战，积极防御"的作战方针，粉碎了"联合国军"的多次局部进攻。1953 年 7 月 27 日，战争双方在《朝鲜停战协定》上签字，抗美援朝战争随之结束。战争打出了新中国的国威和军威，提高了中国的国际地位。战争的伟大胜利是中国人民站起来后屹立于世界东方的宣言书，是中华民族走向伟大复兴的重要里程碑。（推荐阅读　张校瑛、宋群基主编：《抗美援朝老兵亲历》，人民出版社）

抗日民族统一战线　日本发动侵华战争后，面对民族危亡的严峻形势，中国共产党逐步提出的团结抗日的主张。从 1931 年起，日本侵略者接连发动九一八事变、华北事变等，欲将中国变为日本独有的殖民地。为粉碎日本侵略者的阴谋，1935 年 8 月 1 日，中国共产党发表《为抗日救国告全体同胞书》（《八一宣言》），号召停止内战，一致对外，提出建立抗日民族统一战线的主张。12 月 25 日，瓦窑堡会议通过《关于目前形势与党的任务的决定》，正式确定建立抗日民族统一战线的战略方针。会后，毛泽东作了《论反对日本帝国主义的策略》报告，进一步系统阐述抗日民族统一战线理论。1936 年，西安事变的爆发迫使国民党停止内战、联共抗日。1937 年全国抗战爆发后，周恩来于 7 月 15 日向国民党递交《中共中央为公布国共合作宣言》。9 月 23 日，蒋介石发表谈话，承认中国共产党的合法地位，由此第二次国共合作的局面形成，抗日民族统一战线正式建立。抗日民族统一战线凝聚了社会各

界力量,为最终赢得抗日战争的胜利奠定了坚实基础。(推荐阅读 李蓉:《抗日民族统一战线史》,团结出版社;赵可编著:《旗帜:抗日民族统一战线》,国防科技大学出版社)

抗战西迁运动 抗战时期为应对日军大规模进攻,保存实力长期抗战,国民政府将国家机关、部分高校和工业企业等迁移到西部大后方的行动。当时数以千万计的中华儿女无论信仰,不分党派,扶老携幼,挈妇将雏,不计艰险地从经济基础较好的东部沿海奔赴偏远落后的内陆地区,以图延续中华民族复兴的火种和血脉。经过抗战时期的西迁运动,中华民族的民族意识和民族认同感得到了空前加强。客观上来看,以沿海地区的工业和高等院校内迁为代表的社会经济文化重心转移,对扭转中国近代化过程中的地域不平衡状态起到良好的助推作用。各民族人民秉持团结御侮的强烈愿望,在大后方创造性地实践了抗日民族统一战线,对中华民族的融合与凝聚产生了深远的影响,也构成了近代中华民族发展史上的重要篇章。(推荐阅读 孟国祥:《烽火薪传:抗战时期文化机构大迁移》,商务印书馆;张守广:《筚路蓝缕:抗战时期厂矿企业大迁移》,商务印书馆)

考课制度 中国古代官吏考核制度的一种。国家依法对官吏定期进行考核,并根据考核结果予以奖惩的制度。又称"考绩制度"。该制度源远流长,萌芽于神话传说中的尧舜时期,奠基于西周,初步形成于秦汉,发展于唐宋,明清则集其大成。考课内容主要包括德行、政绩、才能与廉洁。考课方式经历了一个逐步规范和完善的发展过程,其中汉、唐、明的考课体系影响较大。汉朝主要采取上计制,逐级考核,上级考下级,长官考属吏。唐朝制订更加规范的考核方式和程序,考课时间固定为每年一小考,四年一大考。明朝考课制度严密,有考满和考察。考满是对官员任职期满的考核,考察重在查处官员的贪、酷和不作为。尽管封建社会的考课制度不可避免地带有封建政治体制的种种烙印,存在诸多缺陷,但它作为中国古代官吏管理制度的重要组成部分,对于选拔人才、监督官吏、提高吏治水平等方面都发挥了重要作用。(推荐阅读 张晓玲:《中国古代官吏考课制度中的"官德"》,《光明日报》2013年2月28日第1版)

科举制 隋唐以来以考试选拔官吏的制度。因分科取士,故名。隋文

帝以九品中正制为贵族垄断,百弊丛生,乃废之,并于开皇七年(587年)设志行修谨、清平干济二科举士。隋炀帝始置进士科。主要特点在于朝廷设科取士,士子自由报考,最终依考试成绩决定录取与否。唐代除进士科外,复置秀才、明经、明法、明书、明算诸科。每年定期举行的考试称为"常举",皇帝特诏临时举行的考试称"制举"。武则天增设武举。北宋创立殿试、糊名、誊录等制度。治平三年(1066年)规定每三年一开科,此后遂为定制。元代前期废科举,皇庆二年(1313年)恢复,考试在《四书》内出题,以朱熹《四书集注》为评阅标准。明清时科举制已达鼎盛,文章格式为八股文。光绪二十七年(1901年)废八股,改试策论。三十一年(1905年)行新学,废科举。该制度为统治者招揽了人才,为社会下层民众提供了新的上升通道,动摇了门阀制度,扩大了统治基础,推动了文化的发展。后期的科举制使儒学成为统治者奴化臣民的工具,士大夫知识阶层的文化创造能力每况愈下,导致从事科学技术研究的人才力量相对薄弱。(推荐阅读　张希清、毛佩琦、李世愉主编:《中国科举制度通史》,上海人民出版社)

科学发展观　坚持以人为本,全面、协调、可持续的发展观。中共十六大以来,以胡锦涛同志为总书记的党中央,高举中国特色社会主义伟大旗帜,以邓小平理论和"三个代表"重要思想为指导,立足国情,总结国内外发展经验,提出了科学发展观这一重大战略思想。在中共十七大报告上,胡锦涛明确提出要深入贯彻落实科学发展观,指出第一要义是发展,核心是以人为本,基本要求是全面协调可持续,根本方法是统筹兼顾。科学回答了新形势下实现什么样的发展、怎样发展等重大问题。在中共十七大被写进《中国共产党章程》,中共十八大被确立为全党的指导思想。同马克思列宁主义、毛泽东思想、邓小平理论和"三个代表"重要思想既一脉相承又与时俱进的科学理论,是中国经济社会发展的重要指导方针。(推荐阅读　李崇富、李建平主编:《科学发展观与历史唯物主义》,人民出版社)

昆曲　又名昆山腔、昆腔、昆剧,是戏曲声腔、剧种之一。宋元南戏传到昆山地区后,与当地方音及民间曲调相结合,形成了富有地方特色的声腔。在元末顾坚的推动下,这种声腔逐渐演进为明代中叶以前声名大噪的昆山腔。明代中叶以前,昆山腔传播区域仅在苏州一带。魏良辅的声腔改革成

功以后,演唱昆山腔的昆曲迅速在全国范围内推广开来。经魏良辅改革后的昆曲融合弋阳、海盐诸腔和当地民间曲调,配以笛、管、笙、琵琶以及鼓、板、锣等,声调清柔婉折,亦称水磨调。后来又经梁辰鱼、唐小虞等革新后搬上舞台而成为独树一帜的声腔剧种,万历年间从吴中地区迅速扩展到江浙各地,逐渐成为全国性的剧种;其后还传入北京宫廷,被称为"官腔"。其后,昆山腔风靡天下。经典作品有汤显祖《牡丹亭》、孔尚任《桃花扇》、洪昇《长生殿》等。《桃花扇》与《长生殿》面世后,轰动一时,大江南北争相搬演,两位作者被尊为曲坛的泰山北斗,合称"南洪北孔"。(推荐阅读　郑雷:《昆曲》,文化艺术出版社)

《兰亭集序》　散文篇名、行书法帖。东晋永和九年(353年)三月三日,王羲之与谢安、孙绰等41人,在山阴(今浙江绍兴)兰亭"修禊"(农历三月上旬在水边嬉戏祛除不祥的民俗活动)时所作的诗序。文章记叙了兰亭山水之美和聚会欢愉之情,抒发了人生"修短随化,终期于尽"的感慨,反映了东晋士人从山水自然中感悟人生的意趣,兼有超脱与深沉之情。草稿也是王羲之所书的行书传世名帖,共28行324字。此帖用笔以中锋为主,间有侧锋,笔画之间的萦带,纤细轻盈,或笔断而意连,提按顿挫一任自然,整体布局天机错落,具有潇洒流丽、优美动人的无穷魅力。北宋名家米芾誉之为"天下行书第一"。真迹已经失传,传世摹刻本甚多,石刻首推"定武本",摹本则以"神龙本"(唐冯承素临摹)最负盛名。(推荐阅读　汪春泓:《由时风众势重新解读〈兰亭集序〉》,《复旦学报》(社会科学版)2023年第4期;刘涛:《中国书法史·魏晋南北朝卷》,江苏教育出版社)

老官山汉墓　位于成都市金牛区天回镇土门社区卫生站东侧,当地俗称"老官山"。从出土的墓葬风格以及相关器物铭文中推测,该墓应是西汉景帝、武帝时代具有较高身份和社会地位之人的墓地。2012年7月—2013年8月,成都文物考古研究所和荆州文物保护中心组成联合考古队对老官山汉墓进行抢救性考古发掘,共发掘出土坑木椁墓4座,墓向和规模相近,共出土随葬品620余件,包括漆器、木器、陶器、铜器,以及少量铁器、竹编器和草(棕)编器等珍贵器物。随葬品丰富多样且具有重要价值,其中首次在四川地区发掘大量西汉时期的简牍。出土的竹简为九部书,其中八部为医书(另

一部为律令),极有可能是失传了的扁鹊学派经典书籍。出土的完整人体经穴俑,应是迄今中国发现最早、最完整的经穴人体医学模型,与墓葬出土经脉医书相对照,有利于揭示中华医学经脉针灸理论的起源和发展。出土的四部织机模型应是前所未见的蜀锦提花机模型,是迄今中国发现唯一有出土单位、完整的西汉时期织机模型,对研究中国乃至世界丝绸纺织技术的起源和发展具有重大意义。(推荐阅读　谢涛:《成都老官山汉墓重大发现》,《大众考古》2014 年第 1 期)

乐府诗　西汉以来采集的歌谣和其他经乐府官署配曲入乐的诗歌。秦及西汉惠帝时均设有乐府令。武帝时乐府规模扩大,成为一个专设的官署,掌管郊祀、巡行、朝会、宴飨时的音乐,兼管采集民间歌谣,以供统治者观风察俗,了解民情厚薄。据《汉书·艺文志》记载,西汉时乐府采集的各地民歌共有 138 篇,流传至今的只有三四十篇,加上东汉民歌和文人的作品,现存汉乐府有 100 多篇,散见于《汉书》《后汉书》《文选》和南朝时徐陵编的《玉台新咏》等书。汉乐府以民歌居多,民歌也正是其中精华,如《有所思》《陌上桑》《孔雀东南飞》等。汉乐府的现实主义的优秀传统对后世的许多诗人起过示范性的作用,它以五言和杂言为主的形式,推动了诗体的发展。(推荐阅读王辉斌:《乐府诗通论》,武汉大学出版社)

礼乐制度　在历史进程中所形成的中国古代文明核心价值体系的制度载体。在西周社会,依照血缘的亲疏远近分成许多等级,而维持这种等级的则是礼制。西周初期,在周公主持下所制定的"周礼"内容比较广泛,其中,除了有关政刑的各种制度,还有吉、凶、军、宾、嘉五礼,即有关祭祀、丧葬、军旅、朝觐盟会和婚冠喜庆等各种典礼仪式,以及宫室、衣服、车马等礼仪等级规定。配合这些典礼仪式,还要具备与之相应的舞乐。作为社会、道德规范的"礼"与作为音乐等艺术合称的"乐"是相辅相成的关系。春秋以后,礼仪的概念逐渐扩大,几乎包括一切具体的典章制度。这些制度广泛地应用于政治和社会的各个方面,既能使人恪守符合等级观念的各种规范典则,又能体现当时的时代文明,对后代产生重大影响。(推荐阅读　韩高年:《礼乐制度变迁与春秋文体演变研究》,商务印书馆)

理藩院　清代管理少数民族事务的机构。崇德元年(1636 年)清政府设

立蒙古衙门主要管理蒙古事务,三年(1638年)改名为理藩院。随着清廷全国政权的建立,开始总管蒙古、青海、西藏、新疆及四川地区的少数民族,并兼管与俄国有关事务。尚书、侍郎是主要官员,由满洲贵族担任。下设六司,分管部界、封爵、给俸、户口、耕牧、宗教等事项。康熙即位以后,完全从礼部独立出来,其后内部机构、官员设置屡有变动。总理衙门设立后,不再办理对外事务,职权逐渐变小,光绪三十二年(1906年)改名理藩部,1912年清帝退位后,理藩部改为蒙藏委员会。清代统治者通过理藩院加强了对少数民族地区的统治和联系。(推荐阅读　赵云田:《清朝的理藩院》,《北京观察》2013年第5期;杨选第:《从〈理藩院则例〉与〈卫拉特法典〉的比较看其民族法规的继承性》,《内蒙古社会科学》1998年第6期)

良渚文化　中国长江下游地区的新石器时代晚期文化。因1936年在浙江省杭州市余杭区良渚遗址的发现和发掘而得名。主要分布在太湖地区,同时在江淮、宁镇、金衢、宁绍等地区也有存在,距今约5300—4300年。处于原始氏族公社向文明时代过渡期,贫富分化明显。政治方面呈现神权与王权交替主导的形态。经济方面以稻作农业为主,家庭饲养业发达;手工业上出现专业的生产者,从事陶器、玉石器、漆木器、编织等行业,其中陶器以泥质灰胎黑皮陶为主,制造出象征权力的贵重礼器玉璧、玉琮等。聚落和建筑方面,这一时期已存在都、城、镇、村四级聚落体系。文化方面,尚未破译文字,但已发现大量的刻画符号。这一文化遗址是中华文明的重要组成部分,对研究中华文明的起源具有重大意义。(推荐阅读　浙江省考古文物研究所编著:《良渚古城综合研究报告》,文物出版社)

两弹一星　原子弹、导弹、人造地球卫星的合称。在原子弹方面,新中国成立后成立以著名原子能科学家钱三强为负责人的中国原子能研究所,1954年中国地质部发现的铀矿石为中国原子能研究奠定了必需的物质基础,1964年中国自行研制的第一颗原子弹爆炸成功。在导弹方面,1966年中国首次进行发射导弹核武器的试验,1967年成功爆炸了第一颗氢弹。在空间技术方面,1970年中国发射了第一颗人造卫星,标志着中国在航天技术方面取得历史性突破。于敏、王大珩、钱学森、王淦昌、邓稼先、钱三强等科学家是研制"两弹一星"的众多科技工作者中的杰出代表。20世纪80年代

邓小平高度评价说:如果中国没有"两弹一星","中国就不能叫有重要影响的大国,就没有现在这样的国际地位。这些东西反映一个民族的能力,也是一个民族、一个国家兴旺发达的标志"。(推荐阅读 李迅主编:《共和国的脊梁:"两弹一星"功勋谱》,黑龙江教育出版社;刘学礼主编:《两弹一星精神》,中共党史出版社)

领事裁判权 帝国主义国家侨民不受居留国法律管辖的非法特权。帝国主义国家以亚非国家的法律制度劣于或异于他们的制度为由,强迫订立不平等条约,将领事裁判权强加于许多亚非国家。如英、美两国曾通过中英《虎门条约》和中美《望厦条约》在中国攫取领事裁判权,中国独立自主的司法主权受到严重损害。接着法、俄、日等国也相继在中国取得这种特权。于是,凡在中国享有领事裁判权的国家,其在华侨民如果犯罪或成为民刑诉讼的被告时,可以不受中国法律的制裁,中国政府无权过问,而只能由各该国领事馆按照各自的法律进行所谓裁判。十月革命后,苏俄立即宣布放弃沙俄在华领事裁判权;第二次世界大战期间,各帝国主义国家虽然被迫宣布放弃此种在华特权,但实际上至解放后才彻底被废除。(推荐阅读 高汉成、宗恒:《中国近代领事裁判权问题与晚清法律改革》,中国法制出版社)

六科给事中 官职称谓。明太祖朱元璋为加强对官僚集团的监察,废除御史台,改立都察院,同时设置六科,共同负责监察事宜。洪武六年(1373年)开始分吏、户、礼、兵、刑、工六部设给事中,都给事中是六科的掌印长官,下有左右给事中,另设给事中若干名,各科人数不等并随时间发展各有增减。六科品级不高但权势非常大,分掌侍从、规谏、补缺、拾遗、稽查六部百司之事。清代沿袭此官制,每科人员设置上兼顾满汉平衡。雍正元年(1723年),改隶都察院,权力逐渐减少。光绪三十二年(1906年)撤销,在都察院内设给事中,办理原六科所掌事务。(推荐阅读 张薇:《六科给事中制及对明代政治体制的监控和调节》,《武汉大学学报》(社会科学版)1989年第4期;赵映林:《明代的监察机构(下)——六科给事中》,《文史杂志》1987年第4期)

龙门石窟 中国古代北方地区佛教石窟群之一。位于河南洛阳城南伊河入口处两岸的龙门山(西山)和香山(东山),与敦煌莫高窟、云冈石窟并称

中国北方三大石窟群。开凿于北魏太和十八年(494年)迁都洛阳前后,延续至唐代,历时400余年。今存窟龛2102个,造像10万余尊,题记碑碣3600多品,佛塔40余座。北魏开凿的石窟以古阳洞、宾阳洞、石窟寺、莲花洞为代表。石窟是建立在中国古代发达的物质文明和精神文明基础上的产物。它既是中国古代民族文化交融之后的结晶,也是中国文化积极吸收外来文化的典范,更是东方传统艺术的珍品。1961年3月,被国务院公布为全国第一批重点文物。2000年11月,联合国教科文组织将其列入《世界遗产名录》。(推荐阅读　刘景龙编著:《龙门石窟》,文物出版社)

龙山文化　黄河中下游地区新石器时代晚期的一类文化遗存。因1928年首先在山东济南市章丘区龙山镇发现而得名,距今约4000—5000年,主要分布在黄河中下游的陕西、山西、河南、山东等省份地区。出土的磨制石器较为精致,有石镰、蚌镰,此外还有大量轮制陶器,其中黑亮如玉、薄如蛋壳的蛋壳陶数量众多,因此也被称为"黑陶文化"。这一文化遗址早期处于父系氏族公社时期,晚期进入军事民主制时代,此时出现了阶级分化、贫富悬殊现象。代表遗址有城子崖遗址、两城镇遗址、陶寺遗址、尧王城遗址。(推荐阅读　李伊萍:《龙山文化:黄河下游文明进程的重要阶段》,科学出版社)

隆庆开禁　明朝隆庆元年(1567年)废除海禁政策。洪武年间,朱元璋为应对倭患,颁布海禁政策,严禁民间展开海外贸易,并以法律形式定为国策。从明初至明中后期,除了政府与海外国家保持朝贡贸易外,海上私人贸易几乎禁绝。长期的海禁政策使大量的沿海居民失去生计,民生受到严重影响。同时,随着商品经济的发展,海外贸易的社会需求日益迫切,与海禁政策产生强烈矛盾。在此形势之下,海上走私贸易兴起,许多失业民众加入其中。在经济利益的驱动之下,走私贸易规模日益扩大,大小走私势力兴起,甚至出现走私势力兼职海盗大肆劫掠,严重威胁沿海地区的稳定。至此,海禁政策所达到的效果与其初衷背道而驰,渐趋松弛。明穆宗隆庆皇帝即位后,顺势正式废除海禁政策。由于海禁的开放,海上民间贸易再度繁荣起来,沿海地区也恢复了安定和发展。(推荐阅读　陈尚胜:《隆庆开海:明朝海外贸易政策的重大变革》,《人民论坛》2018年第30期)

卢沟桥事变　日本侵略军在中国北平(今北京)西南卢沟桥(又名马

可·波罗桥)附近挑起的军事冲突。亦称"七七事变"。1937 年 7 月 7 日晚,日军在卢沟桥进行军事演习时诡称一士兵失踪并强行要求进入宛平县城搜查,时中国驻军二十九军三十七师二一九团团长吉星文以时值深夜予以拒绝。遭拒绝后,日本即炮轰宛平城,向卢沟桥发起进攻,中国驻军第二十九军奋起抗击。8 日,中国共产党通电全国,号召全民族抗战。11 日,日本政府决定增兵,调关东军及驻朝鲜日军各一部进攻北平(今北京),调日本国内陆海军一部进攻天津。17 日,蒋介石表示应战。27 日,日军陷廊坊、宝珠寺等地。28 日,日军猛攻南苑,第二十九军副军长佟麟阁、师长赵登禹殉国。至 30 日,平津陷落。从此,中国开始了全国性的抗日战争。(推荐阅读　周进等:《卢沟桥事变:全民族抗战的起点》,北京出版社)

鲁褒　西晋文学家。生卒年代不详。大约生活于西晋末年(公元 3 世纪末—4 世纪初)。字元道,南阳(今属河南)人。好学多闻,以贫素自立,一生不仕。《晋书·隐逸传》说:"元康之后,纲纪大坏,褒伤时之贪鄙,乃隐姓名,而著《钱神论》以刺之。"《钱神论》讽刺当时社会贪鄙之风,抨击金钱崇拜现象,流传极广,从唐初的《晋书》到后来的《太平御览》《艺文类聚》《初学记》等都摘载其内容。《钱神论》原作已亡佚。今人所见版本多出自清人所编《全晋文》卷一一三。在鲁褒之前,魏晋之际的成公绥(231—273 年)也写过一篇《钱神论》,其内容甚至某些文字和鲁褒《钱神论》十分相近,很可能是在此基础上完善而成。文中虚构了高傲尖刻的司空公子和知书达礼的綦毋先生,通过两人的对话,引出司空公子"死生无命,富贵在钱"等影响深远的货币拜物教观点,以针对儒家"死生有命,富贵在天"等传统观念。此文假司空公子与綦毋先生对话,指斥世风沉沦,弃经典而尚钱财,嘲谑笑骂,颇切时弊。(推荐阅读　桑东辉:《鲁褒〈钱神论〉的经济伦理意蕴》,《中国钱币》2023 年第 2 期)

陆王心学　宋明理学的主要流派之一。因其创始者为陆九渊,集大成者为王守仁,故称"陆王心学"。南宋理学家陆九渊创立了心学。他批判"格物穷理"的程朱理学支离烦琐,主张"宇宙便是吾心,吾心即是宇宙"和"心即理也"的哲学理论,提出"发明本心"、反省内心的认识论,至明代中后期,王守仁将心学推向新的高度,其代表理论为"致良知"和"知行合一"。他认为:

"良知"是人人天赋的本性,"致良知"即恢复良知,达良知的至极。"成圣"其实很简单,只需把不善念头在内心活动过程中及时克服,同时用道德指导自身的行为,做到"知行合一"即可。这是对程朱理学"知先行后"主张的否定。由于陆王心学直指程朱理学的缺陷,同时具备简单易行等优点,其影响力与日俱增,逐渐形成与程朱理学分庭抗礼之势。明中后期甚至流行于日本,形成"阳明学"。(推荐阅读　刘宗贤:《陆王心学研究》,山东人民出版社)

《论持久战》　毛泽东 1938 年 5 月 26 日至 6 月 3 日在延安抗日战争研究会的讲演。《论持久战》在总结抗日战争初期经验的基础上,彻底批驳了"亡国论"和"速胜论",全面分析了中日战争所处的时代和中日双方的基本特点,并从全国的战略全局出发,深刻地论述了抗日战争是持久战,最后的胜利必然属于中国。毛泽东科学地预见了抗日战争必将经过战略防御、战略相持、战略反攻三个阶段,深刻揭示了抗日战争发展的过程和规律,系统阐述了人民战争的思想,指出战争胜利最深厚的根源存在于民众之中。这一成果是马克思主义的普遍真理同中国抗日战争的具体实际相结合的典范,是中国共产党领导抗日战争取得胜利的纲领性文献,是毛泽东军事思想的经典著作之一。(推荐阅读　杨信礼:《重读〈论持久战〉》,人民出版社)

《论人民民主专政》　毛泽东 1949 年 6 月 30 日为庆祝中国共产党成立二十八周年写的一篇文章。毛泽东根据马克思主义国家学说,总结中国共产党领导民主革命的基本经验,论述了即将成立的中华人民共和国的国家性质、各阶级在国家中的地位及其相互关系、国家内外政策等。文章指出,人民"在中国,在现阶段,是工人阶级、农民阶级、城市小资产阶级和民族资产阶级",这些阶级在中国工人阶级的先锋队中国共产党的领导下,以工农联盟为基础,组成自己的国家,对人民内部实行人民民主制度,对地主阶级和官僚资产阶级实行专政,二者结合就是人民民主专政。毛泽东关于人民民主专政的理论,是对马克思主义国家学说的丰富和发展,为新中国的建立奠定了理论和政策基础,对于后来宪法的制定也有重要的指导意义。(推荐阅读　袁峰:《人民民主专政是立国之本》,经济科学出版社)

《论十大关系》　毛泽东 1956 年 4 月 25 日在中共中央政治局扩大会议上的讲话。编入《毛泽东文集》第 7 卷。以苏联建设社会主义的经验教训为

鉴戒,总结中国的经验,提出调动一切积极因素为社会主义事业服务的基本方针,对适合中国情况的社会主义建设道路进行了初步的探索。概括并论述了中国社会主义建设的十大关系:重工业和轻工业、农业,沿海工业和内地工业,经济建设和国防建设,国家、生产单位和生产者个人,中央和地方,汉族和少数民族,党和非党,革命和反革命,是和非,中国和外国。初步提出中国社会主义经济建设、政治建设和思想文化建设的一些新方针。指出要学习一切民族、一切国家的长处,学习要与中国实际相结合,不能照搬。提出"对待犯错误的同志,采取'惩前毖后,治病救人'的方针"。提出在中国建设社会主义社会的基本方针:"一定要努力把党内党外、国内国外的一切积极的因素,直接的间接的积极因素,全都调动起来,把我国建设成为一个强大的社会主义国家。"是毛泽东关于社会主义建设的经典著作之一,标志着在20世纪50年代中期中国刚刚开始探索社会主义建设道路时,已经敏锐地提出根据本国情况探索如何建设社会主义的重大课题,为社会主义建设提供了基本依据、方向和各项具体方针,是探索建设中国社会主义道路的最初成果。(推荐阅读　李永进、程帆:《〈论十大关系〉与中国现代化建设话语的建构》,《毛泽东研究》2022年第5期)

《论语》　春秋时期思想家、教育家孔子的弟子及再传弟子记录孔子及其弟子言行而编成的语录文集。儒家基本经典之一,共20篇。汉代有三种版本:古文本《古论》21篇(鲁恭王刘余得于孔子旧宅壁中)、《齐论》22篇和今文本《鲁论》20篇。西汉末安昌侯张禹传授《鲁论》,兼讲齐说,善者从之,号称《张侯论》,为时人推崇。东汉末郑玄又依据《张侯论》,参照《齐论》《古论》作《论语注》,共20篇,流传至今。《古论》及《齐论》已佚。内容综合孔子道德和教育的多方面论述,反映其哲学、政治观点,是研究孔子思想的主要资料。东汉列入七经,南宋列入四书。(推荐阅读　杨伯峻译注:《论语译注》,中华书局)

洛川会议　1937年8月22—25日中共中央在陕北洛川举行的政治局扩大会议。出席者有毛泽东、周恩来、博古、朱德等23人,会议由张闻天主持。毛泽东作了关于军事问题和国共两党关系问题的报告,分析了抗战以来新的形势和战争的持久性,指出共产党的中心任务是动员一切力量争取

抗战的最后胜利,实行全面抗战路线;提出必须坚持统一战线中无产阶级的领导权;建立敌后抗日根据地,发动游击战,配合正面战场;在国民党统治区,发动抗日群众运动;减租减息作为抗战时期解决农民土地问题的基本政策等。会议通过了《关于目前形势与党的任务的决定》和《中国共产党抗日救国十大纲领》。会议阐明了中国共产党在抗日战争前期的基本政治主张,指明了坚持长期抗战、争取最后胜利的具体道路。(推荐阅读 《洛川会议制定全面抗战路线和我军战略方针》,《人民日报》2006 年 9 月 1 日第 2 版)

《洛神赋图》 东晋著名画家顾恺之根据曹植《洛神赋》绘制而成的传世杰作。全卷分三个部分,第一部分是曹植与洛神的初见;第二部分描绘了人神殊途,洛神与曹植不得不分离的场景;第三部分,洛神离去后,曹植思念深切,乘舟想要追赶云车,却已不见洛神身影。长幅横卷层次分明地描绘着曹植与洛神真挚纯洁的爱情故事。人物安排疏密得当,洛神与曹植在不同的时空中自然地交替、重叠、交换,气氛自然清新,画面充满浪漫主义色彩。开创了中国传统绘画长卷的先河,被誉为"中国绘画始祖"。(推荐阅读 刘亚宁:《洛神赋图的美学思想研究》,《美术教育研究》2017 年第 9 期)

《吕氏乡约》 亦称《蓝田乡约》。陕西蓝田吕氏兄弟(吕大忠、吕大钧、吕大临、吕大防)基于乡村安定、乡邻和睦的诉求制定的以道德教化为主的"乡约"。规定同约人要"德业相劝、过失相规、礼俗相交、患难相恤"。朱熹加以修订,称《增损吕氏乡约》。是中国最早的成文乡约,对后世明清的乡村治理模式影响甚大。(推荐阅读 张志昌、杨洁:《〈吕氏乡约〉的传播推广历程及局限性分析》,《人文杂志》2021 年第 12 期;周军伟:《天下一家,中国一人:创建乡约的吕大钧兄弟》,大象出版社)

绿营 清朝常备军之一。又称"绿旗兵",因使用绿色军旗而得名。清朝入关后,参照明军旧制,以营为基本单位,将受降明军及其他汉兵进行编制,并以绿旗为标准,由此形成绿营。兵种主要分为马兵、步兵,在沿江海地区还专门设置水师。建制由京师、行省、边区三部分组成。在京师者为巡捕营,隶属步军统领;在地方行省,营制又细分为标、协、营、汛四种,总督、巡抚、提督、总兵所属称标,副将所属称协,参将、游击、都司、守备所属称营,千总、把总、外委所属称汛。在地方上,基本任务是"慎巡守,备征调",此外还

承担差役、作战、东南海防和边防、屯戍、河工、漕运、守陵等任务。在清朝前中期疆域奠定的过程中发挥了重要作用,但此后营务日渐废弛,日趋腐败,在镇压白莲教与太平天国运动之时屡战屡败。此后历经裁汰,后被改编为巡防营,正式退出历史舞台。(推荐阅读　罗尔纲:《绿营兵志》,商务印书馆)

满洲　清代满族的族称。在明代,女真部族分为建州女真、海西女真等,此时,满洲仅是建州女真所属一个小部落的名称,努尔哈赤的父祖即属于该部落。努尔哈赤起兵统一女真各部后,这一族称随之显赫,并逐渐成为整个女真部族的族称。清初,满洲、建州、诸申与女直等词并用,为统一族称,强化自身统治,后金天聪九年(1635 年),清太宗皇太极明确规定,满族一律称满洲,不准称诸申等。乾隆四十二年(1777 年),乾隆下诏编纂《钦定满洲源流考》,再一次强调满洲为部族名。在清代,该词长时间充当民族称谓,同汉、蒙、回、藏等词并用,迄今所称满族亦是当时满洲族的简化。(推荐阅读　孙静:《"满洲"民族共同体形成历程》,辽宁民族出版社)

毛泽东思想　以毛泽东为主要代表的中国共产党人,对中国革命和建设实践中的一系列独创性经验作出理论概括而形成的科学思想体系。是关于中国革命和建设的正确的理论原则和经验总结,是中国共产党和人民实践经验与集体智慧的结晶,是中国共产党长期坚持的科学的指导思想。是马克思主义普遍原理同中国革命和社会主义实践相结合的第一次飞跃的重大理论成果。自中国共产党诞生以来,以毛泽东为主要代表的中国共产党人,根据马克思列宁主义的基本原理,对中国革命和社会主义建设实践中一系列独创性经验进行概括和总结,逐步酝酿并形成毛泽东思想。1945 年刘少奇在中共七大上作《关于修改党章的报告》,系统阐述了毛泽东思想的基本内涵。新党章规定:"中国共产党,以马克思列宁主义的理论与中国革命的实践之统一的思想——毛泽东思想,作为自己一切工作的指针。"开创了马克思主义中国化的伟大事业,实现了马克思列宁主义同中国实际相结合的第一次历史性飞跃,是中国化的马克思主义,是中国共产党的宝贵精神财富。(推荐阅读　金春明等主编:《毛泽东思想基本问题》,中共中央党校出版社)

门阀政治　在特定条件下出现的皇权政治的一种变态（士族与皇权共治）。它的存在是暂时的，来自皇权政治，又逐步回归于皇权政治。门阀为"门第阀阅"的省称，指封建社会中的世代显贵之家。门阀士族是对魏晋南北朝时期地主阶级中有特殊身份和地位的一个阶层专称。东汉世家地主是其前身，以庄园经济为基础，累世公卿，"门生故吏遍天下"。在占有大量土地和依附人口的基础上，东汉、曹魏以来世代高官而且世袭封爵的家族，在政治、经济、社会各方面据有特殊优越地位，形成门阀士族。严格意义的门阀政治只存在于江左的东晋时期。（推荐阅读　田余庆：《东晋门阀政治》，北京大学出版社）

门户开放政策　美国在19世纪末提出的对华政策，又称"海约翰政策"。19世纪末，西方列强竞相在中国划分势力范围，与此同时，美国与西班牙争夺菲律宾和古巴（美西战争）。美西战争结束后，此时中国已被列强瓜分殆尽。为谋取更多在华利益，1899年9月，美国国务卿海约翰照会英、法、德、日、意、俄六国，承认它们在中国的势力范围，同时表明美国要在一切势力范围内取得通商自由、低税率和一切特权利益。次年7月，海约翰又照会六国政府，主张把"门户开放政策"应用到"中国一切地方"。这一政策起初未为列强公认，直至1922年华盛顿会议上被载入《九国公约》。美国提出这一政策的目的是企图通过"机会均等"，分享侵略中国的权益。（推荐阅读　〔美〕格雷戈里·摩尔：《1901—1909年的门户开放政策：西奥多·罗斯福与中国》，赵嘉玉译，江苏人民出版社）

《梦溪笔谈》　北宋沈括撰写的一本杂谈式笔记，共26卷，并有补笔谈2卷、续笔谈1卷。元祐年间（1086—1094年），朝廷赐予沈括以左朝散郎、守光禄少卿、分司南京等虚衔。于是，沈括移居镇江润州（今江苏镇江），悉心经营土地，名为"梦溪园"，并于此隐居，直至去世。期间，他著书立说，写成名著《梦溪笔谈》。该书分故事、辩证、乐律、象数、人事、官政、权智、艺文、书画、技艺、器用、神奇、异事、谬误、讥谑、杂志、药议17目，分类系事，600余条。内容涉及天文、历法、气象、数学等自然科学的广阔领域，也涉及人类学、考古学、文学、语言学和音乐等人文方面。此外，还有关于朝廷与官员生活、法律与警务、军事、占卜与方术、杂闻与轶事等内容。内容丰富，考证精

邃,保存了许多可贵的历史与自然资料。该书曾被著名的中国科学史研究者李约瑟称为"中国科学史上的坐标"。(推荐阅读　闻人军:《考工司南:中国古代科技名物论集》,上海古籍出版社)

民本思想　相对于官本、君本而言,是中国古代社会国家治理与农业生产经营中的重民、贵民、安民、恤民、爱民等理念。最早可追溯至夏商周时期。经历了从"重天敬鬼"到"敬德保民",再从"重民轻天"到"民贵君轻"的发展历程。核心理念是"以民为本""民为国本",肯定了普通民众在国家治理和社会发展中的基础地位和决定作用,将"民"的地位和作用提高到关乎社稷安危和国家兴亡的高度,成为指导中国古代统治者处理君民关系的重要政治理念和施政原则。"民本"思想有助于约束君主与官吏的行为,促进爱民惜民、富民惠民政策的制定和实施,进而保障民生。该思想是从统治者的立场提出的,根本目标是为了维护统治者的地位。主张"民为邦本""立君为民"的同时,也明确提出"君为政本""君为民主"。在其指导下的治民方略,既包括爱民惜民、富民惠民等政策,也包括牧民使民、制民愚民等御民之术,并通过"三纲五常"等伦理道德观念对民众进行道德教化,其所宣扬的仁义道德不仅是对君主思想言行的规范,也是对民众的规范。(推荐阅读　张分田:《民本思想与中国古代统治思想》,南开大学出版社)

民国初年的责任内阁制　《中华民国临时约法》规定的中枢行政制度。1912年2月15日,南方临时参议院选举袁世凯为临时大总统,辛亥革命的成果就落入北洋军阀首领袁世凯的手中。为防止袁世凯破坏民主共和,实行专制独裁,3月11日颁布的《中华民国临时约法》将原先设想的总统制改为责任内阁制。约法规定:国务总理及各部总长均称国务员;国务员辅佐临时大总统负其责任,在临时大总统提出法律案、公布法律及发布命令时,须副署。孙中山等革命党人希望通过内阁总理与总统的分权与制衡达到维护民主制度的目的。然而,想要通过单一法案限制军阀独裁是不现实的。不仅袁世凯借助武力和强权视约法如无物,一意孤行复辟帝制。他死后,由于《中华民国临时约法》对总统和国务员权力的规定含糊不清,黎元洪和段祺瑞为权力争斗不休,责任内阁制反而成为中国政局动荡的原因之一。南京国民政府建立后,总统制取代了责任内阁制,后者告别历史舞台。(推荐阅

读 莫鹏:《民元时期的总统制到责任内阁制——政体理论在近代中国的文化重构》,《武汉大学学报》(哲学社会科学版)2013 年第 3 期)

民族区域自治制度 中国在少数民族聚居地方实行的一项基本政治制度。1949 年 9 月,《中国人民政治协商会议共同纲领》对民族区域自治做了明确规定:"各少数民族聚居地区,应实行民族的区域自治"。1984 年 5 月 31 日六届全国人大会二次会议通过《中华人民共和国民族区域自治法》,自1984 年 10 月 1 日起施行。2001 年 2 月 28 日,九届全国人大常务委员会第二十次会议《关于修改〈中华人民共和国民族区域自治法〉的决定》予以修正。这是实施宪法规定的民族区域自治制度的基本法律,该法律规定在中央政府的领导下,遵照宪法规定,按照民族聚居的人口多少和区域大小,分别建立不同级别的自治区、自治州、自治县三级。各自治机关除行使一般地方国家机关的职权外,还依法享有自治权。1947—1965 年,先后设立了内蒙古、新疆、广西、宁夏、西藏五个自治区。这一制度是中国共产党用马克思列宁主义的民族理论,解决中国民族问题的一个新的伟大创造。这一制度的确立和实施,有利于保障各少数民族的权益,真正实现少数民族当家作主,进而维护民族团结与国家统一。(推荐阅读 万其刚等编著:《民族区域自治制度:民族团结和睦的根本保证》,五洲传播出版社;宋才发:《民族区域自治制度重大问题研究》,人民出版社)

民族资本主义 19 世纪六七十年代产生的一种近代经济。两次鸦片战争后,中国自然经济进一步解体,受外商企业丰厚利润刺激以及洋务运动影响,一些中国人开始创办近代企业,民族资本主义由此产生。中日甲午战争后获得初步发展;辛亥革命后进一步发展;一战期间由于列强忙于一战,暂时放松对中国侵略,迎来短暂的春天;南京国民政府统治时期日益萎缩;新中国成立后,经过资本主义工商业改造走上社会主义道路。民族资本主义经济代表着中国经济近代化的进步方向,但由于受"三座大山"的压迫和排挤,具有"先天不足、后天畸形"的特点,始终没有成为近代中国社会经济的主导形式。(推荐阅读 杜恂诚:《民族资本主义与旧中国政府(1840—1937)》,上海人民出版社)

铭文 先秦时期铸刻在青铜器上的文字。又称"金文""钟鼎文"。刻制

铭文是为了称颂和警戒。不同时期的铭文字体往往具有不同风格,或者是首尾出锋、中间肥厚的波碟体,或者是竖划上下等粗呈柱状的玉柱体。例如西周铜器铭文一般都排列整齐、学体严谨、书写娴熟、优美奔放,是书法和铸造艺术的完美结合。在已出土的铭文中,西周《毛公鼎》上的铭文字数最多,共 32 行,合计 497 字。是研究先秦历史的不可或缺的重要资料。(推荐阅读严志斌:《商代青铜器铭文研究》,上海古籍出版社)

募兵制 国家以雇佣方式招募人员补充军队的制度。自唐五代以后,随着府兵制的逐渐破坏,为了弥补兵源的不足,这一制度日益发展起来。到玄宗开元年间,无论京师宿卫、边镇成兵乃至地方武力,已基本上被募兵制所代替。募兵制取代征兵制,为封建时代兵制的一大变革。宋朝不论禁兵、厢兵,还是南宋的屯驻大军等,一般都采用招募的办法。灾年招募流民和饥民当兵,统治者认为将壮健者招募当兵后,老弱者就不可能揭竿反抗,这是防止灾年爆发农民起义的对策,招募军伍子弟也是宋朝重要兵源。辽、金亦有招募军士之举,元明两代募兵依然存在。清末新建陆军时,即实行募兵制。以后,民国时期,军队亦多系招募而来。(推荐阅读 郭建:《金戈铁马——兵制与军事》,长春出版社)

南北朝民歌 南北朝时期流传于民众口头的歌谣。分为南朝民歌与北朝民歌。南朝民歌分布于长江流域,以艳丽优美为特征,其内容主要是表达极其热烈而浪漫的情思。南朝民歌现存总量有近 500 首,大多保存在郭茂倩《乐府诗集·清商曲辞》中。南朝民歌又可分为不同种类,如"吴声歌曲""西曲"等。"吴声歌曲"主要分布于六朝都城(今南京)及周围地区,"西曲"主要分布于江汉流域的荆、郢、邓,即南朝西部重镇和经济文化繁华地区。北朝民歌具有阔大、雄俊、刚健的特点,勾勒出北方各族人民质朴、粗狂、豪放和强悍的气质。北朝民歌现存不足 70 首,大多数在氐、羌、鲜卑、匈奴、羯等少数民族中流传。该民歌是中国诗歌发展链上的重要一环,揭示了中国韵语文学史发展的趋向和轨迹。(推荐阅读 张宗原:《南北朝民歌》,春风文艺出版社)

南北议和 1911 年 12 月至 1912 年 2 月,袁世凯在列强支持下与南方革命政权在上海所进行的议和谈判。1911 年 10 月 10 日,武昌起义爆发,武

汉三镇光复。清廷命袁世凯为内阁总理大臣,率军攻打武汉。袁世凯在攻陷汉口、汉阳后,向南方革命党人发出和平试探。此后在英、美等国驻华公使的调停下,南方代表伍廷芳与袁世凯的全权代表唐绍仪在上海英租界举行会谈。其时,袁世凯获得列强的支持甚至革命阵营中旧官僚、立宪派的拥护,加之南方革命党人也面临着政治、经济、军事甚至外交等多方面的重重困难。虽然 1912 年 1 月 1 日南京临时政府成立,孙中山就任临时大总统,但最终不得不向袁世凯作出妥协。孙中山表示,只要袁世凯能逼迫清帝退位、赞成共和,自己愿以大总统职位相让。得到南方的承诺后,袁世凯一方面密令唐绍仪留沪继续与伍廷芳秘密磋商清帝退位后的优待办法及孙中山辞职和袁世凯继任总统等问题,一方面授意段祺瑞率北洋将领共同发电,逼迫清帝退位,宣布共和。1912 年 2 月 12 日清帝溥仪宣告退位,13 日孙中山辞职,15 日临时参议院选举袁世凯为临时大总统。和谈以袁世凯篡夺最高权力而告终。(推荐阅读　桑兵:《辛亥南北议和与国民会议》,《史学月刊》2015 年第 4 期)

南昌起义　中国共产党为武装反抗国民党反动派联合国民党左派在南昌发动的武装起义。1927 年蒋介石和汪精卫先后发动反革命政变,国民革命失败,革命暂时转入低潮。中国共产党吸取国民革命失败的教训,认识到掌握军队的重要性,决定发动武装起义。8 月 1 日,在以周恩来为书记的中共前敌委员会的领导下,2 万余人在南昌举行起义。起义成功后部队按原定计划南下,向广东进发,在南下途中遭到敌人封堵,大部被打散,损失严重。余下部队,一部分在朱德、陈毅率领下转入湘南等地继续战斗,1928 年 4 月与毛泽东领导的工农革命军在井冈山会师;另一部进入海陆丰地区,与当地革命军会师。南昌起义打响了武装反抗国民党反动派的第一枪,是中共独立领导武装斗争和创建人民军队的开始。(推荐阅读　法剑明、王小玲主编:《南昌起义史话》,江西人民出版社;南昌八一起义纪念馆、人民出版社编:《军旗升起的地方——八一南昌起义展览巡礼》,人民出版社)

南朝骈文　中国魏晋以后产生的以字句两两相对而成篇章的一种文体。南朝文人尤好骈文,多用骈文书写文章,由此骈文又称南朝骈文。骈文具有裁对、隶事、敷藻、调声等特点。在写法上,要求通篇文章句法结构相互

对称,词语对偶;在声韵上,讲究运用平仄,音律和谐;在修辞上,注重辞藻华丽与用典阐述。南朝著名的骈文大家有鲍照、刘峻、徐陵等人,代表作有鲍照的《登大雷岸与妹书》《石帆铭》,刘峻的《辨命论》《广绝交论》,徐陵的《玉台新咏序》。骈文极盛于南北朝时期,是与散文相互区别的独立文体,此后日趋衰落,渐被淘汰。(推荐阅读　刘麟生:《中国骈文史》,东方出版社)

《南海各方行为宣言》　中国与东盟国家在南海问题上签署的首份政治文件。旨在巩固和发展各国人民和政府之间业已存在的友谊与合作,以促进面向 21 世纪的睦邻互信伙伴关系。2002 年 11 月 4 日在柬埔寨金边正式签署。为增进本地区的和平、稳定、经济发展与繁荣,中国和东盟有必要促进南海地区和平、友好与和谐的环境。承诺促进 1997 年东盟成员国与中华人民共和国国家元首或政府首脑会晤《联合声明》所确立的原则和目标,希望为和平与永久解决有关国家间的分歧和争议创造有利条件。签署以来对中国与有关声索国管控海上分歧、增进彼此互信及推进海上务实合作等发挥了巨大作用,有效维持了二十多年来南海地区局势的总体和平稳定。中国与东盟国家在积极推进其落实的同时,也在加快“南海行为准则”磋商进程方面取得积极进展,为探索构建地区海上规则、实现南海长治久安做出了有益尝试。(推荐阅读　范健、刘思培:《中国南海区域经济发展重点法律问题研究》,法律出版社)

南京大屠杀　抗日战争时期日本侵略军大规模屠杀中国人民的暴行。1937 年 12 月 13 日,日军侵占南京后,在日本华中方面军司令松井石根和第六师团长谷寿夫的指挥下,对中国军民进行了长达 40 多天的大规模屠杀,杀害无辜市民和已放下武器的士兵共 30 万人以上。这是日本军国主义对中国人民所犯下的滔天罪行。抗日战争胜利后,侵华日军在南京犯下的血腥暴行得到了清算,松井石根被远东国际军事法庭处以绞刑,谷寿夫被引渡给中国政府处死。为了纪念这场震惊世界的惨案,1985 年,南京人民在当年日军集体屠杀中国人的现场遗址之一的江东门建立了一座侵华日军南京大屠杀遇难同胞纪念馆。此外,还在其他屠杀现场如燕子矶、草鞋峡、中山码头、汉中门等遗址及遇难同胞尸骨丛葬地中华门外等处,建立了 15 块纪念碑。2014 年 2 月 27 日,十二届全国人大常委会第七次会议通过决定,以立法形

式将 12 月 13 日设立为南京大屠杀死难者国家公祭日。（推荐阅读　［美］陆束屏：《他们当时在南京：南京大屠杀的英美国民见证》，张玉亮译，团结出版社）

南京国民政府　中华民国国民政府时期的最高行政机关。北伐军攻占武汉后，国民政府从广州迁到武汉。1927 年 4 月 18 日，蒋介石在南京另立国民政府，与武汉国民政府对峙。9 月武汉与南京国民政府实现合流，南京国民政府成为中国国民党唯一政权。1928 年，国民政府完成二次北伐，基本统一中国。1931 年，九一八事变爆发，中国进入抗战时期。1937 年，国民政府迁至重庆。1945 年，日本战败投降。1946 年，还都南京，同年国共内战全面爆发。1949 年，国民党政权在中国人民解放军的打击下败退台湾，南京国民政府覆灭。南京国民政府结束了北洋军阀统治的混乱局面，形式上统一了中国，推进了中国近代化进程。但南京国民政府是代表大地主、大官僚与官僚资本主义的政权，在其执政过程中始终暴露其反动本质，最终为人民所抛弃。（推荐阅读　史金生等：《南京国民政府的建立》，河南人民出版社）

南京临时政府　中华民国成立后孙中山仿照美国政治制度在南京建立的临时中央政权机关。1911 年 10 月 10 日，武昌起义爆发，清朝统治土崩瓦解。至 11 月底，已有 15 个省区宣告独立，相继建立了地方政权。12 月 3 日，起义各省代表在武昌通过《中华民国临时政府组织大纲》，后转至南京选举孙中山为临时大总统，黎元洪为临时副总统。1912 年 1 月 1 日，孙中山在南京宣誓就职，定国号为中华民国，改用民国纪年，宣布正式成立临时政府，以红、黄、蓝、白、黑五色旗为国旗，同时改用阳历纪年。清帝退位后，孙中山兑现承诺并辞职。15 日，南京临时参议院选举袁世凯为临时大总统。3 月 10 日，袁世凯在北京宣誓就职。4 月 1 日，孙中山正式解职。5 日，临时参议院议决政府迁往北京，南京临时政府宣告结束。临时政府采用美国总统制，以临时大总统为最高行政首长，结束了中国延续两千余年的封建帝制。1912 年 3 月南京临时参议院通过并公布实施《中华民国临时约法》。临时政府成立后，在除旧布新、保护私人财产、发展资本主义、改革教育、开放言论、保障人权等方面，颁布许多政令，取得了一定成就。（推荐阅读　张宪文等：《共和肇始：南京临时政府研究》，南京大学出版社）

《南京条约》 中国近代史上第一个不平等条约。亦称《中英南京条约》《江宁条约》。清政府在鸦片战争中以失败告终,被迫与英国签订条约。道光二十二年(1842 年)8 月 29 日,清政府钦差大臣耆英、伊里布与英国代表璞鼎查在南京下关江面的英舰"皋华丽"号签订,共 13 款。主要内容为:(1) 中国割让香港岛给英国;(2) 向英国赔偿两千一百万银元;(3) 开放广州、厦门、福州、宁波、上海五处为通商口岸,英国可派驻领事;(4) 中国进出口税率由中英双方共同议定,不得随意更改;(5) 废除"公行"制度,英国商人可以自由和中国商人进行贸易。条约的签订使中国领土、关税自主权等权利受到破坏,西方资本主义国家打开了侵略中国的大门。中国的社会性质逐渐发生改变,由封建社会逐渐沦为半殖民地半封建社会。(推荐阅读 郭卫东:《转折:以早期中英关系和〈南京条约〉为考察中心》,河北人民出版社)

《内地与香港关于建立更紧密经贸关系的安排》 中央政府同香港特别行政区政府签署的经贸文件。为促进内地和香港特别行政区经济的共同繁荣与发展,加强双方与其他国家和地区的经贸联系,中央政府同香港特别行政区政府于 2003 年 6 月 29 日在香港正式签署《内地与香港关于建立更紧密经贸关系的安排》(CEPA),后来相继签署补充协议及其他相关协议。主要内容有三大部分:货物贸易自由化,内地自 2004 年 1 月 1 日起对 273 个税目的香港产品实行零关税,2006 年 1 月 1 日起对全部香港产品实行零关税;扩大服务贸易市场准入,惠及香港 17 个服务行业;内地与香港贸易投资便利化。一系列协议的签署实施,提高了内地与香港经济交流合作的水平,对香港经济发展起到积极的促进作用,同时也推动了内地的经济建设和改革开放。(推荐阅读 黄永智:《CEPA:粤港经贸合作新机遇》,中山大学出版社)

内阁 中国古代官署名。明太祖废丞相,于洪武十五年(1382 年)仿宋制,设殿阁大学士,为皇帝顾问,官秩仅五品。成祖即位后,命翰林院编修、检讨等官入文渊阁当值,参与机务,称为"内阁"。到英宗时,阁臣取得票拟之权。明中叶后,大学士朝位班次皆列六卿之上,首辅独专票拟,无宰相之名,而有宰相之实。清代相沿,因实权掌握在满洲贵族手中,参与机务者多由皇帝委任,不一定是内阁成员,其职权逐渐低落。军机处成立后,实权集中到军机处,内阁徒有虚名,成为传达皇帝谕旨、公布文告的机构,但名义上

仍为清代最高级官署。清末仿行君主立宪制，设责任内阁，以旧内阁与军机处合并为最高国务机关。北洋政府时改称"国务院"，习惯上仍称"内阁"。（推荐阅读　高一涵:《中国御史制度的沿革　中国内阁制度的沿革》，商务印书馆）

内外服制　商朝的一种二元统治体制。将统治区域分为内服和外服，分别采取不同的统治方式和组织方式。商王直接控制的王畿地区为内服，王畿以外地区为外服，分布着众多接受商王封号的方国城邑。商王通过两种不同的管理制度来处理本族和臣服的外族的事务。由此，商王控制着内外服制的实际权力，与各附属国形成了支配与被支配的关系。该制度是商朝王权巩固和扩张的重要手段，体现了商朝分封制和宗法制的特点，为西周时期的分封制和郡县制的建立奠定了基础。（推荐阅读　韩江苏、江林昌:《〈殷本纪〉订补与商史人物徵》，中国社会科学出版社）

《尼布楚条约》　中国清朝和沙皇俄国之间签订的第一份边界条约，也是中国与西方国家缔结的第一份国际条约。从 17 世纪中叶起，沙俄侵略者入侵中国黑龙江流域，烧杀劫掠，无恶不作，还煽动地方脱离中央统治，极大地威胁了地方稳定和人民的生活安定。虽然中方屡次抗议，但沙俄置若罔闻。遂于康熙二十四年（1685 年）展开反击，经过多次战役击败沙俄军队。二十七年（1688 年）开始进行谈判，签订了《尼布楚条约》。条约规定中、俄以额尔古纳河、格尔必齐河为界，再由格尔必齐河源沿外兴安岭往东至海，岭南属中国，岭北属俄国；乌第河和外兴安岭之间地方暂定存放另议。又规定自条约签订之日起，两国人民持有护照者，可过界来往，并许其贸易互市。该条约以近代主权国家之间的条约形式签订，体现了一定的时代进步性。明确肯定黑龙江流域和乌苏里江流域是中国领土，阻止了俄国向东方的扩张，维护了中国的领土完整，保证了中国东北边疆的长期安宁。同时，在经济上也推动了中俄两国民间贸易的发展。（推荐阅读　范传男编著:《雅克萨之战》，吉林文史出版社）

宁汉合流　1927 年武汉国民政府与南京国民政府的合组事件。1926年 10 月北伐军攻克武昌后，广州国民政府决定迁都武汉。首先由到武汉的部分国民党中央执行委员和国民政府委员成立联席会议，1927 年元旦开始

代行国民党中央党部和国民政府的职权。1927 年 3 月底,北伐军攻占上海、南京及东南诸省。蒋介石在帝国主义和大资产阶级的支持下,在上海发动四一二反革命政变,实行清党反共,屠杀共产党员和革命群众。4 月 18 日在南京另立国民政府,同武汉国民政府形成对峙,造成宁汉分裂。汪精卫于 6 月 19 日到徐州与蒋介石达成"清党反共"协议,7 月 15 日在武汉实行"分共",这标志着汪精卫的叛变和武汉国民政府性质的根本改变。宁汉之间渐有妥协趋向。7 月 24 日,汪精卫表示愿意和平统一,并同意迁都南京。蒋介石于 8 月中旬宣布下野,武汉国民政府于 8 月 25 日宣布迁都南京。包括宁、汉和上海西山会议派在内的各方于 9 月 15 日达成协议,决定于 16 日成立中国国民党中央特别委员会代行中央职权,为国民党临时最高权力机关,并重新选举国民政府委员。至 9 月 20 日,国民党宁、沪(西山会议派)、汉三方合流,新产生的国民政府委员和军事委员会委员在南京举行就职典礼,武汉国民政府正式终结。此后,特委会改组南京政府,宣告武汉政府和南京政府合并,合流至此完成。(推荐阅读 陈宁生:《郑州会议和徐州会议——"宁汉合流"的酝酿》,《近代史研究》1984 年第 2 期)

农产品冷链物流发展规划 国家发展和改革委员会颁布的冷链物流发展规划,旨在促进农产品冷链物流快速健康发展。2010 年 6 月颁布。在借鉴国外先进管理经验和理念的基础上,结合中国实际情况,对 2010—2015 年期间农产品冷链物流做出了明确的规划,主要包括现状与形势、指导思想、基本原则和发展目标、主要任务、重点工程、保障措施等五个方面。既反映了国家对冷链物流发展的持续推动,也预示着在新发展格局下国家将以更大力度推动冷链物流发展。(推荐阅读 汪利虹、冷凯君:《冷链物流管理》,机械工业出版社)

《农政全书》 明代重要的农业科学巨著。明代徐光启撰。徐光启逝世后六年,由陈子龙等整理编定,于崇祯十二年(1639 年)刊行。全书共 60 卷,70 余万字。分为农本、田制、农事、水利、农器、树艺、蚕桑、蚕桑广类、种植、牧养、制造、荒政等 12 门,其中水利及荒政占篇幅较多。该书全面总结了中国古代农业生产技术和当时农业生产经验、吸收西方科学技术编著而成。该书中提出许多创见,是集大成的农业科学巨著,对中国农业发展有很大的

影响。(推荐阅读苏嘉:《徐光启和〈农政全书〉》,《出版史料》2009 年第 4 期)

奴儿干都司　中国明朝政府设于东北的最高地方军政机构。全称奴儿干都指挥使司。洪武年间,黑龙江下游奴儿干地区的元朝故臣多率部纳贡归降。永乐元年(1403 年)明朝派行人邢枢等往谕奴儿干,招抚诸部。二年(1404 年),置奴儿干等卫,其后相继建卫所达一百三十余个。七年(1409年),明政府决定设置奴儿干都司,统辖各卫所。九年(1411 年),太监亦失哈等领官军千余、巨船二十五艘,护送康旺等官员至亨滚河口对岸的特林地方,正式开设奴儿干都司,是为明政府管辖黑龙江口、乌苏里江流域的最高一级地方行政机构。都司的主要官员初为流官,后为世袭。管辖范围西起斡难河,北至外兴安岭,东抵大海,南接图们江,东北越海而有库页岛。其境内的蒙古、女真、吉里迷、苦夷、达斡尔等族人民多以渔猎为生。辖区内分置卫所,明朝政府还任命各族首领为各卫所都督、都指挥、指挥、千户、百户、镇抚等职,给予印信,仍其习俗,统其所属,以时朝贡。建于辽金时期的两座砖塔近旁的永宁寺及寺前的两块明代石碑记录了明政府管理和经营奴儿干都司的事实。(推荐阅读　杨旸等:《明代奴儿干都司及其卫所研究》,中州书画社)

《女史箴图》　东晋顾恺之所作名画。以西晋张华《女史箴》为蓝本绘制而成,横幅,八寸高,约一丈二长,绢本设色长卷图。原作已失佚,现存两本均为摹本。一本为八国联军侵华时被英军所掠现藏于大英博物馆的唐摹本,此版笔墨神韵与原版最为接近;一本为藏于北京故宫博物院的宋摹本。原图有 11 段,一说 12 段,现仅存 9 段,内容可概括为"冯姬挡熊""班婕辞辇""山水寓理""修容饰性""同衾以疑""家庭欢聚""爱极则迁""静恭自思""女史司箴"。箴文以竖列方式题在画面一侧,画面用以揭示箴文的含义,以示劝诫教化。画面各段相互独立又前后呼应,人物形象逼真,具有动感,笔法生动如春蚕吐丝。对研究当时社会整体风貌、绘画艺术风格、审美品格等具有极高的参考价值。(推荐阅读　顾恺之绘:《女史箴图》,人民美术出版社)

朋党　为私利而互相勾结形成的小团体。《晋书·郤诜传》:"动则争竞,争竞则朋党,朋党则诬调,诬调则臧否失实,真伪相冒。"中国历史上著名的朋党之争是唐朝末年的"牛李党争"。牛李党争因进士考试而起,形成了

牛僧孺为首领的牛党和以李德裕为首领的李党。党争的焦点,是如何选官和解决藩镇等问题。牛李党争从宪宗时期开始,一直延续到宣宗时期,前后斗争数十年。斗争最激烈的时期是在文宗时期。武宗时,李党得势,牛党的首领被贬逐到岭南。宣宗时,牛党重新得势,李德裕被贬逐,死于崖州。至此,牛李党争才基本结束。二是两宋时期有四次党争高潮,即范仲淹庆历新政引发的"庆历党争",王安石熙丰变法引发的"元祐党争",蔡京擅政后的"崇宁党禁",南宋宁宗统治时的"庆元党禁"。三是明朝党争。多尔衮评论明亡则说:"故明诸臣,各立党羽,连章陈奏,陷害忠良,无辜被罚,无功滥用,酿成祸患,以致明亡。"朋党之争也是古代政治昏乱的一大原因。官僚之间拉帮结派,结党营私,只唯权势利害,而不顾是非善恶。(推荐阅读　朱子彦:《中国朋党史》,东方出版中心;徐洪兴:《朋党与中国政治》,中华书局)

澎湖巡检司　元朝在澎湖地区设立的行政管理机构。巡检作为官称,始于中晚唐,宋代沿袭,其职能主要是巡逻辖区、维护治安。元代因袭宋制,遍设巡检司于天下。大致可以分为三类:一是设于州县之下,专司捕盗、治安;二是设于少数民族地区,带有羁縻和管理性质;三是设于沿江、沿海地区,负责巡查江、海诸岛,如澎湖巡检司。元代为巩固东南海防,发展海外贸易,设立澎湖巡检司这一基层国家机构以作为经略东南沿海和海外的据点。设立时间目前仍有争议:元人汪大渊《岛夷志略》载"至元间,立巡检司"。但因元朝有两个"至元"年号,所以说法不一。有研究认为澎湖巡检司设置时间应该在元世祖至元十七年至十九年(1280—1282 年)间。巡检司隶属于哪个县也有争议:《岛夷志略》中以为其隶属于泉州晋江,清嘉庆《台湾县志》认为其隶属于泉州同安。这一机构的设立将澎湖群岛整体纳入元朝行政区划,是历史上中央政府在台湾地区正式设置专门行政管理机构的开始,有利于中央对澎湖地区的控制。此后明朝依循元朝旧制,仍在澎湖设立巡检司。(推荐阅读　胡起望:《驱散台湾历史研究的迷雾》,《中国社会科学》1994 年第 5 期)

片面抗战路线　指单纯依靠政府和国民党正规军,不发动人民群众的抗战路线。这一抗战路线是消极抗日、积极反共的路线。这是由国民政府的阶级实质决定的,因为它代表的是大地主大资产阶级的利益,与广大人民

群众处于对立的地位,害怕人民群众在抗战过程中壮大,威胁其日后的统治,因此不敢发动群众抗战甚至压制群众的抗日积极性。虽然片面抗战路线也主张抗战,也能取得少数战役的胜利,但是包含了倒退、分裂、妥协、投降、失败以至亡国的严重危险。这一抗战路线是与全面抗战路线相对而言的。片面抗战是不能持久的。国民党单纯依靠政府和军队的片面抗战路线,不发动广大人民群众参与,因此无力阻止优势敌人的军事进攻,中国失去了华北、华中和华南大片领土。1937 年,洛川会议通过《中央关于目前形势与党的任务的决定》,指出"今天争取抗战胜利的中心关键,在使已发动的抗战发展为全面的全民族的抗战"。自此,全面抗战路线正式确定。共产党实行全面抗战路线,即人民战争的路线,强调兵民是胜利之本,依靠人民群众,充分调动和发挥广大民众的抗日积极性。晋察冀等抗日根据地的建立和独立自主的游击战争的广泛开展,有力地打击了日本侵略者的进攻,说明全面抗战路线的正确性。抗日战争时期国共两党不同指导路线的斗争,是两党性质决定的,两条路线的斗争成为中国抗日战争时局扭转的关键。(推荐阅读 刘家国:《试论国民党的"片面抗战"》,《军事历史研究》1993 年第4 期)

平型关大捷 1937 年 9 月 25 日八路军一一五师在山西省灵丘县西南平型关附近伏击日本侵略军的战斗。平型关在山西省繁峙县东北边境,地形险要,系长城要口之一。1937 年 9 月侵入山西北部的日军向平型关、雁门关一线进攻,企图南下夺取太原。八路军第一一五师在师长林彪、副师长聂荣臻指挥下,以 1 个团和骑兵营向灵丘、滦源、广灵之间前进牵制日军,以 3 个团于 24 日夜设伏于平型关东北的公路一侧山地待机歼敌,以 1 个团进入东长城村地域为师预备队。25 日 7 时许,日军第五师团第二十一旅团一部和大批辎重车辆进入设伏地区。八路军预伏部队突然开火,予日军大量杀伤。尔后迅速发起冲击,将其割裂、包围,展开白刃格斗,战至 13 时战役胜利结束,歼灭日军 1000 多人,击毁汽车 100 余辆,缴获大批武器和军用品。八路军对日首战告捷,沉重打击了侵华日军的气焰,振奋了全国的民心士气,壮大了中国共产党和八路军的声威。(推荐阅读 郑纯方:《雄关荡寇:平型关大捷纪实》,河南大学出版社)

七国之乱　西汉景帝时七个同姓诸侯王发动的叛乱。刘邦称帝后,他认为秦国迅速灭亡的原因是没有分封子弟,相互间缺乏支援,所以在全国分封自己的兄弟子侄为王,建立诸侯国。高祖与群臣共立非刘姓不王的誓约。高祖时,由于同姓诸王与高祖血统亲近,效忠汉朝,起着拱卫中央的作用,所以干弱枝强的问题这时并不突出。诸侯王于各自的王国内,有征收赋税、铸造钱币之权,并拥有军队。景帝即位后,中央专制皇权和地方王国势力的矛盾日益激化,景帝接受御史大夫晁错所上《削藩策》,削夺王国土地。削藩之举激起了诸王的强烈反对。景帝三年(公元前154年),吴王刘濞起兵广陵(今江苏扬州)。参与叛乱的还有楚王刘戊、赵王刘遂、济南王刘辟光、淄川王刘贤、胶西王刘卬、胶东王刘雄渠。吴王刘濞为这次叛乱的主谋。太尉周亚夫率兵征讨,历时三个月,平定叛乱。七国之乱的根源,是强大的王国势力与专制皇权的矛盾。诸吕当权以及汉文帝刘恒继统等政治事件,加剧了这一矛盾。平定动乱巩固了削藩政策的成果,在很大程度上解决了汉高祖分封子弟为大国所引起的矛盾,标志着西汉诸侯王势力的威胁基本被清除,并为汉武帝以"推恩令"进一步解决王国问题,创造了必要的条件。(推荐阅读　张鹤耀:《简论"七国之乱"后西汉诸侯国官制演变的特征》,《齐鲁学刊》2015年第1期)

七千人大会　中共中央于1962年1月11日至2月7日在北京召开的中央扩大工作会议。面对严峻的困难局面,中央领导人决定召开一次更大规模的、有县级领导参加的工作大会,总结过往经验、加强民主集中制,以彻底纠正"大跃进"以来的工作失误,切实贯彻调整国民经济方针。会议先将刘少奇代表中央提出的书面报告草稿发给各组讨论。报告比较系统地总结了"大跃进"以来经济建设工作的基本经验教训,着重指出工作中发生的缺点和错误,以及产生这些缺点和错误的原因。1月底,会议进入充分发扬民主、开展党内批评的阶段。毛泽东发表长篇讲话,中心是讲民主集中制,并作了自我批评。此次会议实质上是党内关系的一次调整,增强了全党团结奋斗、战胜困难的信心,对推动国民经济全面调整起到了积极作用。但会议仍然从原则上肯定了"三面红旗",对"反右倾"斗争,只是决定和宣布对下面受到错误批判的党员甄别平反,而对彭德怀等人仍未予以平反,在对形势的

估计和困难原因的分析上还存在分歧。（推荐阅读　中共中央文献研究室编：《毛泽东传（1949—1976）》，中央文献出版社）

《齐民要术》　北魏时期中国农学家贾思勰所撰的一部综合性农学著作。是中国现存最早、保存最完整的一部农书，也是世界农学史上的重要著作。全书共 10 卷 92 篇，系统地总结了 6 世纪以前黄河中下游地区劳动人民农牧业生产经验、食品的加工与贮藏、野生植物的利用以及治荒的方法，详细介绍了季节、气候、不同土壤与不同农作物的关系。强调在农业生产中要重视"天时、地利、人和"，所载北方旱地农业以保墒防旱为中心的精细技术措施，选育良种的重要性以及生物和环境的相互关系问题，以及多种农产品加工的经验，都显示出当时中国农业生产水平已达到相当高度。该书不仅反映出当时中国农业的发展水平领先世界，更对后世的农业技术发展产生了深远影响。（推荐阅读　贾思勰：《齐民要术译注（修订本）》，缪启愉、缪桂龙译注，上海古籍出版社）

《千金要方》　中国古代中医学经典著作之一，被誉为"中国最早的临床百科全书"。又名《备急千金要方》。唐孙思邈所著，约成于永徽三年（652年），共 30 卷。作者认为"人命至重，有贵千金"，故书名冠以"千金"两字，书首着重论述医德。书中广辑前代各家方书及民间验方，尤其重视对妇女和小儿疾病的诊治，分析女性与男性、小儿与成人生理的不同，指出妇女病、小儿病的特点，主张独立设科。孙氏又于永淳元年（682 年）撰《千金要方》的续编，即《千金翼方》，30 卷。卷首为"药录"，辑录药物 800 余种，对许多药物的采集和炮制做了详细的记述，其中有些是唐以前没有收录的新药和外来药物。对内外各科病症的诊治在《千金要方》基础上均有增补，并收载了东汉末张仲景《伤寒论》内容，选录《千金要方》未收载的方剂 2000 余首，保存了唐代以前的不少医学文献资料。（推荐阅读　鲍霞等：《"千金方"的康复思想及其价值》，《中华中医药杂志》2023 年第 4 期）

遣唐使　日本朝廷向中国唐朝派遣的使节团。唐朝建立以后，日本继续沿袭遣隋使的制度，遣使到唐。从贞观四年（630 年）至乾宁元年（894年），日本先后派出遣唐使 13 次，另外还有未能成行的以及迎送使节的迎入唐使和送唐客使 6 次，共 19 次。使团人员包括正使、副使、判官、留学生、入

唐学问僧及随员、水手等,人数为 100 人左右至 800 人不等,但只有少数主要成员被允许进入长安,其中著名者有吉备真备、阿倍仲麻吕等。来中国的路线大体有两条:北路由首都筑紫(今福冈)出发,经对马海峡,至仁川渡黄海,或沿朝鲜半岛西岸及辽东半岛东岸横渡渤海湾口,在山东半岛登陆;南路从筑紫西岸南下,渡中国海达扬子江口,或从筑紫值嘉岛(即五岛列岛及平户岛)附近直渡中国海。来中国的目的主要是学习中国文化。中国的许多律令制度、文化艺术、科学技术以及风俗习惯等,通过他们传入日本,对日本的社会发展产生了很大影响。促进了中日经济文化的交流,加深了两国人民的友谊。(推荐阅读 姚嶂剑:《遣唐使》,陕西人民出版社;韩昇:《遣唐使和学问僧》,中华书局;[日]古濑奈津子:《遣唐使眼里的中国》,郑威译,武汉大学出版社)

《钦定宪法大纲》 近代中国的第一份宪法性文件。光绪三十四年(1908 年)8 月颁布。清政府为抵制资产阶级民主革命,维护君主专制制度,推行了预备立宪,颁布《钦定宪法大纲》,为制定"宪法"做准备。全文共 23 条,由"君上大权"与"臣民权利义务"两部分组成,前者属"正文",共 14 条,后者属"附录",共 9 条。规定皇统永远世袭,皇权不可侵犯,保留君主专制特权,皇帝总揽司法权、人事权、军事权等,允诺给人民言论、出版、集会、结社等权利与纳税、服兵役等义务,但皇帝可以诏令限制人民自由。该文件的出台具有重要意义,可以称得上是中国宪政的开端。但也暴露了清廷制宪的真实目的,为革命派树立了批判的靶子,使部分立宪派人士转向其对立面,转而支持革命,加速了清王朝的灭亡。(推荐阅读 彭剑:《钦定、协定与民定:清季制宪研究》,北京师范大学出版社)

秦朝文书 秦朝时期使用的各种书面文件,包括官府文书、私人文书和法律文书等。秦朝建立后,秦始皇为加强中央集权,在颁布各种法令的同时,推动公务文书撰写、抄录、颁发等工作的进行,设立专职或兼职官员规范管理,由此形成一系列公务文书工作制度:避讳制度、请示报告制度、文书程式、校勘制度、用印制度以及文书传递制度等。文书形式多种多样,包括竹简、木牍、帛书等。1975 年,在湖北云梦县睡虎地秦墓中出土的 1000 多枚竹简涉及秦朝社会诸多方面,它们对于研究秦朝文书以及秦朝的政治、经济、

文化、军事等具有重要价值。(推荐阅读　刘绍杰:《中国秘书简史》,河南大学出版社)

青铜文化　以主要使用青铜器为标志的人类文化发展阶段,又称青铜时代或青铜文明。这一时期,青铜器在人们的生产和生活中占据重要地位。青铜主要是指铜锡铅、铜锡、铜合金等金属,其熔点比红铜低,但是硬度高,便于铸造,可用于制造生产工具和兵器等。中国古代青铜技术约发明于马家窑文化时期(中国新石器时代晚期的一种文化,其年代约为公元前3800—前2000年),二里头文化时进入早期青铜时代。商代晚期和西周,青铜文化达到鼎盛阶段。战国时期,因铁器的广泛使用,青铜在社会生活中的主导地位渐为铁器替代。青铜时代基本贯穿于中国奴隶制社会始终。世界上最早进入青铜时代的是两河流域和尼罗河流域的某些地区,时间大约在公元前3000年。世界各地进入青铜时代的时间有先有后,所呈现的发展形态具有差异性。(推荐阅读　周广明:《青铜文化》,江西人民出版社)

清帝逊位诏书　1912年2月12日,清朝隆裕太后代行颁布的宣统帝溥仪退位诏书,宣告统治中国260多年的清王朝结束。这是辛亥革命爆发后各方力量博弈的产物,最终导致辛亥革命的成果落到北洋军阀首领袁世凯的手中。诏书中强调"将统治权公诸全国,定为共和立宪国体",为民国全面继承清朝疆域提供了法理依据;而指明"仍合满、汉、蒙、回、藏五族完全领土,为一大中华民国",对于"中华民族"的建构也具有重要意义。(推荐阅读张丹丹:《〈清帝逊位诏书〉的思想渊源及其历史价值》,《河北学刊》2019年第6期)

清华学堂　清政府用美国退还的庚子赔款兴办的一所留美预备学校。宣统元年(1909年)《辛丑条约》签约国之一的美国,以向清政府退还部分"庚子赔款"为名,用此款开办学校,培养中国留学生。宣统二年(1910年)清政府正式任命唐国安为外务部考工司主事,将游美学务部肄业馆选址在清华园,定名为清华学堂。三年四月初一(1911年4月29日),学堂正式开学。周自齐任总办,范源濂任会办,胡敦俊任教务长,经费一律由美国退还的部分庚款支付。章程规定:学堂设高等、中等两科,培养赴美留学生。为了便于学生适应美国高等教育,学校全部采用美国高等初级学校教材及其教学

方法。1912年改名为清华学校。清华学堂是继京师大学堂之后的又一所崭新的近代高等学校。在100多年的历史中,清华大学培养、造就、吸引、凝聚了大批高级人才,包括科学家、思想家、文学家和教育家。(推荐阅读 苏云峰:《从清华学堂到清华大学(1911—1929)》,三联书店)

《清明上河图》 北宋画家张择端所作具有重要历史价值的风俗长卷画。现藏北京故宫博物院。全图描绘了当时汴京城(今河南开封)内与近郊清明时节物阜民丰、兴旺繁荣、热闹非凡的活动场面。近郊为全图开端,虹桥及附近部分是全图的重心。图中城郭、街市、楼阁、店铺、舟桥、车马、树木、河流、桥梁等刻画精细,生动逼真;商贩、农夫、工匠、艺人、隶役、官差、仕女、僧侣等各种人物惟妙惟肖,栩栩如生,精细地反映出当时社会各阶层的生活情态。全图规模宏大,场面壮观,构图严谨,笔墨古雅,是中国古代风俗画的杰作,具有重要的历史价值和艺术价值。(推荐阅读 余晖:《隐忧与曲谏——〈清明上河图〉解码录》,北京大学出版社)

清末新政 清朝政府为挽救统治危机在政治、经济、军事、教育、文化等方面进行的一系列改革。19世纪末,清朝统治日益腐朽,国力衰弱。光绪二十六年十二月初十(1901年1月29日),清廷颁布"变法"上谕。三月设立督办政务处,主持"新政"事宜,主要内容有:改革官制,改总理衙门为外务部,新设商部、学部和巡警部等中央机构;倡导创办工商企业、兴修铁路、开办矿山等;废除绿营,编练新军;废除科举,兴办学堂,派遣留学生;奖励出版新书报,创办报馆,发展新闻事业。三十二年(1906年)9月,宣布预备立宪。三十四年(1908年)8月,颁布《钦定宪法大纲》。宣统三年(1911年)5月,"皇族内阁"的成立,宣告"新政"的破产。"新政"本质上是统治者为维护封建专制而发起的一场自救运动,但一些措施客观上有利于先进思想文化与资本主义工商业的发展。"新政"没能挽救清王朝,反而加速了它的覆灭。(推荐阅读 张海林:《端方与清末新政》,南京大学出版社)

庆历新政 北宋庆历年间由范仲淹主持的政治改革。仁宗时,官俸兵饷激增,民穷财困,夏、辽威胁边境,农民起义渐多,统治阶级中部分人士要求改革。庆历三年(1043年),宋仁宗责成范仲淹、富弼、韩琦等人在政治上有所更张以"兴致太平"。参知政事范仲淹与富弼联名上《答手诏条陈十事》

（又称《上十事疏》），提出"明黜陟、抑侥幸、精贡举、择官长、均公田、厚农桑、修武备、减徭役、覃恩信、重命令"等十项以整顿吏治为中心的改革主张。除厚农桑、修武备等建议外，宋仁宗采纳了大部分意见，并诏行全国，号称"新政"。由于"新政"触犯了部分贵族官僚的利益，因而在施行的过程中，遭到他们的强烈阻挠和反对。五年（1045 年）初，范仲淹、韩琦等改革派相继被排斥出朝廷，各项改革也被废止。这次改革虽然失败了，但为后来的王安石变法揭开了序幕。（推荐阅读　曾广开：《庆历新政新考》，《中国文化研究》2020 年第 4 期）

秋收起义　1927 年 9 月中国共产党在湖南、江西两省边界地区领导的一次武装起义。1927 年蒋介石、汪精卫先后背叛革命，第一次国共合作彻底破裂，由国共合作发动国民革命以失败告终。为了总结大革命失败的经验教训，确定新的路线和方针，8 月 7 日中共中央在汉口秘密召开紧急会议。会议着重批评了大革命后期以陈独秀为首的中央所犯右倾机会主义错误，确立了实行土地革命和武装起义的方针，并决定在秋收季节发动农民起义。此后湖南、湖北、江西、广东等省的农民在共产党领导下，从 9 月开始先后发动了数十次武装起义。其中毛泽东和中共湖南省委于 9 月 9 日在湘赣边界领导原武昌国民政府警卫团和平江浏阳农军、安源工人武装举行的起义规模最大，影响最深。与同年举行的南昌起义、广州起义并称为中国共产党和中国人民解放军历史上的三大起义。（推荐阅读　吴振录、邱恒聪：《秋收起义纪实》，解放军文艺出版社）

囚笼政策　抗战时期日军对中国共产党领导的敌后人民武装和抗日根据地实行消灭和扫荡的军事政策。抗日战争进入相持阶段之后，日本调整对华策略：一方面对国民党政治诱降为主、军事打击为辅，给中国抗日斗争带来了严重的妥协投降危机；另一方面集中兵力围剿敌后抗日根据地，对其不断进行"扫荡"。1939 年，日军对敌后抗日根据地实施"囚笼"政策，在重要的铁路、公路沿线设置多个据点，并配合封锁沟、墙，对抗日根据地形成网状包围圈，企图封锁和隔绝各抗日根据地之间的联系，将根据地和敌后武装力量逐个击破。刘伯承将其形容为"铁路好比柱子，公路好比链子，据点好比锁子"。"囚笼"政策给中国共产党领导的敌后人民武装和抗日根据地带来

巨大压力,但是中国共产党却运用游击战术屡屡挫败敌人的进攻。1940年,中国共产党率领敌后武装力量发动了"百团大战",主动对日军发起了进攻,并取得了辉煌成果。不仅沉重打击了日本的"囚笼"政策,也极大地提振了全国军民抗战胜利的信心。(推荐阅读 步平、王建朗主编:《中国抗日战争史》,中国科学文献出版社)

求同存异方针 周恩来于1955年4月在亚非会议上提出的关于处理国际关系的一种重要外交策略。在会议过程中,面对帝国主义对会议的干扰破坏及与会国之间的矛盾分歧等错综复杂的形势,周恩来提出了"求同存异"的方针,呼吁各国撇开分歧,加强团结合作。周恩来说:"根据互相尊重主权和领土完整、互不侵犯、互不干涉内政、平等互利的原则,社会制度不同的国家是可以实现和平共处的。过去殖民统治在亚非国家间所造成的不和与隔阂,不应该继续存在。我们应该互相尊重,消除互相间可能存在的疑虑和恐惧。"这一方针的提出,得到了各国与会代表的认同和赞赏,促进会议取得圆满成功。(推荐阅读 吴敏先、方海兴、高明生:《论周恩来求同存异思想的历史贡献》,《东北师大学报》(哲学社会科学版)1998年第3期)

全面抗战路线 洛川会议上制定的中国共产党依靠人民群众和全民族的力量进行共同抗战的路线。1937年8月,中共中央政治局在陕北洛川召开扩大会议,分析了抗日战争全面爆发后国内出现的新形势,通过了《关于目前形势与党的任务的决定》,指出"今天争取抗战胜利的中心关键,在使已经发动的抗战发展为全面的全民族的抗战"。自此,全面抗战路线正式确定。实现全面抗战路线的纲领是《中国共产党抗日救国十大纲领》,内容有打倒日本帝国主义、全国军事的总动员、全国人民的总动员、抗日的外交政策、战时的财政经济政策、抗日的教育政策等。这一抗战路线最大限度地动员了全国军民团结一致,共同反抗外来侵略。在中国共产党的领导下,军队与群众相结合,武装斗争与非武装斗争相结合,前方斗争与后方斗争相结合,公开斗争与隐蔽斗争相结合,创造了人类战争史上的奇观。(推荐阅读 曲青山:《论中国共产党在抗日战争中的历史地位和作用》,《中共党史研究》2015年第8期)

榷场 宋、辽、金、元政权各在边境接界地点设置的互市市场。设置因

各政权间政治关系的变化而兴废无常。场内贸易受官府严格控制,由官吏主持,稽查货物,征收商税。榷场的商税是官府重要的财政收入之一。除官营贸易外,商人须纳税,交牙钱,领得证明文件方能交易。交易货色等级由官牙人评定,兜揽承交,收取牙税。交易双方须由官牙人从中斡旋,不得直接接触。各政权对榷场交易的商品种类也有严格规定。如北方的战马,南方的铜铁、硫黄、焰硝、箭笴之类军用物资,一般都严禁出境。虽然当时民间走私贸易十分活跃,榷场贸易仍是隶属于不同政权的地区之间经济交流的重要途径。中原及江南地区向北方输出的主要是农产品及手工业制品,如粮食、茶叶、布帛、瓷器、漆器等。辽、金、西夏地区输往南方的大宗商品则有牲畜、皮货、药材、珠玉、青白盐等。互市商品种类的不同反映了南北方各自生产发展水平及其特点。(推荐阅读 冯金忠:《榷场的历史考察——兼论西夏榷场使的制度来源》,《宁夏社会科学》2013 年第 3 期;王晓燕:《论宋与辽、夏、金的榷场贸易》,《西北民族大学学报》(哲学社会科学版),2004 年第 4 期;靳华:《宋、金榷场贸易的特点》,《华中师范大学学报》(哲学社会科学版),1990 年第 4 期)

人类命运共同体   习近平总书记在中共十八大首次提出,并不断丰富、充实、深化的一种处理国际关系、解决复杂国际问题的新理念、新思想。政治上,要相互尊重、平等协商,坚决摒弃冷战思维和强权政治,走对话而不对抗、结伴而不结盟的国与国交往新路;安全上,要坚持以对话解决争端、以协商化解分歧,统筹应对传统和非传统安全威胁,反对一切形式的恐怖主义;经济上,要同舟共济,促进贸易和投资自由化便利化,推动经济全球化朝着更加开放、包容、普惠、平衡、共赢的方向发展;文化上,要尊重世界文明多样性,以文明交流超越文明隔阂、文明互鉴超越文明优越;生态上,要坚持环境友好,合作应对气候变化,保护好人类赖以生存的地球家园。这一理念超越民族国家和意识形态的“全球观”,表达了中国追求和平发展的愿望,体现了中国与各国合作共赢的理念。(推荐阅读 王帆、凌胜利主编:《人类命运共同体:全球治理的中国方案》,湖南人民出版社)

人民代表大会制度   中华人民共和国人民民主专政的政权组织形式,是中国的根本政治制度。中国共产党在长期的革命斗争中,吸取巴黎公社

和十月革命的经验,总结革命根据地政权建设的经验,建立适合中国国情、便于人民行使国家权力的议行合一的人民代表大会制。《中华人民共和国宪法》第二条规定:"中华人民共和国的一切权力属于人民。人民行使国家权力的机关是全国人民代表大会和地方各级人民代表大会。"第三条规定:"中华人民共和国的国家机构实行民主集中制的原则。全国人民代表大会和地方各级人民代表大会都由民主选举产生,对人民负责,受人民监督。国家行政机关、监察机关、审判机关、检察机关都由人民代表大会产生,对它负责,受它监督。"在新形势下,既要毫不动摇坚持人民代表大会制度,也要与时俱进地完善人民代表大会制度。(推荐阅读 陈斯喜:《人民代表大会制度概论》,中国民主法制出版社)

人民公社化运动 1958年中国农村开展的建立新的社会组织形式的群众运动。人民公社即中国农村中同基层政权机构相结合的社会主义集体所有制的经济组织,也是农村社会的基层单位。1957年冬到1958年春,全国农村大搞农田水利建设,许多地方为了加强集体协作的力量,实行小社并大社。毛泽东在1958年3月召开的中共中央成都会议上提出了把小型的农业生产合作社有计划地适当地合并为大型的农业生产合作社的建议。此后,各地出现了小社并大社的热潮。8月,在北戴河召开的中共中央政治局扩大会议作出《关于在农村建立人民公社问题的决议》。决议认为:"在目前形势下,建立农林牧副渔全面发展、工农商学兵互相结合的人民公社,是指导农民加速社会主义建设,提前建成社会主义并逐步过渡到共产主义所必须采取的基本方针。"决议的下达,把人民公社化运动推向了高潮。到年底,全国74万个农业生产合作社被2.6万个人民公社代替,全国99%以上的农户加入人民公社。在人民公社化运动中,以高指标、瞎指挥、浮夸风和"共产风"为主要标志的"左"倾错误泛滥,使农村生产力遭受巨大破坏。这场运动最大的失误是片面追求提高公有化程度,背离了党一向倡导的实事求是的原则,脱离了中国社会生产力的发展水平,违背了经济和社会发展的客观规律。(推荐阅读 罗平汉:《人民公社化运动始末》,中共中央党校出版社;安贞元:《人民公社化运动研究》,中央文献出版社)

人民英雄纪念碑 中华人民共和国政府为纪念中国近现代史上的革命

烈士而修建的纪念碑。1949 年 9 月 30 日,中国人民政治协商会议第一届全体会议决定,为了纪念在人民解放战争和人民革命中牺牲的人民英雄,在首都北京建立人民英雄纪念碑。1952 年动工兴建,1958 年竣工。碑高 37.94 米,碑基面积约 3000 平方米,四周围绕着两层汉白玉石栏杆。正面碑心为一整块大石,长 14.7 米,宽 2.9 米,厚 1 米,重达 70 吨,镌刻着毛泽东所题的"人民英雄永垂不朽"8 个鎏金大字。背面是由 7 块大石组成的碑心,镌刻由毛泽东撰文、周恩来题写的碑文:"三年以来,在人民解放战争和人民革命中牺牲的人民英雄们永垂不朽! 三十年以来,在人民解放战争和人民革命中牺牲的人民英雄们永垂不朽! 由此上溯到一千八百四十年,从那时起,为了反对内外敌人,争取民族独立和人民自由幸福,在历次斗争中牺牲的人民英雄们永垂不朽!"1961 年被中华人民共和国国务院公布为第一批全国重点文物保护单位之一。(推荐阅读　殷双喜:《永恒的象征:人民英雄纪念碑研究》,河北教育出版社)

日本 731 部队　日本关东军驻满洲第 731 防疫给水部队,简称 731 部队,对外称石井部队或加茂部队。主要以研究防治疾病与饮水净化为名,实则使用活体中国人、朝鲜人、联军战俘进行生物武器与化学武器的效果实验。其前身为 1933 年成立的"防疫班",1936 年改称"防疫给水部"。1938 年驻地固定在哈尔滨南郊平房地区,番号改为"731 部队"。该部队实施人体实验涉及活体解剖、生物武器试验、毒气试验等极其残忍的行为,被视为第二次世界大战中最恶劣的战争罪行之一。日本投降前夕,匆忙撤退,将工厂炸毁,毁灭罪证。是日本法西斯阴谋发动细菌战进行种族灭绝的主要罪证之一。(推荐阅读　[美]珍妮·吉耶曼:《隐匿的暴行:细菌战、东京审判和美日交易》,谭阳译,格致出版社。)

三大政策　即"联俄""联共""扶助农工"。在俄国十月革命胜利的影响和中国共产党的帮助下,孙中山确定了"联俄""联共""扶助农工"的三大政策,并于 1924 年《中国国民党第一次全国代表大会宣言》中重新解释了三民主义。旧三民主义从此发展为以三大政策为实质的新三民主义,新三民主义在历史上又被称为"三大政策"。三大政策是一个统一的整体。"联俄"是三大政策的发端,它引领着中国革命经历着向社会主义革命转变。"联共"

是三大政策的中心环节。孙中山在目睹依靠大军阀、大资产阶级为革命主力的旧民主主义革命惨遭失败之后,深刻认识到中国革命要想取得成功必须从本质上改变革命的主力。"扶助农工"是孙中山在借鉴俄国十月革命胜利的经验以及联俄的政策后认识到必须具体落实国民党的改组,必须联合共产党,必须密切同广大工农群众的联系,大力推进工农群众运动。"联俄""联共""扶助农工"三大政策是实践发展的必然产物,这是孙中山革命思想不断成熟的体现。(推荐阅读 周兴梁:《试论孙中山"联俄、联共、扶助农工"政策的具体内涵》,《中共党史研究》1990 年第 3 期;吴剑杰:《孙中山的三大政策与新三民主义的内在联系》,《武汉大学学报》(哲学社会科学版)1996年第 3 期)

"三个代表"重要思想 马克思主义中国化的重大理论成果。2001 年 7月 1 日,在庆祝中国共产党 80 周年大会上,围绕新的时代条件下推进中国特色社会主义事业和加强党的建设这一课题,江泽民作出了"三个代表"的科学解答:中国共产党必须始终代表中国先进生产力的发展要求,代表中国先进文化的前进方向,代表中国最广大人民的根本利益。这一重要思想的提出,进一步回答了什么是社会主义、怎样建设社会主义的问题,创造性地回答了建设什么样的党、怎样建设党的问题。它是新时代下全体共产党人集体智慧的结晶,是将马克思主义与中国国情相结合的产物,是对马列主义、毛泽东思想、邓小平理论的继承和发展,反映了国内外形势的发展变化对党和国家工作的新要求,是加强和改进党的建设、推进中国特色社会主义不断完善的强大理论武器。(推荐阅读 虞云耀主编:《"三个代表"重要思想概论》,中共中央党校出版社)

三公九卿 秦汉时期的中央官制。三公,即丞相、太尉、御史大夫。丞相,辅佐皇帝处理全国政务;太尉,协助皇帝掌管全国军队,实际为虚职;御史大夫,掌图籍章奏,监察百官。西汉绥和元年(公元前 8 年)以后,罢丞相,设三公同为宰相,共同执政。以丞相(大司徒)、大司马、御史大夫(大司空)为三公,三分相权。东汉以太尉、司徒、司空为三公,同为中央最高行政长官,实际权力因人而异。三公之间互不统属,直接隶属于皇帝,便于皇权集中。"九卿"通常是指奉常(太常)、郎中令(光禄勋)、卫尉、太仆、廷附、典客

（大鸿胪）、宗正、治粟内史（大司农）、少府。汉代习惯将中央各高级行政机构长官并列为"九卿"，并非专指九种官职，故亦称"列卿"，实为中央各行政机关的总称。官员均由皇帝任免调动，一律不得世袭。提高了办事效率，又能相互制约，加强了皇权。（推荐阅读　安子毓:《汉初北军归属考——兼论"三公九卿"说之源起》,《齐鲁学刊》2023 年第 3 期;钱穆:《中国历代政治得失》,九州出版社）

三国鼎立　东汉末年军阀割据混战,魏、蜀、吴分别建立政权后形成的三大集团。从建安二十五年（220 年）曹丕代汉称帝起,到 280 年吴亡止,共历 61 年。东汉政权经过黄巾起义的打击,名存实亡,地方军事集团们以镇压黄巾起义为名扩充实力,进而拥兵自重、割据一方。曹操挟汉献帝定都许昌,并于官渡之战中战胜袁绍,逐渐统一北方。208 年,曹军南下,在赤壁之战中被刘备、孙权联军击败。此后,曹操据中原,孙权据长江中下游,刘备据有长江上游和西南一部,形成了三国鼎立的局面。220 年,曹操之子曹丕废汉献帝,称帝建魏。随后,刘备、孙权相继称帝,分别建立蜀汉、吴国。蜀军攻吴,败于夷陵,从此,北方的魏与南方上游的蜀、下游的吴鼎足而立的形势固定下来。266 年,权臣司马炎篡魏为晋,晋灭吴,三国局面归于统一。该局面的形成是东汉末年军阀割据混战的必然结果,结束了东汉末年长期的黑暗统治和军阀混战,实现了局部统一,促进了社会生产的发展。（推荐阅读　柏杨:《三国鼎立》,中国友谊出版公司）

三国干涉还辽　俄、法、德为了各自利益联合干涉日本,将其侵占的辽东半岛归还中国的事件。沙俄觊觎中国东北已久,《马关条约》规定中国割让辽东半岛给日本,俄国即一面对日本施以军事威胁,一面拉拢法、德共事外交干涉。法国为沙俄盟友,亦想乘机向清政府敲诈勒索;德国急欲在中国占一军港,又企图将沙俄注意力东引以减本国东境之患,两国遂响应沙俄。中日《马关条约》签订后不久,三国分别照会日本应放弃辽东半岛,限期复。又调遣陆、海军对日施加压力。日本无力与三国抗衡,接受三国"劝告",但要清政府付相当款项补偿,"赎辽费"为库平银 3000 万两。后清政府与日本签订《辽南条约》认可四国协定。三国认为干涉还辽"有功",强迫清政府给予租借军港、修路开矿等特权,索取大量政治、经济、军事等权益,扩大了各

自在华的势力范围,不仅影响到当时的东亚格局,也影响到未来东亚国际关系的走向。(推荐阅读 葛夫平:《法国与中日甲午战争》,《中国社会科学》2013 年第 3 期;欧阳红:《德国与中日甲午战争》,《安徽史学》2015 年第 4 期;张富强:《"三国干涉还辽"与日本军国主义的外交转折》,《社会科学战线》1997 年第 2 期)

三皇五帝 中国最早的古史系统。三皇,传说中的远古帝王,最早见于《吕氏春秋·贵公》等篇,普遍有七种说法:(1) 天皇、地皇、泰皇(《史记·秦始皇本纪》);(2) 天皇、地皇、人皇(《史记·补三皇本纪》引《河图》《三五历记》);(3) 伏羲、女娲、神农(《风俗通·皇霸》引《春秋纬运斗枢》);(4) 伏羲、神农、祝融(《白虎通·号》);(5) 伏羲、神农、黄帝(《帝王世纪》);(6) 伏羲、神农、共工(《通鉴外纪》);(7) 炫人、伏羲、神农(《风俗通·皇霸》引《礼纬含文嘉》)。五帝,传说中的上古帝王,时在三皇之后、夏代以前,最早见于《荀子·非相》,普遍有五种说法:(1) 伏羲(太昊)、神农(炎帝)、黄帝、唐尧、虞舜(《易·系辞下》);(2) 黄帝、颛顼、帝喾、唐尧、虞舜(《大戴礼记·五帝德》《史记·五帝本纪》);(3) 太峰、炎帝、黄帝、少皞、颛顼(《礼记·月令》);(4) 少昊(皞)、颛顼、高辛(帝喾)、唐尧、虞舜(《帝王世纪》);(5) 黄帝、少皞、帝喾、帝挚、帝尧(《道藏·洞神部·谱录类·混元圣纪》引梁武帝说)。(推荐阅读 溯源:《三皇五帝》,九州出版社)

三教合一 主张儒、佛、道三教融合为一的说法。儒教又称孔教,由儒家学派发展而成,以封建伦理的教化为主旨。公元前 2 世纪汉武帝尊崇儒术,从此,儒教成为中国封建社会的主流意识形态。佛教于西汉末年传入中国,当时的佛典翻译多采用老庄思想会合儒教伦理说进行,可见佛、道、儒的交流早已存在。道教则经张陵的创设,至寇谦之而发扬光大。道教从 5 世纪起大量吸收佛教各种观念和宗教仪式,许多道书从内容到名词术语都吸取于佛经。自 10 世纪,儒家也在先秦儒学基础上大量融摄佛教、道教思想,形成具有融合三教学说色彩的宋明新儒学。三家各有社会基础,学说有相近相通之点,亦有相异之处。中国封建社会中虽有些帝王企图废除某家独尊一教,但都失败,自 2 世纪以后基本上是三教并行。三教间进行过几次激烈斗争,这种斗争一直到 14 世纪还时而出现。三教的异同、优劣,是争辩的主

要问题。到 11 世纪,合一愈益成为中国社会思潮的普遍趋势。13 世纪以来,许多中国民间宗教如白莲教、八卦教、真空教、同善社等无不提倡三教合一,混合三教之说组成教义。(推荐阅读　肖建原:《"三教合一"之心:王夫之佛道思想研究》,北京师范大学出版社;唐大潮:《明清之际道教三教合一思想论》,宗教文化出版社)

三民主义　孙中山倡导的中国资产阶级民主革命纲领。光绪三十一年(1905 年)十月,孙中山在《民报》发刊词中首次将同盟会的"驱除鞑虏,恢复中华,创立民国,平均地权"十六字纲领概括为民族、民权、民生主义,即三民主义。三民主义经历两个发展阶段,即旧三民主义和新三民主义。旧三民主义时期,民族主义要求"驱除鞑虏,恢复中华",推翻满族贵族统治;民权主义要求"创立民国",推翻封建帝制,建立中华民国;民生主义要求"平均地权",主张"核定天下地价,其现有之地价仍归原主所有,其革命后社会改良进步之增价,则归于国家,为国民所共享"。在共产国际和中国共产党的帮助下,1924 年《中国国民党第一次全国代表大会宣言》重新解释了三民主义,旧三民主义由此发展为以"联俄、联共、扶助农工"为实质的新三民主义。此时民族主义突出了反帝任务,对外主张"中国民族自求解放""免除帝国主义之侵略",对内主张"中国境内各民族一律平等";民权主义重申"主权在民"原则,强调直接的、普遍的、革命的民权;民生主义主张节制资本,即限制私人资本,强调"耕者有其田"。旧三民主义缺乏明确彻底的反帝内容,而新三民主义则表现了资产阶级革命民主派的进步性,并成为第一次国共合作的政治思想基础。(推荐阅读　贺渊:《三民主义与中国政治》,社会科学文献出版社)

三三制原则　中国共产党加强抗日根据地民主政权建设的一个主要原则。1940 年 3 月,中共中央发布《抗日根据地的政权问题》提出该政策。它规定:统一战线政权人员构成为共产党员、左派进步分子、中间派各占约三分之一。其目的是在中国共产党领导下,广泛地争取和团结各阶级各阶层中一切可以团结的力量,巩固抗日民族统一战线。这一重要原则不仅对民族战争作出了重要贡献,还丰富和发展了中国共产党创造新型民主道路的理论和实践,为后来中国共产党领导的多党合作和政治协商制度的形成奠

定了基础。（推荐阅读　唐彦林、李蒙佐：《全面抗战时期毛泽东群众路线思想的实践与现实启示》，《思想战线》2023 年第 2 期；韩广富、曹希岑主编：《中国共产党历史上的 1000 个为什么》，中共党史出版社）

三省六部　隋唐至宋的中央最高政府机构。三省指中书省、门下省、尚书省。三省并存始于曹魏时期。南北朝后期，三省分职逐渐明朗。隋代，中书、门下由宫职转为朝官、尚书执行、中书出令、门下封驳。唐初，三省鼎立，共议国政，执行宰相职能，后渐为同平章事所取代，三省分权也发生变化。北宋初年，宰相不由三省长官专任，三省长官只作为寄禄官。南宋建炎三年（1129 年），并中书、门下二省为一，仍与尚书省统称"三省"。六部指隋、唐以后中央行政机构吏、户、礼、兵、刑、工各部总称。其职务在秦、汉时本为九卿所分掌。魏、晋以后，尚书分曹治事，由"曹"渐变为"部"。至隋、唐始定以六部为尚书省下属机构，以吏、户（隋称"民部"）、礼、兵、刑、工六部比附《周礼》的六官，秦、汉九卿职务大部并入，掌管全国行政事务。中唐至五代形同虚设。北宋前期，六部所掌事务甚少，各部正官除特旨供职外，皆为寄禄官，元丰改制后复行其本职。元代六部改属中书省。明太祖时废宰相，六部直接对皇帝负责，地位更高。清末逐渐添设新部，六部之名遂废。该项制度作为一套组织严密的中央行政体制，成为后来中国历史上极为重要的政治制度之一。（推荐阅读　韩昇：《"三省六部制"从制度上避免腐败》，《民主与法制时报》2014 年 9 月 18 日第 15 版；钱穆：《中国历代政治得失》，九州出版社）

三湾改编　毛泽东在三湾对秋收起义余部进行的改编。1927 年 9 月，毛泽东领导秋收起义受挫后的工农革命军向井冈山转移，于 29 日到达江西省永新县三湾村。此时部队不足千人，组织很不健全；雇佣军队的影响严重存在，妨碍着官兵关系；加之作战失利，连续行军，斗争艰苦，部队减员严重。为适应革命斗争的需要，巩固这支新生的革命军队，毛泽东在三湾主持召开前委会议，决定对部队进行整顿和改编。这次改编，资遣不愿留队的人员，重组工农革命军；在部队中建立共产党的各级组织；在部队中实行民主制度，规定官长不打骂士兵，官兵待遇平等；建立士兵委员会，参加部队的管理，协助进行政治工作和群众工作。毛泽东创造性地确立了"支部建在连上""官兵平等"等一整套崭新的治军方略，从政治上、组织上保证了党对军

队的绝对领导,是中国共产党建设新型人民军队最早的一次成功探索和实践,标志着毛泽东人民军队建设思想开始形成,在中国人民军队建军史上具有重大意义。(推荐阅读　范江怀:《追寻党指挥枪的三个历史节点》,《解放军报》2021 年 6 月 4 日第 5 版;黄加佳:《三湾改编组新军》,《北京日报》2017 年 8 月 1 日第 2 版)

三衙　宋代管辖禁兵和厢兵的军事机构。即殿前都指挥使司(殿前司)、侍卫亲军马军都指挥使司(侍卫马军司)和侍卫亲军步军都指挥使司(侍卫步军司),分掌禁军,总称三衙。因唐代藩镇之亲兵称"牙兵"("衙兵"),而五代至宋的皇帝多半出自藩镇,故相沿称为"三衙"。长官分称"殿帅""马帅""步帅",合称"三帅"。五代后梁开始设置侍卫亲军,作为皇帝亲兵的一支,后晋时遂成皇帝亲兵的总称。后周时另设殿前司,扩充其军力,形成与侍卫亲军司对峙的"两司"。北宋初期,又将侍卫亲军司分成马军司和步军司,形成三衙,各设都指挥使、副都指挥使和都虞候,共计九员,作为三衙统兵官。管辖全国的禁军,侍卫马、步军司还在名义上管辖各地的厢军。宋朝一般用文臣主持的枢密院与三衙互相率制,实行以文制武,其目的是为提高和巩固皇权,防止武夫兵变。北宋灭亡,三衙制随之终结。南宋初年恢复三衙,但已无管辖全国军队的权力,三衙的军队仅为驻守"行在"临安(今浙江杭州)的三支正规军。宋孝宗赵昚年时,侍卫马军司的队伍移驻建康府(今江苏南京)。(推荐阅读　龚延明:《宋代地方统兵官体制研究》,《军事历史研究》2019 年第 5 期;龚延明:《宋代军权三分制研究》,《历史教学(上半月刊)》2018 年第 1 期)

三元里抗英　鸦片战争中广州三元里人民的自发抗英斗争。道光二十一年(1841 年)5 月,《广州和约》签订后,人民奋起武装抗英,5 月 28 日,佛山义勇攻克龟冈炮台,29 日,英军骚扰广州城北三元里,菜农韦绍光等群起抗击,击毙英军十余人,后与爱国士绅何玉成等联络附近各乡村民,次日,三元里附近一百零三乡五千义勇向四方炮台进攻,英军司令卧乌古率兵千余名出击,义勇诱敌至牛栏冈丘陵地带,数万民众不呼而集,击杀少校军需毕霞,伤毙英军近五十名,迫使英军逃回四方炮台。31 日,番禺(治今广州)、南海(治今广州)、花县(今广州市花都区)、增城各县四百余乡义勇数万人将四方

炮台包围。英军要挟奕山救助,奕山派广州知府余保纯驱散民众,为英军解围。6月7日,义律贴出告示恫吓广东人民"后毋再犯"。广东人民针锋相对加以批驳,并宣告:不用官兵,不用国帑,自己出力,即可杀尽侵略者,否则便非顶天立地男子汉。三元里抗英斗争是中国人民自发反抗外国资本主义侵略的第一场战斗。(推荐阅读 蒋经魁:《三元里韦绍光、颜浩长、陈棠抗英事迹》,《史学月刊》1984年第4期;张鸿福:《林则徐》,长江文艺出版社)

三长制 北魏后期的基层政权组织。拓跋珪建立北魏政权之时,各地宗族坞堡林立,政府利用各地"宗主""督护"地方,由此实现有效统治,此为宗主督护制。此后地方宗主权势渐大,隐匿户口,不利中央政府的赋税征收与集权统治。孝文帝改革时,为加强中央政府对地方的实际控制,冯太后采纳给事中李冲的建议,太和十年(486年)开始实行三长制,取代宗主督护制。规定:五家为邻,设一邻长;五邻为里,设一里长;五里为党,设一党长。邻长、里长、党长即为三长,其职责是检查户口、征收租调、征发兵役与徭役。三长享有一定的特权,不仅本人可以免于征戍,而且亲属中也可以有一至三人获得同等待遇。三长多由地方大族豪强担任,直属州郡,受命中央。该制与均田制相辅而行。打破了豪强荫庇户口的合法性,国家直接控制的自耕农民大量增加,国家赋税收入相应增加,农民赋税负担也有所减轻,北魏后期社会经济由此获得明显恢复和发展。此后成为北齐、隋、唐时期乡里组织的基础,影响深远。(推荐阅读 杨际平:《北朝隋唐均田制新探》,岳麓书社)

陕甘宁边区 抗日战争时期中国共产党领导全国性抗战的中心根据地。1937年5月,根据国共两党关于国共合作的协议,中国共产党将陕甘革命根据地改名为陕甘宁边区,成立边区政府。包括陕西、甘肃、宁夏三省交界的广大地区,共23个县,人口约150万。抗日战争时期,边区及其首府延安是中共中央和中央军委所在地,是八路军、新四军和其他人民抗日武装的总后方,是全国各抗日根据地和全国各族人民革命斗争的政治指导中心。1941年,边区着手进行"三三制"政权的普选,各级政府也在团结抗日、民主进步的基础上,广泛地吸收了各阶级、各阶层的代表人物参加政府工作,使边区各级政权具有广泛的群众基础。1946年国民党政府发动全面内战,毛

泽东、周恩来、任弼时等率党中央留在陕北指挥全国的解放战争，推动了全国解放战争的胜利发展。1949 年 6 月，边区政府由延安迁至西安。1950 年 1 月 19 日边区政府撤销。（推荐阅读　王寅城编写：《陕甘宁边区》，新华出版社）

《伤寒杂病论》　一部论述外感病与内科杂病为主要内容的医学典籍。又名《伤寒卒病论》。东汉末年张仲景所著，成书于公元 3 世纪初叶，共 16 卷。原书曾散佚，经晋代王叔和搜集编次成 36 卷。在唐代以前为医家秘藏，流传不广。至北宋林亿等校定医书时，先校定《伤寒论》，次校定《金匮玉函经》（《伤寒论》的别本），两书同时流传，均论伤寒，不载杂病。后由宋代王洙检得《金匮玉函要略方》（即《伤寒杂病论》的节略本）3 卷，上卷论伤寒，中卷论杂病，下卷载方药及其他。经林亿等校正，因伤寒部分已有刊本，故仅采其杂病部分，名《金匮要略方论》，仍作 3 卷。该书集秦汉以来医药理论之大成，理、法、方、药俱备，是中国第一部临床治疗学方面的巨著，也是中国医学史上影响最大的古典医著之一。（推荐阅读　张仲景：《桂林古本伤寒杂病论》，朱俊点校，学苑出版社）

上海合作组织　2001 年 6 月 15 日在中国上海成立的永久性政府间国际组织。简称"上合组织"。1996 年，中国、俄罗斯、哈萨克斯坦、吉尔吉斯斯坦、塔吉克斯坦五国元首为加强边境地区的相互信任，在上海会晤并签署协定，正式确立上海五国会晤机制，此为上合组织的前身。2001 年正式接受乌兹别克斯坦加入，六国元首签署了《上海合作组织成立宣言》与《打击恐怖主义、分裂主义和极端主义上海公约》，上合组织正式成立。2017 年印度和巴基斯坦正式加入，2023 年伊朗成为新成员，上合组织正式成员国增至 9 个。该组织的宗旨是：加强成员国之间的相互信任与睦邻友好；发展成员国在政治、经济、科技、文化、教育、能源、交通、环保及其他领域的有效合作；维护和保障地区的和平、安全与稳定；推动建立民主、公正、合理的国际政治经济新秩序。上合组织是第一个以中国城市命名的国际组织，它进一步加强了中国与周边国家的关系，为地区间睦邻友好合作带来新机遇与新可能。（推荐阅读　曾向红：《上海合作组织：实践与理论》，中国社会科学出版社）

上海自贸区　全称"中国（上海）自由贸易试验区"。中国大陆第一个自

由贸易区,位于浦东境内。2013 年 9 月 29 日正式成立,面积 28.78 平方公里,涵盖上海市外高桥保税区、外高桥保税物流园区、洋山保税港区和上海浦东机场综合保税区等 4 个海关特殊监管区域。2014 年 12 月 28 日全国人大常务委员会授权国务院扩展试验区区域,将面积扩展到 120.72 平方公里,扩展区域包括陆家嘴金融片区、金桥开发片区和张江高科技片区。自贸区建设是在新形势下推进改革开放的重大举措,对加快政府职能转变、积极探索管理模式创新、促进贸易和投资便利化,为全面深化改革和扩大开放探索新途径、积累新经验,具有重要意义。(推荐阅读 周汉民主编:《上海自贸区解读》,复旦大学出版社)

绍兴和议 南宋初年与金订立的和约。南宋绍兴七年(1137 年)金废伪齐刘豫,左副元帅完颜昌进宋使王伦南归,许宋议和。次年秦桧拜相,与金定议:宋对金称臣,年贡岁币银、绢各 25 万两、匹;金许还河南、陕西地及徽宗"梓宫"与高宗母韦太后。金旋即发生政变,完颜宗弼杀完颜昌,发兵攻宋,和约遂嵌。十年(1140 年)顺昌、郾城等役大捷后,高宗和秦桧放弃河南各地,撤退军队,一意求和。次年与金定议:宋、金间东以淮河、西以大散关(今陕西宝鸡西南)为界,宋向金称臣,每年贡纳银、绢各 25 万两、匹。十二年(1141 年)春,金册立赵构(高宗)为宋帝。此次和议确定了宋金之间政治上的不平等关系,结束长达十余年的战争状态,形成南北对峙的局面。(推荐阅读 许起山:《江南与江北的互动——绍兴和议后宋廷对北部沿边地区的开发和治理》,《暨南学报》(哲学社会科学版)2020 年第 8 期)

社会主义初级阶段 中国社会主义社会的一个特定的历史阶段。始于1956 年中国生产资料私有制的社会主义改造基本完成,到社会主义现代化基本实现,至少需要上百年时间。这个阶段既不同于社会主义经济基础尚未奠定的过渡时期,又不同于已经实现社会主义现代化的阶段。阶级斗争在一定范围内还会长期存在,但已经不是主要矛盾。大力发展社会生产力,实行社会主义市场经济体制,促使经济增长方式从粗放型向集约型转变,逐步实现工业、农业、国防和科学技术现代化依然是这一时期主要任务。总的来说,是逐步摆脱贫穷、摆脱落后的阶段;是由农业人口占多数的手工劳动为基础的农业国,逐步变为非农产业人口占多数的现代化的工业国的阶段;

是由自然经济半自然经济占很大比重,变为商品经济高度发达的阶段;是通过改革和探索,建立和发展充满活力的社会主义经济、政治、文化体制的阶段;是全民奋起,艰苦创业,实现中华民族伟大复兴的阶段。中国共产党在社会主义初级阶段的基本路线概括起来就是"一个中心,两个基本点",即"以经济建设为中心,坚持四项基本原则,坚持改革开放"。(推荐阅读 卫兴华:《社会主义初级阶段理论与实践》,经济科学出版社)

社会主义改造 中华人民共和国成立后变生产资料私有制为社会主义公有制的深刻社会变革。包括农业、手工业和资本主义工商业的社会主义改造。对农业进行社会主义改造,从组织形式上说,大体经历了由农业互助组、初级农业生产合作社到高级农业生产合作社三个发展阶段。1955 年,全国掀起农业合作化的高潮。1956 年,全国绝大多数农户参加了农业生产合作社。1953 年 11 月召开的第三次全国手工业生产合作会议决定,实行手工业合作化,由手工业生产小组、手工业供销生产合作社到手工业生产合作社。1956 年,90% 以上的个体手工业者参加了手工业生产合作社。对资本主义工商业的社会主义改造,是采用和平赎买的办法,通过国家资本主义的途径,逐步将其改造为社会主义全民所有制企业。1953 年以前,国家对私营工业采取加工订货、统购包销,对私营商业采取经销、代销的形式,将其逐步纳入初级形式的国家资本主义的轨道。从 1954 年起,国家对资本主义工商业的社会主义改造,逐步发展为企业的公私合营。1956 年初,资本主义工商业的社会主义改造出现了全行业公私合营的高潮。三大改造基本完成标志着社会主义公有制形式在国民经济中占据主导地位。从此,社会主义制度在中国基本建立起来,中国开始进入社会主义初级阶段。(推荐阅读 《当代中国》丛书编辑委员会:《中国资本主义工商业的社会主义改造》,当代中国出版社)

社会主义市场经济体制 同社会主义基本制度结合在一起的经济运行体制,使市场在社会主义国家宏观调控下对资源配置起基础性作用,使经济活动遵循价值规律的要求,适应供求关系的变化。中共十四大正式确定中国经济体制改革的目标是建立社会主义市场经济体制。习近平总书记在中共十九大报告中指出,要加快完善社会主义市场经济体制,强调经济体制改

革必须以完善产权制度和要素市场化配置为重点,实现产权有效激励、要素自由流动、价格反应灵活、竞争公平有序、企业优胜劣汰。是建设中国特色社会主义道路的伟大创举,有力推动了中国经济快速高效的发展。(推荐阅读 石明明、张小军:《中国式现代化视域中的经济改革与制度建构》,《中国社会科学》2023 年第 9 期;张卓元等:《完善社会主义市场经济体制》,广东经济出版社)

《神灭论》 南朝齐梁时代的范缜撰写的一篇哲学著作。收录在《梁书·范缜传》和《弘明集》中。全书以问答形式写成,围绕"神即形也,形即神也。是以形存则神存,形谢则神灭也"的中心思想展开。人的精神依赖于形体而存在,形体则是精神所从属的实体。形体存在,精神才存在;形体衰亡,精神也就归于消灭。此论代表了中国古代无神论形神观的最高水平。此论继承了前人的唯物主义思想,是汉晋以来无神论思想的继承和发展,是中国思想史上反对佛教"神不灭"论最为著名的文献之一。(推荐阅读 夏来郁:《简论范缜的〈神灭论〉》,《社会科学辑刊》1986 年第 2 期)

《神农本草经》 托名"神农"所作的中国现存最早的药物学专著。秦汉以来许多医药学家不断搜集药物学资料,至东汉时期加工整理成书。原著已于唐初失传,当下流行的本子是从《证类本草》《本草纲目》等书中辑录出来的。该书内容丰富,反映了东汉以前药物学的经验与成就。其一,该书首创药物的三品分类法。记载了药物 365 种,其中植物药 252 种,动物药 67 种,矿物药 46 种。药物分上、中、下三品。三品分类法是中国药物学最早、最原始的药物分类法。其二,论述了药物的别名、产地、性味及功效。其中植物药功效的记述最详细。其三,记述了中药学的基本理论,如方剂君、臣、佐、使组方原则;药物七情和合理论;药物的性味与采集、加工、炮制方法。其四,记载了临床用药原则与服药方法。该书是集东汉以前药物学大成之作,系统总结了秦汉以来医家和民间的用药经验,不仅为中国古代药物学奠定了基础,对后世药物学的发展也有着重要影响。(推荐阅读 王德群:《〈神农本草经〉导读》,中国中医药出版社)

十三行 清代设立于广州的经营对外贸易的专业商行。又称洋货行、洋行、外洋行、洋货十三行。康熙二十四年(1685 年)开放海禁后,次年在广

东、福建、浙江和江南四省设立海关。乾隆二十二年(1757 年),随着乾隆皇帝仅留粤海关一口对外通商上谕的颁布,清朝的对外贸易便锁定在广州十三行。作为清代官设的对外贸易特许商,要代海关征收进出口洋船各项税饷,并代官府管理外商和执行外事任务。鸦片战争以后,《南京条约》规定,废除中国对外贸易中的公行制度,允许英国商人在各口岸任意与华商交易。该行代表了封建时期中国对外贸易的最高水平,也是当时世界贸易的重要枢纽。(推荐阅读　魏俊:《清代广州十三行的兴衰:白银供应的角度》,广西师范大学出版社)

石器时代　考古学上人类历史的最初阶段。从人类出现直到铜器时代开始为止,历时二三百万年。1848 年,丹麦学者 C. J. 汤姆森根据丹麦皇家博物馆馆藏的古代武器和工具等实物资料,在其撰写的《北方文物陈列指南》一书中,首次提出人类发展阶段的"三期论",即石器时代、青铜时代、铁器时代,由此产生了"石器时代"的概念。1865 年,英国生物学家和考古学家 J. 鲁布克根据研究,在法国学者提出的"打制石器时代"和"磨制石器时代"基础上,创造出"旧石器"和"新石器"两个名词,进一步将石器时代划分为旧石器时代和新石器时代。一般认为,旧石器时代人类的文化标志为打制石器,即利用天然砾石或岩石打制加工而成的具有一定形状和功能的工具,以此来狩猎、采集和加工制作其他材料的工具和用具,以满足生产和生活的需要。新石器时代出现的主要标志包括磨制石器的使用、陶器的出现、农业(农作物和动物的驯化)的产生以及定居生活。(推荐阅读　苏秉琦、殷玮璋:《关于考古学文化的区系类型问题》,《文物》1981 年第 5 期;王立新:《关于考古学文化区系类型理论的几点认识》,《南方文物》2023 年第 2 期)

氏族社会　以血缘关系结成的原始社会基本的社会经济单位。亦称氏族公社。分为母系氏族和父系氏族。一般认为,产生于考古学上的旧石器时代晚期,基本贯穿于新石器时代始终。初为母系氏族社会,妇女在社会生活中处于主导地位。约新石器时代末期开始过渡到父系氏族社会,男子在社会生活中处于主导地位。其内部实行禁婚(族外婚制),生产资料公有,集体生产,劳动果实平均分配,无剥削和阶级。公共事务由选出的氏族长管理,重大问题(如血亲复仇、收纳养子等)由氏族成员会议决定。父系氏族社

会后期,随着金属工具的使用,社会生产力的提高、私有制和阶级关系的确立,氏族制度开始解体,为一夫一妻制家庭所取代。氏族公社阶段为世界各民族所必经阶段,其残迹曾长期留存于阶级社会中。(推荐阅读　[加]布鲁斯·G. 特里格:《如何探究史前史》,陈淳译,中国人民大学出版社)

世官制　夏、商、西周到春秋时期的官员选拔制度。也称"世卿世禄制"。高官世代承袭,官位与血缘宗法相结合,社会阶层固化,是一种公门有公、卿门有卿、贱有常辱、贵有常荣的制度。与中国奴隶社会的宗法制、分封制相适应,担任王室或诸侯国官职者,不仅世代掌握着政权,也拥有封地上的人口和财产。作为国家治理的一种方式,在当时有一定的进步意义,但随着历史的发展,以周天子为中心的政治秩序开始瓦解,诸侯争霸,尚贤选能的观念盛行,选官制度发生重大变化,最终被淘汰。(推荐阅读　王进锋:《西周世官制度新论》,《人文杂志》2021 年第 9 期;阎步克:《中国古代官阶制度引论(第二版)》,北京大学出版社;黄留珠:《中国古代选官制度述略》,陕西人民出版社)

市舶司　中国古代管理对外贸易的机关。唐开元二年(714 年)在广州设市舶使,一般由宦官担任。北宋开宝四年(971 年),设市舶司于广州。随着海外贸易的发展,陆续设有广州、泉州、明州、杭州、密州五个市舶司。由所在地行政长官和负责地方财政的转运使共同领导,后由中央政府派人管理具体事务,专置提举官。主管船舶出入,检查出入海港的船舶,征收商税,收购政府专卖品和管理外商等。货物要按照市舶司的标准,发给公凭,才许运销他处。市舶收入是宋王朝财政收入的一项重要来源。元代在泉州、庆元(今浙江宁波)、广州三处港口设立市舶司,由行省直接管辖,设提举二人。元代的市舶法比宋代更为严密,说明封建国家在管理海外贸易方面已经具有更为丰富的经验。该机构的演变反映了封建国家对海外贸易控制逐渐强化,但是由于海外贸易的垄断性,加上封建制度的腐朽性,该项制度也暴露出诸多弊端。(推荐阅读　杨文新:《宋代市舶司研究》,厦门大学出版社)

授时历　元世祖至元十八年(1281 年)开始实施的一部历法。至元十三年(1276 年),元世祖命许衡"领太史院事",全面负责历法修订工作,并以郭守敬、王恂为副,共同研订。因《尚书·尧典》"敬授人时"而得名,该历法以

每月为 29.530593 日,以无中气之月为闰月,以 365.2425 日为一岁,正式废除了古代的上元积年,而截取近世任意一年为历元,打破了古代历法制定的习惯,是中国历法史上的第四次大改革。该历法的一年观测值与近代观测值仅差 25.92 秒;精度与公历(指 1582 年《格里高利历》)相当,但比西方早采用了 300 多年。该历法在天文数据上的进步,以及计算方法方面的重大的创造和革新,反映了当时天文历法的新水平,在中国沿用了 200 多年。(推荐阅读 李亮:《古史兴衰:授时历与大统历》,中州古籍出版社)

"双百"方针 发展、繁荣社会主义中国的科学、文化、艺术事业的基本方针。"双百"全称是"百花齐放、百家争鸣"。新中国成立之初,由于受教条主义、官僚主义等影响,对一些文化、艺术乃至学术问题动辄上升到政治高度,毛主席深刻总结古今中外历史经验、教训,1956 年 5 月 2 日在最高国务会议上正式宣布了"双百"方针,具体内容是:在学术领域内实行社会主义民主,提倡不同艺术形式和风格自由发展竞赛,允许不同学派并存,学术、文艺领域的是非问题,通过自由讨论和学术研究、文艺实践去解决,反对采取行政命令式简单粗暴的方法。1957 年反右派斗争扩大化和随后爆发的"文化大革命",使得"双百"方针没有得到很好的贯彻。中共十一届三中全会以后,"双百"方针得到重新提倡和认真贯彻。"双百"方针同坚持"为人民服务、为社会主义服务"的方针一起,成为推动社会主义科学、文化大发展大繁荣的重要保证。(推荐阅读 朱继东:《从毛泽东到习近平:坚持"双百"方针、"二为"方向相统一思想及其意义》,《毛泽东邓小平理论研究》2019 年第10 期;陈珂:《从"双百方针"到文化强国》,《中国报道》2021 年第 7 期)

《水经注》 中国古代地理名著。北魏郦道元著。全书共 40 卷(原书宋代已佚 5 卷,今本仍作 40 卷,乃经后人割裂改编而成)。此书名为注释《水经》,实则以《水经》为纲,作了 20 倍于原书的补充和发展,自成巨著。据《唐六典·尚书工部》称,此书记载大小水道 1252 条,穷原竟委,详细记述了所经地区山陵、城邑、关津等地理情况、建置沿革和有关历史事件、人物,甚至神话传说,是公元 6 世纪前中国最全面而系统的综合性地理著作。引用书籍多至 437 种,还记录了不少汉、魏间的碑刻。所引书和碑刻今多不传。文笔绚丽,具有较高的文学价值,对研究中国古代的历史、地理有很多的参考价值。

（推荐阅读　郦道元：《水经注》，陈桥驿、叶光庭、叶扬译，陈桥驿、王东注，中华书局；朱士光：《历史地理学的传承与开阔》，中国社会科学出版社；黄续：《〈水经注〉中汉代官吏墓地记载的史料价值》，《史学月刊》2017年第6期）

睡虎地秦墓竹简　湖北省云梦县睡虎地（秦代属安陆县）秦墓发掘出的带有文字的竹简。简称"睡虎地秦简""秦墓竹简""云梦秦简""秦简"。1975年底，出土竹简1158支，用细绳编连成册，简文约4万字，其中法律类占600余支，约1.7万字，为秦隶体书写。内容多为秦国的法律条文、法律解释、大事年表、字书抄本、文书、格言、军事、卜筮等，名称有《效律》《田律》《厩苑律》《仓律》《金布律》《关市律》《工律》《徭律》《均工》《司空律》《军爵律》《行书》《涨律》《公车司马猎律》《博律》《屯表律》《属邦律》《捕盗律》《成律》《工人程》《封诊式》《牛羊课》等，是秦国亡佚法律条文的实录。记载的秦律是中国现存最早的成文法典，竹简内容对研究当时的社会经济、奴隶劳动、土地制度、阶级关系、官制、刑法及社会生活等具有重要价值，对史书记载起了补充或纠正的作用，为汉字发展史的研究也提供了重要史料。（推荐阅读　龙仕平：《〈睡虎地秦墓竹简〉文字研究》，岳麓书社）

丝绸之路　中国古代经中亚通往南亚、西亚以及欧洲、北非的贸易通道。因大量中国丝和丝织品多经此路西运，故称丝绸之路。汉武帝时派张骞出使西域大月氏（今阿富汗中西部），开通丝路，谓之"凿空"。公元前60年汉置西域都护，屯田于乌垒城（今新疆轮台东北），以保西域通道。基本走向奠定于两汉时期，大致东起汉长安，通过河西走廊，到达西域、中亚、西亚以及地中海东岸。1877年德国地理学家李希霍芬出版《中国》一书，首先提出"丝绸之路"这一名称，原指两汉时期中国与中亚河中地区以及印度之间，以丝绸贸易为主的交通路线。1910年德国历史学家赫尔曼在《中国和叙利亚之间的古代丝绸之路》一书中，通过对文献记载的进一步考察，把丝路延伸到地中海西岸和小亚细亚，确定了丝路的基本内涵。这一贸易通道不仅是东西商业贸易之路，而且是中国和亚欧各国间政治往来、文化交流的通道，至今仍是东西交往的友好象征。（推荐阅读　荣新江：《从张骞到马可·波罗——丝绸之路十八讲》，江西人民出版社）

四等人制　元朝建立后实行的民族等级制度。蒙古贵族为了维护他们

的特权和统治,推行民族压迫和民族分化政策,根据民族和被征服的先后把全国各族人口分为蒙古、色目、汉人、南人四等,在用人行政、法律地位及其他权利、义务各方面都有种种不平等规定。蒙古人地位最高,其次为色目人。汉人概指淮河以北原金朝境内的汉族和契丹、女真等族,以及较早为蒙古征服的云南、四川两省人。南人是指最后为元朝征服的原南宋境内的汉族人。在官吏任用和科举考试中,汉人、南人受到压制,还有许多限制汉人、南人持兵器、狩猎、聚会等规定。元朝统治者实行此种制度,旨在利用民族分化手段以维护其本身的特权统治,广大蒙古、色目下层人民和汉族人民一样处于被统治的无权地位,同样要负担沉重的赋税和兵役,以致鬻妻卖子;汉人、南人中的官僚、地主阶级则和蒙古贵族结合在一起,保持其剥削和压迫汉族人民的阶级利益。该项制度的实施,一方面防止了民族被同化,另一方面也使元朝的社会矛盾更加复杂尖锐,从而加速了元朝的灭亡。(推荐阅读　钟年、孙秋云:《宋元时期游牧文化对农耕文化的冲击毁伤》,《史学月刊》1995 年第 4 期;周思成:《蒙元初期"汉人无统蒙古军"之制发微》,《民族研究》2014 年第 4 期)

《四库全书》　清朝乾隆年间纂修的中国历史上最大的一部丛书。全书按照西汉以来历代沿用的经史子集四部分类法编纂,故名四库。共收书 3460 余种、79300 卷(文渊阁本),内容丰富,具有保存和整理乾隆以前文献的作用。但其编纂目的在维护清王朝统治和封建礼教,对不利于其统治的著作多排斥不录,或加抽毁窜改,甚至禁毁。全书缮写七部,分藏文渊、文源、文津、文宗、文汇、文溯、文澜七阁。七部全书中,文源、文宗和文汇三部藏书,连同原翰林院副本,已全部毁于战火。现存四部中,文渊阁本贮于台湾,余均在大陆。1934 年,商务印书馆选印文渊阁本 232 种,名《四库全书珍本初集》。1983 年后,台湾商务印书馆和上海古籍出版社先后影印了文渊阁本《四库全书》。2005 年,商务印书馆又影印了文津阁本《四库全书》。(推荐阅读　陈晓华:《从〈四库全书〉到"四库学"》,《读书》2023 年第 9 期)

四一二反革命政变　1927 年 4 月 12 日蒋介石在上海发动的反革命政变。国民大革命爆发后,北伐战争进军势如破竹、工农运动不断高涨,动摇了帝国主义统治中国的根基。列强开始寻找新的代理人,在国内外反动势

力的支持下,蒋企图确立对上海的直接统治,开始密谋策划反革命政变,并与上海的帮会武装暗中勾结。4 月 12 日凌晨,被蒋介石收买的上海青帮武装分子冒充工人,向工人纠察队发动袭击,随后,国民党找借口强行解除工人纠察队武装。13 日上午,上海总工会举行 10 万工人参加的群众大会,会后整队游行,当队伍行至宝山路时,遭到国民党军队的屠杀,群众死伤无数。此后,蒋介石继续捕杀共产党人和革命群众,这次反革命政变是国民革命从高潮走向失败的转折点。(推荐阅读　中共上海市委党史研究室:《中国共产党上海史(1920—1949)》,上海人民出版社)

《四洲志》　林则徐主持编译的一部世界地理著作。林则徐在广东禁烟期间,为了解西方情况,命幕僚将英国地理学家慕瑞(Hugh Murray)的《世界地理大全》译出,并亲自润色编纂而成。书中简述了世界五大洲中 30 多国的地理、历史、政情,为当时中国第一部较有系统的世界地理志。后来魏源以此为蓝本,加以扩充,编著为《海国图志》。在林则徐《四洲志》的影响下,后来产生出一批研究外国史地的著作,实为开风气之先的创举。林则徐也被后人誉为近代中国"开眼看世界的第一人"。(推荐阅读　邹振环:《舆地智环:近代中国最早编译的百科全书《四洲志》,《中国出版史研究》2020 年第 1期;林则徐:《四洲志》,张曼评注,华夏出版社)

松赞干布　藏族吐蕃王国的创建者。新、旧《唐书》译为"弃宗弄赞"或"弃苏农"。穷哇达则(今西藏山南市穷结)人。唐朝贞观三年(629 年),继位为赞普,并颇有作为:镇压内乱,统一青藏高原,迁都逻些(今拉萨),建立了奴隶制政权——吐蕃王国。之后,又通过大力发展农牧业、创立本民族文字、创设行政制度和军事制度、制定法律等措施推动了吐蕃的迅速发展。十五年(641 年)与唐朝和亲,迎娶唐文成公主。遣贵族子弟赴长安,入国学,请唐人掌表疏;接受汉族先进生产技术,促进汉藏经济、文化交流。死后追谥为"干布"(大德之意),西藏文史书籍尊称为"松赞干布"(庄严大德王)。(推荐阅读　张云:《松赞干布》,五洲传播出版社)

淞沪会战　中日双方在抗日战争中的第一场大型会战。又称八一三战役。1937 年七七事变后日军企图侵占上海,尔后进攻南京。8 月 13 日凌晨,驻上海日军突向驻八字桥一带的中国守军进攻,同时日本军舰开始炮轰上

海市区。14 日,当地国民党驻军第九集团军在总司令张治中的指挥下,向日本驻沪海军陆战队虹口基地发起围攻。11 月 5 日,日军派第 10 军团增援上海,在杭州湾的全公亭、金山咀登陆,对淞沪实施迂回包围。蒋介石被迫于 8 日下令全线撤退,9 日日军攻陷松江,12 日上海失守,战役全部结束。会战历时三个月时间,双方相继投入重兵,死伤数量堪称巨大。但是打破了日本三个月灭亡中国的迷梦,为中国工矿内迁、保存民族工业实力赢得了宝贵时间。(推荐阅读　余子道:《淞沪会战的主战场:左翼战场研究》,《军事历史》2018 年第 4 期;宋希濂等:《淞沪会战》,中国文史出版社)

宋夏和议　北宋庆历年间与西夏之间签订的和平条约。又称庆历和议。宋仁宗宝元元年(1038 年),党项族首领元昊称大夏皇帝,定都兴庆府(今宁夏银川),史称西夏。宋朝拒绝承认元昊称帝及西夏独立地位,宋夏矛盾激化。宋朝移兵西北军事要塞,并关闭榷场,封锁西夏。康定元年(1040年)至庆历二年(1042 年)间,西夏接连对北宋发动延州之战、好水川之战和定川寨之战等战事。宋朝被动挨打,节节退败,损失惨重。西夏虽在军事上多次获胜,但并没有实现"直据长安"的战略目标,而且因立国时间短,连年战争遭受很大损耗。更因宋夏贸易因战争而中断,西夏生活必需品得不到满足,国内经济压力巨大。庆历四年(1044 年),宋夏之间达成和议。和议主要内容为:元昊取消帝号,由宋册立为夏国王;宋岁赐绢 13 万匹、银 5 万两、茶 2 万斤;两国重开边境榷场贸易。和议后两国虽仍时有战事,但相互关系总体上趋于稳定,进一步促进了经济文化的交流,也加深了各族人民之间的了解。(推荐阅读　吴天墀:《西夏史稿》,四川人民出版社)

《宋刑统》　宋朝重要的法典。全称《宋建隆重详定刑统》或《重定刑统》,简称《刑统》。宋初以《大周刑统》为蓝本,经过修改和补充而定 30 卷文本,于建隆四年(963 年)八月颁布施行。其律文大都来自唐律,但不同于唐律的律、令、格、式,演变出敕、令、格、式,并增添了许多新的内容。宋朝皇帝的诏敕具有最高的法律效力,出现过皇帝以言废法现象,宋朝是以敕代律的新时期。全书内容极为广泛,对官民的舆服、官员职制、选举、文书、榷禁、财用、赋役、田宅买卖、财产继承、婚姻、负债、交易等政治、经济、日常生活的各个方面都作了详尽法律条文规定,对笞、杖、徒、流、死五等刑罚及赦免制度

也有明确的表述。原本已失,现行据天一阁藏宋抄本所刊印。(推荐阅读窦仪等:《宋刑统校证》,岳纯之校证,北京大学出版社)

宋元话本 宋元时代说话人演讲故事所用的底本。有各种不同的家数和名称。小说家的话本称作小说,都是短篇故事。讲史家的话本称作平话,一般篇幅较长,讲的是历史故事。话本的文字详略也有不同,大体上可以分为繁本和简本两种类型。繁本是语录式的或经修订加工的底本,语言通俗流畅,接近口语。简本是提纲式的资料,只记下一些故事梗概,往往是从传奇文和笔记小说中摘录下来的。内容上既具有口头文学清新活泼的特色,又发扬了志怪传奇等古代小说的优良传统,在思想性和艺术性上都有突出的成就。是中国小说史的重要发展阶段。(推荐阅读 程毅中:《宋元话本》,中华书局)

台儿庄大捷 全面抗战爆发以来正面战场取得的重大胜利。又称台儿庄战役。日本侵略军于 1937 年 12 月相继占领南京、济南后,北派遣军板垣第五师团和矶谷第十师团侵入山东南部,企图与渡长江北上的华中日军南北夹击徐州,以此连贯南北战场,实现迅速灭亡中国的计划。南线日军遭受中国军队严重打击后,在淮河沿岸与中国军队隔河对峙,北线板垣师团和矶谷师团计划兵分两路南下,会师台儿庄。途中被打败的板垣师团退守莒县等待援兵,此时矶谷师团攻打藤县失利,中国守军赢得台儿庄布防时间。从 3 月下旬起,矶谷师团猛攻台儿庄,中国军队与日军在台儿庄展开激烈巷战,4 月 6 日取得歼灭日军一万余人的重大胜利。此次大捷打击了日本侵略者的嚣张气焰,增强了中国人民的抗战信心。(推荐阅读 潘强恩编著:《台儿庄大捷》,远方出版社)

台谏 中国古代职掌规谏朝政缺失的中央官署。亦称"台谏官"。唐代以掌纠弹之御史为"台官",以掌建言之给事中、谏议大夫等为"谏官"。宋初沿唐制,门下、中书两省有左、右补阙、拾遗。端拱元年(988 年)改补缺为司谏,拾遗为正言。有宋一代,谏院时设时废。宋代谏官并不专任谏职,亦常弹劾大臣,而御史台的御史,也并非专察臣僚,言事御史(殿中侍御史)即主要是向皇帝进言,其职责类同谏官,宋代常以台谏并称。辽代在南面官的门下省和中书省分别设左谏院和右谏院,虽设左、右谏议大夫等官,但有名无

实,金代谏院设左、右谏议大夫、司谏、补缺、拾遗等官职。元代废用谏院。明代沿指监察御史和给事中。至清,统归于都察院,职权不再分别。虽统称"台谏",但是其性质与前代有所不同。（推荐阅读　杨光:《北宋台谏官正式信息渠道的发展演变》,《史学月刊》2023 年第 5 期）

台州大捷　明朝抗倭名将戚继光带领戚家军在浙江台州连续战胜倭寇的多次战役总称。嘉靖四十年（1561 年）春,倭寇集结数万人,先后在浙江台州东北部的象山、奉化、宁海等地登陆,准备进犯台州。明朝军队参将戚继光迅速部署兵力,带领戚家军,利用其独创的鸳鸯阵对抗倭寇,以少胜多,累计歼敌 1000 多人,取得了花街之战、上峰岭之战、长沙之战为代表的 9 次战役的全部胜利。沉重打击了敌人的锐气,彻底平定浙东的倭患,戚继光与其操练的戚家军也因此名扬天下。（推荐阅读　杜洪涛:《戚继光》,中华书局）

太学　中国古代的学校名称。亦称大学,为最高一级学校。其名始于西周,为王公贵族子弟学习成年人各种礼仪的学府。汉武帝采纳董仲舒建议,于元朔五年（公元前 124 年）设太学,以五经博士传授儒家经典,以造就官僚人才。东汉时,规模不断扩大,最多时达 3 万人。两汉时太学在培养人才和促进文化发展等方面都起到一定的作用。但随着政治的腐败,太学生开始参与政治。西汉哀帝时,博士弟子王咸曾聚集太学生千余,以图解救执法不阿的司隶校府鲍宣。东汉晚期的陈蕃、李膺等人反对宦官的黑暗统治,得到太学生的支持和响应。魏晋到明清,或设太学,或设国子学（国子监）,或两者同设,均为传授儒家经典的最高学府。在宋代形成一套比较完整的学制,太学生从八品以下官员子弟和平民的优秀子弟中招收,宋代太学制给后代以很大影响。历史上,一些少数民族政权亦曾设立太学,明清时作为国子监之俗称。该机构主要培养封建官僚,对于文化的传播也起了重要作用。（推荐阅读　孙杰:《三代之学:中国古代理想学校教育的模型及其衍化》,《教育史研究》2021 年第 3 期;牛思仁:《宋代文学视域下的太学制度研究》,凤凰出版社）

摊丁入亩　清朝将历代相沿的丁银并入田赋征收的一种赋税制度。又称"地丁合一"。为了保证政府赋役收入,缓和日益尖锐的阶级矛盾,康熙五十一年（1712 年）,清政府规定以五十年（1711 年）的人丁数作为征收丁税的固定数（固定丁银）,以后"滋生人丁,永不加赋",废除了新生人口的人头税。

雍正元年(1723年),开始普遍推行"摊丁入亩",把固定下来的丁税平均摊入田赋中,征收统一的地丁银,不再以人为对象征收丁税。这一制度的实行,减轻了无地、少地农民的经济负担,促进人口增长;政府也放松了对户籍制度的控制,有利于社会经济的发展,标志着中国实行两千多年人头税(丁税)的废除。(推荐阅读 吕小鲜:《摊丁入亩后新垦地亩丁银征收史料》,《历史档案》1992年第3期;何平:《论清代定额化赋税制度的建立》,《中国人民大学学报》1997年第1期)

《唐本草》 中国古代第一部国家颁行的药典。一般指新修本草,显庆四年(659年)由苏敬、长孙无忌等22人修订完成,共54卷。系统总结了唐以前的药物学成就,是世界第一部药典。全书分本草、药图和图经三部分。"本草"20卷,目录1卷,以《本草经集注》为基础,记述药物性味、主治与用法。"药图"7卷,"图经"25卷,目录1卷,分量超过本草正文,为药物的图样及文字说明,记述药物形态、采集和炮制。全书已佚。正文多收录于《千金翼方》《经史证类备急本草》等书中。该书内容丰富,取材精要,在当时及以后相当长的时间里,对中国乃至世界药物学的发展都起了很大作用。(推荐阅读 苏敬:《唐新修本草(辑复本)》,安徽科学技术出版社)

唐蕃会盟 安史之乱后,吐蕃乘虚占领唐陇右、河西之地。唐、蕃曾几次会盟,以解争端,划定边界。唐穆宗长庆元年至二年(821—822),双方再次会盟,会盟双方重申了历史上"和同为一家"的甥舅亲谊,商议今后"社稷如一",并于长庆三年树立了"唐蕃会盟碑"。该碑至今屹立在拉萨的大昭寺门前,成为汉藏两族情谊的历史见证。长庆会盟之后,汉藏两族团结友好的关系得到了进一步的发展。(推荐阅读 陆离:《论唐蕃长庆会盟后吐蕃与回鹘、南诏的关系》,《中国边疆史地研究》2019年第3期;刘凤强:《唐蕃会盟若干问题辨析》,《中国藏学》2023年第2期)

唐三彩 盛行于唐代的一种低温多彩釉陶。釉彩有黄、绿、蓝、白、褐、紫等色彩,以黄、绿、白为主,俗称"唐三彩"。主要充当随葬品,也用于日常生活。在陕西西安和河南洛阳出土最多,在江苏扬州和山西、甘肃也有发现,其他地区则很少见。其渊源应与汉代铅釉陶器有关。作为随葬品,出现于唐高宗时期(650—683),兴盛于唐玄宗开元、天宝年间(713—756),天宝

以后逐渐衰落。包括生活类器物（如瓶、壶、杯、盘等）、俑（分为人俑和动物俑）和模型（如房屋、仓库、车等）三大类，而以前两类最多。作为随葬品，凡与死者生前生活有关的，几乎无不具备。唐代的宫殿、寺院遗址也出土过三彩日用器残片，说明唐三彩不仅用于随葬，也用于实际生活。在烧制过程中因铅釉流动，各种颜色巧妙地交织在一起，呈现出浓淡相间的层次，色彩绚丽斑驳。铅釉使釉面光亮度增加，更显晶莹玉润。闻名中外的唐三彩，造型精美、端庄丰满、富于变化、色彩鲜艳华丽，艺术价值极高，体现了唐朝手工业发展的高超水平。（推荐阅读　赵宇共：《大唐的颜色：唐三彩面面观》，北京大学出版社）

《天朝田亩制度》　太平天国的纲领性文件之一。咸丰三年（1853年）建都天京（今南京）后颁布。规定了太平天国的土地制度、社会组织、乡官制度和教育制度等，其中心和基础是土地制度。宣布一切土地和财富都属于皇上帝所有，确定"凡天下田，天下人同耕"的原则。将土地按亩产高低划分为九等，好坏搭配，按人口平均分配。凡16岁以上的男女，每人皆可分得一份数量相同的土地，不满16岁的减半。并规定：县以下设立各级乡官，其体制、称呼与军队相同；凡居民25家为一"两"，设两司马负责管理生产、分配、教育、宗教、司法以及地方武装等工作；每家农副业收获，扣除口粮外，其余送缴"圣库"；婚丧弥月等额外开支，都由"圣库"按定制发给。还规定"凡天下婚姻不论财"。对于乡官的保举、升贬、奖惩等也都有规定。此文件的主张，从根本上否定了封建社会的基础即封建地主的土地所有制，表现了广大农民要求平均分配土地的强烈愿望，具有进步意义。不过，所描绘的理想天国仍然是闭塞的自给自足的自然经济，同时又是一个没有商品交换的和绝对平均的社会。这种社会理想具有不切实际的空想的性质。而且，其中平分土地方案即使在太平军占领地区也并未付诸实行。（推荐阅读　宋平明：《太平天国狂飙实相》，世界图书出版公司）

《天工开物》　明朝宋应星所著科技名著。初刊于崇祯十年（1637年）。全书3卷18篇。较全面系统地记述了中国古代农业和手工业生产的技术与经验，并附有大量插图加以说明。上卷包括谷类与棉麻的栽培、养蚕、缫丝、染料生产、食品加工、制盐与制糖技术等；中卷包括砖瓦、陶瓷、铜铁器具与

舟车制造,石灰、煤炭、蟠石、硫黄的采炼、榨油、制烛,造纸技术等;下卷包括五金开采及冶炼、兵器火药、朱墨、颜料、曲药的制作与珍宝加工技术等。全书对各项生产制造原料的品种、用量、产地、工具构造和生产加工的操作过程等都做了详细记载,是对古代生产技术成就的总结,具有重要的科学研究价值。(推荐阅读:宋应星:《天工开物》,杨维增译注,中华书局)

天京事变 太平天国领导集团自相残杀的政治事件。又名"天京内讧""杨韦事变""杨韦内讧"。咸丰三年(1853年),太平天国定都天京(今南京)后,统治集团内部矛盾日益激化。东王杨秀清居功自傲,7月假借天父下凡,逼洪秀全封其为"万岁"。洪秀全一面假意应允,一面密令韦昌辉、石达开回京,解决杨秀清。8月3日,韦昌辉先于从江西入京,围攻东王府,残杀杨秀清及其部属。后从湖北返京的石达开遣责韦昌辉滥杀无辜,韦昌辉又欲杀石达开。石达开虽逃走,但其家属惨遭杀害,故请求洪秀全捕杀韦昌辉。叛乱平定后,洪秀全诏令石达开回京辅政,但他又对石达开心存猜忌。次年5月,感到处处掣肘的石达开负气出走,后被清军剿灭,使太平军元气大伤。此次事变是太平天国由盛转衰的转折点。(推荐阅读 刘晨:《从密议、密函到明诏:天京事变爆发的复杂酝酿——兼辨太平天国的盛衰分水岭问题》,《史林》2017年第3期)

田园诗 一种以田园景色和田园生活为题材的诗歌形式。最初局限于隐居乡野诗人的作品,其题材多描写农村的田园风光和隐士的乡居生活。后拓展至以农村为题材,既有农村自然风光和隐士生活的一面,也包括农村的民情风俗、农民的劳动、阶级剥削和压迫等内容。《诗经》中的"七月""甫田""大田"等已具田园风格,是田园诗的源头。东晋陶渊明被公认为田园诗的开创者。唐代是田园诗兴盛时代。初盛唐时期,产生了王维、孟浩然的山水田园诗派。中晚唐的田园诗上接《诗经》和汉乐府,善于向民歌学习,作品讽刺辛辣,见解深刻。宋初的田园诗作者多为一些关心民生、政治地位不高的诗人。至苏轼、黄庭坚、王安石,则不仅具有一般关心人民疾苦的内容,而且带有鲜明的政治倾向。金元时期的田园诗词为数不多,作品多反映牧民生活,与绘画艺术紧密结合。明代田园诗继承了《诗经》、汉乐府以来的现实主义传统。清代田园诗数量多、题材广、成就大。近代田园诗人笔下的农村

则以饥荒、弃儿、流民为主要题材,作品大多生动地写出了农民生活的苦难。此种诗歌形式源远流长,在中国诗歌史上具有重要地位。(推荐阅读　陈文忠:《"诗各有体,不可混一"——山水诗、田园诗、田家诗的类型规律》,《安徽师范大学学报》(人文社会科学版)2023 年第 1 期;马俊梅:《陶渊明田园诗与王阳明田园诗比较》,《汉字文化》2023 年第 3 期)

廷议　朝议的一种形式。按照一般规定,皇帝在一个月内有几次在殿堂听政,百官按例朝见,对有争议的问题当朝议论,皇帝在诸多争议中选择一种意见作出决断。朝会的殿堂称为廷,也叫朝廷,所以当朝议论称为"廷议"。在决策的过程中起着极其重要的作用,封建王朝的一些重大决策就是在廷议中完成的。由皇帝亲自主持召开,对国家的重大问题进行讨论并最终做出决定。参加者除了丞相、御史大夫等重要大臣,还有其他一些相关的大臣。一般过程是:首先由皇帝确定要商讨的问题,如制定封禅的仪式;然后群臣就皇帝提出的问题展开讨论,随后把讨论的结果上报给皇帝;最后由皇帝做出裁决。由于廷议由皇帝亲自主持,因此能够在大臣讨论之后就能做出决定。(推荐阅读　韦庆远:《中国政治制度史》,中国人民大学出版社)

通判　中国古代的一种官名。初置于北宋时期,全称通判州军事,别称监州、倅贰、府判、半刺等,明清两代沿袭,为正六品。北宋建立后,逐渐消灭割据势力并统一全国,与此同时也逐渐罢免各节度使,全国各州直辖于中央。州的长官称知州事,简称知州。同时为进一步稳定人心,巩固疆域,北宋又设通判,与知州共同管理一州的兵民、钱谷、户口、赋役、狱讼等政事。官方文书,须知州与通判共同签署方可生效。还有权监督和向朝廷推荐本州官员,如果知州不法,可以奏告朝廷。故通判亦与知州相互制衡。官员设置与所在州管辖的范围及人口的多少相关,大州设两员,其余设一员,户数不及万者不设。设置通判是宋初统治者吸取五代分裂割据的历史教训,加强中央集权统治的重要措施。通过行使监察权力,分割了知州的权力,按察了本部的县级官吏,有效监督了地方官员,使得地方官员不敢滥用权力,大大加强了中央集权与维护了中央权威。(推荐阅读　罗炳良、范云:《宋代通判制度述论》,《河北师范大学学报》(社会科学版)1993 年第 1 期;苗书梅:《宋代通判及其主要职能》,《河北学刊》1990 年第 2 期)

屠呦呦(1930—) 中国当代著名药学家。中国中医科学院首席研究员和终身研究员,中国中医科学院中药研究所青蒿素研究中心主任。几十年如一日致力于中医药研究实践,带领团队攻坚克难,研究发现青蒿素,解决抗疟治疗失效难题,为中医药科技创新和人类健康事业作出巨大贡献。青蒿素类抗疟药物的广泛使用,已经挽救了全球,特别是发展中国家数百万人的生命。2001 年,世界卫生组织将青蒿素类为主的复合疗法推荐为全球治疗疟疾的首选方案。2015 年,因"有关疟疾新疗法"的发现获得诺贝尔生理学或医学奖,成为首位以中国本土科学研究工作获得诺贝尔科学奖的中国科学家。2017 年 1 月,荣获 2016 年度中国科学技术最高奖。(推荐阅读 孙建军:《屠呦呦:一生倾情青蒿素》,《党建》2022 年第 2 期)

土地革命 又称第二次国内革命战争。无产阶级领导农民消灭封建土地所有制,从政治上、经济上打倒地主阶级,解放农村生产力的革命。在中国,农民问题是民主革命的中心问题。中国共产党正确地制订和坚决地执行了彻底解决土地问题的纲领,在土地革命时期和解放战争时期的解放区消灭了封建性和半封建性的土地制度,没收地主的土地,分配给无地或少地的农民,以满足广大贫苦农民的要求。中华人民共和国成立后,在全国范围内完成了土地改革。(推荐阅读 中央党史和文献研究院等编写:《中国共产党简史》,人民出版社、中共党史出版社)

土尔扈特 清卫拉特蒙古四部之一。卫拉特蒙古元时称"斡亦剌惕",明代称"瓦剌",清代称之为"厄鲁特""额鲁特""卫拉特"。16 世纪末,卫拉特蒙古分为绰罗斯特(即准噶尔)、杜尔伯特、和硕特和土尔扈特四部。土尔扈特部主要游牧于天山北部塔尔巴哈台附近雅尔地区。17 世纪 30 年代,因与准噶尔部不睦并受其压迫,首领和鄂尔勒克率部西迁至沙俄势力尚未控制的额济勒河(今伏尔加河)下游地区,并保持与卫特拉蒙古各部和清朝的联系。后沙俄势力扩张,逐渐控制土尔扈特部,对其进行经济剥削、民族和宗教压迫。为摆脱沙俄压迫,乾隆三十六年(1771 年)1 月,首领渥巴锡等率部众起义,冲破沙俄重重阻击,经长途跋涉,历经艰险,于是年 7 月胜利东归祖国。清朝高度重视东归的土尔扈特部,赐予牛羊粮草、衣被帐篷及牧场。乾隆帝多次接见渥巴锡,亲自撰写《土尔扈特全部归顺记》《优恤土尔扈特部众

记》碑文,并立碑于承德普陀宗乘之庙以纪念这次东归壮举。乾隆还封渥巴锡为卓哩克图汗,对其部下首领封以爵位。(推荐阅读　张体先:《土尔扈特部落史》,当代中国出版社)

　　土司制度　　元明清时期在少数民族聚居区设置的以当地世袭酋长为土官土吏的地方行政制度。主要设于今湖南、四川、云南、贵州、广西等省区。其肇始于秦汉,历经三国两晋隋唐宋,元时形成,至明日渐完备,清代为延续。封建王朝依据原有部落传统势力,委任各土司相应品级的官位授予一定的政治权力,具有"因俗而治"的特征。土司的职务任免、权力界定、辖地范围及管理形式等,均受中央王朝限定。在臣服中央王朝的前提下,土司自治管理其传统领地,具有行政权和一定的武装权。但因朝代的更替以及地区性差异,其内涵在元、明、清三朝不尽相同。制度推行超过 600 年,实施的地域广达数百万平方公里,涉及的民族多达 40 余个。这一制度的实施确保了国家的统一性,制度的存在与延续成为中国拥有西南领土的历史与法理依据。清代以"改土归流"为发端,去除土司制度中的自治权,防止各土司拥兵自重的独立隐患,有利于大一统国家的巩固。明、清两个朝代曾在部分地区进行改土归流。中华民国时期,部分地区仍然存在。中华人民共和国成立后,该制度被彻底废除。(推荐阅读　张晓松:《论元明清时期的西南少数民族土司土官制度与改土归流》,《中国边疆史地研究》2005 年第 6 期)

　　吐蕃　　源于藏南雅隆江流域,融合青藏高原有关族群形成的古藏族及其所建王国。吐蕃族或由西羌发展而来,后发展为藏族。吐蕃政权是 7 世纪初到 9 世纪中叶由古代吐蕃族在青藏高原建立的政权,自松赞干布至朗达玛传位九代,延续两百余年。吐蕃人初散布于青藏高原上,从事高原农牧业生产。约隋朝时,今山南市的雅隆部落联盟发展为奴隶制政权,其首领称赞普。629 年,松赞干布即赞普位,逐步统一青藏高原。为巩固统一、加强统治,松赞干布采取了迁都逻些(今拉萨)、仿唐制进行政治军事机构改革、修订法典、创立文字、统一度量衡等措施,形成以赞普为中心的奴隶制中央集权政权。吐蕃王朝的统治下,青藏高原的社会和文化得到巨大的发展。大力推广佛教,使得佛教在青藏高原广泛传播,形成独特的藏传佛教文化。医学典籍《四部医典》成为藏医学的基础,对后世的藏医学产生了深远的影响。

同时,建筑学也有很高的成就,如著名的布达拉宫和大昭寺等建筑就展示了吐蕃建筑学的独特风格。虽与唐朝有过战争,并曾于763年一度攻陷唐都长安,但唐蕃关系以友好交往为主。唐分别于640年、709年将宗室文成公主、金城公主与吐蕃赞普通婚,自705年至822年间唐蕃会盟达八次之多,并于823年立唐蕃会盟碑。8世纪中叶后,内部平民和奴隶与奴隶主的矛盾、王室与贵族矛盾不断激化。9世纪40年代,赞普达磨死后,吐蕃政权走向瓦解。(推荐阅读 王文光、李宇舟:《从吐蕃到藏族:一个多源合流的历史发展过程》,《云南民族大学学报》(哲学社会科学版)2014年第4期;何耀华:《论松赞干布的统一事业》,《云南社会科学》1997年第6期)

推恩令 汉武帝时实施的以广封诸侯王子弟来分化、削弱其势力的法令。西汉自文帝、景帝两代起,如何限制和削弱日益膨胀的诸侯王势力,一直是封建皇帝面临的严重问题。汉武帝于元朔二年(公元前127年)采纳中大夫主父偃的建议,颁布"推恩令"。汉初,诸侯王的爵位是由嫡子继承的,庶出的子孙没有继嗣的资格。因此规定诸侯王除由嫡长子继承王位外,其他诸子都在王国范围内分到封地作为侯国,按照汉制,侯国隶属于郡,地位与县相当。因此,此令颁行后,诸侯国土地不断缩小,朝廷控辖地不断扩大。这样,名义是上施德惠,实际上是剖分其国以削弱诸侯王势力。法令既迎合汉武帝巩固专制主义中央集权的需要,又避免激起诸侯王武装反抗的可能,进一步加强中央集权,基本上结束了汉初以来诸侯王割据的局面。(推荐阅读 岳庆平:《主父偃献策推恩与汉武帝下推恩令应为元朔二年辨》,《北京大学学报》(哲学社会科学版)1985年第2期)

屯戍 古代以军队进行屯田驻守的军事制度。始自秦汉。秦制规定:男子年满23岁,要将名籍附于官府,除其他徭役外,一生中还要屯边一年,称为戍卒。此后为历朝历代所沿袭。但后世不愿戍边者,可出钱雇人代替。古代边境的屯戍,主要是指戍卒,此外还有良家子、应募士、徒、驰刑士和谪卒。戍卒到戍所后,有的负责戍守,有的从事屯田生产等。屯戍吏卒发给月俸钱、衣被、口粮和武器,国家还发给屯田卒农具、耕牛及种子。屯田卒按规定交纳田租以充军粮。汉代边境的屯田,对解决边防戍军粮食及其他军需品的部分自给,为减轻国家军费负担起到一定作用,为开发边疆和促进西北

丝绸之路的贸易具有一定的意义。(推荐阅读 赵兰香、朱奎泽:《汉代河西屯戌吏卒衣食住行研究》,中国社会科学出版社)

屯田 中国古代政府为保障军队给养或增加税粮而组织士兵、农户等垦种荒地的措施。也称"屯垦"。"屯"为聚集、蓄积、驻扎、戍守之意,"垦"为垦荒、垦种。主要有军屯和民屯两种形式。军屯是政府组织军人及军属进行的屯垦耕种,民屯是由政府招募农户或组织犯人进行的屯垦耕种。明代还出现了商人组织民户进行屯种的现象,称为商屯。一般认为,屯田始于汉代,其后历朝历代都行屯田,到明代达到高峰。最初主要在边疆地区,屯田和戍边相结合,以保障边防军队的给养。后来内地屯田也较为多见。古代主要以政府力量推行屯田,生产规模大,组织性强,有利于进行大规模的垦荒、水利建设,使无主土地、荒地得到有效开发利用,有利于保障粮食供给,巩固边疆,促进经济恢复发展。(推荐阅读 朱绍侯:《两汉屯田制研究》,《史学月刊》2012 年第 10 期)

瓦窑堡会议 1935 年 12 月 17—25 日中共中央在陕西安定县瓦窑堡召开的政治局扩大会议。出席和列席会议的有毛泽东、张闻天、周恩来、博古、李维汉、王稼祥、刘少奇、邓发、秦邦宪、何克全、张浩(林育英)、杨尚昆、彭德怀、郭洪涛等十余人。这次会议召开,正值中日民族矛盾加深、全国抗日救亡运动高涨之际。会议传达共产国际七大精神,分析中国社会各阶级对抗日的态度,制定建立抗日民族统一战线的策略方针。会议通过的《中央关于目前政治形势与党的任务决议》指出,中共应努力争取一切力量参加到反日战线中去。这次会议为完成由国内革命战争走向抗日民族解放战争的转变,促进抗日民族统一战线的形成,迎接抗日新高潮的到来,做了政治上和理论上的准备。(推荐阅读 《瓦窑堡会议》,《人民日报》2006 年 12 月 16 日第 2 版)

外戚 皇帝的母族、妻族。是伴随专制皇权而来的产物。战国时期中央集权制的强势王权形成,依附于王权的外戚出现。秦昭襄王即位,其母宣太后把持朝政并援引其弟掌握秦国军政大权,这是外戚利用后妃进入政权的开端。随着中央集权和皇帝专制主义的加深,外戚势力也走向强大。中国历史上外戚干涉朝政以汉朝和唐朝比较突出。如西汉外戚中的吕氏、窦

氏、王氏,东汉外戚中的邓氏、窦氏、何氏等曾经左右过朝政。唐朝的武氏、韦氏、和杨氏外戚也曾辉煌一时。宋朝限制外戚进入中枢干涉朝政,外戚在政治上无法重回汉唐地位。总体上看外戚擅权时会妨害皇帝掌握决策信息、阻碍皇帝下达和执行政令,制约皇权,但在秦、西汉初也有维护皇权、维持政治平衡的作用,终因未确立外戚管理制度而使问题越发恶化,不利于政治的发展。(推荐阅读 张梦晗:《秦及汉初外戚的政治平衡作用》,《古代文明》2023 年第 2 期)

皖南事变 1941 年 1 月,国民党当局在安徽泾县茂林地区围歼中国共产党领导的抗日武装新四军皖南部队的事件。1940 年 10 月 19 日,何应钦、白崇禧以国民党政府军事委员会正副参谋总长的名义,强令黄河以南的八路军、新四军于 1 个月内开赴黄河以北。朱德等于 11 月 9 日复电,驳斥了国民党顽固派的荒谬命令和对共产党及其领导的军队的诬蔑,同时为顾全抗日大局,表示可以将皖南新四军移到长江以北。1941 年 1 月 4 日新四军军部所属部队 9000 余人奉命北移。1 月 6 日,行至皖南泾县茂林地区,突遭国民党军伏击。众指战员在叶挺军长指挥下进行抗击,终因众寡悬殊、弹尽粮绝,除约 2000 人分散突围外,大部分壮烈牺牲。军长叶挺在与国民党谈判时被扣押,副军长项英、副参谋长周子昆突围后被叛徒杀害。17 日,蒋介石反诬新四军"叛变",宣布取消新四军番号,并声称要将叶挺交军事法庭审判。中国共产党对国民党这一暴行进行了针锋相对的斗争,揭露国民党反动派破坏抗战、实行反共的罪恶阴谋,赢得了国内外民主人士的支持。这一事件是抗战时期国共合作关系逆转的分水岭,对此后国共关系的发展具有深远而重大的影响。(推荐阅读 李俊杰:《以苏为虑与争取美援:国际视野下蒋介石处理皖南事变的考量》,《史学月刊》2023 年第 11 期;洪富忠:《抗日战争时期中共在国共军事磨擦中的话语建构》,《军事历史》2023 年第 2 期)

万里茶道 晋商开辟的沟通中国与中亚,以运茶叶为主的贸易商道。茶叶之路全长达 5150 千米,其中中国境内从福建武夷山区至中俄边境的恰克图约 4500 千米。随着茶叶生意向境外扩张,茶路也在不断延长。早在明代初期,茶叶已成为晋商经营的重要商品,他们凭着坚韧不拔、勇于开拓、诚信礼义的驼队精神,在明清茶叶贸易中垄断了蒙俄市场。清代,晋商的茶叶

贸易有了更大的发展。他们逐渐开辟了一条茶叶商路:由福建崇安县(今武夷山)过分水关、入江西铅山县,在此装船顺信江下鄱阳湖,穿湖而出九江口入长江,溯江抵武昌,转汉水至樊城(襄樊)起岸,在河南唐河、社旗上岸由骡马驮运北上,经洛阳,过黄河,入山西泽州(今晋城),经潞安(今长治)抵平遥、祁县、太谷、忻州、大同、天镇到张家口,再改用驼队穿越蒙古草原到库仑、恰克图。最后运往伊尔库茨克、乌拉尔、秋明,直至遥远的彼得堡和莫斯科。清朝政府实行茶叶专卖,一般商人不能随意贩运,只有清政府特许的茶商持有"茶引"才可贩运。进入19世纪80年代,由于国外茶叶充斥市场、茶价下跌及海路、铁路运输的开通,加之清廷课以重税,晋帮茶商走向衰亡,万里茶道也日趋衰落。(推荐阅读 黄柏权、巩家楠:《万里茶道茶商群体研究的回顾与思考》,《中国史研究动态》2022年第6期;倪玉平、崔思朋:《万里茶道不只"茶道"》,《历史评论》2022年第1期)

万隆会议 1955年4月18—24日,亚非国家在印度尼西亚万隆召开的会议。又称"亚非会议"。在亚洲、非洲民族解放运动不断高涨的形势下,为讨论亚非民族国家的独立和发展等问题,缅甸、锡兰(今斯里兰卡)、印度、印度尼西亚、巴基斯坦五国总理于1955年4月发起了万隆会议,正式邀请了包括中国在内的29个亚非国家参加。会议进行过程中,面对帝国主义对会议的干扰破坏及与会国之间的矛盾分歧等错综复杂的形势,周恩来提出"求同存异"方针,避免会议走上可能的歧途。此次会议是第一次没有西方殖民国家参加的国际会议。会议的成功召开标志着亚非国家作为一支重要的政治力量登上国际舞台,提高了新中国的国际威望,为国内的社会主义建设事业赢得了有利的国际环境。(推荐阅读 李潜虞:《从万隆到阿尔及尔:中国与六次亚非会议(1955—1965)》,世界知识出版社)

汪辜会谈 1993年4月,中国大陆海峡两岸关系协会会长汪道涵与中国台湾海峡交流基金会董事长辜振甫在新加坡举行的两岸高层会谈。这是1949年以来海峡两岸高层人士以民间名义举行的首次公开会晤,标志着两岸关系迈出了历史性的一步。会谈基于"九二共识""一个中国"的基础和原则,讨论开展两岸经济合作与科技文化交流、加强两会联系与合作等问题,签署《汪辜会谈共同协议》等4项协议,促进两岸经贸交往、人员往来和各项

交流的发展。此次会谈是两岸关系发展进程中的"重要里程碑",海协会与海基会双方联系与沟通渠道的建立,也开启了两岸沟通正常化、制度化的大门,对此后双方人员互访及解决两岸交往中存在问题起到至关重要的作用,尤其是会谈过程中始终强调的"九二共识",成为此后海峡两岸开展进一步交流合作的重要基石。(推荐阅读　费虹寰:《"汪辜会谈"的成因及其对中美关系的影响》,《当代中国历史研究》2002 年第 1 期)

王安石变法　北宋神宗时以王安石为首的改革派在宋神宗支持下进行的一场变法改革运动。因发生在熙宁二年(1069 年)至元丰八年(1085 年)间,故也称熙宁变法、熙丰变法。为扭转当时"积贫积弱"、社会矛盾尖锐局面,王安石以富国强兵为目的,以"理财""整军"为中心,在经济上推行青苗法、募役法、方田均税法、农田水利法等富国之法,在军事上推行保甲法、将兵法、裁兵法、保马法等强兵之法,同时还实行改革科举制度、整顿太学、唯才用人等取士之法。王安石以"天变不足畏,祖宗不足法,人言不足恤"的"三不足"斗争精神大力推进变法,一定程度上改变了"积贫积弱"的局面。但由于变法触犯大地主、大官僚的利益,他们与保守派联合反对变法,变法中也存在侵害人民利益、加重人民负担的情况,加之变法派用人不力、执行出现偏差、变法派内部分裂等原因,变法措施被废除,最终以失败而结束。(推荐阅读　吴钩:《宋神宗与王安石:变法时代》,广西师范大学出版社;[美]刘子健:《宋代中国的改革:王安石及其新政》,张钰翰译,上海人民出版社;东方慧子主编:《变法通儒王安石》,武汉大学出版社)

王莽改制　新朝建立后,王莽开始进行的全面社会改革。主要内容有:将全国土地一律改称王田,不许买卖;天下的奴婢一律改称私属,都不许买卖。男口不足 8 人而土地超过 1 井(900 亩)的人家,把多余土地配给宗族、邻里。无田者按一夫百亩的制度授田,企图实现古代的井田制;推行五均六筦,以此节制商人对农民的盘剥,增加封建国家的利益;屡次改变币制,铸造"错刀""契刀""大泉"等货币,掠夺财富,严禁私铸;恢复古代的五等爵,经常改变官制。以上诸项多无实效,只有禁止私铸一项执行特严。王田制并不是真正改变私人的封建土地所有,但王田制在禁抑土地买卖、限田发展过程中无疑是一次积极的尝试。奴婢私属也不是改革奴婢的社会地位,总体来

看前两项只是冻结土地和奴婢的买卖,以图缓慢土地兼并和农民奴隶化的过程;改制是对当前最主要的社会矛盾的尝试,很快就失败了。加深了人民的苦难,终于爆发赤眉起义。(推荐阅读　朱永嘉:《商鞅变法与王莽改制》,中国长安出版传媒有限公司)

王溥(922—982 年)　五代至宋政治家、史学家。五代祁县人(今属山西)人,字齐物。历任后周太祖、世宗、恭帝及北宋太祖——两代四朝宰相,编撰《世宗实录》《唐会要》《五代会要》三部史籍。既为宰相,又为著名史学大家,仕学两成,载名史册。需要补述的是,《会要》作为历史上专载前朝典章制度的典籍,乃唐德宗时代苏冕首创,唐武宗时崔铉又曾进行续修,前后共 80 卷,但在苏、崔所修之《会要》均早失传之后,王氏所修《唐会要》100 卷,便尤显弥足珍贵,尤其是《五代会要》30 卷,成于《新五代史》《旧五代史》之前,根据五代时期各朝实录分类编纂而成,是研究五代史特别是五代典章制度必不可少的史料。《世宗实录》40 卷,虽失佚无存,但从《烟画东堂小品》中仍可见其残本。(推荐阅读　刘安志:《〈唐会要〉所记唐代宰相名数考实》,《中国史研究》2019 年第 1 期;卓越:《论王溥〈唐会要〉的历史编纂学成就》,《史学史研究》2009 年第 2 期)

王逸　东汉文学家。生卒年代不详。字叔师,南郡宜城(今属湖北)人。安帝时为校书郎,顺帝时官侍中。所作《楚辞章句》,是《楚辞》最早的完整注本,颇为后世学者所重视。为哀悼屈原而作的《九思》,存于《楚辞章句》中。作有赋、诔、书、论等 21 篇,又作《汉诗》123 篇,今多亡佚。原有集,已散佚,明人辑有《王叔师集》,收入《汉魏六朝百三名家集》。惊叹于花楼提花机给社会生活带来的变化,因此创作《机妇赋》加以赞美,全赋行文韵散结合,通晓畅达,富于艺术魅力。(推荐阅读　周兴陆:《王逸〈楚辞章句〉与东汉安帝朝政坛》,《华东师范大学学报》(哲学社会科学版)2022 年第 4 期)

王祯　元代农学家及活字版印刷术的改进者。生卒年代不详。字伯善,山东东平人。元朝元贞、大德年间(1295—1307),曾任旌德、永丰等地县尹,办学、修桥、提倡种植桑、棉、麻等经济作物和改良农具,颇有政绩。于皇庆二年(1313 年)著成《农书》,全书分三部分:《农桑通诀》6 集,总论农业的各个方面;《百谷谱》11 集,是各种大田作物及果、蔬、竹、木的栽培各论;《农

器图谱》20 集,罗列各种与农业有关的工具,绘图 270 余幅分别加以说明,为全书的重点。书中对南方和北方的农业,以及所用农具的异同、利弊常作比较,并进行讨论。所著《造活字印书法》附载在《农书》之末,是最早系统地叙述活字版印刷术的文献,该项技术是印刷史上的一项重大发明。当时已有木活字,他设计木转轮活字排字法,用木头做成两个直径约七尺的大轮盘:一个叫"韵轮",把不常用的字,按韵分类,放在格子里;一个叫"杂字轮",放置常用字。排版时一人念稿,一人坐在两个轮架之间,转动轮盘取字,既迅速,又方便,提高了排字效率。大德二年(1298 年)用木活字排印《旌德县志》。他擅诗文,有后人所辑《农务集》。(推荐阅读 黄英:《元代农学家王祯及其在古籍中的农业史学研究》,《中国农业资源与区划》2021 年第 12 期;刘启振、王思明:《崇本尚利:从三部农书管窥元代重农营农思想》,《山东农业大学学报》(社会科学版)2015 年第 1 期)

伪满洲国   日本帝国主义侵占中国东北后建立的傀儡政权。1931 年 11 月日本侵略者把已经废黜的清朝末代皇帝溥仪从天津秘密接到东北。1932 年 3 月在长春成立,溥仪为"执政",年号"大同"。1934 年 3 月更名为伪满洲帝国后,溥仪改称"皇帝",年号"康德"。1945 年随着中国抗日战争的胜利而覆灭。(推荐阅读 解学诗:《伪满洲国史新编》,人民出版社)

卫所制度   明代军队的军事编制基本组织形式。明太祖朱元璋模仿北魏隋唐府兵制、并吸收元朝军制某些内容制定而成。明朝建立后,在全国各省设立都指挥使司,由中央统一管辖,都指挥使司下辖若干个卫,卫下辖若干千户所和百户所,每个卫所分配有军用农田。没有战争的时候,大部分士兵日常工作是种田,小部分执行军事任务。成祖进一步增设都司、留守司、内外卫、千户所。当战事发生时,由兵部奉旨调卫、所之兵,临时命将官充总兵官,发给印信,统兵出征。战事结束则交还印信,兵士回到卫、所。将不专军,军无私将,军权集于中央。卫所由朝廷根据各地的防卫、战略需要而设置。卫所军户的基本特征包括:世袭制度、屯田制度、日常防御职能和行政管理职能。明代卫所制度的建立,在处理和平与战争不同时期军队的驻防和调遣方面具有一定的优越之处,清代卫所制度是对明代卫所制度的继承和发展,职能由原先的军事、经济相结合转变为纯粹的经济职能,对经济的

发展有很大的促进作用。（推荐阅读　顾诚：《隐匿的疆土：卫所制度与明帝国》，光明日报出版社）

慰安妇　第二次世界大战期间，被日本侵略者强迫充当其军队性奴隶的妇女。多来自中国、朝鲜和东南亚各国。日军侵华战争期间，由日本军部"统筹"，在其占领区设立所谓慰安所，强征慰安妇。据统计，中国妇女沦为慰安妇者达 20 万人以上，中国是日本军国主义性奴隶制度的最大受害国。太平洋战争爆发后，这一制度又被推向东南亚各国。其中大部分在战争期间惨遭蹂躏致死，幸存者则长期受身心两方面伤害，生活在贫病交加之中，是世界妇女史上最为惨痛的一页。自 20 世纪 90 年代以来"慰安妇"事实才不断被媒体披露及学者研究，受害者强烈要求日本政府承认侵害事实、承担法律责任和赔偿受害者。随着日本民族主义思想的抬头，日本右翼保守势力和日本政府极力掩饰、否认慰安妇等战争犯罪史实。（推荐阅读　苏智良等：《日军"慰安妇"问题调查与研究》，上海书店出版社）

"文化大革命"　一场由领导者错误发动，被反革命集团利用，给党、国家和各族人民带来严重灾难的内乱。1966 年 5 月，以毛泽东为核心的党中央对国内阶级形势估量不当，对国内主要矛盾发生误判，认为阶级斗争已经成为当时中国的主要矛盾。他们迫切希望通过发动一场政治斗争解决这一问题，而林彪、江青两大反革命集团趁机加以利用，酿成长达十年的内乱。这一时期分为三个阶段：第一阶段：从开始发动到 1969 年 4 月中共九大召开；第二阶段，从中共九大到 1973 年 8 月中共十大；第三阶段，从中共十大到 1976 年 10 月。在"左"倾错误的影响下，社会主义建设事业遭到了新中国成立以来最严重的挫折和损失。但是党和人民一直都未放弃与反革命集团的斗争，有效地限制了运动的破坏性。1976 年 10 月 6 日，华国锋和叶剑英、李先念等代表中共中央政治局，执行党和人民的意志，毅然粉碎江青反革命集团，结束了这场灾难。（推荐阅读　席宣、金春明：《"文化大革命"简史》，中共党史出版社）

文景之治　西汉文帝、景帝统治时期出现的社会繁荣景象。汉文帝刘恒和汉景帝刘启统治期间（公元前 179—前 141 年），在汉初着力恢复农业生产的基础上采取了轻徭薄赋、与民休息的措施，使生产得到进一步恢复和发

展。汉文帝和汉景帝注重农业生产,提倡以农为本,要求各级官吏关心农桑,并进一步减轻赋税和徭役,把田赋降到了三十税一。文帝和景帝时期,重视"以德化民",废除了一些严刑峻法,如断残肢体的肉刑。他们还提倡勤俭治国,反对奢侈浮华。文帝以身作则,在位 20 多年,生活简朴,宫室、园林以至车骑都没有增加。文景两代对周边少数民族也不轻易动兵,尽力维持相安的关系。文景两代采取了上述一系列措施的结果,使当时社会经济获得显著的发展,当时土地开辟、人口增加;国家的资财也积蓄较多,出现多年未有的富裕景象,封建统治秩序也日臻巩固,为汉武帝时期西汉鼎盛局面出现创造了条件。(推荐阅读 郭建:《文景之治》,贵州教育出版社有限公司)

文字狱 旧时统治者从文人作品中断章取义地摘取字句、罗织罪名所造成的冤狱。诸多朝代都有不同程度发生,明清时期为甚。明朝主要在明太祖朱元璋时期,始见于洪武七年(1374 年),因高启为时任苏州知府魏观新府衙所作《上梁文》中有"龙盘虎踞"四字,触犯忌讳而被杀。后又发生多起因朱元璋怀疑诗文、贺表、谢笺有辱骂自己、污蔑朝廷等暗喻引发的文字狱案。清代康熙、雍正、乾隆三朝多达上百起,达到顶峰。其主要原因一是入主中原的清朝对其先世曾臣服于明朝之事讳莫如深,将有关旧史籍禁毁,并对继续编写和收藏者以大逆之罪加以诛害;二是清初反清思想持续,遂兴文字狱打击反清者以巩固统治;三是清初尤其是康雍年间,皇族权力斗争尖锐,以文字狱打击异己、巩固权位的事件也时有发生。乾隆后期统治逐渐稳固,文字狱趋于平息。是封建统治者迫害知识分子的一种冤狱,是文化专制的极端表现,严重禁锢了思想,堵塞了言路,阻碍了科学文化的发展,是封建专制主义日趋腐朽、没落在思想文化领域内的反映。(推荐阅读 周宗奇:《清代文字狱》,人民文学出版社)

倭寇 13—16 世纪左右,侵略朝鲜、中国沿海各地和南洋的日本海盗集团的泛称。因中国古籍称日本为倭国,故称倭寇。初时仅为日本九州沿海一带的名主(名田占有者)、庄官(庄园管理者)等阶层及失业人民。14 世纪初,日本进入南北朝分裂时期,在长期战乱中失败的南朝封建主组织武士、浪人劫掠中国与朝鲜沿海地区。洪武时起,明朝致力于加强海防。永乐十七年(1419 年),明朝军队在辽东望海埚全数歼灭来犯的倭寇,取得了望海埚

大捷,此后海防较为平静。嘉靖以后,日本进入战国时代,在封建诸侯支持下,日本海盗与中国海盗王直、徐海等勾结一起,在江浙、福建沿海攻掠乡镇城邑,导致东南沿海倭患不断。明朝政府多次委派官吏经营海防,因朝政腐败而难有成效。嘉靖后期,戚继光、俞大猷等先后平定江浙、福建、广东倭寇海盗,倭患始平。倭寇为患使沿海地区城镇衰败,中国人民的生命财产遭到莫大的损失,明政府为平息倭乱也付出了惨重代价,影响了此后中国封建王朝的海防政策和国防观念。(推荐阅读 刘晓东:《"倭寇"与明代的东亚秩序》,中华书局;吴大昕:《海商、海盗、倭——明代嘉靖大倭寇的形象》,科学出版社)

吴蔼宸(1891—1965 年) 福建闽县人。中国近现代工程师、大学教授。曾在北洋政府、南京国民政府任职,担任新疆维吾尔自治区顾问、外交部驻新疆特派员等。早年学采矿冶金,曾于 1912 年前后发现中国最早的钨矿,从事 10 年左右矿产业开采。1922 年转入政界,官场生涯并不如意,复入学界。1938 年赴英国伦敦大学研究国际法、国际关系。中华人民共和国成立后,积极参与促成中国与英、德等国贸易。在周恩来总理的亲自关怀下,1954 年归国,并为新中国经济、外交、文化事业作出贡献。著有《新疆纪游》《边城蒙难记》《华北国际五大问题》《中国与苏联》《历代西域诗抄》等。《华北国际五大问题》出版于 20 世纪 20 年代后期,主要论述开滦矿务局、天津英租界、天津河海工程局、天津电车电灯公司、威海卫等五个问题。(推荐阅读 李洁、马文:《民国时期知识精英西北边疆考察实践中的边疆认知》,《中国边疆史地研究》2022 年第 4 期;《历代西域诗抄 吴蔼宸选辑》,新疆人民出版社;吴蔼宸:《华北国际五大问题》,商务印书馆)

吴其濬(1789—1847 年) 清中期官员、植物学家,字瀹斋,河南固始人。嘉庆二十二年(1817 年)进士、状元,先后任翰林院修撰官、内阁学士、兵部侍郎,湖北、江西学政,湖南、湖北、贵州、福建、山西、云南等省巡抚并署理过湖广、云贵总督。在从政同时,他还在植物学、农学、医药学、矿业、水利等方面均有突出成就,尤其是在长期实地调查、观察、实践和对古籍文献考证的基础上,于道光二十七年(1847 年)撰成《植物名实图考》一书。该书 38 卷,从植物学的记述植 12 大类 1714 种,对于每种植物的形状、颜色、性味、用途和

产地做了详细叙述,并附有每种植物的清晰准确的白描图,文图互参。所绘图谱精美准确,为近代植物分类提供了借鉴。该书在世界上影响很大,德国、日本、美国先后翻译此书。(推荐阅读 魏淑民:《从〈植物名实图考〉论清人吴其濬的人文思想》,《中原文化研究》,2022 年第 6 期)

吴自牧 宋代文人。生卒年代不详。关于吴自牧的生活时代,绝大多数文献中均著录其为宋代人。仿效《东京梦华录》体例作《梦粱录》二十卷。《梦粱录》记述了南宋都城临安(今浙江省杭州市)的历史和盛时风貌,内容涉及节令、礼俗、道路、桥梁、庙观、坊巷、官署、馆驿、山水、舟船、市镇、钱会、团行、祠堂、学校、贡院、墓葬、商肆店铺、人物、科举、民俗、户口、物产、赋税、民政、园囿、房舍、嫁娶、育儿、妓乐、百戏、典章制度等方方面面,可谓包罗万象,堪称有关南宋都城临安的一部百科全书。该书为了解南宋城市经济活动,手工业、商业发展情况,市民的经济文化生活,特别是都城的面貌,提供了较丰富的史料。其中一些文化史和城市地理方面的资料,更可以弥补正史、地方志之不足。(推荐阅读 孟元老、吴自牧:《东京梦华录 梦粱录》,王旭光校注,江苏凤凰文艺出版社)

五大名窑 指汝窑、官窑、哥窑、钧窑、定窑,是宋代著名御用瓷窑。定窑以生产白瓷为主,且产品注重装饰,而钧窑则以釉色取胜。汝窑、官窑、哥窑所产的瓷均为青釉瓷,汝窑瓷胎呈香灰色,釉色近于天青色。官窑和哥窑在造型和胎、釉有许多相似之处,具有"官哥不分之说"。器型主要有日用器、陈设器、祭祀器三大类。同时受两宋商品经济发展,科学技术进步和手工艺水平提高,以及宋代文人参政,理学新儒学兴起等社会政治文化背景影响,在产品品类、器型、审美等方面都体现出相一致的精神内涵和审美境界,是宋代上层阶级和文人士大夫审美思想、情感寄托、社会风俗、人生哲学、政治理念、宗教信仰的载体和反映。(推荐阅读 成彩虹、刘冬梅:《五大名窑史话》,百花文艺出版社)

五胡内迁 从东汉末年以来,中国西部和北部周边的各少数民族开始不断地向中原迁徙的现象。内迁的民族主要是匈奴、羯、鲜卑、氐、羌,故称五胡内迁。造成这一状况的原因,主要是汉朝国力衰弱,无法有效管理边疆地区,同时北方游牧民族因自然灾害和部落纷争而不断南下。为了安定边

境,汉朝和西晋政府决定将五个少数民族部落迁入内地,与汉族人共同居住。与此同时,周边各少数民族势力的消长变化也引起一些民族迁徙。少数民族内迁后,少数民族与汉族人共同生活、共同劳作,互相学习、互相影响。他们带来了各自的文化和技术,丰富了中原地区的文化多样性。是中国历史上最混乱时期之一,是民族矛盾的高潮时期,也是民族融合高潮时期,对中华民族、中华文化的形成造成了持久的影响。(推荐阅读 [日]三崎良章:《五胡十六国——中国史上的民族大迁徙》,刘可维译,商务印书馆)

五禽戏 由东汉末年医学家华佗根据古代导引、吐纳方法,基于中医学阴阳五行、脏象、经络、气血运行规律,并观察禽兽活动姿态,用虎、鹿、猿、熊、鸟等动物的动作和神态创编的一套养生健身功法。通过模仿相应动物的动作来锻炼身体的不同部位,包括虎戏、鹿戏、熊戏、猿戏和鸟戏,每种戏都有其特定的动作和要领。据《后汉书·华佗传》记载,该戏是一种“以除疾,兼利蹄足,以当导引”的健身方法。可以帮助人们改善身体状况,增强体质,预防疾病。同时,它也是一种很好的心理调节方法,可以帮助人们缓解压力,放松身心。最初并无文字记载,而是通过口授心传的方式流传。最早的文字记载见于西晋时史学家陈寿《三国志·华佗传》,南北朝时期医学家陶弘景的《养性延命录》则图文并茂地进行了详细记录。2011 年 5 月 23 日,华佗五禽戏经国务院批准列入第三批国家级非物质文化遗产名录,遗产编号 Ⅵ-63。(推荐阅读 宋渊编著:《五禽戏》,河南科学技术出版社)

五四宪法 中华人民共和国的第一部宪法,因其在 1954 年颁布,故称其为“五四宪法”。1954 年 9 月 20 日,一届全国人大会一次会议全票通过。这个宪法以 1949 年的中国人民政治协商会议共同纲领为基础,又有所发展。宪法序言中指出,中华人民共和国的人民民主制度及新民主主义制度,是中国能够通过和平的道路消灭剥削和贫困,建成繁荣幸福的社会主义的保证。从中华人民共和国成立到社会主义社会建成,这是一个过渡时期。国家在过渡时期的总任务是逐步实现国家的社会主义工业化,逐步完成对农业、手工业和资本主义工商业的社会主义改造。第 1 章总纲,规定了中国是工人阶级领导的、以工农联盟为基础的人民民主国家,一切权力属于人民。第 2 章国家机构,对全国人民代表大会、国家主席、国务院等的性质任务作了规定。

第 3 章公民的基本权利和义务,规定了中华人民共和国公民享有"在法律上一律平等"等基本权利和"必须遵守宪法和法律"等义务。第 4 章国旗、国徽、首都。宪法巩固了革命成果和中华人民共和国建立以来政治上、经济上的新胜利,反映了国家在过渡时期的根本要求和广大人民建设社会主义社会的共同愿景。(推荐阅读 秦立海:《从〈共同纲领〉到"五四宪法"》,人民出版社)

五四运动 1919 年 5 月 4 日在北京爆发的反帝反封建的群众性爱国运动。1918 年第一次世界大战结束,德国战败。1919 年 1 月,战胜的协约国集团在巴黎召开和平会议。和会无视作为战胜国的中国提出的取消列强在华特权、取消"二十一条"、收回德国在山东的特权等要求,决定将原德国在中国山东省的特权转交给日本,而北洋军阀政府准备在"和约"上签字。消息传到国内,举国愤慨,5 月 4 日,北京 13 所大专院校的 3000 余名学生举行罢课,提出"外争主权,内除国贼""废除二十一条""拒绝在和约上签字"等口号,同时举行游行示威。北洋军阀政府采取镇压政策,逮捕学生 32 人,从而引起北京各校学生举行总罢课,并波及全国。6 月 3—4 日,北洋政府进行大规模逮捕,仅北京一地,即有千名学生被捕。6 月 5 日起,上海、南京、天津及其他各地的工人举行罢工,上海各家商店举行罢市,以声援学生和工人,全国文化界也表达了对这次群众性斗争的同情。北洋军阀政府最后被迫释放全部被捕学生,并拒绝在"巴黎和约"上签字。这次运动以全民族的力量高举起爱国主义的伟大旗帜,孕育了以爱国、进步、民主、科学为主要内容的伟大五四精神,其核心是爱国主义。1939 年陕甘宁边区西北青年救国联合会决定把 5 月 4 日作为中国青年节(又称"五四青年节")。1949 年,中央人民政府政务院正式宣布 5 月 4 日为中国青年节。(推荐阅读 丁晓平:《五四运动画传——历史的现场和真相》,人民出版社;彭明:《五四运动史(修订本)》,人民出版社)

武汉会战 1938 年 6—10 月,中国军队为保卫武汉,在安徽、江西、河南、湖北等省抗击侵华日军进攻的作战。1938 年 5 月,日军攻占徐州后,企图攻取武汉,以逼迫中国政府屈服。国民政府军事委员会于 6 月中旬制定保卫武汉的作战方针,蒋介石驻守武汉指挥。6 月 12 日,日军进攻安庆,揭开

了武汉会战的序幕。中国军队英勇抵抗日军的进攻,在各地进行顽强阻击,但由于在作战指导上的消极防御,在日军优势兵力进攻下,10月中下旬,武汉外围要塞、重要阵地均被攻陷。在日军即将达成对武汉包围目的的情况下,为保存力量,中国军队不得不于10月25日弃守武汉。日军26日占领武昌、汉口,27日占领汉阳。武汉保卫战是抗日战争战略防御阶段规模最大的一次战役,中国军队英勇抗击,消耗日军有生力量,迟滞日军行动,彻底粉碎其速战速决、企图灭亡中国的战略企图。此后,抗日战争进入战略相持阶段。(推荐阅读 徐康:《武汉会战》,航空工业出版社;薛岳、赵子立:《武汉会战》,中国文史出版社)

戊戌维新运动 清末政治改革运动。甲午中日战争中国惨败,民族危机空前严重。光绪二十一年(1895年),康有为等在北京发动各省应试举人反对签订《马关条约》,以"变法图强"为号召,掀起维新变法运动。康有为、梁启超、谭嗣同、严复等人在各地组织学会,设立学堂和报馆,宣传变法维新,影响及于全国。二十四年(1898年 戊戌年)6月11日,光绪帝颁发"明定国是"诏,引用维新人士,宣布变法自强。此后103天内,连续颁布维新法令,从政治、经济、军事、文教等方面推行新政。但以慈禧太后为首的顽固派操纵军政实权,坚决反对变法维新,9月21日发动政变,囚禁光绪帝,杀害谭嗣同等六人,康有为、梁启超逃往国外,新政除京师大学堂外,全部被废除,变法运动失败。维新变法运动失败的根本原因在于当时中国民族资产阶级尚未形成强大的政治力量,还不足以战胜封建势力,不敢从根本上触动封建专制制度。但是,作为一次爱国救亡运动,关于发展资本主义经济和扩大资产阶级政治权力的要求符合近代中国发展的历史趋势,因此,这是一次进步的政治改良运动,传播了资产阶级新文化、新思想,批判旧文化、旧思想,也是一次思想启蒙运动。(推荐阅读 刘悦斌:《戊戌维新运动史话》,社会科学文献出版社)

西域都护府 中国汉至十六国时期管理西域的最高行政机构。公元前60年,西汉宣帝为了管理统一后的西域,在乌垒城(今新疆轮台县境内)建立西域都护府,正式在西域设官、驻军、推行政令,开始行使国家主权,郑吉为第一任西域都护。西域都护是汉王朝中央政府派遣管理西域的最高军政长

官,其级别相当于郡太守,职责在于守境安民,协调西域各国间的矛盾和纠纷,制止外来势力的侵扰,维护西域地方的社会秩序,确保丝绸之路的畅通。91 年,东汉班超再定西域,被任为都护,驻龟兹它乾城(今新疆库车东)。107 年,因西域背叛,又废都护。123 年,班勇以西域长史平定西域,遂以西域长史行都护之职,此时葱岭以西的大宛等国已与都护断绝来往。魏晋时,或置西域长史,或置西域校尉,十六国后凉又曾一度置西域大都护,镇守高昌。唐代改置为安西、北庭都护府。这一机构的设立标志着西域正式纳入汉朝的版图,中央政权在这里开始行使主权,奠定此后历代中央政权管理西域的基础。此外,保障了东西陆上丝绸之路商路的畅通,加强了中原地区和西域广大地区的交流。(推荐阅读 王瑟:《汉代西域都护府遗址群面貌初现》,《光明日报》2021 年 2 月 25 日第 9 版;中国民族报编写组,王珍执笔:《西域都护府:开创中央王朝有效管理西域的先河》,《中国民族报》2020 年 12 月 29 日第 5 版)

袄教 亦称琐罗亚斯德教、拜火教、波斯教,世界上最古老的宗教之一。相传,公元前 6 世纪由琐罗亚斯德创立,对犹太教、基督教、伊斯兰教都有较为深远的影响。公元前 6 世纪被奉为波斯国教,希腊化时期一度湮灭,3 世纪时又被波斯萨珊王朝定为国教而兴盛,之后流行于中亚等地。信仰袄教的粟特人通过丝绸之路将其传播至西域,4 世纪时期传入中国,首先流行于北朝少数民族之间。经典主要是《阿维斯塔》,意为知识、谕令或经典,通称《波斯古经》,主要记述琐罗亚斯德的生平以及教义。认为火是光明和善的代表,故以礼拜"圣火"为主要仪式。唐代信奉袄教的主要是在华胡人。唐武宗会昌年间对佛教以及袄教、景教、摩尼教(所谓"三夷教")一同进行打击和禁毁,因此,在唐朝的信仰和传播一度停滞。宋代还有残存的袄祠(袄教的庙宇)。南宋以后中国典籍上罕见袄祠名称。今在伊朗、印度和巴基斯坦等地尚有少量信徒。(推荐阅读 张小贵:《袄教史考论与述评》,兰州大学出版社)

乡村医生 最初指没有经正式医疗训练、仍持农业户口、"半农半医"、没有纳入国家编制的农村医疗人员。"文革"时期,这部分人被称为"赤脚医生"。1985 年,卫生部决定不再使用"赤脚医生"的名称,改称乡村医生。

2004 年 1 月 1 日起实行《乡村医生从业管理条例》，规定乡村医生需经注册并取得执业证书方可执业，并规定了培训及考核标准。随着中国经济社会的发展，在一系列政策的推动下，乡村医生队伍专业化和职业化水平不断提高，工作条件、工作环境及待遇不断改善。担负着为广大农村居民提供基本公共卫生服务和基本医疗服务的职责，是中国医疗卫生服务队伍的重要组成部分，是发展农村医疗卫生事业、保障农村居民健康的重要力量，为中国基层医疗卫生事业发展做出了突出贡献。（推荐阅读　商谦：《赤脚医生》，《中国档案》2014 年第 12 期）

乡里制　中国古代王朝的乡村行政管理制度。乡里制以对全体乡村居民进行什伍编制为起点，以什伍相保、什伍连坐为基本组织原则，加强了政府对于基层的管理和控制。它包含两个系统，即代表皇权的保甲和代表民间自治的乡约组织。前者的功能多为替政府征收赋税、徭役，兼有地方自卫的功能，如秦汉时期，县下设乡和里。乡设三老，掌教化；设啬夫，掌狱讼、赋税；设游徼，掌捕盗。后者是以士绅为首的乡间自治组织，如北宋《吕氏乡约》是儒学士人教化乡里的范本。清初，兼具区划和户籍管理性质的乡里制与旨在维护社会治安的保甲制合一。总的来说，乡里制将国家权力渗透到乡村社会，利用宗法意识和宗族结构，加强对于乡村的管理和控制。（推荐阅读　包伟民：《"乡役论"与乡里制的演变》，《中国社会科学》2022 年第 7 期；王保顶：《汉代士人与政治》，江苏人民出版社）

湘西吊脚楼　中国南方少数民族一种特有的民居建筑形式。湘西吊脚楼是典型的"干栏穿斗式"民居，干栏是指房子与地面隔开，穿斗式是指其建筑以柱直接承重，没有梁。吊脚楼房主要为三段式结构，房屋底层架空，用于堆放杂物，饲养家畜；广阔的二层空间用于居住；顶层通风良好，储存粮食。从底下仰视，如同吊在半空，故名。吊脚楼主要分布在渝东南、桂北、湘西、鄂西、黔东南等省份少数民族聚居的山区，多用杉木。吊脚楼民居不受地理条件的约束，节省建筑空间，适应湿热气候，防水防潮，体现了少数民族的劳动智慧和民俗特色，具有丰富的美学价值。（推荐阅读　张勇强：荆楚传统工艺振兴系列丛书《土家族吊脚楼营造技艺》，华中科技大学出版社）

辛亥革命　狭义上是指发生于中国农历辛亥年，即公元 1911—1912 年

初,旨在推翻清朝专制帝制、建立共和政体的全国性革命。广义上辛亥革命指自 19 世纪末到成功推翻清朝统治在中国出现的一系列资产阶级革命运动。1911 年夏天,湘、鄂、粤、川等省爆发保路运动,运动在四川省尤其激烈。为镇压四川保路运动,清政府将部分湖北新军调至四川。10 月 10 日晚,湖北新军工程第八营的革命党人熊秉坤打响武昌起义的第一枪。10 月 11 日夜、10 月 12 日起义军攻占汉阳和汉口,成立湖北军政府,黎元洪被推举为都督,改国号为中华民国。武昌起义胜利后短短两个月内,湖南、广东等十五个省纷纷脱离清政府,宣布独立。1912 年 2 月 12 日,清帝发布退位诏书。辛亥革命的发生,是近代以来中国社会矛盾激化和中国人民顽强斗争的必然结果,在政治上、思想上给中国人民带来了不可低估的解放作用,开创了完全意义上的近代民族民主革命,推翻了统治中国几千年的君主专制制度,建立起共和政体;传播了民主共和观念,极大推动了中华民族思想解放,以巨大的震撼力和影响力推动了中国社会变革。(推荐阅读 金冲及:《辛亥革命的前前后后》(增订版),三联书店;张程:《辛亥革命始末》,红旗出版社)

新民主主义社会 指在新民主主义革命胜利的基础上建立起来的一种社会形态。新民主主义是毛泽东提出的关于殖民地半殖民地国家的无产阶级领导民主革命的理论。新民主主义革命就是无产阶级领导的人民大众的反对帝国主义和反对封建主义的革命,新民主主义革命的前途必然是社会主义。新民主主义社会是中国社会发展的必经阶段。新民主主义社会的中心任务,是大力发展生产力,使中国由农业国变为工业国。新民主主义社会在政治上、经济上具有自己的特征。在政治上,实行工人阶级领导的、以工农联盟为基础的、团结各民主阶级和国内各民族的人民民主专政;在经济上,实行以社会主义性质的公有制经济为领导的多种经济成分同时并存的经济制度。中国人民在中国共产党领导下经过长期的武装斗争,推翻帝国主义、封建主义和官僚资本主义在中国的统治,取得了新民主主义革命的胜利,建立了中华人民共和国,从而使中国由半殖民地半封建社会变成新民主主义社会。到 1956 年,中国基本上完成对农业、手工业和资本主义工商业的社会生义改造,完成了新民主主义革命基本任务,开始进入到社会主义初级阶段。(推荐阅读 刘芳、张高臣:《中国新民主主义社会研究》,齐鲁书社)

《新青年》 五四时期和大革命时期的著名杂志，原名《青年杂志》，第 2 卷起改称《新青年》。初为月刊，1915 年 9 月 15 日在上海创刊，陈独秀主编。1917 年 1 月编辑部迁至北京。1918 年 1 月第 4 卷起改为同人刊物（指志趣相同的个人以自愿结合方式创办的刊物），由陈独秀、钱玄同、高一涵、胡通、李大钊、沈尹默等轮流编辑。不久，鲁迅加入编辑部。五四运动爆发后休刊半年。1919 年 10 月前后编辑部迁返上海，陈独秀复任主编。倡导新文化运动，提倡科学与民主；提倡新道德，反对旧道德；提倡新文学，反对旧文学。在俄国十月革命影响下，开始介绍马克思主义。自 1920 年 9 月 1 日第 8 卷起，成为上海的中国共产党早期组织的刊物，反对无政府主义和非科学社会主义思潮，1922 年 7 月出至第 9 卷第 2 号后休刊。1923 年 6 月成为中国共产党中央委员会的理论性机关刊物，改为季刊，迁广州出版，由瞿秋白主编，出 4 期后休刊。1925 年 4 月复刊，为不定期刊，出 5 期，次年 7 月停刊。《新青年》在五四时期代表了先进文化的前进方向，对中国文化的现代转型的影响巨大而久远。可以说，《新青年》杂志在中国现代社会转型中起着重要的精神桥梁作用。（推荐阅读 张家康：《新青年：时代巨变中的人与事》，北京大学出版社）

新三民主义 孙中山晚年的革命思想。第一次国内革命战争时期国民党的基本纲领，国共第一次合作的政治基础。1924 年 1 月，在广州召开国民党第一次全国代表大会，孙中山重新解释了三民主义，把旧三民主义发展为新三民主义，确立"联俄、联共、扶助农工"三大政策。民族主义的发展：一是反对帝国主义侵略，二是主张"中国内各民族一律平等"，实现由"排满兴汉"到民族平等、反对帝国主义的转变。民权主义的发展：主张国民有选举、罢免、创制、复决四项权力，强调国家政权为一般平民所共有。民生主义的发展：平均地权，节制资本。国家应当规定土地法及地价税法，以防止"土地权为少数人所操纵"。"农民之缺乏田地沦为佃户者，国家当给以土地，资其耕作"。凡具有独占性质或规模过大的企业，要"由国家经营管理"，使私人资本"不能操纵国民之生计"。（推荐阅读 孙中山：《三民主义》，东方出版社；孙中山：《建国方略》，东方出版社）

新文化运动 中华民国初期在中国思想文化领域进行的一场反封建运

动,以 1915 年陈独秀在上海创办《青年杂志》(第二期改为《新青年》)为开端。运动初期的基本内涵是提倡民主和科学,反对独裁专制和迷信盲从;提倡个性解放,反对封建礼教;提倡新文学,反对旧文学,实行文学革命。俄国十月革命胜利后,传播马克思主义成为新文化运动后期的主流。李大钊发表了《我的马克思主义观》等一系列介绍马克思主义与十月革命的文章。1919 年5 月 4 日爆发的五四运动把新文化运动推向高潮。此后,随着马克思主义在中国的广泛传播和共产主义小组的建立,新文化运动中的领导人陈独秀、李大钊转向马克思主义政党的建立和共产主义思想文化的传播,胡适则坚持自由主义思想,他们各自沿着不同的道路迈进。新文化运动是中国进入近代以来,继器物和制度层次向西方学习之后,在思想文化领域的解放和启蒙运动。这场反封建的思想文化运动,动摇了中国封建思想的统治地位,沉重打击了封建礼教秩序,民众的思想得到了解放。它推动了马克思主义在中国的广泛传播,加快了白话文在中国的推广,有利于新文化的普及。(推荐阅读 陶东风等:《新文化运动百年纪念文选》,中国社会科学出版社;叶祝弟等主编:《现代化与化现代——新文化运动百年价值重估》,上海三联书店)

行省制度 元代及以后以省为最高一级地方行政机构的地方管理体制。中书省为元代最高中央行政机构,行省则是中书省的派出机构,称为行中书省,简称行省或省。元代疆域辽阔,为加强对地方的行政管理,在借鉴魏晋的"行台"、金代"行省"的基础上,元代在地方设置行中书省,代行中书省对地方进行行政管理。元代在全国共设岭北、辽阳、河南江北、陕西、四川、甘肃、云南、江浙省、江西、湖广共 10 个行省,山东、山西、河北和内蒙古等元大都近地则称为"腹里",为中书省直辖地。行省掌管辖境内的钱粮、兵甲、屯种、漕运及其他军国重事,统领路、府、州、县;距离省治远的地方,另设宣慰司统之,作为行省的派出机构。明代改行省为承宣布政使司,但习惯上仍称每个布政使司为行省,并进一步简称为省。清朝沿用省制,为加强对地方和边疆的统治,清朝还对行省进行析分,并设置新疆、台湾行省。行省制度是我国地方行政制度的重大发展和完善,对于巩固统治、稳固边疆、维护社会秩序具有重要意义,沿用至今。(推荐阅读 李治安:《行省制度研究》,

南开大学出版社；李治安：《元代行省制度》，中华书局）

兴隆洼遗址　中国新石器时代遗址，位于赤峰市敖汉旗宝国吐乡兴隆洼村。1983 年首次发掘，据测定距今有近 8000 年历史。在 1983—1986 年、1992—1993 年间，中国社会科学院考古研究所内蒙古工作队经过 6 次发掘，获得了一批实物资料，并且在 1985 年发表的第一次发掘简报中正式提出兴隆洼文化的命名。兴隆洼遗址是一处保存相当完好的古文化遗址，总面积约有 2 万平方米。遗址外缘由一条椭圆形的围沟围绕，围沟内井然有序地排列着 10 排"灰土圈"，即当时人们居住的房屋遗址。在遗址的东侧和西北侧保存有红山文化和夏家店下层文化的居住址和城堡遗址以及墓葬群，表明兴隆洼一带曾经是远古先民长期聚集的重要地区。兴隆洼遗址不仅是西辽河流域和内蒙古地区最早的新石器时代文化遗址，同时也是目前国内发现年代最久远、居住面积最大、房屋排列最整齐有序的远古人类村落，被誉为"华夏第一村"。1996 年中华人民共和国国务院公布其为第四批全国重点文物保护单位，遗址也被评为 20 世纪"中国百项考古大发现"之一。（推荐阅读杨虎、朱延平等：《内蒙古敖汉旗兴隆洼遗址发掘简报》，《考古》1985 年第 10 期）

兴中会　清末由孙中山创立的中国最早的资产阶级革命团体。1894 年夏，孙中山前往檀香山在华侨中宣传革命，11 月 24 日，创建中国第一个民主革命团体兴中会。该会以"振兴中华"为宗旨，入会者需填写盟书，以"驱除鞑虏，恢复中国，创立合众政府"为誓词。《兴中会章程》是第一个提出了推翻封建君主专制政府、建立民主共和国的革命纲领。1895 年 2 月 21 日，兴中会总部在香港中环士丹顿街 13 号宣告成立，通过新修订的《兴中会章程》。新修订的章程明确把斗争矛头指向清政府，公开揭示兴中会的反清宗旨。兴中会成立后，积极策划广州起义、惠州起义。兴中会还在国外设有许多分会，在华侨中发展组织。1905 年，兴中会与华兴会合并成立为中国同盟会。同盟会成立前，兴中会是中国资产阶级民主革命运动最主要的领导者和组织者。（推荐阅读　刘楠楠：《孙中山在美国创立兴中会》，《中国档案报》2020 年 2 月 14 日第 2 版）

休养生息　常指战争以后恢复和发展经济的一项政策。出自韩愈《平

准西碑》："高宗、中(中宗)、睿(睿宗),休养生息。"如汉朝,为了巩固政权和稳定社会局势,汉高祖吸取秦朝因暴政导致速亡的教训,采取了休养生息的政策。他下令"兵皆罢归家",让士兵还乡务农,并将那些因战乱、饥荒而成为奴婢的人释放为平民,以增加劳动力。为稳定民心,鼓励人民致力农业生产,汉高祖采取轻徭薄赋的政策,减轻农民的赋税,相应地减免徭役及兵役。汉高祖死后,继任的统治者继续实行休养生息政策,注重农业生产,使汉初的经济得以恢复和发展,社会局势稳定下来。一般说来,凡是封建国家能够实行"休养生息"的政策,给广大农民提供一个比较宽松的环境从事生产,社会经济就能得到发展和繁荣。反之,如果封建国家的赋税徭役有增无减,农民不堪盘剥,再加上政治黑暗,统治集团极端腐朽,社会经济就必然趋于衰落和陷入绝境。(推荐阅读　郑学檬:《五代时期长江流域及江南地区的农业经济》,《历史研究》1985 年第 4 期;马晓声:《明太祖的休养生息政策》,《历史教学》1996 年第 2 期;夏露:《略论宋初统治者的休养生息政策》,《历史教学》1985 年第 4 期)

　　徐寿(1818—1884 年)　清代化学家。字雪村,江苏无锡人。早年习举业,后以不切实用转而讲求自然科学及工程技术。对西方自然科学、工程技术,皆有较深入的研究。曾为曾国藩幕僚,与华蘅芳等人一起试制成功轮船黄鹄号。后在上海江南机器制造总局翻译馆任翻译。同治末,与英人傅兰雅设格致书院于上海,讲授化学知识,演示化学实验。译有《化学鉴原》《续编》《化学鉴原补编》《化学求数》《化学考质》《物体遇热改易记》等十三种百余卷,系统介绍 19 世纪七八十年代化学书籍的主要内容。他制定统一化学元素定名,取用外文第一音节来造新字的办法,定钠、钾、钙、锰、镍、锌等译名,一直为后世所采用。由于对西方近代化学知识的系统传播,他成为中国近代化学学科建设的先驱,对于日本近代化学的发展也产生了有益影响。此外,他在哲学上坚持无神论,代表了当时自然科学家朴素的唯物主义倾向。(推荐阅读　王志明:《中国近代化学的先驱——徐寿》,《中国化工报》2000 年 8 月 24 日第 6 版;赵敏:《徐寿与中国近代造船业》,《经济参考报》2008 年 6 月 13 日第 12 版)

　　宣慰司　金元明清宣达政令和抚慰地方的行政机构。全称宣慰使司,

介于省和州之间的地方军政机构。宣慰司初为蒙元监治北方汉地世侯的监司机构,罢黜汉地世侯后,征伐南宋时为处理军政事务的机构,均为临时性机构,广泛分布于汉地。元基本统一后,宣慰司成为常设地方机构,并在边疆少数民族地区大量设置,尤以西南边疆为多。由此形成了两种类型的宣慰司:一是汉地的宣慰司,也称普通宣慰司,是"分道以总郡县,行省有政令则布于下,郡县有请则为达于省"的转承机构,宣慰使不兼都元帅或管军万户等军事职衔,无军事职能;二是边疆宣慰司,设于"有边陲军旅之事"的边疆地,除了具有内地普通宣慰司的职能外,宣慰使则兼"都元帅府"或"管军万户府",有很强的军事职能。明代的宣慰司仅专设于少数民族地区,为布政司下一级地方行政机构,初多参用土官且为世袭。因其独立性较强、权力较大,经常发生地方纷争乃至叛乱,影响国家统一,明永乐年间开始将部分宣慰使改用朝廷任命的流官担任。清沿明制,但长官基本都是流官担任。(推荐阅读　王晓春:《清乾隆梭磨宣慰司铜印——见证清政府有效管理嘉绒藏区》,《中国档案报》2016 年 3 月 18 日第 4 版;陆韧:《元代宣慰司的边疆演化及军政管控特点》,《云南师范大学学报》(哲学社会科学版)2012 年第 6 期)

宣政院　中国元朝掌管全国佛教事务并统辖吐蕃地区的中央机构。至元元年(公元 1264 年),元世祖忽必烈下诏设立总制院,以国师八思巴领之。至元二十五年(公元 1288 年),尚书省右丞相兼总制院使桑哥,认为总制院责任重大,故向忽必烈奏请,根据中国唐朝时期在宣政殿接待吐蕃使臣之例,而更名为宣政院,以帝师领院事。宣政院官属得自选用,与中书省、枢密院、御史台并为元朝四个独立的任官系统。至元二十八年(公元 1291 年),又分设行宣政院于杭州,掌江南各省佛教,其后曾两度废而复置。宣政院所辖吐蕃之地,分设三道宣慰司,下辖安抚司、招讨司、宣抚司和元帅府、万户府等。宣政院的设立标志着西藏地区正式成为我国中央政府直接管辖的一个地方行政区域。(推荐阅读　钟焓:《内耗与纷争:〈红史〉至大二年圣旨所见元朝政治博弈》,《历史研究》2020 年第 3 期;照那斯图:《关于"宣政院印"》,《民族研究》1995 年第 1 期;张践:《元代宗教政策的民族性》,《世界宗教研究》1996 年第 4 期)

玄奘西行　唐代高僧玄奘克服重重困难去佛教发源地印度学习佛法的

历史事件。玄奘（600 或 602—664 年），唐洛州缑氏（今河南偃师陈河村附近）人，俗姓陈，名祎。法相宗创始人，通称三藏法师。贞观元年（627 年，另有二年、三年说）从长安出发，经凉州（今甘肃武威市），渡玉门关，孤身穿越沙碛，历尽艰辛，到达高昌。后取道焉耆、龟兹，越凌山，经粟特（昭武九姓）诸国境，后入天竺。在摩揭陀国（Magadha，今印度比哈尔邦的巴特那和加雅地区）的那烂陀寺从戒贤受学，时达五年。后又游历天竺各地，并同一些学者展开辩论，名震五竺。贞观十七年（643 年）谢绝戒日王和那烂陀寺僧的挽留，携带佛经六百五十七部及佛像、花果种子等，启程返国，于十九年初（645年）回到长安。历时十数年，行程五万里，是古代历史上一次艰险而伟大的旅行。以后在弘福寺、慈恩寺等处译出经、论七十五部，凡一千三百三十五卷。所译经籍，对丰富祖国宗教文化有一定贡献，并为古印度佛教保存了珍贵的典籍。又将在两域和印度亲历见闻，撰写成《大唐西域记》十二卷。《大唐西域记》记载了玄奘西行并周游五天竺所亲历者 100 余国、得之传闻者 30余国的地理位置、佛教古迹、有关历史传说和当时佛教的情况，以及各地山川、城邑、物产、习俗，多《唐书》所未载。是研究中国西北地区以及印度、尼泊尔、巴基斯坦、孟加拉国、斯里兰卡及中亚等地古代历史地理的重要文献，为世界学者所重视。（推荐阅读　黄珅：《玄奘西行》，上海古籍出版社；高永旺译注：《大慈恩寺三藏法师传》，中华书局）

巡按　中国古代职官名。明代遣监察御史分赴各省巡察，考核吏治，称为巡按，或巡按御史。洪武十七年（1384 年）初设，永乐元年（1403 年）遣给中御史分巡全国各地，以一省为一道，分道出巡，按考视察，自此巡按成为定制。巡按兼有"巡视"和"考察"，领有监察、人事、司法等多项权力，对地方政治、经济和社会的发展都产生了重要影响。巡按的任务是了解民间疾苦，考察风俗，申明教化。巡按的级别较低，但其位重，号称代天子巡狩。除对蕃服大臣、府、州、县官的考察、举劾外，巡按还专管纠正奸弊、处决重辟（极刑）、审录冤刑、参拔吏农、纪验功赏等。巡按作为中央官员监察地方，可敏锐地发现中央和地方的时政利弊，为维护中央集权、澄清地方吏治做出较大的贡献。（推荐阅读　陶道强：《明代监察御史巡按职责研究》，中国社会科学出版社）

巡抚　（1）巡视安抚地方的特遣官员。唐始设，宋成定制。凡遇灾害，即遣廉访官员，为临时差遣。（2）明清地方军政大员之一。亦名抚台。以"巡行天下，安抚军民"而名。明洪武二十四年（1391年）敕遣皇太子巡抚陕西，永乐十九年（1421年）始以朝臣巡视地方，安抚军民，谓之"巡抚"，或名"镇守"，仍非专任。宣德五年（1430年）各省常设巡抚官渐成制度。巡抚的职责主要有监督赋税征收与转运，整顿地方吏治，赈灾安民，整饬边关，之后偏重军事，与总督同为地方最高长官。在明朝，巡抚虽非地方正式军政长官，但因出抚地方，节制三司（承宣布政使司、提刑按察使司、都指挥使司），实际掌握着地方军政大权，这就可以防止因三司鼎立而酿成的不相统属、运转不灵的弊端，有助于提高地方行政效率。同时，巡抚每年要赴京师议事，也体现了朝廷对地方统辖权的加强。清因明制，正式以巡抚为省级地方政府长官，总揽一省军事、吏治、刑狱等，地位略次于总督，仍属平级，别称"抚台""抚军"。又以例兼都察院右副都御史衔，也叫"抚院"。（推荐阅读　胡丹：《明代巡抚制度形成之初的若干史实问题》，《古代文明》2010年第1期；杜家骥：《清代督、抚职掌之区别问题考察》，《史学集刊》2009年第6期）

亚洲基础设施投资银行　简称"亚投行"，总部在北京。中国倡议成立的亚洲多边发展金融机构，主要支持区域基础设施建设，其成立的宗旨是通过在基础设施及其他生产性领域的投资，促进亚洲经济可持续发展、创造财富并改善基础设施互联互通，与其他多边和双边开发机构紧密合作，推进区域合作和伙伴关系，应对发展挑战。2013年10月由中国倡议，2014年10月，包括中国、印度、新加坡等在内的21个首批意向创始成员国在北京签约。2015年3月，英国成为首个申请加入亚投行的主要西方国家，其后，法国、德国、意大利、卢森堡和瑞士加入。2015年12月25日正式成立。截至2023年9月，成员国达109个，覆盖世界人口的81％和全球国内生产总值的65％。（推荐阅读　［美］娜塔莉・利希滕斯坦：《亚洲基础设施投资银行比较指南》，孔庆江等译，中国政法大学出版社；黄志勇等：《通向命运共同体之路》，广西人民出版社）

盐铁官营　中国古代封建政府对盐铁行业实行专卖政策的财政措施。汉武帝时期，为增加政府财政收入，打击工商业者，实行盐铁由国家垄断经

营的经济政策,并设置行政机构具体管理相关事务。盐铁官营政策的实行,大幅度地增加了国家的财政收入,保证了对匈奴作战的庞大的军费之需,抑制豪强富商的势力,顺应中央集权的历史潮流;但损害人民的利益,阻碍经济的可持续发展。(推荐阅读 杨勇:《历史多元视野中的盐铁会议与〈盐铁论〉》,社会科学文献出版社)

燕云十六州 五代时后晋石敬瑭割让给契丹十六州的总称。燕指契丹所建的燕京,云指云州。燕云的名称始于北宋末,初为宋人企图收复北部失地的泛称;自宣和四年(1122 年)宋朝宣布建立燕山府、云中府二路,才有确定的地域。但二路辖境包括后唐失陷的平、营二州,和契丹所置景州,又少瀛、莫二州,与后晋割地范围有出入。到元时撰《宋史·地理志序》,始将燕云和十六州联系在一起,后世便沿称为"燕云十六州"。具体包括:太行山以东、燕山以南的幽(今北京市区)、蓟(今天津市蓟州区)、瀛(今河北省河间市)、莫(今河北省任丘市北)、涿(今河北省涿州市)、檀(今北京市密云区)、顺(今北京市顺义区)七州,以及太行山以西、燕山以北的新(今河北省张家口市涿鹿县)、妫(今河北省张家口市怀来县)、儒(今北京市延庆区)、武(今河北省张家口市宣化区)、云(今山西省大同市云州区)、应(今山西省应县)、寰(今山西省朔州市东)、朔(今山西省朔州市区)、蔚(今河北省张家口市蔚县)九州,合计共十六州。(推荐阅读 何岁利:《考古学视野下的燕云十六州——以郑州城为中心》,《故宫博物院院刊》2023 年第 7 期)

洋枪队 中国太平天国时期清政府联合外国势力组成的一支以近代武器装备的雇佣军。始名洋枪队,后经扩充改组为中外混合编制,易名常胜军。1860 夏,太平军摧毁清军江南大营后,逼近上海。清政府与外国列强为了各自的利益,合谋上海防御。美国冒险家 F.T. 华尔建议招募外籍士兵,他本人负责雇募、训练和指挥作战。1860 年 6 月 2 日,洋枪队成立,有百余人。1862 年 1 月,太平军于奉贤大败洋枪队。2 月,洋枪队改名常胜军。3 月,清政府授华尔为参将,常胜军人数达 5000 人。5 月初,常胜军与清军联合进攻太平军。太平军在李秀成率领下反击,痛歼常胜军主力。9 月,浙东太平军进攻宁波,华尔率部入援,在慈溪毙命。1863 年 2 月,常胜军攻太仓失败。4—7 月,与淮军联合西进,陷太仓、昆山、吴江,并将总部迁至昆山。

1864 年春,常胜军在昆山宣告解散。美国人华尔等组织"洋枪队",与清政府共同武装镇压太平军,这表明中外反动势力已经勾结在一起。(推荐阅读冯精志:《洋枪队秘史》,北京工业大学出版社)

洋务运动　19 世纪 60—90 年代中期清政府掀起的一场向西方学习的自强运动。19 世纪 60 年代,清政府历经两次鸦片战争的失败,并遭农民运动沉痛打击,面对"千年未有之大变局",清朝统治集团内部一些官员提出学习西方先进科技以挽救封建统治,这些官员被称为"洋务派",其代表人物,中央有奕䜣、桂良、文祥等,在地方有曾国藩、李鸿章、左宗棠和张之洞等。洋务运动前期以"自强"为口号,兴办安庆内军械所、江南机器制造总局、福州船政局、天津机器制造局等近代军事工业。后期为解决军事工业的资金、原料、燃料及运输问题,以"求富"为口号,兴办轮船招商局、汉阳铁厂、开平煤矿、湖北织布局等一批近代民用企业。19 世纪 70 年代,沙俄侵略新疆、日本侵略台湾,海防、塞防同时出现危机,为此,洋务派积极加强国防建设,编练新式陆军,建立新式海军,创建北洋、南洋和福建三支水师。为培养洋务人才,洋务派积极发展新式教育,1862 年创建京师同文馆,后又陆续创办一批新式学堂,并派遣留学生出国深造。基于洋务和外交的需要,清政府还在一定程度上进行机构改革,如设总理衙门办理涉外事务。洋务运动是中国近代化第一次大规模实践,推动了中国国防、教育、经济、外交等方面的近代化,客观上刺激了中国民族资本主义的产生发展,对外国的经济侵略起了一定的抵制作用,19 世纪 70—80 年代,较为有效地抵制西方资本主义国家对我国边疆地区的侵略,迟滞西方列强侵华步伐。然而,洋务派在"中体西用"方针的指导下,仅学习西方先进科技而没有改变腐朽的封建制度,加之顽固派的阻挠、西方资本主义的掣肘,洋务运动无法达到"自强""求富"的目的。1894 年甲午中日战争中国惨败,1895 年被迫签订《马关条约》,宣告洋务运动彻底破产。(推荐阅读　夏东元:《洋务运动史》,华东师范大学出版社)

仰韶文化　黄河中游地区的一种新石器时代文化。因 1921 年首先发现在河南渑池仰韶村而得名。其年代约为公元前 5000 年—前 3000 年。分布在陕西、河南、山西、河北和甘肃东部、内蒙古南部、湖北西北部一带。仰韶文化的人类生活以农业为主,畜牧、渔猎和采集为辅,主要农作物是粟,家畜

主要是猪和狗，兼有手工业，最具代表性的手工器物是彩陶器。仰韶文化早、中期处于母系氏族社会繁荣时期，墓葬多为集体合葬，一般在五至六人，多的有几十人，随葬品一般是少量生活用具陶器、装饰品、生产工具和武器，男性多箭镞，女性多装饰品和蚌刀，代表有半坡类型和庙底沟类型。晚期开始向父系氏族社会转化，墓葬多为单人葬，随葬品质量和数量都出现较大差异，代表有西王村类型。仰韶文化为成熟的早期国家的诞生奠定了深厚基础，填补了有关中华文明起源的关键材料。仰韶文化的考古发掘与研究，丰富了中国原始社会母系氏族生产力发展水平的相关认识。（推荐阅读　安志敏：《仰韶文化》，北京人民出版社；张江凯：《新石器时代考古》，文物出版社）

窑洞　中国西北黄土高原地区就土山的山崖挖成的洞，供人居住。窑洞施工简单，所用建筑材料较少，冬季保温效果较好。但如果渗漏失修或遇地震灾害，易发生坍塌事故。西安半坡、陕县庙底沟都发现有新石器时代的穴居、半穴居遗址。布局大体分为两种：（1）靠崖窑，在天然土崖上开凿横洞，顶部呈半圆形或抛物线形。常数洞相连，上下层叠的称呼天窑。规模较大的，在窑洞前的平地上建房，组成院落。（2）地坑窑，亦称"天井窑"、平地窑。在无崖面的平地挖坑成院，再沿坑院四壁开凿窑洞，有坡道或踏道自地面而下。地坑多为矩形或方形，当三面或四面挖窑洞时，就形成地下的三合院或四合院。大型地坑窑可由数个坑院组成，用隧道沟通，成为几进院落。土窑洞的跨度一般为 2.2—3.2 米，个别也可达到 5 米。窑洞深度受采光和通风的限制。并列窑洞间的壁厚不得少于 1.6 米，顶上土厚不得少于 3 米。（推荐阅读　侯继尧等：《窑洞民居》，中国建筑工业出版社；北京大学聚落研究小组：《窑洞民居》，中国电力出版社）

"一带一路"　"丝绸之路经济带"和"21 世纪海上丝绸之路"的简称。2013 年 9—10 月，习近平总书记在出访中亚和东南亚国家期间，先后提出共建"丝绸之路经济带"和"21 世纪海上丝绸之路"的合作倡议。2015 年 3 月，经国务院授权，国家发展和改革委员会、外交部、商务部联合发布《推动共建丝绸之路经济带和 21 世纪海上丝绸之路的愿景与行动》。2017 年 5 月，首届"一带一路"国际合作高峰论坛在北京召开，这是"一带一路"框架下最高

规格的国际活动,为推动各方合作共建"一带一路"取得广泛共识。共建"一带一路"倡议及其核心理念已写入联合国、二十国集团、亚太经合组织及其他区域组织等有关文件中。截至 2021 年 8 月,中国已同 172 个国家和国际组织签署了 200 多份共建"一带一路"合作文件,范围涵盖亚洲、欧洲、非洲、拉丁美洲、南太平洋等地区和相关国际组织,共展开超过 2000 个项目,解决了成百万上千万人的就业。"一带一路"成为和平之路、繁荣之路、开放之路、创新之路、文明之路。共建"一带一路"倡议,是中国参与全球开放合作、促进全人类共同繁荣发展、推动构建人类命运共同体的中国方案。(推荐阅读　张辉等:《一带一路:构建新型全球化合作模式》,北京大学出版社)

一二·九运动　1935 年 12 月 9 日在北平举行的中国共产党领导的大规模学生爱国运动。日本侵略者占领东北三省以后,又于 1935 年逐渐将侵略矛头指向华北,策划所谓的"华北自治运动",国民政府继续妥协退让,同意成立冀察政务委员会,造成空前严重的民族危机。12 月 9 日,北平学生谴责国民党政府自九一八事变以来的妥协退让政策,要求"停止内战,一致抗日",遭到镇压。此后运动得到天津、上海、南京等地社会各界人士的支持,影响不断扩大。一二·九运动公开揭露了日本帝国主义的阴谋,促进中华民族的觉醒,标志着中国人民抗日救亡运动新高潮的到来。中国共产党由此开辟了一条与工农群众相结合的青年学生运动的正确道路。(推荐阅读　潘强恩:《一二·九学生运动》,远方出版社)

一国两制　一个国家根据其宪法和法律的规定,在国家版图内的一部分地区实行不同于其他地区的政治、经济和社会制度,简称一个国家、两种制度。1982 年 1 月,邓小平首次使用了"一国两制"的概念,阐释中国共产党的对台政策。1983 年 6 月 26 日,邓小平进一步将这一制度具体化。1984 年 2 月 22 日,邓小平首次对"一国两制"的含义作出科学阐释。12 月 19 日,中英两国正式签署了关于香港问题的《联合声明》。1997 年 7 月 1 日,中华人民共和国香港特别行政区政府成立。1999 年 12 月 20 日,中华人民共和国澳门特别行政区政府成立。"一国两制"是中国的一个伟大创举,是中国为国际社会解决类似问题提供的一个新思路新方案,是中华民族为世界和平与发展作出的新贡献,凝结了海纳百川、有容乃大的中国智慧。坚持"一国

两制"方针,深入推进"一国两制"实践,符合港澳居民利益,符合港澳繁荣稳定实际需要,符合国家根本利益,符合全国人民共同意愿。(推荐阅读   中央党校创新工程"一国两制"与国家统一课题组编著:《大业》,中共中央党校出版社;本书编写组:《一国两制:维护国家统一和领土完整的重要制度》,五洲传播出版社;崔禄春:《中国共产党百年制度史》,中国工人出版社)

一条鞭法   明代中叶后赋役方面的一项重要改革。亦称"类编法""明编法""总赋法"等,简称"条编法","鞭"或作"编""边"。主要是总括一县之赋役,并为一条;赋役普遍用银折纳;征收、保管、运送从人民自理改为官府办理;赋役外的"土贡"、杂税也加以合并,合并后的赋役杂项均向田亩征收。推行全国的一条鞭法是从嘉靖九年(1530年)开始的,万历初首辅张居正执政时期,经过大规模清丈,才在全国范围内推行,进展比较迅速。这一改革由嘉靖至崇祯,前后历经百年,是继两税法后又一重大改革。在中国封建社会后期,此改革具有一定历史意义。首先,役银编审单位由里甲扩大为州县,对里别之间民户负担畸轻畸重的现象有一定调节作用,使由赋役问题产生的阶级矛盾暂时缓解,有利于农业生产的发展。其次,使长期以来因徭役制对农民所形成的人身奴役关系有所削弱,农民获得较多的自由。另外,相对明初赋役制而言,一条鞭法较能适应社会经济的发展,对商品生产的发展具有一定促进作用。一条鞭法执行过程中,各地区具体做法有很大差异。由于历史条件的限制,有明一代,未能认真贯彻执行。(推荐阅读   袁良义:《清一条鞭法》,北京大学出版社)

一五计划   我国从1953—1957年发展国民经济的计划。新中国成立时,国际上面临以美国为首的西方国家的孤立和封锁;国内工业基础特别是重工业基础十分薄弱。为在短时间内改变我国贫穷落后面貌,把中国建设成为一个工业化的富强的社会主义国家,周恩来、陈云同志主持制定第一个五年计划。第一个五年计划所确定的基本任务是:集中主要力量进行以苏联帮助我国设计的156个建设项目为中心、由694个大中型建设项目组成的工业建设,建立我国的社会主义工业化的初步基础;发展部分集体所有制的农业生产合作社,以建立对农业和手工业社会主义改造的基础;基本上把资本主义工商业分别纳入各种形式的国家资本主义的轨道,以建立对私营工

商业社会主义改造的基础。除了工业化与社会主义改造，一五计划时期计划经济体制也得到了完全确立。国家开始干预国民经济运行的方方面面，市场的作用开始被削弱。到 1957 年底一五计划提前完成，奠定我国社会主义工业化的初步基础，社会主义生产关系基本确定。（推荐阅读　中共中央党史研究室编:《中国共产党历史》，第二卷，下册，中共党史出版社）

伊犁将军　清代新疆地区最高军政长官，全称总统伊犁等处将军。平定准噶尔叛乱和大小和卓木叛乱后，清乾隆二十七年（1762 年）设立，伊犁将军是清代驻防全国军府制度 14 员将军之一。管理范围为今新疆天山南北包括巴尔喀什湖以东、以南及帕米尔高原广大地区。伊犁将军府衙设置在惠远城，自此伊犁成为清代新疆的政治、军事、经济和文化中心。伊犁将军全权管理新疆驻军的调遣和布防，负责新疆全局性重要事项的决策实施，以及突发性重大事件的应对处置；负责管理伊犁的军事、行政、经济、司法以及藩属等一切事务，并且直接管带与其同城驻扎的惠远城满洲营官兵。伊犁将军的设立，对于巩固西北边防、抵御沙俄侵略、稳定社会秩序、防止分裂割据、维护国家统一发挥了重要作用，奠定了现代我国西北版图的雏形。光绪十年（1884 年）新疆建省后，设置新疆巡抚管理新疆（不包括伊犁、塔城）。伊犁将军由总统改为驻防，管辖范围大为缩小，只负责伊犁、塔城地区。新疆军府制逐渐改革为郡县制。1911 年，辛亥革命影响到新疆，1912 年 1 月最后一任伊犁将军被革命党处决，伊犁将军从此退出历史舞台。（推荐阅读　周轩:《伊犁将军与惠远城》，新疆人民出版社）

衣冠南渡　亦作衣冠南度。最早见于唐代史学家刘知几《史通·邑里》"晋氏之有天下也，自洛阳荡覆，衣冠南渡，江左侨立州县，不存桑梓"，指的是西晋末年北方大乱，中原缙绅、士族相随南逃避难。后来，衣冠南渡逐渐演化为熟典，代指北方人士为避乱而逃往南方繁衍生息的现象，也代指中原政权南迁，中原文明向南扩展的现象。衣冠南渡往往发生在北方战乱而南方相对安定的时期。在中国历史上，有三次因动乱而发生的大规模人口南迁现象，被冠以衣冠南渡的名义，分别是：西晋末晋元帝渡江，定都建康（今南京）建立东晋；唐"安史之乱"后，中原士庶避乱南徙；北宋末，宋高宗渡江，以临安（今杭州）为行都，建立南宋。此外，还有明初大移民和清代湖广填四

川等人口迁移事件,但与上述事件不同,往往并不被放在衣冠南渡之列。"衣冠南渡"促进了南方地区的开发,加速了经济和文化中心向南方转移,也促进了民族交融。(推荐阅读　范依畴:《"衣冠南渡"与南北融合》,《学习时报》2022 年 4 月 18 日第 3 版)

驿道　古代为传车、驿马通行而开辟的交通道路。道路沿途按一定距离而设置驿站。开始于汉,兴于唐,元明最盛,至清而弛。首先被划定为驿路的,是汉武帝时自长安至成都一线上褒斜、金牛、剑阁 3 道。汉时驿道上的运输工具主要是车马。唐代驿制逐渐完备,主要驿道有:上都西南行至成都,又西南行至雅州(雅安)、黎州(汉原)、嶲州(西昌),而入姚州(云南姚安),驿程 3000 余里;上都西行到凤翔,再西南行经凤州(凤县),入今甘肃境,经成州(礼县)、武州(武都)、文州(文县),又入今四川境,至扶州(南坪),而达松州(松潘),驿程 2000 余里。唐代的驿道可以私运,允许私人在驿道沿线开设旅舍。宋代驿道沿用唐代路线,只是以汴京(开封)为起点向四周辐射,驿程有所延长。驿道曾发挥着重要的经济大动脉的作用。(推荐阅读　王子今:《驿道史话》,社会科学文献出版社;赵开山:《丝路驿传——中国古代驿传文化探寻·驿道卷》,甘肃人民出版社)

《瀛环志略》　徐继畬撰写的十卷本世界史地著作。书名依据战国时期邹衍所论中国之外更有大九洲,有大瀛海环之所得。作者受美国传教士雅裨理(1804—1846)的影响,借鉴了西洋地图集的画法,编成《瀛环考略》两卷。后钩摹西方近代图籍中有关著作,对亚洲、欧洲、非洲、美洲等五大洲近 80 个国家和地区的地理位置、历史变迁、经济文化、风土人情进行广泛论述,对东南亚各国的叙述尤为详备,终成此书。全书尤其注重对欧美各国的考察和介绍,对西方民主制度也进行了介绍,内容丰富,叙述完备,与魏源的《海国图志》同为中国较早论述世界地理、历史的重要著作,有利于帮助人们了解世界,对有志新学之士颇有影响。(推荐阅读　[清]徐继畬:《瀛寰志略校注》,宋大川校注,文物出版社)

《永徽律》　唐高宗永徽二年(651 年)颁行的法典。高宗时,命长孙无忌、李勣等人以《武德律》《贞观律》为蓝本,修成《永徽律》,颁行全国。《永徽律》分《名例律》《卫禁律》《职制律》《户婚律》《厩库律》《擅兴律》《贼盗律》《斗

讼律》《诈伪律》《杂律》《捕亡律》《断狱律》等十二篇,共五百条。永徽三年,又对《永徽律》做了具体解释,撰成《疏议》30卷。永徽四年,《疏议》附于律文之后正式颁行,形成流传至今的《唐律疏议》,是中国现存最完整、最古的一部典型的封建法典。对唐以后各王朝以至亚洲某些国家的封建法律都有很大影响。(推荐阅读　于晔:《唐律》,《河北学刊》1984年第1期)

《永乐大典》　明代官修的大型综合性类书。永乐元年(1403年)七月,明成祖朱棣正式任命解缙等将各类典籍编为一书,以备查阅。二年(1404年)十一月,解缙等初步编成,书名为《文献大成》。三年(1405年)正月,解缙等奉命重修。五年(1407年)十一月,全书编成,名为《永乐大典》。该书共计22937卷,装订为11095册,约3.7亿字。《永乐大典》保存了明初以前大量的哲学、历史、地理、语言、文学、艺术、宗教、科学技术等方面丰富而宝贵的资料。宋元以前的佚文释典,多因《永乐大典》传世。该书甫一刻成,即珍藏于文渊阁。永乐北迁都城后,该书被转移至文昭阁。嘉靖四十一年(1562年)八月,文渊阁臣徐阶、礼部侍郎高拱等奉命誊写一部副本,隆庆元年(1567年)完成。明末,文渊阁被燬,该书正本被烧为灰烬。清雍正年间,副本由皇史宬转移至翰林院。至乾隆三十八年(1773年),清廷纂修《四库全书》时,该书已散佚两千余卷。咸丰十年(1860年)、光绪二十六年(1900年),英法联军与八国联军先后入侵北京,该书部分被毁,部分被抢掠。新中国成立后,多方搜集整理,得730卷,并于1960年影印出版。(推荐阅读　张升:《〈永乐大典〉流传与辑佚新考》,社会科学文献出版社)

预备立宪　晚清政府在辛亥革命前夕为预备实行君主立宪发动的一次失败的政治变革。在1905年日俄战争中,日本胜利的消息刺激了当时仍处在内忧外患中的清政府。是年7月,载泽等五大臣奉朝廷之命出洋考察。鉴于官方各派的见解,清廷决定"预备仿行宪政",即"预备立宪",并成立宪政筹备处。宪政措施主要涉及改革中央官制、改革地方官制、实行宪法、议会与内阁。但因在预备期内迟迟不开国会,且新内阁中皇族占绝对优势,被讽为"皇族内阁"。凡此种种,使立宪派认识到清廷无意实行宪政,纷纷失望转而支持革命,预备立宪结果失败。预备立宪从根本上否定了清王朝统治的合法性,加速了清王朝的覆灭。(推荐阅读　迟云飞:《清末预备立宪研究》,

中国社会科学出版社）

元曲 元代具有创造性的文艺，包括散曲和元杂剧。散曲是继唐诗、宋词之后，在金元时期的北方民间"俗谣俚曲"的基础上兴起的一种新诗体。散曲有小令和套数两种体裁。小令源于晚唐五代，依一个曲牌填写一支小曲，是词的发展。元代小令在前代基础上有所创新，每句用韵，并加衬字。由不同曲牌同一宫调的若干支小曲连缀成套，称为套数或散套。两种体裁的散曲在元代都很盛行，自贵族官员至民间文士多能作曲。元散曲继承宋金人词，吸收民间俗曲，形成独具特色的新体文艺。而杂剧则属于戏剧文学的范畴，属"北曲"声腔系统。杂剧的结构基本上有统一的规范，多为四折一本，有时应复杂剧情需要，也不限于四折。在杂剧中包括唱曲、宾白、科介三部分。虽然它的唱曲和散曲一样，都是配有音乐的歌唱，都必须按照一定的宫调和曲牌来写，但绝不能离开科白。科白是杂剧的主要组成部分，其内容主要表达剧中角色的思想感情，是一种代言体。杂剧作为元代最突出的音乐成就，处在我国戏曲发展史上的第一个黄金时期。元代著名剧作家有关汉卿、白朴、马致远、郑光祖，号为四大家。关汉卿被誉为"编修师首"、"杂剧班头"，对杂剧的发展贡献最多，对当时和后世影响很大。他生平编剧六十余种，现存十余种，其中如《窦娥冤》、《单刀会》、《拜月亭》等是具有较高思想性和艺术性的名作。剧作家王实甫所编的《西厢记》杂剧，共五本、二十一折，是少见的长剧，后世广泛流传，影响极大。（推荐阅读 王文才：《元曲纪事》，中华书局）

袁景晖 清代人，生卒年代不详。字龙溪，河南西阳（今光山县）人。组织纂修道光《建始县志》。道光二十年（1840 年）夏，任建始县知县，任职历时8 年。在任期间，体察民情，修缮县衙，重建五阳书院，纂修县志等政绩斐然。建始县，初置于西晋泰始元年（265 年），县名有"建县伊始"之意。因明清之际战乱频发，清以前县志已失。清康熙初知县吴李芳创修县志，康熙二十四年（1685 年）知县武令模续修，康熙四十三年（1704 年）知县刘琪徽重修，但此三版都已失传。袁景晖莅任知县时，搜寻过往县志，仅得四十余篇残本，组织县绅名士在残篇的基础上收集考证资料进行编纂，于道光二十一年刊印。《建始县志》道光二十一年刊印影印本显示，全书共四卷，卷一为星野

志、建置志、学校志,卷二为祀典志,卷三为户口志、食货志、武备志、名宦志、人物志、官师志、选举志,卷四为艺文志。全文对当地历史沿革、文物古迹、地形地貌、山川风俗、典章掌故、轶闻趣事等都有所涉及,虽不能尽善尽美,但足以继往开来,对今人研究当时的地域文化、社会生活等大有裨益。(推荐阅读 [清]佚名、[清]袁景晖、[清]熊啟詠:《[嘉庆]建始县志[道光]建始县志[同治]建始县志》,湖北人民出版社)

袁隆平(1930年9月7日—2021年5月22日) 江西省九江市德安县人。袁隆平是享誉海内外的中国著名农业科学家,中国杂交水稻事业的开创者和领导者,中国共产党的亲密朋友,无党派人士的杰出代表,"共和国勋章"获得者,湖南省政协原副主席,国家杂交水稻工程技术研究中心原主任,中国工程院院士。袁隆平致力于杂交水稻技术的研究、应用与推广,成功研究出"两系法"杂交水稻,创建了超级杂交稻技术体系,并提出并实施"种三产四丰产工程",运用超级杂交稻的技术成果,对我国粮食安全作出了重大贡献,被誉为"杂交水稻之父"。(推荐阅读 毛昌祥:《国际舞台上的袁隆平》,人民出版社;辛业芸等:《袁隆平画传》,人民出版社)

粤港澳大湾区 粤港澳大湾区包括香港特别行政区、澳门特别行政区和珠三角九市(广东省广州市、深圳市、珠海市、佛山市、惠州市、东莞市、中山市、江门市、肇庆市),面积5.6万平方公里。粤港澳大湾区经历了从区域经济合作设想到地方政策再上升为国家战略的历程。21世纪初,广州率先提出依托南沙港,对标东京湾。2009年粤港澳三地政府有关部门在澳门联合发布《大珠江三角洲城镇群协调发展规划研究》,提出构建珠江口湾区,粤港澳共建世界级城镇群。2014年,深圳市政府工作报告提出要以"湾区经济"新发展构建对外开放新格局,加快推进粤港澳大湾区合作。2016年3月,《中华人民共和国国民经济和社会发展第十三个五年规划纲要》正式发布,明确提出"推动粤港澳大湾区和跨省区重大合作平台建设";同月,国务院印发《关于深化泛珠三角区域合作的指导意见》,明确要求广州、深圳携手港澳,共同打造粤港澳大湾区,建设世界级城市群。粤港澳大湾区正式上升为国家战略。2017年7月1日,在国家主席习近平见证下,香港特别行政区、澳门特别行政区、国家发展和改革委、广东省共同签署了《深化粤港澳合

作 推进大湾区建设框架协议》。2017 年 10 月 18 日,习近平在中国共产党第十九次全国代表大会上作报告,明确提出:"要支持香港、澳门融入国家发展大局,以粤港澳大湾区建设、粤港澳合作、泛珠三角区域合作等为重点,全面推进内地同香港、澳门互利合作,制定完善便利香港、澳门居民在内地发展的政策措施。"2019 年 2 月 18 日,中共中央、国务院印发了《粤港澳大湾区发展规划纲要》。港澳大湾区是中国开放程度最高、经济活力最强的区域之一,在国家发展大局中具有重要战略地位。粤港澳大湾区建设,既是新时代推动形成全面开放新格局的新尝试,也是推动"一国两制"事业发展的新实践。(推荐阅读 马化腾等:《粤港澳大湾区》,中信出版集团;张日新:《粤港澳大湾区的来龙去脉与下一步》,《改革》2017 年第 5 期)

云冈石窟 位于今山西大同市西武周山(又名云冈)南麓,为中国最大的石窟群之一。始凿于 453 年,主要洞窟完成于 494 年北魏迁都洛阳之前,而造像工程一直延续多年。云冈石窟建成后历经多次修缮,辽金两代修缮的规模最大。现存主要洞窟 53 个,造像 5.1 万余尊,最高者达 17 米,最小者仅几厘米。石窟的造像显示出极高的技艺,是中外艺术交流的生动见证,在中国艺术史上占有重要地位。(推荐阅读 韦正:《魏晋南北朝考古》,北京大学出版社)

宰相制度 宰相是辅助君主的最高官员,负责统领百官,协助君主处理全国政务。宰相制度是指有关宰相的官职名称、权力职责、工作程序等的总称。在夏商周时期,宰相被称为"相""正卿""太宰""令尹"等。从秦朝开始,宰相成为正式的官职,在中央政府中地位最高,成为辅佐君主的第一重臣,参与国家大政的决策和执行。在秦汉时期,宰相由一人担任,从隋唐开始,宰相分为三部分,即左丞相、右丞相和中书令,其中,中书令的地位最高。宰相可以参与国家大政的决策和执行,可以统领百官,监督各级官员,甚至可以代表君主出征。同时,宰相也有责任向君主提出建议和意见,纠正君主的错误。中国古代宰相制度经过几千年的发展和变革,为古代政治制度的稳定和发展做出了贡献。(推荐阅读 齐秀生:《中国古代宰相制度的演变》,《光明日报》2004 年 10 月 19 日)

战国七雄 战国时期,齐、楚、秦、燕、赵、魏、韩七个强大的诸侯国总称。

韩、赵、魏三家分晋后,诸侯国逐步由争霸战争演变至兼并战争。秦国经过商鞅变法,成为战国后期最强大的国家。公元前 230 年—前 221 年,秦相继灭掉东方六国,统一天下,七国并立局面就此结束。(推荐阅读　李瑞兰:《战国七雄改革成败得失散议》,《天津师大学报》1987 年第 2 期;马卫东、黄中业:《战国七雄富国强兵的动力与阻力》,《辽宁师范大学学报》(社会科学版)2011 年第 5 期)

张骞通西域　西汉武帝时期派遣张骞两次出使西域各国,加强汉与西域联系的历史事件。为解除匈奴之患,公元前 138 年,汉武帝招募使者出使西域的大月氏,欲联合其夹击匈奴。张骞应募任使者,从长安出发,出陇西,经过匈奴之地时遭俘,被困十年,后逃脱,西行抵达大月氏。但大月氏此时已西迁至咸海附近的妫水地区,另建家园后已无报复匈奴之意。张骞在大月氏停留了一年多才返回,在归途中,张骞改行南道,力图不被匈奴发现,但仍为匈奴所俘,又被拘一年多。公元前 126 年,张骞趁匈奴内乱逃回汉朝,并向汉武帝详细报告了西域情况。公元前 119 年,汉武帝第二次派张骞出使西域,欲招乌孙东归并夹击匈奴。张骞到达乌孙后,因乌孙内乱,未达目的。此间,张骞还派出副使出使大宛、康居、月氏、大夏等国。公元前 115 年,张骞返汉,翌年卒。其后西域各国纷纷遣使来汉,加之汉击败匈奴,汉与西域间被匈奴阻塞的通道被打开,汉与西域联系愈发密切,进而为丝绸之路的开通奠定了基础,因此,张骞出使西域也被称为"凿空"。(推荐阅读　张大可、郑之惠编著:《西域使者张骞》,商务印书馆)

《贞观律》　贞观初,太宗命房玄龄等改定《武德律》。贞观十一年(637年)制成《贞观律》,共 12 卷、500 条。相比《武德律》,《贞观律》的刑罚得以减轻,主要改变包括如下方面:其一,废除了斩趾酷刑,增设加役流,在一般流刑强制服劳役 1 年的基础上,增加服劳役 2 年;其二,少了旧律中重刑条款的数量。相比旧律,减少死罪 92 条,减流入徒 71 条;其三,缩小了族刑、连坐的范围,改变了凡犯反逆则兄弟连坐俱死的规定;其四,确立了五刑、十恶、八议、请、减、赎、当、免以及化外人有犯、类推、死刑复奏等基本法律原则和制度。《贞观律》具有慎刑的特点,基本确定了唐律的主要内容和独特风格。《贞观律》的制订和颁行是中国法律史上的一个重要里程碑,它确立了中国

古代刑法的规范,并且影响遍及朝鲜、日本、越南等亚洲各国。(推荐阅读
陈峰:《周秦汉唐法制史》,三秦出版社)

贞观之治　唐初贞观年间唐太宗治理之下出现的盛世局面。唐太宗李
世民吸取隋朝灭亡的教训,在政治上知人善任,改善吏治,虚怀纳谏;继承和
发展科举制、三省六部制。在经济上轻徭薄赋,与民休息;推行均田制、租庸
调制、府兵制,推动生产的恢复和发展。在民族政策上,平定东突厥,广设羁
縻府州,不仅消除了北方的边患,也缓和了民族矛盾,被北方各族尊为"天可
汗";推动文成公主与吐蕃首领松赞干布的和亲,打下汉藏友好交往的根基。
这一系列的措施和政策推动了统一多民族国家的进一步发展。(推荐阅读
　孟宪实:《从玄武门之变到贞观之治》,浙江人民出版社;王仲荦:《隋唐五
代史》,上海人民出版社)

真理标准问题的讨论　"文化大革命"结束以后为反对个人崇拜,纠正
"左倾"错误而开展的一次全国性思想解放的大讨论。1978 年 5 月 10 日,中
央党校的内部刊物《理论动态》第 60 期上发表《实践是检验真理的唯一标准》
一文,5 月 11 日,《光明日报》以特约评论员署名公开发表《实践是检验真理
的唯一标准》。这篇文章从根本理论上否定"两个凡是"的错误方针,因而备
受关注,并由此引发了真理标准问题的大讨论,使人们的思想从教条主义和
个人崇拜的禁锢下解放出来,为中共十一届三中全会的召开,为开辟有中国
特色社会主义道路做了思想上和理论上的准备。(推荐阅读　章舜粤:《真
理标准问题大讨论的前前后后》,北京出版社)

征辟　汉代开始实行的一种自上而下的官吏选拔制度,是皇帝或官府
征召名望、才德显赫的人士担任官职的官吏选拔形式。皇帝征召称"征",
也称"特诏""特征"。皇帝下诏征聘不具有强制性,被召者可以应召,也可
不就。官府征召称"辟",汉时称辟召、辟除,中央行政长官如三公、地方官
如州牧、郡守等官员,可自行征聘僚属,任以官职,辟召在东汉尤其盛。征
辟制的推行改变了传统的世卿世禄制,开辟了选拔官吏新途径,有利于破
格选拔任用人才。但也有诸多弊端,如官僚利用辟召结党营私,发展个人
势力。魏晋南北朝时期,选拔官吏的途径主要是九品中正制,但征辟依然
存在,尤其是辟召较盛。隋朝统一后,规定九品以上官员均由吏部任免,征

辟制基本被废除,但仍有皇帝、大臣征召名士大儒为官,以及地方长官自行辟聘的现象。宋代也存在安抚司、转运司、知州等自选官员的现象,称"奏辟""辟差""辟置"。明清时期的皇帝亦有直接选任官吏,称"特简",这都是征辟制的遗存,说明征辟制是封建专制制度下难以根除的特权现象。(推荐阅读 郝玉明:《秦汉时期的察举征辟制》,《学习时报》2021 年 8 月 23 日第 3 版)

整风运动和反右派运动 新中国成立初期进行的一场政治运动。1957年中共中央在《人民日报》发布《关于整风运动的指示》文章,进行"反官僚主义、反宗派主义和反主观主义"整风运动,发动群众和民主党派人士给中共提出建议,有极少数人借机反对中国共产党和新生的社会主义制度,引起中共和人民群众的不满。5 月 15 日,毛泽东发表《事情正在起变化》一文,标志着整风运动转向反右派运动。6 月 8 日,毛泽东起草了《组织力量反击右派分子的猖狂进攻》的党内指示,一场大规模的反右派斗争在全国开展。整风运动和反右派斗争打击了国内右派分子的行动,但是由于中共中央和毛泽东对形势的估计过分严重,反右派斗争被扩大化,一批知识分子、爱国人士和党内人士被划分为"右派分子",影响了当代中国社会的发展进程。(推荐阅读 张健:《1957 年整风运动提前发动的经过、原因及影响》,《历史教学》2006 年第 3 期)

郑和下西洋 1405—1433 年,郑和奉明廷之命率领船队七次出使亚非三十多个国家和地区的海上远航活动。明永乐年间,国家强盛统一,政治较为清明。明朝政府致力于恢复和发展中国与海外诸国的友好关系,开始开展大规模的外交和外贸活动,从而有郑和下西洋之举。永乐三年(1405 年),明成祖命郑和率领两万七千余人,形成组织严密、职责明确的外交使团,乘坐两百余艘配备精良的船舰出访海外,至宣德八年止(1433 年)。郑和下西洋的壮举,建立了亚非国家间的和平关系,提高了中国在国际上的威望,既让亚非各国人民增进了对中国的了解,又使中国人民在认识亚非国家方面大大开阔了眼界,丰富了中国人民对海外的地理知识。郑和下西洋规模之大、时间之长、范围之广都是空前的。它不仅达到了当时世界航海事业的顶峰,而且对增进中国和亚非国家间政治、经济和文化上的友好关系,做出了

巨大贡献。(推荐阅读 马骏杰:《郑和下西洋》,中国财政经济出版社)

郑州商城遗址 河南省郑州市的商代早期大型都城遗址。始建于距今约 3600 年,于 20 世纪 50 年代发现,历现重大考古成果。从现有考古发掘看,该遗址包括内城垣遗址、外郭城垣遗址、宫殿区遗址。城市布局有明显规划痕迹,面积约 25 平方千米,是我国迄今为止发现的年代最早、规模最大的王朝都城遗址。郑州商城遗址出土了大量的遗迹、遗物,基本反映出早商(学界一般将盘庚迁殷以前的商朝称为早商)文明的完整形态。其中的冶铜、制陶、制骨作坊遗址、城市建筑基址、城市基础设施遗存、练习刻字的甲骨、原始瓷器以及大量的王室青铜重器,集中展示了早商文明的发展水平。夏商周断代工程研究成果表明,郑州商城是商王朝的前期都邑所在地,即成汤建商的"亳都"。郑州商城是中华民族早期文明时期的统治中心,在中国古代文明史中占有重要历史地位。郑州商城遗址于 1961 年确定为第一批全国重点文物保护单位,2001 年被评选为 20 世纪中国 100 项考古大发现之一,2021 年被评选为百年考古百大发现之一。(推荐阅读 杨亚鹏:《郑州商城遗址:揭示亳都"根"和"魂"》,《中国文物报》2023 年 5 月 12 日第 1 版)

政事堂 唐宋时期中央政府最高议政决策机构所在官署名称。其官员直接对皇帝负责,职责为按皇帝旨意提供决策,颁发诏令。唐初,为方便宰相商议军国大事,于门下省设政事堂,仅三省长官可参加。后为分权,皇帝以其他官员为副相参与其中。唐睿宗文明元年(684 年),中书令裴炎奏移政事堂于中书省。唐开元十一年(723 年),中书令张说改政事堂为中书门下,其下设吏、枢机、兵、户、刑礼五房,分管不同事务。宋承唐制,政事堂称中书门下,简称"中书",与枢密院合称"二府",分掌行政、军事。宋元丰改制后,以尚书省都堂为政事堂。元、明、清三朝,不再设政事堂。(推荐阅读 袁刚:《中国古代政府机构设置沿革》,黑龙江人民出版社)

知州 中国古代地方行政机构州的长官。宋代以朝廷官员为州一级长官,称"权知军州事"或"知军州事","权知"意为暂时主管,"军"指该地厢军(驻州的镇兵),"州"指民政,简称"知州"。知州一职主要由文官担任,在州一级主要负责教化百姓、劝课农桑、旌别孝悌、奉行法令、考察属员。宋代知州的设立,有利于削弱节度使的权力,从而加强中央集权。明、清以知州为

正式官名,为各州行政长官,直隶州的知州地位与知府平行,散州(以府所统属的州为散州)的知州地位相当于知县。(推荐阅读　李昌宪:略论宋代知州制的形成及其历史意义,《南京大学学报》(哲学社会科学版)1996 年第 4期;苗书梅:《宋代知州及其职能》,《史学月刊》1998 年第 6 期)

中法战争　1883 年 12 月至 1885 年 4 月,由于法国侵略越南,进而侵略中国引起的一次战争。战争分为两个阶段,第一阶段战场在越南北部;第二阶段扩大到中国东南沿海。1883 年 8 月,法国迫使越南签订《顺化条约》,取得了对越南的"保护权"。1883 年底,法军向驻越清军进攻,挑起中法战争。战争初期,清军作战失利。1884 年 5 月,清廷派李鸿章在天津与法使签订《中法会议简明条款》,法国却扩大战争。6 月,法军向驻谅山的清军进攻;8月,法舰队向台湾基隆进攻,督办台湾事务大臣刘铭传率部抵抗,法军退回海上。法国舰队突袭福建水师,清军伤亡惨重,清政府被迫对法宣战;10 月,法军攻占基隆,进犯台北。刘铭传率部在沪尾(今淡水)大败法军,挫败其夺占台湾的计划。1884 年 3 月,冯子材率部抗敌,在镇南关(今友谊关)、谅山大败法军。刘永福部黑旗军也在临洮大败法军。镇南关大捷使清军在中法战争中转败为胜,茹费理(1832—1893 年)内阁因此倒台。但清政府下令停战,并派李鸿章在天津与法国签订《中法新约》,条约内容包括:承认越南受法国"保护",同意在中越边境开埠通商等。此后,中国西南门户被迫开放。中法战争遂以法国不胜而胜、中国不败而败告结。(推荐阅读　汪衍振:《中法战争》,中国青年出版社;邱帆:《中法战争前后日本的对华政策》,《世界历史》2020 年第 3 期)

中非合作论坛　中国与非洲国家开展集体对话、深化合作的重要平台。该论坛于 2000 年成立,开创了中非互利共赢的新局面,推动中非关系跃上新台阶。面对世纪之交新的国际形势,中非双方都有进一步加强磋商与合作、共同应对 21 世纪挑战的强烈愿望。在双方共同努力下,首届中非合作论坛于 2000 年 10 月在北京召开,宣告了这一合作机制的诞生。中非合作论坛成立以来,已经成功召开多次部长级会议,中国与非洲国家团结一致、密切合作,推动这一合作机制持续向前发展,取得了重大成就。论坛成立以来的 20多年,也是中非关系全面快速发展时期,论坛成为引领中非关系实现跨越式

发展的重要机制与平台,中非关系从新型伙伴关系发展到全面战略合作伙伴关系。在中非合作论坛框架下,合作涵盖了基础设施、电力、能源、农业、工业化、经济特区等诸多非洲迫切需求领域。(推荐阅读　张忠祥、陶陶:《中非合作论坛 20 年:回顾与展望》,《西亚非洲》2020 年第 2 期;周玉渊:《开放包容的中非合作与中非关系的前景——以中非合作论坛为主线》,《外交评论》2021 年第 3 期)

中共八大　中国共产党第八次全国代表大会的简称。中共八大是在新生人民政权得到巩固、三大改造基本完成、社会主义制度基本建立的情况下,为了加强执政党的建设、探索中国社会主义建设的道路、制定党在新形势下的路线、方针、政策而召开的一次全国代表大会,是党在全国执政后召开的第一次全国会议。会议于 1956 年 9 月 15—27 日在北京召开,出席会议代表 1026 人。在大会上,毛泽东致开幕词,刘少奇作了《中国共产党中央委员会向第八次全国代表大会的政治报告》,邓小平作了《关于修改党的章程的报告》,周恩来作了《关于发展国民经济第二个五年计划的建议的报告》,朱德、陈云、董必武等也作了重要发言。大会客观分析了当时我国社会的主要矛盾,指出生产资料私有制的社会主义改造基本完成以后,国内的主要矛盾不再是工人阶级和资产阶级之间的矛盾,而是人民对于建立先进的工业国的要求同落后的农业国的现实之间的矛盾,是人民对于经济文化迅速发展的需要同当前经济文化不能满足人民需要的状况之间的矛盾。大会讨论通过了《关于政治报告的决议》《中国共产党章程》《关于发展国民经济第二个五年计划(1958 年至 1962 年)的建议》,选举产生了新一届中央委员会。中共八大正确分析了国内外形势和中国社会主要矛盾,提出继续坚持既反保守又反冒进,即在综合平衡中稳步前进的经济建设方针,并提出了集中力量发展生产、实现国家社会主义工业化的总任务。八大是中国共产党历史上第一次以社会主义全面建设为主题的大会,宣告了社会主义革命的基本完成和社会主义制度的基本确立,明确提出了党在今后的根本任务,为我国全面进行社会主义建设和党的建设指明了方向。(推荐阅读　张艺:《从"打地基"到"建房子"中共八大的社会主义探索》,《中国青年报》2021 年 3 月 15日第 3 版;左玉河:《时代、实践与主流意识形态:当代中国思想史研究的三重

维度》,《当代中国史研究》2020 年第 1 期）

中共七大　中国共产党于 1945 年 4 月 23 日至 6 月 11 日在延安召开的第七次全国代表大会。参加会议的正式代表、候补代表共 755 名。主要为了统一思想,确立夺取抗战胜利和建设新中国的路线方针。会上毛泽东作了《论联合政府》的政治报告,反映了当时全国人民的根本利益和迫切愿望。朱德作了《论解放区战场》的军事报告。刘少奇作了《关于修改党章的报告》,新的党章明确规定将"毛泽东思想"作为全党的指导思想和一切工作的指针。中共七大制定了正确的路线、方针和政策,并在毛泽东思想的旗帜下,实现了全党在思想上、政治上和组织上的空前统一,为领导人民夺取抗战和新民主主义革命的胜利奠定了坚实的基础,为开创中国的光明前景提供了有力而可靠的保证。（推荐阅读　金冲及:《从延安整风到中共七大》,《历史研究》2021 年第 3 期;张树德、张贵军:《中共七大与"毛泽东军事思想"概念的最终确立》,《毛泽东思想研究》2023 年第 4 期）

中共七届二中全会　中国共产党第七届中央委员会第二次全体会议。1949 年 3 月 5—13 日在河北省西柏坡举行。听取并讨论了毛泽东的报告,通过相应的决议,确定在夺取全国胜利后,把党的工作重心由乡村转向城市,以生产建设为中心任务;规定了中国由农业国转变为工业国、由新民主主义社会发展到社会主义社会的总任务和主要途径。科学分析了中国革命在全国胜利后所面临的国内外基本矛盾,阐述了中国共产党在各方面应当采取的基本政策。对外政策方面,指出全国胜利后,要按照平等原则同一切国家建立外交关系。还提出加强共产党的思想建设,提醒全党同志务必继续保持谦虚、谨慎、不骄、不躁的作风,继续保持艰苦奋斗的作风。此次会议是一次制定夺取全国胜利和胜利后的各方面政策的决策性会议。圆满解决了中国共产党夺取民主革命的最后胜利和由民主主义革命向社会主义革命转变的一系列重大方针问题,并为这种转变,在政治上、思想上和理论上作了重要的准备。（推荐阅读　西柏坡纪念馆编:《七届二中全会实录》,中共党史出版社、河北教育出版社）

中共十一届三中全会　中国共产党第十一届中央委员会第三次全体会议。1978 年 12 月 18—22 日在北京举行。出席会议的中央委员 169 人,候

补中央委员 112 人。全会冲破长期"左"的错误和严重束缚,彻底否定"两个凡是"的错误方针,高度评价关于真理标准问题的讨论,重新确立了党的实事求是的思想路线。全会停止使用"以阶级斗争为纲"的口号,决定将全党的工作重点和全国人民的注意力转移到社会主义现代化建设上,提出了改革开放的任务。全会指出,实现四个现代化是一场广泛、深刻的革命,要采取一系列新的重大的经济措施,对经济管理体制和经营管理方法进行认真改革,在自力更生的基础上积极发展同世界各国平等互利的经济合作。全会强调要充分发扬民主,健全全党的民主集中制,健全党规党法,正确对待毛泽东的历史地位和毛泽东思想的科学体系。全会增选了中央领导机构成员,邓小平实际上成为党的中央领导集体的核心。此次会议实现思想路线、政治路线、组织路线的拨乱反正,开启改革开放和社会主义现代化建设新时期,是新中国成立以来中国共产党历史上具有深远意义的伟大转折。(推荐阅读 沈宝祥主编:《十一届三中全会以来马克思主义在中国的丰富和发展》,中共中央党校出版社)

中共一大 中国共产党第一次全国代表大会。1921 年 7 月 23 日中共一大在上海召开,出席大会的有毛泽东、何叔衡、董必武、陈潭秋、王尽美、邓恩铭、李达、李汉俊、张国焘、刘仁静、陈公博、周佛海和包惠僧等 13 人,代表全国 50 余名党员。共产国际代表马林和尼克尔斯基出席会议。大会进行到 7 月 30 日时,突遭法租界巡捕房密探干扰,最后转移到浙江嘉兴南湖游船上继续进行。大会通过的中国共产党纲领,确定党的名称为"中国共产党",规定党的纲领是:革命军队必须与无产阶级一起推翻资本家阶级的政权;承认无产阶级专政,直到阶级斗争结束,即直到消灭社会的阶级区分;消灭资本家私有制;联合第三国际。党纲还对党的组织原则、组织机构和发展党员等作了明确的规定。大会通过了《关于当前实际工作的决议》,确定党成立后的中心任务是组织工会和教育工人,领导工人运动。大会选举陈独秀、张国焘、李达组成中央局,陈独秀为中央局书记。党的一大宣告了中国共产党的正式成立。毛泽东说:"中国产生了共产党,这是开天辟地的大事件。"自从有了中国共产党,中国革命的面貌焕然一新了,中国历史从此揭开了新的篇章。(推荐阅读 周一平:《中共党史文献学》,华东师范大学出版社)

《中共中央关于党的百年奋斗重大成就和历史经验的决议》　2021 年 11 月 11 日中国共产党第十九届中央委员会第六次全体会议审议通过的党的纲领性文献。《决议》回顾党走过的百年奋斗历程,总结党的百年奋斗重大成就和历史经验,着重阐释党的十八大以来党和国家事业取得的历史性成就、发生的历史性变革,对实现第二个百年奋斗目标提出明确要求。《决议》除序言和结束语之外,共有七个部分。序言开宗明义指出党的初心使命和百年奋斗取得的伟大成就,阐明总结党的百年奋斗重大成就和历史经验的重大意义。第一部分至第四部分,分"夺取新民主主义革命伟大胜利""完成社会主义革命和推进社会主义建设""进行改革开放和社会主义现代化建设""开创中国特色社会主义新时代",全面总结党团结带领全国各族人民为争取民族独立、人民解放和实现国家富强、人民幸福不懈奋斗走过的光辉历程、取得的伟大成就。第五部分和第六部分,以宏阔的视角阐述党的百年奋斗对中国人民、对中华民族、对马克思主义、对人类进步事业、对马克思主义政党建设所作的历史性贡献,概括了具有根本性和长远指导意义的十条历史经验。第七部分,围绕实现第二个百年奋斗目标,对新时代的中国共产党提出政治性、方向性、战略性、原则性的要求。(推荐阅读　本书编写组编:《〈中共中央关于党的百年奋斗重大成就和历史经验的决议〉辅导读本》,人民出版社)

《中国的粮食问题白皮书》　由国务院新闻办公室于 1996 年 10 月 24 日发布的有关中国粮食问题的官方文书。白皮书约 12000 字,共分为七个部分:一、新中国解决了人民的吃饭问题;二、未来中国的粮食消费需求;三、中国能够依靠自己的力量实现粮食基本自给;四、努力改善生产条件,千方百计提高粮食综合生产能力;五、推进科教兴农,转变粮食增长方式;六、综合开发利用和保护国土资源,实现农业可持续发展;七、深化体制改革,创造粮食生产、流通的良好政策环境。白皮书全面总结了中国虽然面临耕地少、人口多、粮食需求压力大的现实,但同时指出了存在的巨大发展潜力,中国有解决粮食问题的经验和办法,农民中蕴藏着巨大的生产积极性。完全有理由相信,中国政府和人民有能力依靠自己的力量解决粮食供给问题。(推荐阅读　林毅夫:《解读中国经济》,北京大学出版社)

中国—东盟自由贸易区 发展中国家间最大、世界人口最多的自贸区，世界上三大区域经济合作区之一。由中国与东盟十国共同组建。中国和东盟对话始于 1991 年，中国在 1996 年成为东盟的全面对话伙伴国，2010 年 1 月 1 日中国—东盟自由贸易区正式全面启动。2014 年 8 月，中国—东盟自贸区升级谈判启动。2015 年 11 月，双方签署《中国与东盟关于修订〈中国—东盟全面经济合作框架协议〉及项下部分协议的议定书》，标志着中国—东盟自贸区升级谈判正式结束。2023 年，中国与东盟连续三年互为最大贸易伙伴，双边经贸往来保持良好发展态势。合作机制有：中国—东盟领导人会议、部长级会议、高官会议、中国—东盟联合合作委员会。中国—东盟自贸区的建立，有利于推动中国—东盟经济一体化，对该地区和世界经济的增长都有积极作用。（推荐阅读 许宁宁、裴铕才主编：《中国—东盟自由贸易区概论》，红旗出版社）

《中国革命和中国共产党》 毛泽东关于新民主主义革命理论的代表作之一。全面抗战爆发之后，中国革命面临许多严峻而又复杂的问题。为了帮助广大人民群众和党员干部深刻理解中国社会的基本国情，准确把握革命的性质、对象、任务等，推动中国革命走向胜利，以毛泽东同志为代表的中国共产党人撰写了《中国革命和中国共产党》。文中正确地揭示了中国社会的演进趋势、中国革命的发展规律和中国共产党的历史使命，还根据中国社会的性质以及中国革命的两大任务，具体分析了中国革命动力的问题。文章确立了新民主主义革命的主要内容，搭建起新民主主义革命的理论框架，为《新民主主义论》的问世奠定了理论基础。（推荐阅读 欧阳军喜：《思想史视野中的毛泽东与马克思主义中国化——以〈中国革命和中国共产党〉为例》，《中共历史与理论研究》，2016 年第 2 辑）

中国共产党领导的多党合作和政治协商制度 中华人民共和国的一项基本的政治制度。中国共产党和各民主党派在为中国革命、建设和改革事业共同奋斗中形成和确立的一项基本政治制度。政治基础是坚持四项基本原则；基本方针是"长期共存、互相监督、肝胆相照、荣辱与共"；基本要求是充分发挥和加强民主党派的参政议政和民主监督作用。该制度是中国社会主义民主政治的一个重要组成部分，不同于某些国家的多党制。1949 年 9

月 21 日,中国人民政治协商会议第一届全体会议在北平隆重开幕,标志着爱国统一战线和全国人民大团结在组织上完全形成,标志着中国共产党领导的多党合作和政治协商制度正式确立。1993 年 3 月,八届全国人大一次会议将"中国共产党领导的多党合作和政治协商制度将长期存在和发展"载入宪法。(推荐阅读　艾其来编著:《中国共产党领导的多党合作和政治协商制度》,中国民主法制出版社)

中国古代文学四大名著　一般指《三国演义》《水浒传》《西游记》《红楼梦》四部小说作品。《三国演义》由明人罗贯中所著,该小说描写了东汉末年大小军阀在镇压黄巾军起义之后,趁机发展势力,扩充地盘,为争夺全国统治权而展开的错综复杂的政治、军事斗争。《水浒传》的作者施耐庵,元末明初人。该小说描述了北宋末年宋江领导的农民起义的故事,反映了起义农民的不同经历和悲惨遭遇,以及从个人反抗到聚义梁山、形成强大起义队伍的过程,书写了晁盖、吴用、李逵、鲁智深、阮氏三兄弟、武松、林冲等反抗专制统治的农民英雄形象。《西游记》的作者吴承恩,明朝人,该小说描述了贞观年间青年僧人玄奘不避艰险、不畏妖魔赴天竺取经的故事,塑造了孙悟空等的传奇形象,折射出现实社会斗争在文学艺术中的幻象。《红楼梦》初名《石头记》,作者为清人曹雪芹。小说以贾宝玉、林黛玉的爱情悲剧故事为中心线索,联系着广阔的社会背景,具体剖析了贾府这个贵族大家庭由盛转衰的历史过程及原因,揭露了封建社会的种种黑暗和罪恶,以及不可克服的内在矛盾,暗示了封建社会必然衰亡的历史规律。这四大名著是中国古代叙事文学的巅峰之作,也是中国传统文化在文学领域的集中表现。(推荐阅读李亦辉:《文本·文献·文化:古典小说研究的基本维度及方法论意义——以张锦池先生〈中国四大古典名著考论〉为中心》,《求是学刊》2021 年第 1 期;谭真明:《论古代小说中的"有诗为证"——兼评四大名著中的诗词韵文》,《齐鲁学刊》2006 年第 3 期)

中国进出口商品交易会　亦称"广州交易会",简称"广交会",是由中国对外贸易公司和有关单位联合举办的定期交易会。原名为"中国出口商品交易会"。自 1957 年开始,每年分春、秋两季在广州举行,2007 年春季起改为现名,是中国目前历史最长、规模最大、商品最全、采购商最多且来源最

广、成交效果最好、信誉最佳的综合性国际贸易盛会,被誉为"中国第一展"。交易会采用展览与交易相结合的办法,既是进出口商品展览会,又是集中洽谈交易的场所。20 世纪 50 年代,为了冲破封锁,打开禁运,"广交会"成为当时我国走向世界的重要窗口和桥梁。创办初期,"广交会"的出口成交以农副土特产品为主,每届平均占比逾 6 成。20 世纪 80 年代、90 年代初,这些产品的成交占比逐渐下降。参展主体则由过去单一的专业外贸公司为主,发展到现在的专业外贸公司、生产企业等国有、外资、集体和私有制企业的多元化参展格局。民营企业在第 85 届上首次亮相,到第 98 届时所占比例首次超过国有企业,并成为第一大参展和成交主体。交易会的目的,在于积极发展我国对外贸易事业,展览介绍中国各种传统出口商品和新商品,邀请与会的国外贸易界人士及侨商进行公平合理的交易。创办以来,"广交会"历经风雨、从未间断,截至 2023 年 4 月,已成功举办 133 届,与全球 229 个国家和地区建立了贸易关系,累计出口成交约 1.5 万亿美元,累计到会和线上观展境外采购商超 1000 万人,有力地促进了中国与世界各国各地区的贸易交流和友好往来。(推荐阅读　邹磊:《中国国际进口博览会与全面开放新格局》,上海人民出版社)

中国劳工　一是对中国工人阶级的旧称,二是指清朝中晚期以来在国外进行苦力劳动的中国人和被外国势力胁迫在国内进行苦力劳动的中国人,今多指后者。新航路开辟以后,伴随着西方的殖民扩张活动,对劳动力的需求增加。18 世纪后期,英国等殖民国家在我国东南沿海地区诱招贫困中国百姓到国外做苦力。鸦片战争后,中国国门被打开,第二次鸦片战争后,华工出国合法化,大量中国劳工被招募到世界各地从事苦力劳动。19 世纪中期,数万中国劳工赴美建设太平洋铁路,以中国劳工的智慧、勤劳和血汗帮助美国建成了这条横贯美国东西的铁路交通大动脉。一战期间,英法招募约 14 万中国劳工远赴欧洲,参与军工生产、运送军需物资、构筑军事工事等,约有 3 万多中国劳工长眠于此,为协约国的胜利作出了极大的牺牲和贡献。二战期间,大量中国劳工被日军强制掳往蒙古、日本、南洋及沦陷区,在矿山、工厂从事超强度体力劳动,受到非人道的虐待和残害。由于近代中国政府腐败,国家贫穷落后,中国劳工处境悲惨,受尽歧视和压迫,待遇低

下,权益得不到保障。(推荐阅读　李中跃:《近代早期华工出国史若干问题研究》,《深圳社会科学》2020 年第 3 期;杨博:《二战期间日本对"中国劳工"的奴役和摧残》,《档案》2015 年第 4 期)

中国民主革命　即"资产阶级民主革命"。其革命对象是封建地主阶级和封建专制制度。在不同的历史条件下,有资产阶级领导的和无产阶级领导的两种类型。在中国,资产阶级领导的民主革命即资产阶级革命,又称"旧民主主义革命"。无产阶级领导的民主革命,又称"新民主主义革命",是在帝国主义和无产阶级革命时代出现的。中国的民主革命,在 1919 年五四运动以前是旧民主主义革命;五四运动以后是无产阶级领导的新民主主义革命。(推荐阅读　刘引泉主编:《中国民主革命时期通史》,东方出版社)

《中国人民政治协商会议共同纲领》　1949 年 9 月 29 日,中国人民政治协商会议第一届全体会议通过的、起到临时宪法作用的文件。全文共 7 章 60 条,分为序言和总纲、政权机关、军事制度、经济政策、文化教育政策、民族政策、外交政策。《共同纲领》总结我国新民主主义革命的经验,规定中华人民共和国是以工人阶级为领导的、以工农联盟为基础的、团结各民主阶级和国内各民族的人民民主专政的国家;中华人民共和国的国家政权属于人民。人民行使国家政权的机关为各级人民代表大会和各级人民政府。国家最高政权机关为全国人民代表大会。全国人民代表大会闭会期间,中央人民政府为行使国家政权的最高机关;人民解放军和人民公安部队是中华人民共和国建立的统一的军队;实行以公私兼顾、劳资两利、城乡互助、内外交流的政策;以提高人民文化水平,培养建设人才为主要文化教育任务;实行各民族一律平等、团结互助、民族区域自治制度;坚持独立、自主和领土主权的完整,拥护国际持久和平和各国人民间的友好合作,反对帝国主义侵略政策和战争政策的原则等。《共同纲领》是《中华人民共和国宪法》制定以前的建国纲领,起了临时宪法的作用。《共同纲领》对于团结一切力量,彻底完成民主革命和过渡到社会主义革命的转变,具有重要推动作用。(推荐阅读　秦立海:《从〈共同纲领〉到"五四宪法"——1949—1954 年的中国政治》,人民出版社)

中国式现代化　中国共产党领导的既有各国现代化共同特征,又基于

自身国情的中国特色社会主义现代化。中国式现代化是人口规模巨大的现代化，是全体人民共同富裕的现代化，是物质文明和精神文明相协调的现代化，是人与自然和谐共生的现代化，是走和平发展道路的现代化。中国式现代化有9个方面现代化的本质要求：坚持中国共产党领导，坚持中国特色社会主义，实现高质量发展，发展全过程人民民主，丰富人民精神世界，实现全体人民共同富裕，促进人与自然和谐共生，推动构建人类命运共同体，创造人类文明新形态。中国式现代化蕴含的世界观、价值观、历史观、文明观、民主观、生态观等及其伟大实践，是对西方式现代化理论和实践的重大超越，打破了现代化等于"西方化"的迷思，是强国建设、民族复兴的唯一正确道路。中国式现代化作为科学社会主义的最新成果，是对世界现代化理论和实践的重大创新，为全球提供了一种全新的现代化模式，必将对世界历史进程产生深刻影响。（推荐阅读　中共中央宣传部：《习近平新时代中国特色社会主义思想学习纲要》，学习出版社，人民出版社；洪银兴：《中国式现代化论纲》，江苏人民出版社；李正华、宋月红主编，当代中国研究所：《中国式现代化简史》，当代中国出版社）

中国特色大国外交　中国特色大国外交理念，是新中国一贯的外交政策与思想在新时代的传承与发展，是统筹国内、国外两个大局，基于国内外新形势新任务而提出的中国外交新战略。在中国共产党的领导下，进一步发展全球伙伴关系，以周边和大国为重点，以发展中国家为基础，以多边为舞台，全面发展同各国友好合作，不断完善我国全方位、多层次、立体化的外交布局，始终做世界和平的建设者、全球发展的贡献者、国际秩序的维护者，以大国责任和担当为国际社会提供重要公共产品，与世界各国携手共建新型国际关系和人类命运共同体，这是中国特色大国外交追求的目标。坚持党管外交，加强党对外事工作的集中统一领导，是中国特色大国外交的政治本色。解放思想、实事求是、与时俱进，是中国特色大国外交永葆生机活力的思想武器。新时代中国特色社会主义外交思想，主要有：坚持以维护党中央权威为统领加强党对对外工作的集中统一领导，坚持以实现中华民族伟大复兴为使命推进中国特色大国外交，坚持以维护世界和平、促进共同发展为宗旨推动构建人类命运共同体，坚持以中国特色社会主义为根本增强战

略自信,坚持以共商共建共享为原则推动"一带一路"建设,坚持以相互尊重、合作共赢为基础走和平发展道路,坚持以深化外交布局为依托打造全球伙伴关系,坚持以公平正义为理念引领全球治理体系改革,坚持以国家核心利益为底线维护国家主权、安全、发展利益,坚持以对外工作优良传统和时代特征相结合为方向塑造中国外交独特风范。(推荐阅读　罗建波:《中国特色大国外交研究》,中国社会科学出版社;黄惠康:《中国特色大国外交与国际法》,法律出版社;张新平:《中国特色的大国外交战略》,人民出版社)

中国同盟会　清末由孙中山领导和组织的一个统一的全国性资产阶级革命政党。简称"同盟会",后被改组为国民党。1905 年 8 月 20 日,中国同盟会由孙中山联合兴中会、华兴会、光复会和科学补习所在东京成立。到会者约有 100 人,大会通过了孙中山起草的《同盟会宣言》和《同盟会对外宣言》以及由黄兴起草的会章。同盟会章程规定,以东京为本部所在地,总理以下分设执行、评议、司法 3 部;在国内外分设 9 个支部(国内有东、西、南、北、中5 个支部,国外有南洋、欧洲、美洲、檀香山 4 个支部),并在各省区成立分会。会上推举孙中山为总理,黄兴为执行部庶务长,协助总理主持本部工作。以《民报》作为同盟会的机关报。中国同盟会在推翻清政府、结束中国两千多年封建帝制的辛亥革命中起到重要作用,是中国近代最具革命意义的民族资产阶级性质的政党,深刻影响了近代中国历史的走向。(推荐阅读　罗建波:《中国特色大国外交研究》,中国社会科学出版社;王灵桂:《中国特色大国外交——内涵与路径》,中国社会科学出版社;《中华人民共和国对外关系法(含草案说明)》,中国法制出版社)

中国远征军　二战期间中国政府应英国政府请求而派出的入缅对日作战的中国军队,也称"中国赴缅远征军""中国援缅远征军"。1941 年 12 月,太平洋战争爆发后,日军南下进攻东南亚地区。1942 年 1 月,日军开始侵入缅甸,直接威胁滇缅公路这条国际交通线。是年 2 月,为保卫滇缅公路,中国政府根据《中英共同防御滇缅路协定》,由第 5、第 6、第 66 军编成远征军,共计 9 个师 10 万余人,由远征军第一路司令长官罗卓英和盟军中国战区统帅部参谋长史迪威指挥,3 月开始入缅对日作战。至 8 月初,历时半年,转战1500 余公里,多次给在缅英军有力的支援,取得了同古保卫战、斯瓦阻击战、

仁安羌解围战、东枝收复战等胜利,沉重打击了侵缅日军。后由于指挥失误,盟军在缅甸陷于被动,远征军被迫撤退。8月,大部撤到怒江东岸,一部西撤印度,改称中国驻印军。1943年春,重新成立中国远征军司令长官部。同年10月,中国驻印军为保卫中印公路,沿公路向缅北推进,经10个月苦战,于1944年8月占领缅北重镇密支那。另一方面,驻滇西的远征军于1944年5月强渡怒江,沿滇缅公路向缅北对日反攻。1945年1月27日,两军在缅甸芒友会师,打通了中印公路,并于3月将日军赶出缅北和滇西。此后,远征军回国。中国远征军入缅作战,沉重打击了日军,重新打通了中国西南国际交通线,解救了大批英军,有力配合了其他战场的作战和盟军在太平洋战场的反攻,为世界反法西斯战争作出了重要贡献。(推荐阅读   李立:《中国远征军:十万青年十万军》,中国大百科全书出版社)

中华革命党   孙中山为推翻袁世凯专制统治而建立的革命政党。二次革命失败后,孙中山深感国民党组织涣散,已不能领导革命,决心另组中华革命党,并亲自拟定入党誓约,规定入党者须在誓约上加按指印,绝对服从其领导。1914年7月8日,中华革命党在日本东京宣告正式成立,选举孙中山为总理,本拟举黄兴为协理,因此时黄兴对孙中山的主张多持异义,拒不入党而虚其位。中华革命党"以实行民权、民生两主义为宗旨","以扫除专制政治,建设完全民国为目的"。办有机关刊物《民国》杂志。设本部于东京,下设总务、党务、军务、政治、财政5部,由陈其美、居正、许崇智、胡汉民、张静江分任部长。共计支部57个,党员万余人。自1914年6月起,先后在湖南、江苏、广东、江西、上海等省市发动大小武装起义40多次,暗杀活动4次。护国战争爆发后,在广东、四川、湖南、湖北、江苏、安徽、山东等省积极开展军事讨袁活动,但由于它政治上忽视民族主义,军事上实行冒险主义,终未取得护国战争的领导权。袁世凯死后,中华革命党宣告停止一切党务。1919年10月,改组为中国国民党。(推荐阅读   李剑农:《中国近百年政治史》,中华书局)

《中华民国约法》   又名"袁记约法"。1914年5月1日,由中华民国总统袁世凯操纵的"约法会议"所制定,"新约法"取代《中华民国临时约法》,且具有宪法性质。该法分10章68条,取消了国会制,确认了袁世凯专制独裁

制度。规定"中华民国由中华人民组织之","主权属于国民全体",但在关于人民权利的各项规定中,都附加了"于法律范围内"的限制条件,实际上否定了主权在民的原则。约法以总统制取代内阁制,国务卿协助大总统行使行政权,否定"三权分立"原则,把制宪大权集中于大总统,总统有权召集、解散国民会议。参议院的职能改为咨询、审议重要政务。约法虽规定了立法院的组成和职权,但始终没有设立,实际上另设参政院代行职权。袁世凯改变国体,恢复帝制,遭到各种政治势力的反对,被迫下台,《中华民国约法》随之被废止。(推荐阅读 杨国强:《民初政治的挫窒和中国人的反思——约法、议会、政党的因名而起与以实而败》,《华东师范大学学报》(哲学社会科学版)2018 年第 1 期)

《中华人民共和国传染病防治法》 为预防、控制和消除传染病的发生与流行而制定的国家法律法规。1989 年 2 月 21 日第七届全国人民代表大会常务委员会第六次会议通过,中华人民共和国主席令(第 15 号)公布,自1989 年 9 月 1 日起施行;2004 年 8 月 28 日第十届全国人民代表大会常务委员会第十一次会议修订,同年 12 月 1 日起施行;2013 年 6 月 29 日第十二届全国人民代表大会常务委员会第三次会议通过根据《关于修改〈中华人民共和国文物保护法〉等十二部法律的决定》的修正,中华人民共和国主席令(第5 号)公布,自公布之日起实施。全文共 9 章 80 条,分为总则、传染病预防、疫情报告、通报和公布、疫情控制、医疗救治、监督管理、保障措施、法律责任、附则。传染病是由病原体引起,能在人与人、动物与动物或人与动物之间相互传染的疾病,通常具有传播速度快、病情严重、致死率高等特点。目前我国法定报告传染病规定有 40 种,其中甲类传染病 2 种,乙类传染病 27种,丙类传染病 11 种。(推荐阅读 《中华人民共和国传染病防治法》,法律出版社)

《中华人民共和国非物质文化遗产法》 为加强非物质文化遗产保护、保存工作而制定的法律法规。2011 年 2 月 25 日,中华人民共和国第十一届全国人民代表大会常务委员会第十九次会议通过,中华人民共和国主席令(第 42 号)公布,自 2011 年 6 月 1 日起施行。全文共 6 章 45 条,分为总则、非物质文化遗产的调查、非物质文化遗产代表性项目名录、非物质文化遗产

的传承与传播、法律责任、附则。该法对非物质文化遗产的界定、申录、传承、传播、职责等都做了翔实的规定。国务院先后于 2006 年、2008 年、2011 年、2014 年和 2021 公布了五批国家级项目名录，共计 1557 个国家级非物质文化遗产代表性项目，3610 个子项。2003 年 10 月 17 日，联合国教科文组织第 32 届大会通过了《保护非物质文化遗产公约》，中国于 2004 年加入。截至 2022 年 12 月，中国列入联合国教科文组织非物质文化遗产名录（名册）项目共计 43 项，总数位居世界第一。（推荐阅读　王鹤云、高绍安：《中国非物质文化遗产保护法律机制研究》，知识产权出版社）

《中华人民共和国食品安全法》　我国于 2009 年 2 月颁布的旨在加强食品安全管理，防止食品污染，保障公众身体健康和生命安全的一部法律。2018 年 12 月 29 日，第十三届全国人民代表大会常务委员会第七次会议决定对《食品安全法》作出修改，由国家药品监督管理局承担药品安全的监督管理工作，明确区分了食品与药品的不同性质，科学划分机构设置和职责。2021 年 4 月 29 日，第十三届全国人民代表大会常务委员会第二十八次会议对《食品安全法》再次进行修订。本次修订对预包装食品的销售做出了正式调整。目前，我国已经形成了以《中华人民共和国食品安全法》为核心、以《中华人民共和国食品安全法实施条例》为抓手、由其他规范性制度组成的相对完善的食品安全制度体系。我国还需继续加强食品安全法律法规的宣传工作，提高执法能力，加强社会舆论的监督管理，切实保障食品安全。（推荐阅读　法律出版社编：《中华人民共和国食品安全法》，法律出版社）

《中华人民共和国土地改革法》　1950 年 6 月制定和施行的全国新解放区土地改革法律文件。《土地改革法》共 6 章 40 条，规定了土地的没收和征收问题；土地分配的方法、土地改革中特殊问题的处理，以及土改的执行机关、执行方法等。《土地改革法》明确规定土地改革的根本目的是"废除地主阶级封建剥削的土地所有制，实行农民的土地所有制，借以解放农村生产力，发展农业生产，为新中国的工业化开辟道路"。土地改革是中国历史上几千年来在土地制度上最重大、最彻底的改革，是中国共产党领导中国人民反对封建主义斗争取得胜利的历史性标志。1952 年底，土地改革基本完成。它从根本上废除了中国封建剥削制度的根基，极大地解放了农村生产力，促

进了农业的恢复和发展,为国民经济的恢复和发展以及中国的工业化开辟了道路。(推荐阅读　周约三:《土地改革对消灭封建关系及发展生产力的意义》,《史学月刊》1982 年第 4 期)

《中华人民共和国文物保护法》　指为了加强对文物的保护,继承中华民族优秀的历史文化遗产,促进科学研究工作,进行爱国主义和革命传统教育,建设社会主义精神文明和物质文明而制定的法规。1982 年 11 月 19 日第五届全国人民代表大会常务委员会第 25 次会议通过,1982 年 11 月 19 日施行,1991 年 6 月、2002 年 10 月、2007 年 12 月、2013 年 6 月、2015 年 4 月、2017 年 11 月分别进行了修正。共计 8 章 80 条,分为总则、不可移动文物、考古发掘、馆藏文物、民间收藏文物、文物出境进境、法律责任和附则。文物一般指遗存在社会上或埋藏在地下和水下的人类生产和生活的文化遗物。在中华人民共和国境内,下列文物受国家保护:具有历史、艺术、科学价值的古文化遗址、古墓葬、古建筑、石窟寺和石刻、壁画;与重大历史事件、革命运动或者著名人物有关的以及具有重要纪念意义、教育意义或者史料价值的近代现代重要史迹、实物、代表性建筑;历史上各时代珍贵的艺术品、工艺美术品;历史上各时代重要的文献资料以及具有历史、艺术、科学价值的手稿和图书资料等;反映历史上各时代、各民族社会制度、社会生产、社会生活的代表性实物;具有科学价值的古脊椎动物化石和古人类化石同文物一样受国家的保护。(推荐阅读　中国文物报社编:《中华人民共和国文物保护法·以案说法》,文物出版社)

《中华人民共和国香港特别行政区维护国家安全法》　全国人大常委会制定的旨在保障香港和平稳定、维护国家安全的法律,是坚持和完善"一国两制"制度体系的重要标志性法律。2020 年 6 月 30 日,十三届全国人大常委会第二十次会议表决通过在《中华人民共和国香港特别行政区基本法》附件三中增加全国性法律《中华人民共和国香港特别行政区维护国家安全法》,明确由香港特别行政区在当地公布实施,国家主席习近平签署第 49 号主席令予以公布。本法的实施,坚决有效维护了国家安全,防范和遏制外来干涉,保障香港根本利益、当前利益和长远利益,更好地发展香港经济、改善香港民生,充分展现"一国两制"的制度优越性,是切实有效维护国家安全,

保障香港长治久安和长期繁荣稳定的重要法律文献。（推荐阅读　张鸿绪：《驻香港国家安全公署犯罪调查若干问题研究》,《广西社会科学》2022 年第 8 期）

《中华人民共和国药品管理法》　为了加强药品管理,保证药品质量,保障公众用药安全和合法权益,保护和促进公众健康而制定的法律。自 1984 年 9 月 20 日正式公布,历经 2001 年和 2019 年两次修订。《药品管理法》的实施,对保障人民用药安全、维护人民健康发挥了重要作用。《药品管理法》的诞生及修订历程客观上反映了我国药品监管的历史背景及需求,历次修订主要内容的变化反映了我国药品监管理念的变化及趋势。2019 年修订的《药品管理法》具有鲜明的时代特征,进一步体现了"以人民为中心"、创新和发展、与国际接轨、药品全生命周期管理、风险防控、科学监管及严格落实总书记"四个最严"要求等最新理念。贯彻执行《药品管理法》对保护和促进公众健康具有重要意义。（推荐阅读　张原、李丹丹等:《药品追溯标准规范解析》,《中国药学杂志》2021 年第 18 期;蔡维生:医学与卫生立法,《医学与哲学》1987 年第 4 期）

中华苏维埃共和国临时中央政府　亦称"中央工农民主政府",简称"中华苏维埃政府"。中华苏维埃共和国是第二次国内革命战争时期,中国共产党在中央革命根据地建立的中央政权机关。它是中国共产党领导下的工农民主专政,是工人、农民和城市小资产阶级联盟的政权。1931 年 11 月,中华苏维埃第一次全国代表大会在江西瑞金召开。会议制定并颁布了《中华苏维埃共和国宪法大纲》,选举了 63 人为中央执行委员,毛泽东为主席,项英、张国焘为副主席。大会决定将瑞金改为瑞京,作为中华苏维埃共和国的首都。中华苏维埃共和国临时中央政府官制基本照搬苏联模式,由苏维埃工农兵代表大会兼行立法权和行政权。全国苏维埃代表大会为最高政权机关。全国苏维埃代表大会除有制定、修改和颁布宪法的专权外,还和中央执行委员会共同行使对外宣战、制定修改和颁布法律,决定内政外交大政方针、组织指导陆海空军等权力。中央执行委员会下设人民委员会、最高法院和审计委员会。第五次反"围剿"失败后,中华苏维埃共和国领导机关被迫"大转移",跟随长征队伍成了"马背上的共和国"。中央红军长征到达陕北

后,1935 年 11 月 3 日,中华苏维埃共和国临时中央政府西北办事处宣告成立。为适应建立抗日民族统一战线的需要,1935 年 12 月召开的瓦窑堡会议决定将"中华苏维埃共和国"改为"中华苏维埃人民共和国"。全民族抗战爆发后,1937 年 9 月 6 日,中华苏维埃共和国中央政府西北办事处正式改为陕甘宁边区政府。(推荐阅读　舒龙、凌步机主编:《中华苏维埃共和国史》,江苏人民出版社;谢开贤:《中华苏维埃共和国社会建设研究》,湘潭大学出版社)

《中苏友好同盟互助条约》　全称《中华人民共和国—苏维埃社会主义共和国联盟友好同盟互助条约》。中国和苏联两国政府 1950 年 2 月 14 日在莫斯科签订。同年 4 月 11 日起生效,有效期 30 年。主要内容包括:共同防止帝国主义侵略以巩固远东和世界和平;双方均不缔结反对对方的任何同盟;有关两国共同利益的一切重大国际问题将彼此协商;发展和巩固两国间的经济文化互助合作关系。同日,两国还签订了《中苏关于中国长春铁路、旅顺口及大连的协定》。双方在换文中声明,1945 年 8 月 14 日中苏间所缔结的相当的条约与协定均告失效。这是新中国外交取得的重大成果。4 月11 日,在中央人民政府委员会第六次会议批准这一条约及协定时,毛泽东指出:"这次缔结的中苏条约和协定,使中苏两大国家的友谊用法律形式固定下来,使得我们有了一个可靠的同盟国,这样就便利我们放手进行国内的建设工作和共同对付可能的帝国主义侵略,争取世界的和平。"1979 年 4 月 3日,全国(中国)人大常委会五届七次会议决定条约期满后不再延长。(推荐阅读　邢广程:《同盟、冲突和关系正常化——中苏关系演化轨迹》,中国社会科学出版社)

中外朝制度　汉武帝时期为了强化君主专制中央集权而逐步确立的独特官僚制度。西汉初期,丞相辅佐皇帝,总管政务,参与国家重要政策的制订,在文武百官中权力最大。随着社会经济的发展和中央集权的巩固,汉武帝要树立皇帝的绝对权威,把一切权力集中在皇帝一人身上,建立一个完全由自己控制的机构,中外朝制由此形成。"中朝"又称"内朝",由皇帝左右的亲信和宾客所构成,"外朝"官以丞相为首,由三公九卿等正规朝官组成。中朝为皇帝出谋划策,发号施令,逐渐成为实际上的决策机关,从而在根本上

削弱了以丞相为首的外朝的权力。以丞相为首的外朝官则成为执行一般政务的机关。中外朝制度的形成,标志着专制主义中央集权进一步加强。(推荐阅读　孟凡慧:《汉武帝与中外朝制度》,吉林文史出版社)

中央集权制度　一种国家政权制度,君主掌握国家最高权力,并通过军政官僚机关管理、控制国家的政体。中央集权制度构成的三个主要条件是:君主独揽大权而君权至高无上,以中央政权有力管辖的地方行政制度,以君权强力统率的官僚制度。包括皇帝制、官僚政治和中央集权等方面。基本特征是皇权至高无上和不可分割,皇权不可转让,皇位实行世袭,君尊臣卑等。公元前221年,秦始皇建立和健全专制主义的中央集权制度,以巩固其对全国的统治,此后中央集权制度在中国延续了2000多年。中国古代专制主义中央集权发展的总趋势为皇权愈来愈尊,臣民愈来愈卑。(推荐阅读白钢:《中国政治制度通史》,人民出版社)

中原大战　1930年5—11月,蒋介石与阎锡山、冯玉祥、李宗仁等发生的一场新军阀混战,又称蒋冯阎战争、蒋冯阎李战争,因战争主要在中原地区进行,故称"中原大战"。1928年,北伐战争结束后,蒋介石试图通过编遣军队来削弱其他派系的军事实力,巩固自己的地位。1930年初,蒋介石决定采取更为强硬的措施来推行他的编遣计划,引起了其他派系的强烈反对。冯玉祥、阎锡山、李宗仁等军阀势力联合起来,得到了汪精卫、陈公博为首的改组派和以邹鲁、谢持为首的西山会议派支持,组成反蒋联盟,试图通过军事行动来推翻蒋介石的统治。5月开始,反蒋联盟与南京国民政府各投入了数十万军队,进行激烈的战斗。9月,持观望态度的张学良通电拥蒋,率东北军入关,反蒋联盟迅速溃败,蒋介石最终获得胜利,加强了对全国的统治。中原大战是中国近代史上规模最大的一次军阀战争,造成了巨大的人员伤亡和经济损失,使国家元气大伤,加速了日本侵华步伐。(推荐阅读　刘秉荣:《中原大战》,中国社会出版社)

重农抑商　中国历史上主张重视农业而抑制工商业的经济思想和政策。萌芽于西周时期,形成于战国时期。主张重视农业、以农为本,采用贱商、重税、禁榷等手段限制工商业的发展。重农抑商思想符合封建社会生产力的发展水平,维护封建社会的经济基础,在历史上起到巨大的进步作用。

但随着商品经济的发展，重农抑商政策作为落后的生产关系，抑制生产力的发展，阻碍资本主义萌芽的发展，制约中国近代的社会变革。（推荐阅读王子今：《秦"抑商"辨疑：从商君时代到始皇帝时代》，《中国史研究》2016 年第 3 期；徐唐龄：《从抑商主义到抑农主义》，《读书》2000 年第 7 期；刘承涛：《我国古代重农抑商法律的肇始和理论根据》，《农业考古》2012 年第3 期）

重庆谈判　抗战胜利后国共两党领导人在重庆举行的和平谈判。日本无条件投降之后，蒋介石坚持建立独裁专制政府，积极筹备内战。为争取准备时间，他三次电邀毛泽东到重庆进行谈判，并企图让共产党承担发动内战的责任。为了揭露蒋介石"假和平、真内战"的阴谋，顺应广大人民对和平建国的强烈渴求，毛泽东、周恩来、王若飞等人在 1945 年 8 月 28 日从延安赴重庆，同国民党展开谈判。通过 43 天的谈判，蒋介石被迫承认中国共产党提出的和平建国的基本方针，同意召开有各党派代表及社会贤达参加的政治协商会议。但是在解放区政权和军队等根本问题上，双方未能达成一致。10月 10 日，国共两党代表签订《政府与中共代表会谈纪要》（又称"双十协定"）并公开发表。之后，中国共产党逐步撤回广东的东江纵队和长江以南的新四军部队，再次用实际行动向全国人民表示自己的诚意，而蒋介石却在内战准备工作完成后不久撕毁"双十协定"，于 1946 年 6 月打响内战的第一枪。虽然重庆谈判和"双十协定"并未实现和平建国的目标，但中国共产党赢得广大人民，特别是中间势力的认可和支持，也使中国共产党的主张得到了国内外舆论的广泛同情和支持，为后来的革命争取了更多的助力。（推荐阅读中共重庆市委党史研究室、重庆市政协文史资料委员会等编：《重庆谈判纪实》，重庆出版社；周勇、潘洵主编：《国共合作重庆谈判图史》，重庆出版社）

周世宗改革　954 年，后周皇帝柴荣（周世宗）继位后，在军事、政治、经济等各方面的改革举措。军事上，严明军纪，赏罚分明，选拔强壮者强化中央禁军。政治上，澄清吏治，严明赏罚，惩治贪赃，提倡广开言路，鼓励直言犯谏。经济上，鼓励垦荒和减轻租税，制成《均田图》，限制佛教寺院的发展，禁止私度僧尼。重视发展商品生产和流通，治理黄河，兴建水利。此外，还修订刑律，广搜遗书，雕印古籍等。周世宗的改革恢复和发展了农业生

产,减轻农民负担,提高农民的生产积极性,创造出一个较为清明的社会环境。(推荐阅读　韩国磬:《柴荣》,上海人民出版社)

驻藏大臣　清代中央政府派驻西藏地方的行政长官。全称是"钦差驻藏办事大臣",又称"钦命总理西藏事务大臣"。雍正五年(1727年)始置,历184年。驻藏大臣代表中央政府会同达赖监理西藏地方事务,诸如高级僧俗官员的任免,财政收支的稽核,地方军队的指挥,涉外事务的处理,司法、户口、差役等项政务的督察等。此外,并专司监督有关达赖喇嘛、班禅及其他大呼图克图(活佛)转世的金瓶掣签、拈定灵童、主持坐床典礼等事宜。创建之始,驻藏大臣仅统领驻藏官兵,督导藏王颇罗鼐总理西藏事务。乾隆五十八年(1793年),在平定廓尔喀入侵后,清廷颁行福康安所奏《藏内善后章程》(即《钦定善后章程》,共二十九条)加强驻藏大臣的权力和地位,并对其职权作了明确规定。此后遂成定制。驻藏大臣之设立是自唐宋以来中央政府对西藏地方管理制度的重大发展。虽人选良莠不齐,明庸互见,但这一制度对于加强祖国统一,巩固边防,促进民族团结均起过积极作用。(推荐阅读马大正:《清代中国边疆治理研究》,中国社会科学出版社)

转运司　亦称转运使司、漕司,以粮赋财税征收及转运为主要职责的地方机构。唐代为"转输江淮财赋以供京师"而设置转运使,多以重臣兼领,管理转运的机构为巡院。五代时期,因战争需要,为保证军资运转,废除巡院,始设置转运司。宋初亦设转运司,主要职能也是转运军需,为临时机构,事毕即撤。后宋太祖为削弱藩镇势力,加强中央集权,将"边防盗贼、刑讼、金谷、按廉之任皆委于转运使",于是"转运使于一路之事无所不总也",转运司成为兼具行政能、司法、监察及边防职能于一体的路级常设机构,权力达到顶峰。宋太宗时,为限制转运司的权力,设提点刑狱司、提举常平司和安抚司等监司机构分割转运司的权力。受宋影响,辽、西夏、金亦仿宋制建立转运司,职权有所减小。蒙元时期,初设与转运司职能类似的课税所管理、转运财赋。忽必烈建元后不久,设立转运司,办理征税、转输物资等事务。但因转运司腐败不止,加之行中书省承担了中央与地方财赋转输的任务,元代漕运、海运发达且设专门机构管理,转运司权力进一步减少。元、明、清三代还设专门的茶盐转运司,负责各地茶盐事务。(推荐阅读　陈志英:《金元之

际转运司制度的变迁》，新华出版社）

庄票　清代由民间金融业的商户、当铺、地方商会等机构发行的信用纸币。又称"钱庄本票"。应客户要求，由钱庄签发，常在口岸使用，可以代替现金在市面流通。庄票分即期和远期，即期为钱庄须当日兑付现款给持票人，远期庄票则在到期时兑现，远期庄票还可以贴现。钱庄应客户要求签发庄票有两种情况，一是客户在钱庄有存款的，这时钱庄开出庄票就如同支票一样，二是客户在钱庄没有存款的，这种庄票可看作是钱庄向客户的信用放款。旧时钱庄发行的本票，因采用不记名式，故可在市面流通，视同现金。庄票作为外商与华商之间贸易的纽带，是早期外国银行唯一认可的中国票据。（推荐阅读　宋佩玉：《中国外资银行百年史（1845—1949）》，上海远东出版社）

资本主义萌芽　资本主义生产方式稀疏地散现在封建社会经济结构中。资本主义萌芽时期就是资本主义生产关系开始出现但尚未在全部生产关系中占据主导地位的历史阶段。它是在封建社会后期社会经济的发展达到一定条件时出现的，这个条件是生产力的发展、要素市场的完善及商品市场的扩大。马克思在《资本论》中指出西欧资本主义萌芽于 14 世纪和 15 世纪，在地中海沿岸的一些城市已经稀疏地出现的资本主义生产的最初状态。意大利北部城市，如威尼斯、热那亚、佛罗伦萨、比萨和米兰等，以及尼德兰地区是资本主义萌芽出现最早的地区，也是经济最发达的地区。在 16 世纪西欧开始进入资本主义时期。明代中叶，中国资本主义最早在江苏一带萌芽，出现了"机户出资，机工出力"的新的生产关系。苏州、松江和南京均为资本主义生产关系的发祥地。关于资本主义生产方式在中国源于何时的研究命题，尚无定论，主要围绕中国早期资本雇佣关系的表现形式和影响评估展开讨论，有明清说以及往前推溯的元朝、宋朝、唐朝、西汉和战国说，各家之说均推进了对中国古代工商、市场形态、基本社会特点和发展方向的认识。（推荐阅读　齐涛主编：《中国古代经济史》，山东大学出版社）

《资政新篇》　太平天国领导人洪仁玕向洪秀全提出革新政治、学习西方科学技术、发展资本主义经济等的建议书。咸丰九年（1859 年）经洪秀全批准刊印。分为用人察失类、风风类、法法类、刑刑类四部分，提出普设乡官

乡兵,建立钱谷库和市镇公司(税收机关),开办学校、银行和保险福利事业,发展工业、矿业和交通运输业,兴修水利,奖励技术发明,发展民族经济,鼓励对外通商,设新闻馆及医院,改变不良风俗习惯,反对八股文等。其论述重在移风易俗、改革政治、发展经济、健全法制,主张建立具有资本主义性质的政治经济体制,是中国近代第一个比较完整的资本主义建设方案。因战争和历史因素限制,其主张未能施行。(推荐阅读 [美]裴士锋:《天国之秋》,黄中宪译,社会科学文献出版社)

《资治通鉴》 北宋著名史学家、政治家司马光主持编写的编年体通史巨著。二百九十四卷,又目录、考异各三十卷。初成战国至秦二世八卷,名为《通志》,表进于朝后被宋英宗所赞赏。治平三年(1066 年)奉命设书局继续编撰,历时 19 年,至元丰七年(1084 年)完成。神宗以其"鉴于往事,有资于治道",命名为《资治通鉴》。该书上起周威烈王二十三年(公元前 403 年),下迄后周世宗显德六年(959 年)。所用史料除十七史以外,征引野史、传状、文集、谱录等三百四十种左右。协助编撰者有刘攽、刘恕、范祖禹等,先标事目,排比史料,以为丛目;继就史事,异同详略,考订整理,以成长编;后由司马光总其成,删为定稿。内容以"关国家兴衰,系生民休戚"为主,"不特纪治乱之迹",于礼乐、历数、天文地理"尤致其详"。全书贯串一千三百六十二年史事,有"目录"以备查阅之用,提供了较系统而完备的资料。遇史实记载互歧者,并注明斟酌取舍之故,以为《考异》。注释主要有南宋史炤《通鉴释文》、王应麟《通鉴地理通释》、宋末元初胡三省的《资治通鉴音注》。补正主要为明末严衍著《资治通鉴补》。(推荐阅读 张国刚:《〈资治通鉴〉通识》,中华书局)

子产"铸刑书" 春秋后期郑国政治家子产将刑法铸于金属器皿之事,史称"铸刑书",原文现已失传。子产公布成文法典并非偶然。春秋后期,随着法家思想的传播,各国相继制定成文法。推行以法治国,具有顺应时代变化的变革性。晋国官员叔向认为这种行为会使百姓罔顾仁义道德,写信加以反对,引发了早期的德治和法治之争。这本质上也是儒家理念和法家理念的激烈碰撞。另一方面,"铸刑书"也标志着中国最早成文法的诞生,打破了贵族为垄断司法而刻意赋予法律的神秘色彩,一定程度上保障了民众的

权益,为后世统治提供了有益的借鉴。(推荐阅读　张正印:《司法制度变迁的知识学动力——从子产"铸刑书"说起》,《法学评论》,2016 年第 2 期;顾德融、朱顺龙:《春秋史》,上海人民出版社)

宗法制　中国古代社会中以血缘关系为纽带,以父系家长制为核心,根据血缘关系的亲疏来维护贵族世袭统治的一种政治制度。这种制度与中国古代社会中的宗族组织相互融合,是统治阶级巩固统治和维护社会等级秩序的重要手段。其来源于父系家长制,到周代不断发展完善。宗法制的核心是嫡长子继承制。周最高统治者自称"天子",王位继承以嫡长子为核心,被称为天下的"大宗",是宗族中的最高统治者,也是天下的共主,掌握国家的各项权利,如军权和政权。天子的庶子被分封到各地,称为诸侯,相对天子而言为"小宗",在本诸侯国内为"大宗",其职位同样由嫡长子继承,氏来源于国名。诸侯的庶子被分封为卿大夫,对诸侯王而言为"小宗",在本家为"大宗",其职位同样由嫡长子继承,氏主要来源于官职、邑名、辈分等方面。从卿大夫到士,其"大宗"与"小宗"的关系和上述关系相同。世袭政治权利的嫡长子,被统称为"宗子",宗庙是宗子政治权力的象征。在周代,大宗是宗族所有成员共同的宗庙主,小宗是各自宗族范围内的宗庙主。宗子对同宗族人还拥有统领、处理和保护的权利。在族人中有绝对的统治权威,国家借此加强对社会的控制,缓解社会矛盾。因此,中国古代各王朝纷纷利用这种政治制度,在政权、族权、神权、夫权方面强化统治。(推荐阅读　高婧聪:《宗法制度与周代国家结构研究》,中国社会科学出版社)

总督　总辖一地军政要务的长官,别称"总制""制台""督军""制军"。明代初期,在用兵时派部院官总督军务,事毕即罢。成化五年(1469 年)专设两广总督,后各地逐渐增置,成为定制。清代始正式以总督为地方最高长官,辖一省或二、三省,综理军民要政。康熙三十一年(1692 年)定总督加衔制,例兼都察院右都御史或兵部尚书衔,为从一品、正二品。雍正后,总督辖区始成定制,例设两江、陕甘、闽浙、湖广、四川、两广、云贵、直隶总督。清末增设东三省总督。另有管河道及漕运事务者亦称总督。此外,英联邦部分成员国,如加拿大、新西兰等,设有由英王任命的总督,作为英王的代表。此外,有些宗主国在其殖民地的代表亦称"总督"。(推荐阅读　谢宏维、李奇

飞:《明代漕运总督述论》,《史学月刊》2016 年第 10 期;程彩萍、李建武:《明代总督与边疆治理——以陕西三边总制为中心的考察》,《西北民族大学学报》(哲学社会科学版)2017 年第 1 期)

总理衙门　清朝晚期为办理外交、洋务和通商事务而设置的中央机构。为适应第二次鸦片战争后新的外交形势,1861 年 1 月,咸丰帝接受恭亲王奕䜣等人的建议,设立“总理各国事务衙门”,简称“总理衙门”,别称总署、译署。总理衙门由大臣或军机大臣兼领,基本仿照军机处体例,设大臣(分总理大臣、总理大臣上行走、总理大臣上学习行走、办事大臣)和章京(分总办章京、帮办章京、章京、额外章京)两级官职,以下设司员、供事。内部机构主要有“五股一厅一房”:英国股、法国股、俄国股、美国股、海防股(1883 年增设,1894 年改为日本股),司务厅和清档房。此外还管理京师同文馆、海关总税务司等下属机构。1901 年,据清政府与列强签订的《辛丑条约》第 12 款规定,改总理衙门为外务部,位列各部之首。总理衙门是中国第一个正式的常设外交机构,是中国政府机构近代化的开端,开启了中国外交近代化的历程。(推荐阅读　吴福环:《清季总理衙门研究》,新疆大学出版社)

奏折制度　清代高级官员向皇帝奏事进言,表达个人政见,进行政治沟通的文书制度。出现在康熙年间,到乾隆时期形成固定制度,直到清政府的灭亡才废除,先后存在两百余年。通过密奏见闻,以达到互相监视和探听民情的目的,从而加强皇权。奏折按其内容可分为奏事折、奏安折、谢恩折及贺折四类,其公文程式各有差异。从最初的请安致贺逐渐发展为奏事、谢恩,尤以奏事折为最多。奏折在起始阶段,不在国家正式官方文书范围之内。中央地方官员,不论官职大小,只要得到皇帝的宠信和特许,即使是微末之员,甚至寺庙的主持和尚,也可以上折奏事和谢恩。但到雍正后期,尤其是在乾隆时期,奏折成为国家的正式官方文书,逐渐形成一套严格的制度。上奏的流程是具奏人把奏折交给专人或通过驿站直接送入内宫,由皇帝亲自审阅并用朱笔批示,然后再交来人或通过驿站发回原具奏人,从而执行皇帝的意志,中间环节不存在任何机构或个人干涉,速度快、保密程度高、权威性强,有利于皇帝的专制独裁,因此被普遍推广使用。由于奏折是清朝最重要的官方文书,具奏内容领域广泛,涉及当时的政治、经济、军事、文化等各方面。目前现存的七十多万件朱批

奏折和百万件录副奏折,对研究清代历史具有重要的参考价值。(推荐阅读庄吉发:《清朝奏折制度》,故宫出版社)

租借地 一国通过条约,以租借方式从他国取得的领土。租借地有时间限制,即使是永久租借地,租让国也有权要求收回。租借地一般涉及主权行使的转移。历史上,帝国主义列强曾通过不平等条约从弱小国家取得租借地。在中国,近代列强通过不平等条约强行"租借"并长期占领统治数个重要海港地区。光绪十三年(1887年),葡萄牙迫使清政府签订条约,将澳门变成了第一个租借地。甲午战后,列强在中国掀起瓜分中国的狂潮。光绪二十三年(1897年),德国借口两名教士在山东被杀,出兵强占胶州湾,逼迫清政府签订条约同意"租借",成为以"租借"名义强占中国海港的始作俑者。其他国家纷纷效仿,俄国强占了旅顺、大连,法国"租借"了广州湾,英国则攫取了威海卫和九龙地区。列强在租借地的权力比租界还大,不但可以设立政府机构、设置警察、征收税饷,甚至还可以驻扎军队,建设军事设施,使租借地俨然成为"国中之国"。(推荐阅读 陶行知:《中国之租借地》,东南大学出版社)

祖冲之(429—500年) 南北朝时期南朝数学家、天文学家。字文远,生于丹阳郡建康县(今江苏南京),祖籍范阳郡遒县(今河北涞水)。官至长水校尉,著有《长水校尉祖冲之集》,共51卷。他在数学、天文历法、机械制造等方面都有重大成就。数学著作有《缀术》《九章术义注》等,均已失传。制订《大明历》,首先引入岁差,其日月运行周期的数据比以前的历法更为准确。在391年间置144个闰月,采用新的闰周,回归年长度取365.2428148日。他的另一重要成就是计算圆周率,算出圆周率值在3.1415926和3.1415927之间(精确度达小数点后6位),并提出圆周约率22/7(3.14)、密率355/113(3.1415929),密率值比欧洲早约千年。他还改造指南车、作水碓磨、千里船、木牛流马等,当时独绝。为了纪念和表彰祖冲之在科学上的卓越贡献,人们建议把密率355/113称为"祖率",紫金山天文台已把该台发现的一颗小行星命名为"祖冲之",在月球背面也已有了以"祖冲之"命名的环形山。(推荐阅读 杜石然:《祖冲之》,北京人民出版社)

尊王攘夷 春秋时期,齐、晋等国为争夺霸主而采取的策略。"尊王",即

拥护周天子为天下共主;"攘夷",即抵御周边各族对中原的攻扰。齐桓公、晋文公先后以"尊王攘夷"相号召,借此取得霸权。齐桓公在多次诸侯会盟时,皆以诸侯之长身份,尊重周王室权威;又曾驱戎狄,攻蛮夷(楚)。晋文公则在王子带(周襄王之弟)之乱时,出兵勤王,迎襄王复位;又于城濮战胜楚军。齐、晋遂得以称霸。春秋时,诸侯林立纷争,周王已无力控制局势,但在名义上还是"天下共主"。尊王攘夷促进了当时政权结构调整,在中国历史上产生了深远的影响。日本德川幕府末期,也曾出现反对幕府统治的"尊王攘夷运动",其"尊王"思想源于古代天皇神圣观念并受到儒学思想的影响;"攘夷"则是从反抗外国压迫而形成的封建排外思想。19 世纪中期后,逐渐转向"尊王讨幕",最终实现以武力倒幕的目标。(推荐阅读 刘一林:《"尊王攘夷"与"扶清灭洋"辨》,《史学月刊》1987 年第 2 期;冯玮:《从"尊王攘夷"到"尊王扩张"——对日本近代国家战略思想演变轨迹的探析》,《日本学刊》2002 年第 2 期)

遵义会议 1935 年 1 月 15—17 日,中共中央在长征途中抵达贵州遵义时举行的政治局扩大会议。会议的主要成员有中央政治局委员毛泽东、洛甫(张闻天)、周恩来、朱德、陈云、博古(秦邦宪)等人。这次会议着重总结第五次反"围剿"失败、丧失中央革命根据地等经验教训,纠正王明等人"左"倾冒险主义在军事上组织上的错误,肯定毛泽东的正确军事主张,同时对中国革命战争的一般规律和战略战术进行总结,改组中央领导机构,增选毛泽东为中央政治局常委,取消博古、李德的最高军事指挥权,决定仍由周恩来、朱德指挥军事。后在行军途中,由洛甫代替博古负总责,由毛泽东、周恩来、王稼祥组成军事指挥小组,负责长征中的军事指挥。这次会议是党的历史上一个生死攸关的转折点,确立毛泽东同志在红军和党中央的领导地位,开始确立以毛泽东同志为主要代表的马克思主义正确路线在党中央的领导地位,开始形成以毛泽东同志为核心的党的第一代中央领导集体,这是我们党和革命事业转危为安、不断打开新局面最重要的保证。这次会议在把马克思主义基本原理同中国具体实际相结合、坚持走独立自主道路、坚定正确的政治路线和政策策略、建设坚强成熟的中央领导集体等方面,留下宝贵经验和重要启示。(推荐阅读 程中原等:《历史转折论——从遵义会议到十一届三中全会》,人民出版社)

世 界 史

阿尔及利亚塔西利—恩—阿耶洞穴壁画 19世纪，在阿尔及利亚南部地区发现的一处史前岩画。位于撒哈拉沙漠中部，峭壁高悬，岩画展现在峭壁的侧面。塔西利岩画有三种主要风格，一般假定三种风格同时存在。第一种风格，大片着色平面，环以深紫色轮廓，大动物及人像多以此种风格绘成。抽象的几何图形满布于画面上。第二种，具有自然主义风格，在许多幅牛群奔跑、牧人持弓的画面上，描绘细致，栩栩如生。第三种风格，对形象以断裂手法进行处理，立体感明显。岩画中最早描绘了轮子形象。对于这种艺术形式的意义及这一地区岩画丰富的原因，一直是令人着迷的话题。（推荐阅读 ［法］卡罗尔·弗里兹主编：《史前艺术》，颜宓译，华中科技大学出版社）

阿富汗巴米扬山谷 巴米扬山谷位于阿富汗中部，以其壮丽的自然景观和悠久的历史而闻名。巴米扬曾是古代丝绸之路上的一个山地国家，所据地理位置为连接印度、西亚与中亚的交通要道，东西方文化都曾在这里交汇。唐朝高僧玄奘到印度求法时曾途经巴米扬，他在《大唐西域记》中将此地译作"梵衍那国"，并详细记录了王城中的佛教寺院和高大精美的佛像。巴米扬石窟全长1300多米，雕凿在巴米扬河谷边山崖面南的断崖上，有大大小小的洞窟700多个，而让巴米扬石窟闻名于世的是两尊巨大的佛像。这两尊高大的立佛像屹立在山崖上，分别是"东大佛"和"西大佛"，相距400米。"东大佛"开凿于1世纪，高38米身披蓝色袈裟，名为沙玛玛（或称蓝佛）。"西大佛"开凿于5世纪，高55米，身披红色袈裟，名为塞尔萨尔（或称红佛），脸部和双手均涂有金色。这些遗迹见证了巴米扬山谷在古代丝绸之路贸易路

线上的重要性,以及当时佛教文化和中亚文明的繁荣。2001 年,塔利班政权在阿富汗执政时,对巴米扬大佛进行了破坏。2003 年,巴米扬山谷的文化景观和考古遗迹,作为文化遗产列入《世界遗产名录》,属于濒危遗产。(推荐阅读 [日]桑山正进:《巴米扬大佛与中印交通路线的变迁》,王钺编译,《敦煌学辑刊》1991 年第 1 期)

阿基米德(约公元前 290—约前 212 年) 古希腊数学家、发明家。生卒年代不甚明确。约公元前 290 年出生于西西里岛的叙拉古,公元前 213 年参加反对罗马人围攻叙拉古城的战斗。大约在公元前 212 或前 211 年罗马将领马塞卢斯攻占叙拉古的过程中被杀。阿基米德在数学、物理学、机械、天文学等领域均有独创性的见解。存世著作共 9 部:《论球和圆柱》《圆的测定》《论劈锥曲面体与球体》《论螺线》《论平面板的平衡或平面的重心》《抛物线面积的求法》《沙粒的计算》《关于力学定理的方法》《论浮体》。其研究成果还包括阿基米德原理(有关浮力定律)、阿基米德螺旋泵(据说是其发明的提水的机器)等。阿基米德的系列成就对后世研究者产生了巨大影响。(推荐阅读 [英]T. L. 希思:《阿基米德全集》,朱恩宽、常心怡等译,陕西科学技术出版社)

阿克苏姆王国 公元前后,在今埃塞俄比亚北部兴起的古代非洲国家。3—6 世纪,阿克苏姆成为东北非的最大市场。4 世纪期间,阿克苏姆的国王们改信基督教,因此在政治和宗教上与拜占庭统治下的埃及结合在一起,同时将势力扩展至阿拉伯南部地区,一度成为地区强国。6 世纪时,也门一度沦为阿克苏姆的附属国。7 世纪,阿拉伯帝国控制红海后,逐渐衰落。大约 976 年,犹太女王埃塞托镇压阿克苏姆的基督教徒,废除阿克苏姆王朝,基督教势力掌握了阿克苏姆的权力。(推荐阅读 李安山:《非洲古代王国》,北京大学出版社)

阿拉伯帝国 由阿拉伯人创建的伊斯兰教封建军事帝国(632—1258 年)。孕育于伊斯兰教的兴起和阿拉伯半岛统一神权国家的建立,发端于四大哈里发时期(632—661 年)的统治与扩张,历经倭马亚王朝(661—750 年,中国史书中称之为“白衣大食”)和阿拔斯王朝(750—1258 年,中国史书中称之为“黑衣大食”)的统治,亡于蒙古旭烈兀的西征。帝国最高统治者为哈里

发,集政教大权于一身。8—9世纪为帝国鼎盛时期。盛期统治区域东起帕米尔高原,西至大西洋,北抵高加索,南达阿拉伯海和亚丁湾,横跨亚非欧三大洲。独特的地理位置和丰富的资源,为阿拉伯帝国的商业发展创造了条件。帝国政治和宗教中心巴格达城曾是著名的国际贸易中心之一。阿拉伯帝国立足于自身文化,融合周边各种文明成就,创造出灿烂的阿拉伯—伊斯兰文化,对东西方文化交流有重要贡献。10世纪中叶后,国势渐衰,1258年,帝国灭亡。(推荐阅读 [英]穆尔:《阿拉伯帝国》,周术情译,青海人民出版社)

阿拉马字母 亦称阿拉米字母,初指阿拉马人使用的字母文字。阿拉马字母以腓尼基字母为基础。公元前1000年后半期,中东主要的文字体系。公元前9世纪后,阿拉马语及其文字曾作为共同语广泛通用于中东。在希腊、印度、阿拉伯半岛和埃及等地都曾发现阿拉马文字的文献和碑铭。阿拉马字母表包括22个字母,全部表示辅音,从右到左书写。现代希伯来文字、现代阿拉伯文字以及几百种曾在叙利亚以东的亚洲地区使用过的文字体系,都源于阿拉马字母。阿拉马字母还对格鲁吉亚文字、亚美尼亚文字的发展产生影响。7世纪,阿拉伯人兴起,阿拉马人逐渐与之融合。今叙利亚、伊拉克等地,尚有其后裔。(推荐阅读 王明嘉:《字母的诞生》,中国青年出版社;[英]约翰·曼:《改变西方世界的26个字母》,江正文译,三联书店)

阿利斯提德(公元前530—前468年) 公元前5世纪古希腊雅典城邦的政治家、军事家。以道德高尚、公正、智慧、廉洁著称,获得"正义"的称号。曾担任雅典执政官,后因政敌地米斯托克利散布谣言,被雅典人以陶片放逐。被放逐三年后,薛西斯进犯阿提卡,雅典人废除放逐法,阿利斯提德返回雅典,统领重装步兵与地米斯托克利的舰队共同对抗波斯,取得希波战争决定性胜利。(推荐阅读 [古希腊]普鲁塔克:《希腊罗马名人传》,陆永庭、吴彭鹏译,商务印书馆)

阿纳斯塔修斯一世(约430—518年) 拜占庭帝国皇帝。最初在财政部门工作,后成为皇帝芝诺的卫士,491年,61岁时被芝诺的遗孀阿里阿德涅指定为皇帝并与之成婚。继位后,阿纳斯塔修斯一世随即废除出售官职的制度,改革税制,取消告密者的赏金。以土地税代替商品税来充作军饷,加

重了农民的负担。原拟传位于其侄,但由 70 岁高龄的查士丁一世所取代。(推荐阅读 ［美］A. A. 瓦西列夫:《拜占庭帝国史》,徐家玲译,商务印书馆)

阿诺德·汤因比(1889—1975 年) 英国历史学家。代表著作《历史研究》(12 卷)基于对各种文明的分析,提出文明循环发展与衰落的理论,引起许多争议。1911 年牛津大学巴利奥尔学院古典学科毕业,1912 年任该学院古代史指导教师和研究员。后在伦敦大学教授,主要研究拜占庭和近代希腊。1925 年在伦敦皇家国际事务学会任研究部主任。1922 年开始撰写巨著《历史研究》。书中对人类历史发展过程中 26 种文明的兴衰加以研究,认为文明的兴起是由于在构成领导核心的少数有创见的人的领导下成功应对各种挑战,而文明的衰落则是由于领导者不再能够创造性地应对挑战。其著作还有《文明在考验中》《希腊文明史》《人类与大地母亲》等。汤因比秉持"各个文明价值等同论""文明发展的同时代论"(或平行论)、"文明之间相互比较论"等新见,为批判旧史学、创建新史学立下汗马功劳。(推荐阅读［美］威廉·麦克尼尔:《阿诺德·汤因比传》,吕厚量译,上海人民出版社;张广智:《汤因比给我们留下了什么?》,《中国社会科学报》2022 年 3 月 30 日第 10 版)

阿兹特克文明 古代阿兹特克人所创造的印第安文明,主要分布在墨西哥中部和南部。据早期神话和民族传说,阿兹特克人最初居于墨西哥平原北部的阿兹特兰,是一个狩猎兼营采集的部落。后听从保护神威齐洛波奇特利的意旨于约 1100 年四处迁徙,最终停止漂泊、定居在墨西哥中部地区的特斯科科湖上诸岛。1325 年,阿兹特克人筑起特诺奇蒂特兰城,此城一直是他们的主要活动中心。阿兹特克人主要依靠其著名的农业制度,利用纵横交错的灌溉系统,深耕细作全部可用土地,并垦殖沼泽地成为良田,故生产力甚高,国富民强,能够建成国家并最终形成帝国。1428—1440 年伊兹科阿图统治期间,特诺奇蒂特兰与其邻邦特斯科科及特拉科潘结盟,成为墨西哥中部霸主。后来又以商贸及征服为手段,发展成为帝国。阿兹特克国家实行专制体制,军队发挥主导作用,战功是最主要的晋升途径。其社会尽管等级森严,阶级明显,但个人地位甚易升迁。祭司与官僚阶级参与帝国政务,社会底层是农奴、契约奴仆及不附加条件的奴隶。阿兹特克宗教和文化

是融合性的,吸收了许多其他中美洲文化的因素。人祭之风盛行,常以受害人之心或血献祭太阳神。阿兹特克历一年为 365 天,被大多数中美洲民族所习用。1519 年西班牙探险者到达美洲时,阿兹特克帝国仍在扩张,但被外来者所遏止。后来,帝国为装备精良的欧洲人所征服,阿兹特克文明衰落。(推荐阅读 [美]瓦伦特:《阿兹特克文明》,朱伦、徐世澄译,译林出版社;[美]萨默维尔:《阿兹特克帝国》,郝名玮译,商务印书馆)

埃及新王国时期 埃及编年史上第 18 王朝至 20 王朝时期。依照古埃及祭司、历史学家曼涅托的《埃及史》记述,从第 18 王朝到 20 王朝(公元前 1567—前 1085 年)为埃及新王国时期,是埃及重新独立与统一、进入奴隶制帝国时期。这一时期,埃及通过长期对外战争与扩张发展为横跨亚非大陆以及地中海沿岸的一个军事帝国。长期从事对外掠夺战争,使大量财物和奴隶流入埃及。神庙祭司是新王国经济实力最雄厚的奴隶主集团。新王国积极加强君主专制,扩充军队与官僚机构。第 18 王朝后期爆发了世俗王权与神庙祭司之间的斗争。约 1312 年,第 19 王朝法老拉美西斯二世与赫梯交战,约 1296 年以缔结和约告终。不久,来自地中海海域的其他民族入侵新王国,虽然最终被击退,但新王国丧失了对叙利亚南部和巴勒斯坦地区的控制。第 19 王朝末期,爆发奴隶和贫民起义。第 20 王朝时期发生首都底比斯造墓工匠的罢工,被征服地区居民也纷纷摆脱埃及国的统治,新王国最终走向分裂。公元前 1085 年,埃及祭司赫利霍尔篡位,新王国时期结束,埃及进入后期埃及历史时期。(推荐阅读 刘文鹏:《古代埃及史》,商务印书馆)

埃拉托斯提尼(约公元前 285—前 194 年) 古希腊地理学家、数学家、天文学家和诗人。出生于非洲北岸的昔兰尼,青少年时期,到埃及从学于亚历山大图书馆馆长卡利马科斯,后到雅典学习和研究哲学。曾接受埃及国王特勒密三世的委托作王子的教师,后继任亚历山大图书馆馆长。在西方首先应用"地理学"一词著书立说,对地球周长作出精确的计算。在数学方面,创造了"埃拉托斯提尼筛法",即在自然数系列中筛掉所有的合数而将所有的素数留下来的一种方法。著有《哲学史》《古喜剧史》等。著作多已亡佚,流传下来的有关片段,散见于其他古典作家的作品之中。(推荐阅读 [美]乔治·萨顿:《希腊化时代的科学与文化》,鲁旭东译,大象出版社)

《埃维昂协议》 法国承认阿尔及利亚独立的协议,亦称《阿法协议》。为结束阿尔及利亚战争,1962 年 3 月 7—18 日,法国政府和阿尔及利亚共和国临时政府在法国埃维昂谈判,3 月 18 日签署该协议。协议主要内容有:1962 年 3 月 19 日在阿尔及利亚全境结束军事行动,法国承认阿尔及利亚人民有权行使自决权,成立一个独立和主权的国家,法国承认阿尔及利亚民族解放阵线为"合法的新政治组织",并在协议签署后 3—6 个月内在阿尔及利亚举行公民投票决定是否独立。在此之前的过渡时期,阿尔及利亚的行政管理权移交给临时行政委员会,该委员会的成员由双方政府同意的阿尔及利亚人和法国人担任。法国当局宣布大赦,释放政治犯,允许逃亡国外的阿尔及利亚人返回家园。法国 3 年内分批从阿尔及利亚撤出全部军队,并在一定时期内保留其他基地。法国承担向阿尔及利亚提供为期 3 年的经济援助。阿尔及利亚仍留在法郎区内。在阿尔及利亚的欧洲居民需在 3 年内选择国籍,其财产、文化和宗教信仰都受到保护。同年 7 月 3 日,阿尔及利亚进行自决公民投票后正式宣布国家独立,持续 7 年半的阿尔及利亚战争至此结束,也标志着法国在阿尔及利亚 132 年的殖民统治终结。(推荐阅读　张玉友、顾恺琴:《从"构造历史"到"统一历史"——阿尔及利亚民族主义史学的起源与流变》,《史学理论研究》2023 年第 5 期;张玉友、张娟娟:《评法国"文明使命"论对阿尔及利亚民族国家构建的影响》,《西亚非洲》2023 年第 5 期)

爱德华·詹纳(1749—1823 年)　英国著名的医生、科学家,现代免疫学的奠基者。1749 年出生于英国格洛斯特郡伯克利小镇,5 岁时成为孤儿,由哥哥抚养长大。童年时期,表现出对大自然浓厚的好奇心。花费大量时间在塞文河周围寻找化石,探寻田鼠洞穴等。对自然史和动物生物学的兴趣,促进其后来对疾病在人类与动物间跨物种传播的理解。12 岁时,跟一位内科医生当学徒,后来在一家医院里边学解剖边工作。1792 年在圣·安德鲁大学获得医学学位。45 岁时已成为格洛郡内的一位有名的内科和外科医生。通过对自然现象地仔细观察,发现了牛痘与天花之间微妙的联系,并通过严谨的科学求证,证明接种牛痘对天花的预防作用,进而发明和普及一种预防天花病的方法——接种疫苗法,拯救了数百万人的生命,因此被誉为"免疫学之父"。开创"疫苗"和"病毒"等医学专有名词,沿用至今。其开创

性研究为人类免疫学、病毒学的进步打开了通道。（推荐阅读　朱石生：《天花旧事：詹纳与牛痘接种》，新星出版社；王海莉吴俊等：《免疫接种与天花疫苗的发现者：爱德华·詹纳》，《中华疾病控制杂志》2020 年第 7 期）

爱琴文明　公元前 20 世纪至前 12 世纪存在于地中海东部的爱琴海岛、希腊半岛及小亚细亚西部的青铜器时代文明，因围绕爱琴海地域而得名，又因以克里特和迈锡尼遗址为著而被称为克里特—迈锡尼文明。爱琴诸岛中，约公元前 6100 年最早的新石器居民点在克里特岛的克诺索斯，新石器时代存续约 3000 年。早期青铜时代（公元前 3000—前 2000 年）随着移民浪潮而发端，这些移民定居于西克拉底斯群岛及克里特的东部与中部。其中较有代表性即克里特岛的"米诺斯文明"，此名源于传说中的克诺索斯国王米诺斯。克诺索斯是岛上主要城市，在公元前 3000 年晚期和前 2000 年早期之前，出现于克里特岛上，其特点是建有多处城市及巨型宫殿，商贸交通络绎不绝，并已创制出书写系统。最早出现图画文字，后被线性文字所替代即线形文字 A，其从左到右书写，只有数目字符已被释读。在克里特极盛时期，克诺索斯约于公元前 1450—前 1400 年发展了一种特殊的文化（称为晚期米诺斯 II），出现了新线性文字，即线性文字 B，大部分已被释读。公元前 1500 年，未设防的克诺索斯王宫被人攻陷，夷为平地，其他克里特城市也遭入侵。约公元前 950 年，克诺索斯的王宫再次被攻破，爱琴文明彻底衰落。（推荐阅读　［英］N. G. L. 哈蒙德：《希腊史：迄至公元前 322 年》（上册），朱龙华译，商务印书馆）

奥林匹亚赛会　古希腊最盛大的体育比赛和古希腊人最重要的宗教节日之一。根据"奥林匹亚纪年"，从公元前 776 年第一届奥运会的举办，到 393 年最后一届奥运会，历经 1169 年，共 293 届。尽管其创办的确切时间还存在争议，但在希腊所有赛会中，奥林匹亚赛会起源最早、持续时间最长和影响最大，是此后希腊赛会的范本和标杆。奥林匹亚赛会一般在每年夏至后的第二个或第三个满月之时举办，承办者为伊利斯城邦。比赛正式开始前，相关人员需经历游行、净化、宣誓、核准身份和献祭等环节。比赛内容涵盖马赛、车赛和裸体竞技、赛跑、摔跤和拳击等，比赛中也穿插众多的祭神活动。获胜者头系羊毛缎带，并在全部赛程后授予橄榄枝编成的桂冠。随着

罗马帝国统治时竞赛地的多元化、职业运动员大量出现,尤其受基督教以及
赛会举办地的数次地震和洪灾的影响,奥林匹亚赛会最终衰落。古希腊奥
林匹亚赛会中断 1000 多年之后,1896 年,在法国人顾拜旦的倡导和努力下,
创办了现代奥林匹克运动会,从而揭开人类运动发展史的新篇章。(推荐阅
读 王大庆:《古希腊赛会研究》,中国社会出版社;王大庆:《"神圣"与"世
俗"之间——试论古希腊奥林匹亚赛会的宗教性》,《北京师范大学学报》(社
会科学版)2013 年第 6 期)

奥斯曼帝国   奥斯曼土耳其人建立的军事封建帝国(1299—1920 年),
得名于其奠基者奥斯曼(1259—1326 年),信奉伊斯兰教。奥斯曼土耳其人
的前身是突厥人卡伊部落,12 世纪时迁入安纳托利亚。自奥斯曼一世至穆
罕穆德二世不断扩张领土,1453 年,穆罕穆德二世率军攻陷君士坦丁堡,改
名伊斯坦布尔,定为首都,灭拜占庭帝国。15 世纪后期至 16 世纪中叶,扩张
重点转向西亚、北非,相继攻占叙利亚、巴勒斯坦、两河流域以及除摩洛哥以
外的整个北非地区,成为地跨欧、亚、非三洲的帝国。帝国与许多国家长期
争战,消耗国力,加深了各族人民苦难。16 世纪以后,日趋衰落,欧洲殖民势
力日益渗入。19 世纪,国内的民族独立运动空前高涨,欧洲殖民侵略进一步
加强,一些地区成为独立国家,一些地区沦为西方列强殖民地或半殖民地。
1922 年,被凯马尔领导的资产阶级革命推翻。(推荐阅读 [英]帕特里克·
贝尔福:《奥斯曼帝国六百年:土耳其帝国的兴衰》,栾力夫译,中信出版社)

巴尔干地区   欧亚两大洲接壤处的巴尔干半岛区域。位于欧洲东南
部,介于亚得里亚海、伊奥尼亚海、爱琴海和黑海之间,北界多瑙河下游及其
支流萨瓦河。地区面积约 50.5 万平方千米。"巴尔干"一词是由土耳其语的
"山脉"一词派生而来。海岸曲折,多岛屿,西部沿海多狭长形岛屿、港湾和
海峡,为典型的达尔马提亚型海岸。地区大部分为山地,有斯塔拉山脉、罗
多彼山脉、迪纳拉山脉、品都斯山脉等,其中穆萨拉峰海拔 2925 米,为巴尔干
地区最高峰。地区的北部和东部的局部有平原。地区的西岸、南岸属地中
海气候,内陆属大陆性气候。森林和水力资源丰富,有石油、煤、铬、铜等矿
藏。巴尔干地区的国家包括希腊、保加利亚、阿尔巴尼亚、波斯尼亚和黑塞
哥维那、北马其顿、黑山 6 国,以及斯洛文尼亚、克罗地亚、塞尔维亚、罗马尼

亚和土耳其的部分地区。（推荐阅读　徐刚：《巴尔干地区合作与欧洲一体化》，社会科学文献出版社）

巴黎公社　1871 年 3 月巴黎工人和其他劳动人民建立的无产阶级政权。普法战争失败后成立的法国资产阶级临时政府与普鲁士签订了包括割地、赔款等内容的不平等条约，备受民族屈辱和深重灾难的巴黎人民宣布起义，并举行了一次无产阶级主持的、真正民主自由的、其结果充分体现人民意志的选举，随后成立巴黎公社。公社设立 10 个委员会作为新的政权机构，执行以前各部职能。解除资产阶级常备军，取缔旧警察机构。实行法官选举制，颁布关于起诉法庭、军事法庭、死刑判决等法令。对担负社会管理职能的邮政、电信等各机构实行改组。公社全体公职人员须由选举产生，最高年薪 6000 法郎，相当于一个熟练工人的工资水平，接受人民公开普遍的监督，并可根据选民要求随时撤换。公社在所有制、分配、管理和劳动立法方面开始进行某些具有社会主义性质或倾向的改革试验。公社以世俗教育代替宗教教育，提高教师地位和待遇，积极兴办职业教育。还努力保护文物和艺术遗产，推动文学艺术为公社事业服务。巴黎公社是世界历史上推翻资产阶级统治、实行无产阶级专政的第一次尝试，开启了无产阶级革命的世界历史进程。巴黎公社的革命经验说明，无产阶级必须通过暴力革命打碎资产阶级国家机器，建立有效的无产阶级专政，才能达到自己的革命目的。（推荐阅读　单程秀：《从社会出发重构国家政制——社员眼中的 1871 年巴黎公社》，《社会主义研究》2023 年第 5 期）

巴黎和会　第一次世界大战结束后，战胜国为惩罚战败国、分割战后世界利益、重塑战后世界秩序的国际性会议。1919 年 1 月 18 日—6 月 28 日在巴黎举行。会议参加者有英、法、美、意等 27 国，苏俄未参加，德国、土耳其、保加利亚、奥地利等战败国也被拒之门外。会议完全为美、英、法三国所操纵。会上签订旨在惩罚德国的《凡尔赛和约》，通过《国际联盟盟约》（简称《国联盟约》），并决定会后继续探讨对其他战败国的惩罚性协定和德国赔款等问题。由于大会无视中国主权及其战胜国的地位、非法决定将战前德国在山东的特权转交给日本，中国人民掀起"五四"爱国运动，迫使中国代表团拒绝在和约上签字。（推荐阅读　唐启华：《巴黎和会与中国外交》，社会科

学文献出版社;[爱尔兰]埃米尔·约瑟夫·狄龙:《巴黎和会》,仇全菊译,东方出版社)

巴里·伯格多尔 尚无公开其出生年代的信息。美国当代建筑艺术家,纽约哥伦比亚大学艺术史教授,曾担任纽约现代艺术博物馆的建筑与设计部门首席策展人。著有多部讨论19世纪和20世纪建筑的作品,其中包括《莱昂·沃杜瓦耶:工业时代的历史主义》、《卡尔·弗里德里希·申克尔:一名献身普鲁士的建筑师》和《把握麦金的规划》等。代表作《1750—1890年的欧洲建筑》,聚焦欧洲启蒙运动兴盛、法国大革命爆发以及欧洲社会全面变革走向现代化的历史,将全书分为三大部分。第一部分:进步、启蒙、实验,从"科学、考古学和进步学说"解读了希腊—哥特式的结合和关于理想教堂的争论、城市和公共建筑、景观园林和改造机构,以此论述建筑在启蒙运动中的变革演进;第二部分:革命,论述建筑在革命中所扮演的角色;第三部分民族主义、历史主义、科学技术,论述建筑对民族主义、历史主义以及新技术、新材料的回应。本书以建筑为题,以历史、思想运动为底,点评西方建筑史上重要的建筑师,列举大量建筑实例,并辅以百余张历史建筑图片,体例严谨,内容翔实,观点独到,是研究西方建筑史必备之书。(推荐阅读 [美]巴里·伯格多尔:《1750—1890年的欧洲建筑》,周玉鹏译,清华大学出版社)

巴利文 古代印度的语言文字,起源于北印度的中古印度—雅利安语,与梵语等有密切关系。"巴利"一词的原意为"圣典"、"保护者",巴利语由佛陀在世时的摩揭陀国使用的方言转化而来,是与古印度正统雅语——梵语相对的民众方言的一种。佛陀在世时,据说他反对用"典雅的"梵文布道说法,主张用佛教徒们自己的方言布道说法。他本人经常使用的是拘萨罗方言和摩揭陀方言。拘萨罗语是印度北部的方言,摩揭陀语是印度东部的方言。公元前5、6世纪,经加工成为规范的语言,直至10世纪仍作为书面语和佛教语言使用。随佛教的传布扩展至斯里兰卡、缅甸、泰国等地。无专用字母,在斯里兰卡、缅甸、泰国使用当地流行字母。巴利语作为文学语言,于14世纪在印度本土已不使用,但在其他地区沿用至18世纪。巴利文通过佛经得以传承。(推荐阅读 黄宝生:《巴利语读本》,中西书局;[英]查尔斯·埃利奥特:《巴利系佛教史纲》,李荣熙译,贵州大学出版社;刘寅春:《通过巴利

文三藏走近原始佛教》,《中华读书报》2012 年 11 月 14 日第 12 版)

巴拿马运河　　在中美洲沟通大西洋和太平洋的国际航运水道,长度约 82 千米。1513 年,西班牙殖民者"发现"巴拿马地峡。1819 年,西班牙王室下令在巴拿马地区开凿运河,但因拉丁美洲独立运动的爆发而中断。1881 年,法国人购得运河开凿权,但因资金和技术困难而中断。1903 年巴拿马独立建国,美国予以承认并介入开凿运河。1914 年 8 月 15 日,运河通航。从 1914 年开始运营到 1979 年,巴拿马运河由美国完全控制。1979 年,运河的控制权转交巴拿马运河委员会,该委员会是美国和巴拿马共和国的一个联合机构。1999 年 12 月 31 日,运河完全移交给巴拿马共和国,巴拿马运河管理局全权负责运河的管理。2014 年,巴拿马运河进行了扩容工程,在运河两端各修建一个三级提升船闸和配套设施,拓宽和加深运河河道。扩建后的巴拿马运河区总面积达到了 1432 平方千米,其通行能力比之前提高 1 倍以上。巴拿马运河的开凿大大缩短了大西洋和太平洋之间的航程,具有经济和战略价值。(推荐阅读　曹廷:《百年巴拿马运河》,《世界知识》2017 年第 16 期)

巴士底狱　　法国国家监狱。原为巴黎东侧的中世纪城堡,始建于百年战争初期,后多次扩建,作为防御外来侵略的军事要塞使用。17—18 世纪为法国国家监狱。巴士底狱有塔楼 8 座,各高 100 英尺,塔楼之间围墙相连,墙外有壕,宽 80 余英尺。16 世纪起主要用来囚禁政治犯,17 世纪上半叶,改成国家监狱,成为法国封建专制制度的象征。1789 年 7 月 14 日巴黎人民起义,巴士底狱被攻占,标志着法国大革命的开始。这一事情发生后,革命政府下令将巴士底狱拆毁。1790 年,攻占巴士底狱的群众和士兵被授予"巴士底狱攻克者"荣誉称号。从此,每年 7 月 14 日庆祝"巴士底日"。1880 年,法兰西第三共和国将 7 月 14 日确定为法国国庆日。(推荐阅读　刘大明:《巴士底狱的传说与真相——"专制主义象征"的建构过程》,《世界历史》2013 年第 5 期)

白塔尼(约 858—929 年)　　阿拉伯文学家和数学家。原是哈兰(今土耳其东南部)的一个萨比教徒,后来改奉伊斯兰教。877—918 年,在腊卡(今叙利亚境内)从事观测和研究。约 900 年,著成《萨比天文历表》,这部作品由

57章和附加表格组成。书中更正托勒密的天文计算,发现更精确的年长度、季长度、周年岁差和黄道斜角及回归年,证明发生日环食的可能性,描述多种天文学观测仪器。他是中世纪欧洲人们最熟知的阿拉伯天文学家,后来欧洲天文学家哥白尼的《天体运行论》一书中多处引用白塔尼的天文观测数据。(推荐阅读 纳忠、朱凯等:《传承与交融:阿拉伯文化》,浙江人民出版社;[美]菲利浦·希提著:《阿拉伯通史》(上),马坚译,新世界出版社)

柏拉图(约公元前 427—约前 347 年) 古希腊三大哲学家之一,生于雅典。苏格拉底的弟子,亚里士多德的老师,柏拉图学派创始人。青壮年时期游历地中海周围的许多地区,与西西里岛上的叙拉古城邦僭主狄奥尼修斯父子有过长期交往,曾寄希望由他们实现其政治理想,但未成功。公元前387 年在雅典近郊创办学园(阿卡德米),自此,他一直主持学园,收徒讲学,直到病逝。柏拉图哲学体系的核心是理念论。理念论假定在形体世界之上有个更高的精神领域,即理念世界。由感官感知的形体世界变化不定,而理念世界是永恒的、不变的,只能通过心灵加以领会。理念是完美无缺的,有形的事物只是理念的摹本,因而有缺陷。政治观上,他提出了等级分明的"理想国"制度与"哲学王"思想,认为国家的主要职能是实现正义。"理想国"按照严格的社会分工,由三个等级组成:富有理性和知识的哲学家负责教育人民和治理国家;武士负责保卫国家;农民、手工业者和商人等自由民负责生产和供应生活资料。至于奴隶,只被看作会说话的工具。(推荐阅读 [古希腊]柏拉图:《柏拉图全集》,王晓朝译,人民出版社)

柏林危机 第二次世界大战后,苏联与以美国为首的西方国家为争夺柏林而进行的政治和军事对抗。前后共 3 次。其一,1948 年 6 月,苏联因美、英、法三国在德占领区擅自发行货币,因而单方面切断柏林和该占领区之间的水陆交通。美、英遂通过"空中走廊"向柏林空运物资,并对苏占区实施反封锁。同年,苏占区成立"大柏林临时民主政府",美、英、法三国占领区成立西柏林政府,柏林正式分为东、西两部分。次年5月,双方结束对抗。其二,1958 年 10 月,民主德国要求西方大国撤出西柏林。11 月,苏联提出照会,限期 6 个月内将西柏林变为"自由市",遭北约各国反对,后以苏联的让步而完结。其三,1961 年 6 月,美、苏首脑在维也纳会晤,苏联重提将西柏林变

为"自由市"的要求,遭拒,双方遂进行军事动员。当年8月中旬,民主德国政府在东、西柏林间修筑"柏林墙"。柏林危机是冷战对抗的产物,柏林局势也成为彰显冷战对抗程度的一面镜子。(推荐阅读　刘得手:《柏林危机与美欧同盟》,中国社会科学出版社)

拜占庭帝国　亦称东罗马帝国。330年,罗马帝国皇帝君士坦丁将帝国的首都迁移到拜占庭(古希腊殖民城邦拜占庭旧址),并将拜占庭易名为君士坦丁堡。395年,罗马帝国分裂为东西两部分,东罗马帝国建都君士坦丁堡。拜占庭帝国实行君主专制,皇帝位居至尊,进行集权统治。查士丁尼一世在位时,先后占领北非和意大利,使帝国的疆域空前扩大,主持编纂《查士丁尼民法大全》(后被称为《罗马民法大全》),使罗马法成为系统而完整的法律体系。10世纪以后,拜占庭日益衰落,1453年为奥斯曼帝国所灭。(推荐阅读　陈志强主编:《拜占庭帝国大通史》,江苏人民出版社)

班图人　亦称"班图尼格罗人",非洲最大的族群。居住在非洲中部和南部,尤以非洲南端全境为主,多持传统信仰,部分信伊斯兰教或基督教新教,以农牧业为生。一般认为,他们发祥于贝努埃河上游(今尼日利亚和喀麦隆交界地区),是非洲土著居民的基本组成部分。公元前10世纪后开始南迁扩散,排挤或同化当地土著俾格米人和科伊桑人,逐渐形成庞大的族群。此外,班图人从公元1世纪开始到19世纪结束进行向东、向南、向西的迁徙。班图人的迁徙是造成非洲民族复杂性的重要原因,并对黑非洲铁器时代的到来和历史的发展有重要的影响。根据地理分布状况、文化因素以及历史因素,班图人主要分为三个支群:东班图人、南班图人、西班图人。各族的经济、社会和政治形态各异,反映出班图人分布区域广阔。(推荐阅读　李安山:《从初史的迁徙到移民裔群的定位:非洲移民史探源》,《世界民族》2023年第4期)

邦联制　复合制国家结构的一种形式,两个或两个以上的主权国家为了某种共同利益(如经济、军事利益等)而组成的国家联盟。邦联的各成员国对内、对外享有全部主权,各成员国经过平等协商把各自的一部分权力委托给邦联机构。邦联机构是协商性的,所作出的决议只有经过各成员国认可才有约束力,并通过各成员国对其公民发生效力。各成员国可以自由退

出邦联。邦联没有统一的中央政权,没有统一的宪法与法律体系,邦联各成员国的公民没有统一的邦联国籍。邦联强调各成员国的独立和主权,因而,严格地讲,邦联还不是真正意义上的国家,只是一种比较松散的国家联盟。随着各成员国政治、经济联系的加强,邦联亦趋向发展成为联邦制国家,如美国、瑞士就是由邦联转变为联邦制的。至 20 世纪 80 年代,世界上比较典型的邦联是 1982 年塞内加尔和冈比亚结成的塞内冈比亚邦联。1958 年成立的欧洲共同体也可以说是一个邦联或者同邦联相似的国家联盟。(推荐阅读 曹尔恕:《从邦联到联邦——〈邦联条例〉与〈联邦宪法〉特点比较》,《中国政法大学学报》2008 年第 1 期)

包萨尼雅斯(活动时期 143—176 年) 又译波桑尼阿斯,希腊地理学家、旅行家。在希腊多地旅行并写成 10 卷本《希腊志》(又译《希腊纪行》或《希腊记事》),所记述地区涵盖阿提卡、科林斯、阿尔戈利德、拉科尼亚、梅塞尼亚、埃利斯、阿卡迪亚、维奥蒂亚、福西斯等地。《希腊志》不仅包括对一个地区古迹、建筑和艺术品的描述,还包括其历史、民众日常生活、仪式、习俗和传说。包萨尼雅斯对宗教有极大兴趣,其笔下常见对神庙和圣迹着墨颇多。因其对古希腊的深入描绘,受到历史学家和考古学家的关注,为后世的研究者留下了珍贵的资料。(推荐阅读 吕厚量:《波桑尼阿斯的文化记忆与〈希腊纪行〉中的罗马帝国》,《史学理论研究》2018 年第 4 期)

《保护非物质文化遗产公约》 联合国为保护各国非物质文化遗产而制定的国际性公约。2003 年 10 月 17 日,在联合国教科文组织第 32 届大会上通过。这是人类历史上非物质文化遗产保护事业的重要里程碑。根据这一公约的定义:"非物质文化遗产",是指被各社区、群体,有时是个人,视为其文化遗产组成部分的各种社会实践、观念表述、表现形式、知识、技能以及相关的工具、实物、手工艺品和文化场所。这种非物质文化遗产世代相传,在各社区和群体适应周围环境以及与自然和历史的互动中,被不断地再创造,为这些社区和群体提供认同感和持续感,从而增强对文化多样性和人类创造力的尊重。我国于 2004 年 8 月批准加入了《保护非物质文化遗产公约》,成为第 6 个加入《保护非物质文化遗产公约》的国家。(推荐阅读 王瑞光:《文化产业与文化遗产法律法规研究》,北京工业大学出版社)

贝多芬(1770—1827年)　德国作曲家、钢琴家,出生于科隆。自幼从父学音乐。19岁于波恩大学旁听哲学,接触资产阶级革命启蒙思想。1787年起任音乐教师。1792年定居维也纳,三年后出版第一部作品。1820年两耳失聪,但从未停止事业追求。其音乐表达了欧洲资产阶级上升时期的人道主义理想和欧洲启蒙运动中对自由、平等、博爱追求的激情。其作品博采众家之长,集文艺复兴,特别是巴赫以来的欧洲音乐之大成,同时出于表达新时代思想感情的需要,不断地进行音乐创新,形成独特的、多样化的和完美的个人风格,深刻而生动地反映了欧洲在法国大革命前后的时代精神,达到了形式和内容的完美统一。其创作对后来的西方音乐产生了持久的启迪作用和影响。因对音乐艺术做出的巨大贡献和产生的持久影响,被誉为西方音乐中最受重视和尊敬的作曲家,堪称"音乐中的莎士比亚""乐圣"。主要作品有《英雄》《命运》《田园》《合唱》等9部交响曲,《月光》《热情》《黎明》等32首钢琴曲,以及歌剧、钢琴协奏曲、小提琴协奏曲等。代表了维也纳古典乐派发展的高峰,同时又为欧洲浪漫主义音乐开辟了道路。(推荐阅读[美]路易斯·洛克伍德:《贝多芬的交响曲》,刘小龙译,上海音乐出版社)

彼得一世(1672—1725年)　亦称彼得大帝,俄国沙皇(1682—1725年,1721年称皇帝)。1682年与兄伊凡五世(1666—1696年)同时即位,立为"第二"沙皇,姐姐索菲娅(1657—1704年)摄政。1689年推翻索菲娅后掌握实权,1696年伊凡病逝后成为唯一君主。1697年化名秘密出国,在荷兰、英国等地学习考察。翌年,因国内军队谋叛返国。此后积极兴办工场,振兴贸易;改革军制,建立正规的陆海军;打击保守势力,加强以沙皇为首的中央集权制。1699年,彼得一世先后同萨克森、丹麦签订反瑞典的同盟条约。1700年,同土耳其签订和约。同年8月,彼得向瑞典宣战,进攻纳尔瓦,开始了长达21年的北方战争。1703年起,在涅瓦河口营建新都圣彼得堡。1721年8月,俄瑞两国签订《尼什塔特和约》,俄国获得芬兰湾、里加湾等地,取得波罗的海出海口。1721年10月,参政院封彼得为"皇帝"和"祖国之父"。从此,俄国改称俄罗斯帝国。1725年,彼得一世病逝于圣彼得堡。其改革在一定程度上改变了俄国在政治、军事、经济和文化教育方面的落后状态,使俄国进入了欧洲强国之列。(推荐阅读　[苏联]卡芬加乌兹、巴甫连科主编:《彼

得一世的改革》,郭奇格等译,商务印书馆)

《濒危世界遗产名录》 联合国教科文组织主导的用于记录受到威胁的,或需要救援的遗产项目的国际性权威名录。自 1994 年以来,为保护文化遗产,联合国教科文组织加强文化遗产的监测工作,将存在严重问题的遗产列入《濒危世界遗产名录》,敦促遗产所在国家采取措施修复和保护文化遗产。当世界遗产的濒危程度已达到所在缔约国政府或国际社会必须通过特殊的努力、紧急行动、国际援助和合作,才可能使保护行之有效时,就得将其列入濒危遗产名录。列入濒危名录,通常需要首先由所在缔约国提出援助申请,由世界遗产委员会的任一成员或世界遗产中心提出列入建议,最后由委员会讨论决定。如果经过一系列努力措施,解除了相应的危险和威胁,经遗产委员会评估,可以从《濒危世界遗产名录》中去除。但如果缔约国政府不能保证在一定的期限内通过采取必要的措施有效保护遗产的价值,导致该遗产最终失去了作为世界遗产的价值,该遗产项目将可能从《世界遗产名录》中被除名。(推荐阅读 徐树建主编:《世界文化与自然遗产》,山东人民出版社)

波利尼西亚人 太平洋中南部波利尼西亚群岛的族群。公元初从东南亚陆续迁来,至 2001 年总人口约 145 万人,包括夏威夷人、汤加人、萨摩亚人、图瓦卢人、塔希提人和新西兰的毛利人等。波利尼西亚人种的特征是:有轻微乃至中等程度的皮肤色素沉着;中等身材,体格较壮;直发乃至盘发,体毛少。语言属南岛语系波利尼西亚语族。用木、石、丹、贝制工具,从事农业和渔业,擅长手工编制和木刻,造船、航海经验丰富。有图画文字,复活节岛有象形文字的萌芽。崇拜多神,现多改信基督教新教。(推荐阅读 [美]克里斯蒂娜·汤普森:《海洋的子民:波利尼西亚之谜》,李立丰译,北京大学出版社)

波士顿倾茶事件 北美殖民地时期波士顿人民反对英国东印度公司对北美殖民地的茶叶贸易垄断权的事件。又称波士顿茶党案。英法七年战争结束后,英国加强对北美殖民地的控制和压榨,英国议会未经殖民地的同意,擅自颁布《印花税法》《汤森税法》等法令,遭到殖民地人的抗议和抵制后,英国当局被迫废止"汤森法案",但是保留了对茶叶征收进口税的规定,以维护英国议会

有权向殖民地征税的原则。北美人素有饮茶的习惯,他们为了避税,改为饮用荷兰的走私茶,致使享有对北美茶叶市场垄断权的英国东印度公司因茶叶滞销而濒临破产。为保护英国东印度公司的茶叶垄断权,英国于1773年颁布了《茶叶法》,严禁茶叶走私,英国东印度公司被允许向北美市场直销茶叶,并享受政府给予的关税补贴。此举立即引起殖民地人的愤怒和有组织的抵制。1773年11月,英国东印度公司的7艘商船满载着积压的茶叶,启程驶往北美,其中4艘停靠在波士顿港等待卸货,12月16日,波士顿8000多人集会表示抗议。当晚,约60名居民化装成印第安人潜入其中的3艘运茶船,将船上价值约1.8万英镑的茶叶倾入大海。这一消息很快传遍整个北美,振奋了殖民地人民抗英斗争的士气,亦被视作为北美独立战争爆发的导火索。(推荐阅读　杨宗遂:《再谈"波士顿茶会"》,《历史研究》1982年第5期)

玻利瓦尔(1783—1830年)　委内瑞拉民族英雄,19世纪初南美独立运动领导人、军事家。生于委内瑞拉一个土著贵族家庭。崇信卢梭的自由民权主张,立志为推翻西班牙在美洲的殖民统治和解放南美洲而献身。1812年,委内瑞拉共和国覆灭,他发表《卡塔赫纳宣言》,号召各地爱国者联合起来,解放委内瑞拉和南美洲。1813年,率领300多人的远征军解放加拉加斯,重建共和国,任最高执政者,被授予"解放者"称号。1815年发表《牙买加来信》,号召爱国者再接再厉,战胜殖民势力。1818年再次成立共和国,被选为总统。1819年,委内瑞拉同新格拉纳达联合为大哥伦比亚共和国,他当选为总统,随后率军解放加拉加斯、基多。1822年,同圣马丁会晤,承担打败西班牙殖民军和解放秘鲁的重任。1824年,解放秘鲁。1830年春,玻利瓦尔辞去总统职务,12月因病逝世。玻利瓦尔在建立南美资产阶级共和政权方面作出了重大贡献,他主持制定了委内瑞拉、哥伦比亚和玻利维亚等国的宪法,主张废除奴隶制和封建等级制,限制教会特权,实行中央集权制,反对联邦制,重视拉美新独立国家之间的团结合作。当时,人们志在建立民族国家,而他却放眼整个拉丁美洲。玻利瓦尔的革命业绩和资产阶级民主思想对拉丁美洲有深远影响。1980年联合国大会决定将他列为世界民主战士进行纪念。(推荐阅读　露丹:《玻利瓦尔与拉美团结反霸斗争》,《世界知识》1983年第7期)

伯里克利（约公元前 495—前 429 年） 古希腊雅典政治家，出身贵族。公元前 462 年与厄菲阿尔特合作，实行民主改革，扩大雅典民主机构公民大会和民众法庭的权力，积极反对贵族派首领西门，剥夺贵族会议的许多特权，成为民主派的领袖。次年，厄菲阿尔特遇刺及贵族派首领西门被放逐后，成为民主派首领和雅典最有影响的人物，公元前 444 年后连续 15 年当选将军。执行发展工商业和奖励文化的政策，发起修建帕特农神庙等建筑，其当政时雅典民主政治达到极盛，经济、文化高度繁荣，被誉为希腊（雅典）的"黄金时代"。竭力维护雅典对提洛同盟各城邦的控制和剥削，领兵镇压萨莫斯岛的起义。利用提洛同盟贡金，大力扩建舰队，曾率舰队远航黑海，扩大雅典声威。在伯罗奔尼撒战争爆发前后，拟定和执行反对斯巴达的战略。因战事不利，公元前 430 年一度落选将军。公元前 429 年再度当选，同年因染瘟疫病逝。（推荐阅读 ［法］樊尚·阿祖莱：《伯里克利：伟人考验下的雅典民主》，方颂华译，上海三联书店）

不结盟运动 奉行独立、自主和不结盟政策的运动。20 世纪 50 年代末由南斯拉夫总统铁托、印度总理尼赫鲁、印度尼西亚总统苏加诺、埃及领导人纳赛尔等倡导。1961 年 9 月在贝尔格莱德举行第一次不结盟国家和政府首脑会议，25 个国家出席会议，不结盟运动正式形成。至 2017 年已举行 17 次不结盟国家和政府首脑会议，不结盟运动成员国增至 120 个。该运动奉行独立、自主和非集团的宗旨和原则；支持各国人民维护民族独立、捍卫国家主权以及发展民族经济和民族文化的斗争；坚持反对帝国主义、新老殖民主义、种族主义和一切形式的外来统治和霸权主义；呼吁发展中国家加强团结；主张国际关系民主化和建立国际政治经济新秩序。1992 年，中国成为不结盟运动的观察员国。不结盟运动在当代国际关系中的积极作用表现为：坚决支持殖民地民族独立和解放运动，加速了帝国主义殖民体系的崩溃；积极致力于反对强权政治和集团对立，成为反对霸权主义斗争的主体力量；加强发展中国家的团结合作，为缓和发展中国家之间的矛盾和冲突发挥积极作用；倡导集体自力更生精神，推动南北对话，为争取建立国际经济新秩序而斗争。不结盟运动反映了发展中国家要求掌握自己命运，维护世界和平，致力经济发展的历史潮流，具有强大的生命力。面临近年来国际关系中出

现的新情况、新变化,不结盟运动正在及时调整战略与策略,克服内部矛盾分歧,战胜外部干扰阻力,摆脱经济发展困难,继续在国际事务中发挥应有的影响与作用。(推荐阅读　高志平、郭温玉:《不结盟运动与新中国恢复在联合国合法席位》,《社会科学战线》2022 年第 9 期;克里希南·斯里尼瓦桑、张林:《印度的不结盟政策》,《东南亚南亚研究》2017 年第 3 期)

布雷顿森林体系　二战后,美国在国际货币体系实施霸权的产物。1944 年 7 月,包括中国在内的 44 个国家的代表在美国新罕布什尔州的布雷顿森林召开国际金融货币会议,通过了"国际货币基金协定"。根据协定,建立起一个以美元为中心的资本主义世界货币体系,通常称为"布雷顿森林体系"。该体系以两个"挂钩"为支柱:一是美元与黄金挂钩;二是其他国家的货币与美元挂钩。布雷顿森林体系是战后初期西方国家经济关系的中心内容,其建立主要基于四方面的条件:第一,世界经济力量高度集中于少数西方国家。第二,西方发达国家在经济上要求建立新的国际货币金融制度,实行固定汇率,放开外汇管制,以促进各国经济和贸易发展。第三,美国成为资本主义世界头号强国,英法等西方国家不得不唯美国马首是瞻。美国认为,美国必须领导世界,世界必须按照美国的面貌加以改造。第四,由于战争的破坏,大多数西方国家百废待兴,它们不仅需要大量美元恢复发展本国经济,而且在政治上和军事上需要美国庇护,因此便主动地投入美国怀抱。布雷顿森林会议最终确立了一种新的货币体系,该体系以美元为中心,一定时期内稳定了国际汇率,为国际贸易结算提供了相对客观稳定的标准,促进了战后世界经济的恢复与发展。但美国也据此建立了美元霸权,为美国资本主义世界经济霸主地位的确立提供了国际货币金融基础,而布雷顿森林体系的固有缺陷则为其最终走向解体埋下了隐患。1971 年 8 月,美国总统尼克松抛出"新经济政策",停止美元兑换黄金。1971 年 12 月,西方 10 国集团财长会议通过调整货币汇率的协议,将黄金官价从 1 盎司 35 美元提高到 1 盎司 38 美元,美元贬值了 7.89%。1973 年 2 月,美元贬值了 10%,于是,各国取消了本国货币与美元的固定比价,宣布实行浮动汇率制,至此,布雷顿森林体系彻底崩溃。(推荐阅读　刘元春、刘凯等:《布雷顿森林体系崩溃五十年:美元本位评估与未来体系展望》,中国社会科学出版社)

布尔什维克 列宁创立的无产阶级革命政党。前身为1898年3月成立的俄国社会民主工党。1903年举行的俄国社会民主工党第二次代表大会期间，在制定党章时，以列宁为首的马克思主义者同马尔托夫等人发生激烈争论。大会在选举中央委员会和党的机关报《火星报》编辑部成员时，拥护列宁的人得多数票，称布尔什维克（多数派），马尔托夫等机会主义者得少数票，称孟什维克（少数派）。1905年革命失败后，大部分孟什维克变为主张取消革命、取消革命党的取消派。布尔什维克是坚持马克思主义并把它同俄国实际相结合、创造性地发展马克思主义的无产阶级革命派。因而从1903年以来，布尔什维克成为马克思主义者的称号，布尔什维克的理论和策略亦称为布尔什维主义。1912年，该党第六次全俄代表会议把坚持机会主义立场的孟什维克取消派清除出党。从此，布尔什维克成为独立的马克思主义政党，党名为俄国社会民主工党（布尔什维克）。1918年改名为俄国共产党（布尔什维克），简称俄共（布）。1925年改名为苏联共产党（布尔什维克），简称联共（布）。1952年改称苏联共产党。自1917年十月革命胜利后，各国共产党都以俄共为榜样，布尔什维克又成为真正的共产党人同义语。（推荐阅读 郑异凡主编：《谁发动了十月革命：布尔什维克自传》，郑异凡、蔡恺民、姜鸿霄等译，上海人民出版社；袁红：《中国共产党的"布尔什维克化"建设目标研究》，人民出版社）

采邑 亦称"赏地"，西欧中世纪早期国王赏赐亲信、贵族和有功臣属的土地，连同居住在土地上的农民一起赏给承受人。承受人必须宣誓效忠君主，在战争时提供经过训练和有装备的兵员，并承担其他徭役的征发；如不履行这些义务，可收回土地。领受采邑通常以分封者或受封者的终身为限。领用人或采邑主死亡，或未完成义务，以及在田园荒芜的情况下，采邑就应当归还给原主或其继承人，若要恢复采邑关系，则须重新举行分封仪式。随着封建关系的发展，至9世纪，采邑逐渐变为世袭的领地。由采邑形成的封建土地占有制被称为采邑制。采邑制促进了封建等级制的形成和发展，同时使原本自由的农民处于更加受奴役的地位，人身依附关系加强。中国古代诸侯封赐所属卿大夫作为世禄的田邑（包括土地上的劳动者）也称为"采邑"或"采地"。（推荐阅读 马克垚：《西欧封建经济形态研究》，人民出版社）

查尔斯·狄更斯(1812—1870 年)　英国文学家。少年时曾随家住入负债者监狱,后当童工,16 岁在律师事务所当缮写员,不久,任新闻记者,发表特写。1837 年发表《匹克威克外传》,讽刺英国社会的黑暗面。1838 年和 1839 年先后完成长篇小说《奥立弗·退斯特》和《尼古拉斯·尼可贝》,描写资本主义社会中贫苦儿童的悲惨生活,揭露贫民救济所和学校教育的黑暗。1842 年去美国旅行后,发表《美国札记》和长篇小说《马丁·瞿述伟》,抨击种族歧视和金元崇拜。1844—1847 年旅居意大利、瑞士和法国。19 世纪 50 年代前后,接连写出长篇小说《董贝父子》《大卫·科波菲尔》《荒凉山庄》《艰难时世》等,进一步揭露资产阶级的贪婪、伪善和司法、行政机构的腐败。1859 年完成长篇小说《双城记》,以法国大革命为背景,揭露封建贵族的残暴。其作品从人道主义出发,抨击资本主义社会,主张用改良手段变革社会,是英国现实主义文学的重要代表。(推荐阅读　[苏]伊瓦舍娃:《狄更斯评传》,蔡文显等译,广东人民出版社)

查理·罗伯特·达尔文(1809—1882 年)　英国博物学家,进化论的奠基人。22 岁从剑桥大学毕业后,以博物学家的身份乘海军勘探船"贝格尔"号作历时五年的环球旅行,观察并搜集了动植物和地质等方面的大量材料,经归纳整理与综合分析,形成了生物进化的概念。1859 年发表《物种起源》一书,创立了生物进化论。认为生物既不是上帝创造的,也不是一成不变的,而是经历了由低级向高级、由简单到复杂的发展过程。提出生物现存的物种具有共同的原始起源,不同物种的变异是"自然选择"的结果,这些认识被后人归纳为"物竞天择,适者生存,自然选择"。生物进化论有力摧毁了唯心的创世说和物种不变论。因此,达尔文被称为"生物学领域的牛顿"。随后,发表《动物和植物在家养下的变异》《人类起源及性选择》等著作,对人工选择作了系统叙述,并提出性选择及人类起源的理论,进一步充实进化学说的内容。恩格斯高度评价达尔文的进化论,指出这是 19 世纪自然科学三大发现之一。(推荐阅读　李宏升编著:《达尔文》,国际文化出版公司)

查理大帝(742—814 年)　亦译"查理曼"。加洛林王朝开创者丕平(又称"矮子丕平")之子,于 768 年继位,与其弟卡洛曼共治;771 年其弟死后成为全法兰克国王。开始推行武力扩张政策,实际上将除了西班牙的阿斯图

里亚斯王国、意大利南部、英伦三岛外西欧的所有基督教国家都统一在一个国家内。800 年圣诞节,由教皇利奥三世加冕为"罗马人的皇帝",即神圣罗马帝国或法兰西的查理一世,又称查理大帝。法兰克王国因此被称为查理帝国。查理统治时整顿内政,发布过不少敕令,贯彻其统治意志。任用教士参政,令他们起草机要文书、担任监察官和外交使臣。派监察官到地方上监督伯爵或执行其他任务,以扩大国王的管辖权。由于在全国范围内征收赋税十分困难,曾经主要依赖王室庄园的收入,颁布了大量王田敕令,敦促王田管理人要善于组织生产,登记好王田上的财物,并派监察官进行监督。奖励学术文化,出现所谓加洛林王朝的"文艺复兴"。帝国虽强盛一时,但境内民族成分复杂,分封割据,且缺少共同的经济基础;814 年,查理曼去世,强盛一时的帝国很快走向分裂。843 年,查理曼的三个孙子缔结条约,将帝国一分为三,形成德意志、法兰西和意大利三个国家的雏形。在整个中世纪欧洲,查理本人一直被认为是一位有影响力的基督教国王和皇帝。(推荐阅读[法兰克]艾因哈德:《查理大帝传》,戚国淦译,商务印书馆)

查士丁尼(483—565 年) 拜占庭帝国皇帝(527—565 年在位),亦称"查士丁尼大帝"或"查士丁尼一世"。他非常重视法学研究,528 年成立编纂新帝国法规的专门委员会,收集从哈德良(117—138 年在位)以来历代罗马皇帝的诏令和元老院的决议,529 年编成《查士丁尼法典》。530 年又建立一个整理罗马法学著述的专门委员会,533 年出版《法学汇纂》(又译《学说汇编》)共 50 卷;以及《法学阶梯》(又译《法理概要》《法学总论》),简要阐明法学原理,作为讲授和学习罗马法的教材。565 年又把 534 年到查士丁尼一世逝世所颁布的法令,汇编成《新法典》(又译《法令新编》)。这四部法典后统称为《查士丁尼民法大全》,对后世西方各国法律产生重大影响。他大兴土木,建造圣索非亚大教堂。镇压平民起义,征服汪达尔王国、东哥特王国,并长期与波斯兵戎相见。长期的对外战争,耗尽了国家的军事和经济实力,同时也未能制止斯拉夫人、保加尔人、匈奴残部和阿瓦尔人的不断入侵。565 年查士丁尼一世去世后不久,征服地区大都丧失。(推荐阅读 [英]大卫·波特:《罗马世界的博弈:从罗慕路斯的神话到查士丁尼的法典》,郭佳好译,华中科技大学出版社;[意]桑德罗·斯奇巴尼选编:《民法大全选译》,黄风译,

中国政法大学出版社）

《查士丁尼法典》 拜占庭帝国皇帝查士丁尼一世主持下于 529—565 年完成的法律和法律解释的汇编。这并非一部全新的法典，而是对过去法律的汇编和对罗马大法学家意见的摘录，以及法律基本纲要和查士丁尼自己所立新法的汇编。包括《法典》（又译为《查士丁尼法典》，直译为《敕令典》）《学说汇纂》（又译《学说汇编》）《法学总论》（又译《法理概要》或《法学阶梯》）《法典颁布后的新律》（简称《新律》或《新法典》），这些法律文献共同构成《查士丁尼法典》或《查士丁尼民法大全》。（推荐阅读 ［古罗马］查士丁尼：《法学总论——法学阶梯》，张企泰译，商务印书馆）

《朝鲜三国史记》 朝鲜半岛现存最早的较为完备的以纪传体写成的官修正史，记述了新罗、高句丽、百济三国的历史。1145 年高丽王朝学者金富轼（1075—1151 年）用古汉语写成。包括罗纪 12 卷、丽纪 10 卷、济纪 6 卷；年表 3 卷；祭祀、音乐、车服、屋舍、地理、职官等杂志 9 卷；列传 10 卷。该书直接依据今已失传的《旧三国史》，并取材于朝鲜的其他文献和金石资料，以及中国的某些史书和风俗地理书籍。从其"论曰"部分，还可看出使用《尚书》、《春秋》、《孟子》等中国经书的痕迹。此书是研究朝鲜三国时期和后期新罗历史的珍贵文献。不足之处是对某些史事叙述重复，对事件的记述也有差错。该书撰成不久即刊刻问世，俗称古印本，流传国内外。其后有李朝太祖三年（1394 年）庆州府首次刊本，俗称洪武本。但均已失传。再后有李朝中宗七年（1512 年）庆州府二次刊本，俗称正德本，为存世无多的善本。史书包含了很多民间故事资料，呈现出亦文亦史的风格，使该作品极具文学价值；该书以平等的态度对三国，三国各有本纪，各以自己的君主纪年，均称"我国"。《三国史记》对朝鲜初期的史书产生了重要影响，对韩国传统史学的发展也做出了重要贡献。（推荐阅读 刘永连：《东亚世界与古代中国》，广西师范大学出版社）

城邦 通常以一个城镇为中心，包括其周围的乡村。在荷马史诗中，原指堡垒或护卫城。希腊的城邦或在氏族制度解体和阶级分化的基础上产生（如雅典），或通过军事征服形成（如斯巴达），或通过殖民建立（如叙拉古）。城邦建立之初，往往实行贵族政治，后由于平民反对贵族的斗争，有的经过

僭主政治达到奴隶主民主政治,有的转变为寡头政治,有的则长期保持贵族政治。在典型的城邦,城市是政治、宗教、文化和工商业中心;国家机构有国王或执政官、贵族会议或元老院、公民大会、各级公职以及军队、监狱、法庭等机关。学界对城邦的认识尚有争论,有的认为最早国家统称城邦,由城邦到帝国乃是普遍现象;有的认为城邦是古希腊、罗马特定环境下的产物,城邦不一定都会转化为帝国。(推荐阅读 [古希腊]亚里士多德:《雅典政制》,日知、力野、林志纯译,商务印书馆;黄洋:《古代希腊土地制度研究》,复旦大学出版社;徐晓旭、蔡丽娟:古代希腊城邦的形成,《史学集刊》2008 年第3 期)

城邦公民大会　古希腊城邦公民的全体大会。起源于公元前 12—前 9世纪的荷马时代,全体成年男子(战时全体战士)都可以参加,以讨论和决定部落的各项重大问题。梭伦(公元前 594 年任执政官)改革公民大会,并以立法的形式把公民大会的权力确定下来。克里斯提尼(约前 508—前 507 年任执政官)改革,提高公民大会的地位,激起民众的热情。参加公民大会的人可以自由发言,讨论完毕通常进行举手表决,在大多数情况下简单的多数便确定了结果。希腊大多数城邦都有过公民大会。在希腊化和罗马时期公民大会仍然继续进行活动;在罗马帝国时期,公民大会的权力逐步萎缩。(推荐阅读　晏绍祥:《古代希腊民主政治》,商务印书馆)

城市化　人口、用地和经济、文化模式由农村型转向城市型的过程和趋势。主要表现为城市数目的增加,城市规模的扩大和城市经济方式、生活方式的某些特征向农村扩展。城市人口数量在人口总数量中的比重,是衡量城市化程度的基本指标。城市化的程度是衡量一个国家或地区经济、社会,文化、科技水平的重要标志,也是衡量一个国家或地区社会组织程度和管理水平的重要标志。城市化是人口不断向城市集聚、经济结构持续演进、社会治理不断完善的过程。第一次工业革命以来城市化速度开始加快,但不同区域城市化的路径选择、城市化水平和城市化质量仍存在较大差异。在城市化的三个不同的阶段中,城市化的动力、产业结构以及出现的相应问题也各不相同。中国多用"城镇化"这一术语来表达类似的概念。(推荐阅读刘景华:《"城市化"诸概念辨析》,《经济社会史评论》2015 年第 4 期)

城市自治　在一定领土范围之内,全体居民组成法人团体(地方自治团体),在宪法和法律规定的范围内,并在国家监督之下,按照自己的意志组织地方自治机关,利用本地区的财力,处理本区域内公共事务的一种地方自治制度。古代西方的地方自治最早出现于古罗马时代。英国也从盎格鲁—撒克逊时代起,将筑有城堡自卫或有市场的地方称作自治市。根据地方自治的观念,可分为人民自治和团体自治两种类型。城市自治因各个国家、地区的城市与封建主间的斗争不同而有不同的类型。在城市自治的发展过程中,自治单位也在不断变化。西方城市的自治只是短期的现象,到了专制王权时代,西方国家的权力日益强大,城市自治也就日益衰微。中世纪欧洲城市自治的历史,为欧洲地方自治的传统提供了重要的社会历史前提。(推荐阅读　王亚平:《13世纪西欧城市自治运动发生的历史原因》,《东北师大学报》(哲学社会科学版)1996年第2期;王渊明:《近代早期西欧城市的发展》,《世界历史》1993年第1期)

达西亚　又译达基亚、达契亚。古代喀尔巴阡山脉和特兰西瓦尼亚地区,现罗马尼亚中部偏北和西部。达西亚人很早便占据了多瑙河以南、山脉以北的广大地区,务农,也开采银、铁和金矿。达西亚人最早于公元前4世纪出现在雅典的奴隶市场,后与希腊人通商(主要买进葡萄酒),使用希腊货币。操色雷斯方言,文化上受相邻的西徐亚人和公元前4世纪入侵的凯尔特人影响。公元前112年、前109年及前75年分别加入罗马军队。公元前60—前50年统一,后又分裂。85—89年罗马皇帝图密善发兵达西亚,社会发展受挫。101—102年、105—106年,图拉真两度发兵征服达西亚,以戴凯巴鲁为首的达西亚人奋勇抵抗,终失败,最终沦为罗马的行省。(推荐阅读[英]尼古拉·克莱伯:《罗马尼亚史》,李腾译,东方出版中心)

大棒政策　美国第26届总统西奥多·罗斯福提出并奉行的主要针对美洲的外交政策。1900年西奥多·罗斯福在向国会要求批准提高海军的应变能力以支持国家的外交目标时,公开宣称,他在任美国总统期间,对付他国的方法是"话说得好听点,但手中要拿着大棒",故名。此语出自非洲谚语"手持大棒口如蜜,走追天涯不着急"。后发展为"大棒加胡萝卜政策"。这一政策成为美国对其他国家奉行的武力威胁和战争讹诈政策的泛称。在这

一政策的指导下,20世纪初,美国凭借其大为增强的军事经济力量积极推行向外扩张计划,加强对拉丁美洲,特别是加勒比海地区的侵略。罗斯福根据马汉的制海权理论,主张以武力为后盾,迫使拉丁美洲国家"循规蹈矩"听命于美国。在大棒政策的指导下,美国凭借武力,多次公开干涉拉丁美洲国家的内政。大棒政策是帝国主义时代美国对外扩张的典型政策。(推荐阅读张文峰:《试析美国对拉美的新"大棒政策"》,《拉丁美洲研究》1990年第5期)

大帆船贸易航线 16世纪下半叶至19世纪初西班牙经营的横跨太平洋的贸易航线,主要在两大殖民地墨西哥的阿卡普儿科与菲律宾的马尼拉之间进行。1565年4月,西班牙入侵菲律宾,同年6月派"圣·巴布洛"号大帆船满载亚洲的香料运往墨西哥南海岸的阿卡普尔科,开辟了连接亚洲和美洲的太平洋航线,此后两地间的大帆船贸易日益频繁。大帆船每年6月乘西南季风自马尼拉启航北上,到北纬45°—42°水域,顺北太平洋上的"黑潮"东行,最后抵阿卡普尔科,行程万余海里,历时约6个月(回程顺洋流直航,历时约3个月)。去程载运的主要是来自中国、印度、波斯、日本等国的丝绸、漆器、瓷器、棉布、象牙、地毯等货物,运抵阿卡普尔科后,大部分销往墨西哥,一部分远销到南美和西班牙。归程载运的主要是美洲的白银铸币、铜、可可等。1813年10月,西班牙王室下令废止大帆船贸易。历时250余年的大帆船贸易航线促进了太平洋两岸的经济文化交流,不断推动人类历史逐步从分散走向整体。(推荐阅读 吴杰伟:《大帆船贸易与跨太平洋文化交流》,昆仑出版社)

大和绘 日本古代的绘画。始于日本平安时代(794—1192年),在学习和临摹中国唐朝画的基础上形成。起初主要是以贵族的日常生活为题材,表现了日本的自然风光和名胜古迹,也有的绘画作品与战争或宗教有关。追求及时行乐的唯美主义情趣,采用浓艳的色彩。一般画在纸或绢上,有时也画在宅邸的隔扇或屏风上。至室町时代,因中国禅宗思想的涌入与水墨汉画的兴起,逐渐由繁盛走向式微。现存作品有《源氏物语绘卷》、《信贵山缘起绘卷》和《扇面写经》等。作为日本广为流传的艺术形式,已经成为其民族文化的重要标识,对后世日本绘画发展具有重要意义。(推荐阅读

咸印平编:《日本绘画史》,中国美术学院出版社;刘晓路编:《小岛与大洋——日本美术》,吉林美术出版社)

大化改新　日本古代社会的一次社会改革。6世纪末,日本以部民制为特征的奴隶制日趋没落,国家出现社会政治危机,一部分贵族革新派主张以隋唐为榜样改造日本。645年,以中臣镰足和中大兄皇子为首的革新派发动宫廷政变,推翻当权的苏我入鹿,夺取政权,拥立轻皇子为孝德天皇,改年号大化(645—649年)。立中大兄为皇太子,中臣镰足为内大臣,并以中国留学归国僧侣、学者为国博士(顾问)。自大化2年(646年)起,参照唐朝的封建政治和经济制度,颁布改新诏令。其主要内容是:土地收归国有,取消皇室和贵族的私有土地和部民,代之以授土和食封;部民转为国家公民,实行班田收授法;统一税制,国家采取租庸调制,向公民征收国税,建立中央集权的行政机构,中央政府设二官、八省、一台,分掌各项政务。地方行政设国(省)、郡、里(乡)等单位,分别由国司、郡司、里长治理。通过改革打破了氏族贵族的世袭特权,建立起中央集权的天皇制国家,促进了封建经济发展,推动日本从奴隶社会进入封建社会。(推荐阅读　王毅:《论日本大化改新的成败》,《世界历史》1983年第3期)

大津巴布韦　古津巴布韦国家都城遗址,由石块垒砌而成。津巴布韦的字面意思是"石头城",始建于4世纪左右,延续1000余年,直到16世纪班图人的一支绍纳人建立的莫诺莫塔帕王国衰落后才停建。这类遗址在津巴布韦共和国境内已发现有100多处,其中坐落在维多利亚堡附近的大津巴布韦遗址规模最大,也是保存最完整的一组石头建筑群。它分为卫城和椭圆形石城两部分。大津巴布韦建筑群的最早建造年代大约为1100年,13世纪时曾进行过大规模的扩建。在这组建筑群周围,有古代修建的梯田、水渠和水井的遗迹。梯田绵延几千公里,证明当时已有比较发达的农业。在姆韦尼·马塔帕王国时期,大津巴布韦是一个贸易中心。在遗址中,还发掘出锄头、箭头和矛等铁制品,还有冶炼黄金用的熔炉,古代铸钱用的泥模,以及来自古代东方的各种陶瓷器具和中国瓷器的碎片。16世纪初,葡萄牙殖民者入侵,加之王国内部长期纷争,作为南部非洲文明代表的大津巴布韦文化逐渐衰落。1986年,该遗址被列为世界文化遗产。(推荐阅读　《看图走天下

丛书》编委会编:《走进世界著名遗址》,广东世界图书出版公司)

大流士一世(约公元前 558—前 486 年) 波斯帝国阿契美尼德王朝国王(公元前 522—前 486 年在位),以其行政管理的天才和宏伟的建筑规划而闻名。公元前 522 年,镇压高默达政变和各地起义,取得王位。为加强集权统治,置行省(萨图拉皮亚)和总督,确定各省每年的贡赋;建常备军;铸金币(大流克),统一货币和度量衡;筑御道,设驿站,修竣尼罗河至红海的运河,打通从印度河河口至埃及的海上航道。尊重帝国内各民族的宗教,在埃及整修许多神殿,允许犹太人重建耶路撒冷大教堂。对外大举扩张,东达印度河流域,西征黑海北岸西徐亚王国,征服色雷斯和马其顿。公元前 499 年发动希波战争,在马拉松被雅典人击败。其统治时期为阿契美尼德王朝最盛时,有贝希斯敦铭文记录其功绩。(推荐阅读 [美]A. T. 奥姆斯特德:《波斯帝国史》,李铁匠、顾国梅译,上海三联书店)

大陆政策 日本帝国主义企图灭亡中国、争霸世界的侵略政策。始于明治维新时期,由明治天皇亲自制定。1927 年 4 月,代表日本垄断资本和地主官僚中最反动、最富侵略性的党派"政友会"领袖田中义一出任首相,同年6 月 27 日到 7 月 7 日,田中义一内阁在东京召开"东方会议",提出《对华政策纲要》作为会议总结,其中声称,日本在满蒙有"特殊地位权益",如遭侵害,则决心采取措施。会后,又由田中义一奏秘折于天皇。该政策后来成为日本帝国主义对外侵略扩张的基本方针。(推荐阅读 赵阶琦:《日本军国主义对外扩张野心的形成与膨胀》,《日本学刊》2005 年第 4 期;周永生:《日本"大陆政策"思想探源》,《世界历史》1989 年第 2 期;黄玉兰:《日本大陆政策简析》,《史学月刊》1988 年第 6 期)

《大西洋宪章》 第二次世界大战期间,英国首相丘吉尔与美国总统罗斯福签署的联合宣言。亦称《罗斯福丘吉尔联合宣言》。苏德战争爆发后,第二次世界大战范围扩大,英、美迫切需要进一步协调反法西斯的战略。1941 年 8 月美国总统罗斯福和英国首相丘吉尔在大西洋纽芬兰海面的美舰"奥古斯塔"号上举行会谈,14 日发表共同宣言。宣言宣称:两国不追求领土或其他方面的扩张;尊重各民族自由选择其政府形式的权利;努力促使所有国家取得世界贸易和原料的平等待遇;促进各国间的经济合作;保障国际和

平与安全；公海航行自由；赞同摧毁德国纳粹暴政和解除侵略国家的武装等。宪章对鼓舞世界人民的反法西斯斗争,促进反法西斯联盟的形成起了积极的历史作用,并成为以后联合国宪章的基础。宪章也反映了美英的现实考虑和长远利益,暴露了它们之间的利害冲突。罗斯福力图把"机会均等"和"航行自由"等原则列入宪章,图谋打入并控制英国殖民地,遭到丘吉尔的强烈反对。苏联代表于 1941 年 9 月 24 日在伦敦召开的同盟国会议上宣读了苏联政府同意《大西洋宪章》基本原则的声明,同时表示有一定的保留。(推荐阅读　李铁城、武冰:《大西洋会议和大西洋宪章》,《世界历史》1985 年第 9 期)

《大宪章》　1215 年英国订立的政治授权性法律文件。这是一份经坎特伯雷大主教斯蒂芬·朗顿斡旋,约翰王与造反男爵们达成的书写在羊皮张上的拉丁文特许状,相当于一份和平协议。行文所用的是国王诏书的口气和一般特许状的语言。其中的一部分条款赋予英国教会和贵族一些特权,但更多条款却是英国国王对自身权力的限制,例如重新界定了君主、教会和贵族在政治、宗教、经济及法律上的关系,以及重新界定了君权和包括贵族在内一切自有人的法权,确立了法治的原则和司法过程中必须遵守的正当程序,也围绕着君主权威使英格兰形成内阁体制。《大宪章》是英国法典遗产的重要奠基石,也是中世纪英国封建社会的一部小百科全书,在世界政治史上具有里程碑意义,缔造了英国乃至欧美现代社会制度的三个基本原则:一是以自由保障自由的原则;二是以分权保障自由的原则;三是以法治保障自由的原则。(推荐阅读　陈国华译:《大宪章》,商务印书馆)

大学区制度　法国教育行政体系中的划分管理体制。1806 年,拿破仑设立帝国大学为政府管理全国教育的机构(实际上是国民教育部),1808 年划全国为 29 个教育行政区,称为"大学区",其所辖范围与司法区重合。其最高长官是由皇帝任命的总长,代表帝国大学的总监,管理区内各级各类教育。区内每省设督学 1 人,代表总长管理省内的中等和初等教育。经过调整,法国国民教育部至 1983 年,共有 27 个大学区,各大学区均与经济区基本协调。大学区制度一直沿袭到今天。根据现行规定,大学区总长必须具有国家博士学位。总长的职责:在高等教育方面,协调区内国民教育部所属高

等学校和其余各级各类学校的教育工作;在中等教育方面,他领导和监督各类中等学校的工作,分配经费和职位,任免一定类别的公务员,考勤和审核开支;在初等教育方面,他决定学校和班级的开设、裁减和撤销,教师的任免和法律处分。法国大学区制度也曾对中国教育制度产生影响。1927年,当时的中国政府依各地教育经济及交通状况,首先在江苏、浙江等省市试行大学区制度。每区设大学一所,以大学校长综理全区。区内设评议会为立法审议机构,研究院为大学研究学术最高机构,另设秘书处、高等教育部、普通教育部、扩充教育部(后改部为处)分管各项具体事务。1929年7月停止试行,同年8月取消,恢复教育厅制。(推荐阅读 茹宁:《民国大学院与大学区制改革的价值重估》,《高等教育研究》2013年第2期;赵峻岩:《民国时期大学区制度变迁研究》,南京大学出版)

德里苏丹国 1206—1526年,突厥—阿富汗军事贵族统治北印度的伊斯兰教区域性封建国家的统称,以其都城德里为名。"苏丹"原指拥有道德或宗教权威的人士,后来成为一些伊斯兰教国家统治者的称号。1206年,阿富汗统治德里的总督自立为统治印度的苏丹,定都德里,标志着德里苏丹国统治印度的开始。1526年第一次帕尼巴特战争,阿富汗人失败,德里苏丹国为莫卧儿王朝所灭。德里苏丹国实行伊斯兰教国家的政教合一制度,苏丹既是国家元首,又是伊斯兰教最高教长,集君权和神权于一身;地方划分为行省,行省总督由苏丹任命,重要职位由穆斯林担任;伊斯兰教上升为与印度教并列的主要宗教;在经济上兴建水利工程,推广灌溉工具,促进农业的发展,带来手工业和商业的兴盛。德里苏丹国是印度历史发展的重要阶段,各种宗教、制度、文化的融合,奠定了现代南亚文化的基础。(推荐阅读 林承节:《印度史上的断裂、改变和延续》,《南亚研究》2004年第2期;黄思骏:《德里苏丹国时期的田赋制度和伊克塔制度》,《世界历史》1997年第1期;华东师范大学编写组编写:《简明印度史》,湖南出版社)

德谟克利特(约公元前460—约前370年) 古希腊哲学家,原子论创始人之一。据第欧根尼·拉尔修称,德谟克利特的著作达73种,几乎涉及知识的各个领域,但至今仅有几百个片断留存,大多属伦理学论文。德谟克里特认为一切事物的本原是原子与虚空(或称真空,它虽然是无形的但却是客观

存在),无数的原子在无限的空间或虚空中运行。原子是永恒存在的,没有起因,不可分,也看不到。不同形状、不同体积的原子在旋涡运动中以不同的排列次序与位置结合起来,产生物体与物体的性质。原子分离,物体消灭。由于原子是永恒的,因此从这个词的绝对意义上来看,没有任何事物产生或消灭。在逻辑学上,他被认为是西方归纳逻辑的奠基人。在政治上,他拥护奴隶主民主制;在社会伦理观上,他宣称幸福是人生的目的,真正的幸福不在于感官享受而在于心神宁静,幸福与否不是神之所赐,而是人自己的选择;在数学上,他首次提出圆锥体的容量等于同底同高的圆柱体的容量三分之一的定理;他还曾进行动物尸体解剖。其生平具有传奇色彩。(推荐阅读 肖军霞:《德谟克利特的真理论》,《世界哲学》2007 年第 6 期;闻骏:《德谟克利特》,陕西师范大学出版总社)

地理大发现 亦称"新航路的发现"。西方学界对 15—17 世纪欧洲航海者开辟新航路和"发现"新大陆的通称。15 世纪前后,西欧国家商品经济发展,对金银财富的需求以及开拓新市场的意识日益迫切。另外,受人文主义者鼓励冒险精神的激励,以及西欧人在长期航行中积累的丰富经验,掌握了发达的技术,推动西欧找到一条通往东方的新航路,产生一些代表性的历史事件:1486 年,葡萄牙人迪亚士沿西非海岸南行,绕过非洲西南端的好望角,达到非洲东海岸。1497 年,葡萄牙航海家达·伽马沿着迪亚士开辟的航路,继续前行,终于达到印度。从 1492 年起,意大利航海家哥伦布在西班牙王室支持下,连续 4 次横越大西洋远航,抵达西印度群岛和美洲大陆。1519 年 9月,葡萄牙航海家麦哲伦在西班牙国王资助下,开始环球航行。地理大发现结束了世界各地相对孤立的状态,各地文明开始会合,日益连成一个整体。由此,世界市场逐渐形成,近代早期的殖民掠夺开始,导致西欧发生"价格革命",加速了西欧封建制度的解体,促进了资本主义发展。(推荐阅读 张箭:《地理大发现研究》,商务印书馆)

第三世界 相当于对发展中国家的统称。1974 年,毛泽东根据当时世界各种基本矛盾的发展变化,指出世界已分为三个方面,即:苏联、美国两个超级大国是第一世界;亚、非、拉美地区的发展中国家构成第三世界;处于这两者之间的发达国家是第二世界;中国是属于第三世界的社会主义国家。

第三世界国家的基本特征：从历史上看，第三世界国家基本上拥有不同程度上被殖民的历史；从经济上看，第三世界国家贫困落后，都具有发展民族经济的强烈愿望；从政治上看，第三世界国家都不同程度地受到帝国主义、霸权主义的威胁、干涉、控制或侵略，它们在对外政策方面大都奉行独立自主或不结盟政策，要求建立国际政治新秩序。绝大多数第三世界国家已经独立，但仍然面临着捍卫民族独立、进行经济建设的严重任务，它们是维护世界和平、反对帝国主义和霸权主义的主力军。这些新兴的民族独立国家在登上世界政治舞台后自成体系，经济发展模式呈现出多种发展形态，各有特色，不仅极大地改变了当时的国际政治格局，而且对 20 世纪后半期世界历史的发展产生了巨大而深远的影响。（推荐阅读 ［美］乔尔·S. 米格代尔：《强社会与弱国家：第三世界的国家社会关系及国家能力》，张长东等译，江苏人民出版社）

第一国际 亦称"国际工人协会"。1864—1876 年，世界无产阶级的第一个国际性组织。随着各主要资本主义国家相继开展或完成工业革命，工业无产阶级队伍壮大，各国成立独立的工人组织，国际间的联系日益增多。1864 年 9 月 28 日，英、法、德、意、波等国工人为声援波兰人民起义，在伦敦召开国际大会，宣告成立国际工人协会。马克思为它起草成立宣言和共同章程等许多重要文件，规定第一国际的任务是：团结各国工人，共同行动，保卫工人阶级利益，为完全解放工人阶级并消灭任何阶级统治而斗争。它的最高权力机构为代表大会，大会闭会期间为总委员会（中央执行机关）。第一国际在马克思和恩格斯的领导下，团结各国的工人阶级，传播科学社会主义，开展对各种机会主义和分裂主义的斗争，培养一批优秀的工人运动干部，为欧美各国建立无产阶级政党奠定了基础。巴黎公社失败后，各国资产阶级政府对第一国际进行疯狂迫害。1872 年，第一国际海牙大会决定将国际的总委员会从伦敦迁往美国。此后，第一国际停止活动。1876 年，第一国际在费城召开最后一届代表大会，根据马克思的建议，正式宣布解散。它的成立推动了马克思主义的传播和国际工人运动进入新阶段。（推荐阅读杨修文、王韶兴：《第一国际与社会主义政党对外交往的历史起源》，《科学社会主义》2023 年第 3 期；张友伦：《第一国际》，商务印书馆）

第一届大陆会议　英属北美殖民地 13 州的代表会议,独立战争期间的革命领导机构。在北美殖民地与英国宗主国之间的矛盾不断尖锐化的过程中,1774 年春英国议会通过的《强制法令》,激起殖民地人民的强烈不满。7 月间,马萨诸塞通讯委员会倡议召开 13 个殖民地代表会议,得到各殖民地的响应。9 月 5 日至 10 月 22 日在费城举行会议,史称第一届大陆会议。会议商讨反英方案,拟定呈交英王的请愿书,要求取消对殖民地的高压政策,且声明在英国接受这些要求之前,殖民地将拒绝英国商品入口。希望殖民地与宗主国的矛盾和平解决,并表示继续效忠英王,未提出独立要求。1781 年《邦联条例》生效后,大陆会议为邦联国会所取代,但直到 1789 年,大陆会议才正式结束。会议的召开在团结北美殖民地的解放力量、促进殖民地革命政权的建立方面走出了重要一步。(推荐阅读　彭辉:《论大陆会议的历史地位和作用》,《史学集刊》1994 年第 4 期)

东盟　全称为东南亚国家联盟,是东南亚国家的区域性合作组织。1967 年 8 月 8 日在曼谷成立。前身是泰国、马来西亚和菲律宾三国于 1961 年 7 月 31 日在曼谷成立的东南亚联盟。联盟宗旨是发展相互间政治、经济和军事合作关系。总部设在雅加达。出版刊物《东盟年度报告》《东盟商务通讯》等。成立初期,其活动仅限于经济与文化方面的合作。1971 年以后,各成员国加强了政治、经济军事上的合作,使东盟逐步形成一个区域性组织。1972 年 7 月马尼拉外长会议确定东盟同中国建立和平友好关系。1977 年 8 月 4—5 日吉隆坡举行了第 2 次首脑会议。会议重申东盟团结合作的方针,批准东盟扩大区域性经济合作的计划,同意加强东盟同美国、日本、澳大利亚、新西兰以及欧洲经济共同体的对话与合作。自 1979 年越南侵略柬埔寨以来,东盟多次召开外长会议,协调在柬问题上的立场。同时,东盟各国间的双边和多边的军事合作日益加强。至 2017 年底已有 10 个成员国:印度尼西亚、泰国、菲律宾、新加坡、马来西亚、文莱、越南、老挝、缅甸、柬埔寨;观察员国有巴布亚新几内亚和东帝汶,另有 10 个对话国。近年来,中国与东盟国家交往日益密切。2013 年,中国国家主席习近平提出愿同东盟国家共建 21 世纪海上丝绸之路,携手共建更为紧密的中国—东盟命运共同体,2021 年 11 月 22 日,正式宣布建立中国东盟全面战略伙伴关系。(推荐阅读　王

泽编译:《东盟》,中国法制出版社)

东印度公司 16—19世纪葡、英、荷、法等国建立的一种新型股份制贸易公司。为了垄断对东方(主要是印度和中国)的贸易,从而进行殖民扩张的组织。英国和荷兰分别成立东印度公司,荷兰和法国分别成立西印度公司。这些贸易公司由国家给予种种特权,在印度、马来群岛及远东各地各自享有贸易独占权,并拥有武器、自行铸币、对外宣战和缔结条约、对殖民地区进行疯狂掠夺、从事奴隶买卖和私掠活动的权利。随着工业革命的开展,这些公司相继被撤销,公司的全部财产归国家,只归还股东本金。东印度公司在世界各地经营垄断贸易,进行殖民掠夺,对西欧资本原始积累发挥了重要作用。(推荐阅读 [美]马士:《东印度公司对华贸易编年史(1635—1834年)》,区宗华译,广东人民出版社)

东正教 亦称"正教"或"希腊正教",与天主教、新教合称为"基督教三大教派"。其特色是继承使徒教会传统,有自己的礼仪和地域性教会。基督教产生后不久,逐渐分化为以希腊语地区为主的东派和以拉丁语地区为主的西派。1054年,东、西两派正式分裂。以君士坦丁堡为中心的东派教会自称"正教",意为"保有正统教义的教会",同自称"公教"(即天主教)的西派教会相对峙。东正教包含许多自主教会,遵循由最初的七次普世宗教会议确立的信仰和习俗:承认君士坦丁堡牧首(普世牧首)名义上的领导,不承认教皇为全世界基督教之首脑;除主教外一般神职人员可以婚娶。16世纪末,俄罗斯正教脱离君士坦丁堡普世牧首而自立,受沙皇俄国控制并成为国教。18世纪后,东欧一些国家的东正教也陆续宣告在行政上自主。当前,东正教在世界各地共有15个自主教会,主要分布于希腊、塞浦路斯、俄罗斯和东欧、北美等地。(推荐阅读 乐峰:《东正教史》,中国社会科学出版社)

都铎王朝 英国从封建主义向资本主义过渡时期的一个重要的封建专制王朝。兰开斯特家族的远亲亨利·都铎于1485年8月夺取王位,建立都铎王朝,史称亨利七世。王朝统治时期,英国社会发生剧烈变革,封建制度逐渐解体,资本主义势力迅速发展。王朝历任国王都实施专制统治,视新贵族和城市资产阶级为主要依靠力量。亨利八世继位后,为了加强王权,进行宗教改革,与罗马教皇决裂,建立英国国教,解散修道院并没收其全部财产。

在经济上,王朝推行重商主义政策,保护本国工业的发展,大力发展航海业和军需工业。对外与西班牙作战,1588 年歼灭西班牙的"无敌舰队"。其后英国初步夺得大西洋航线的控制权。都铎王朝对人民实行高压政策,颁布一系列"血腥立法",迫害在圈地运动中失去土地的流浪者。1603 年,伊丽莎白一世死后无嗣,王统中绝。苏格兰的国王詹姆士六世遂继承英国王位,都铎王朝被斯图亚特王朝取代。(推荐阅读 [英]查尔斯·爱德华·莫伯利:《都铎王朝(1485—1547)》,游莹译,华文出版社)

《独立宣言》 英属北美殖民地人民宣布独立的纲领性文件。正式名称为《美利坚十三联合邦的一致宣言》。1775 年北美独立战争爆发,为表明彻底同英国脱离隶属关系,建立自己的独立国家的立场,从思想上动员殖民地人民投身革命,第二届大陆会议于 1776 年 7 月 4 日正式发布了由 T. 杰斐逊等起草的《独立宣言》。序言部分阐述了宣言的目的是向世人宣布要求独立的原因。主体内容由三部分组成。第一部分概括启蒙思想家提出的建立在自然权利和社会契约学说基础上的政治理论,庄严宣称:人类生而平等,上帝赋予他们诸如生存、自由和追求幸福等不可让与的权利。为保障上述权利,人们才建立政府。任何政府一旦损害这些权利,人们就有权废除它,建立新政府。第二部分列举和痛斥英王对殖民地施行的种种暴政。第三部分向全世界庄严宣告北美殖民地脱离英国,自由独立的美利坚合众国正式成立。《独立宣言》以政治纲领形式确立资产阶级的革命原则——人权原则;在一定程度上反映了北美殖民地人民争取自由独立的愿望。另一方面,由于屈从于种植园奴隶主的压力,宣言没有宣布废除奴隶制,"天赋人权"也不包括黑人、印第安人、契约奴和妇女,暴露了美国资产阶级革命的不彻底性和人权的局限性。(推荐阅读 [美]大卫·阿米蒂奇:《独立宣言:一种全球史》,孙岳译,商务印书馆;薛冰清:《美国革命史研究中时空维度的扩展及其意义》,《世界历史》2018 年第 6 期)

杜鲁门主义 1947 年 3 月 12 日,美国总统杜鲁门在国情咨文中提出的霸权主义政策,后被称为"杜鲁门主义"。宣称美国有领导"自由世界"、"援助"某些国家"复兴"的"使命",以"防止共产主义的渗入"等等。同时要求国会拨款 4 亿美元援助希腊和土耳其政府,帮助它们镇压人民革命运动。它和

"马歇尔计划"共同构成战后初期美国全球战略的基础。杜鲁门主义是美国对外政策的重大转折点,标志着"冷战"的开端。(推荐阅读　张宏毅:《现代美国对外政策中的意识形态因素》,《世界历史》1988 年第 6 期)

俄瑞战争　俄国同瑞典于 1700—1721 年争夺波罗的海的北方战争。17 世纪末,波罗的海地区的形势变得有利于俄国。一方面,欧洲列强忙于准备西班牙王位继承战争,无暇干预波罗的海事务。另一方面,波兰、丹麦、普鲁士、俄国与瑞典关系紧张。1699 年彼得一世正式签署与丹麦、波兰—萨克森达成反瑞典条约,参加"北方同盟",标志着把战略主攻方向从黑海转移到波罗的海。为了避免两线作战,与土耳其达成协议后,1700 年 8 月彼得一世正式对瑞典宣战。18 世纪初期的瑞典是欧洲强国之一,铁矿丰富,工业发达,控制着整个波罗的海。反瑞同盟各国能够出动的军队不多,又互相利用,因此行动很不协调。1700 年俄军在纳尔瓦初战失利,俄国从战略进攻转入战略防御阶段。1709 年波尔塔瓦会战是整个北方战争中决定性一仗。俄军取得胜利,瑞典遭到沉重打击,战斗力大为削弱。在汉果乌得海战之后,俄军积极进攻瑞典本土。1721 年瑞典已经打得精疲力竭,俄瑞双方签订《尼什塔德合约》。俄国获得觊觎已久的领土,同时退出芬兰其余地区,并将阿兰群岛归还瑞典。这样,俄国人自由地进入波罗的海,这是沙皇俄国争夺水域的一大胜利。战后,沙皇俄国正式称为"俄罗斯帝国"。从此,俄国踏上了争夺世界霸权的道路。(推荐阅读　杨翠红:《帝俄兴起与历史书写的转型》,《史学集刊》2023 年第 1 期;吴春秋编著:《俄国军事史略(1547—1917 年)》,军事科学出版社)

二十国集团　由八国集团(美国、法国、英国、日本、意大利、德国、加拿大、俄罗斯)和 11 个具有广泛代表性的重要新兴市场国家(中国、阿根廷、澳大利亚、巴西、印度、印度尼西亚、韩国、墨西哥、沙特阿拉伯、南非、土耳其)以及作为一个实体的欧盟所组成的政府间国际经济合作论坛。由八国集团财长会议于 1999 年倡议成立。初为财长和央行行长会议机制,2008 年国际金融危机后,升级为领导人峰会。2009 年 9 月举行的匹兹堡峰会将二十国集团确定为国际经济合作主要论坛。二十国集团旨在促进工业化国家和新兴市场国家就国际经济、货币政策和金融体系的重要问题开展富有建设性

和开放性的对话,推动国际金融体制的改革,促进全球经济治理。领导人峰会是二十国集团最重要的论坛形式。目前,二十国集团在国际经济事务中发挥着愈来愈重要的作用。(推荐阅读　徐秀军、耿楠:《二十国集团》,社会科学文献出版社)

法拉第(1791—1867 年)　英国物理学家、化学家。大不列颠皇家学院实验室主任、英国皇家学会会员,著有《电的实验研究》、《化学与物理的实验研究》等。1831 年发现电磁感应现象,从而确定了电磁感应的基本定律,为现代电工学奠定了基础。还发现当时认为的各种不同形态的电,其实本质都相同。1833 年,发现电解定律,这是电荷不连续性最早的有力证据(但当时尚未作出此结论)。曾论述能量的转换,指出能的统一性和多样性。反对超距作用,认为作用的传递都必须经过某种物质媒介,并用实验证明了电介质在静电现象中对作用力的影响。还研究了电场和磁场,最先引入场的概念。为了描述电现象与磁现象,提出电场线与磁感应线的概念,发现磁致旋光效应(法拉第效应)。他的许多观点,后经麦克斯韦等人的概括总结和实验的证实,才为人们所认识。在化学上,研究了氯,发现两种新的氯化碳,用实验方法研究气体扩散和若干气体的液化,并研究合金钢的各种性质,创制若干光学玻璃新品种。(推荐阅读　[美]约瑟夫·阿盖西:《法拉第传》,鲁旭东、康立传译,商务印书馆)

法兰西第一帝国　1804 年由拿破仑建立的帝国。1799 年 11 月拿破仑·波拿巴发动雾月政变,建立执政府,自任第一执政。由于实施正确政策,在上台后的三四年时间里为法国赢得了稳定、发展和荣耀,军事上的辉煌胜利,更使他成为人民心目中的英雄。1804 年 5 月 18 日,元老院宣布拿破仑为法兰西人的世袭皇帝,号称拿破仑一世。12 月 2 日教皇庇护七世在巴黎圣母院为其加冕,正式创建帝制,史称法兰西第一帝国。同时颁布由拿破仑主持制定的《民法典》(1807 年正式改名为《拿破仑法典》),法典概括和肯定革命以来的各项基本法规,全面阐明资产阶级关于法制、财产权和社会关系方面的各种准则,是典型的资产阶级法典。拿破仑被第六次反法联盟击败后,于 1814 年 4 月 6 日第一次退位,被流放厄尔巴岛。波旁王朝复辟,1815 年 3 月 20 日拿破仑重回巴黎,建立百日王朝。6 月 18 日在滑铁卢被第

七次反法联盟击败。22 日再次退位,流放大西洋的圣赫勒拿岛,第一帝国结束。法兰西第一帝国是资产阶级帝国,在性质上与法国大革命有深刻的一致性。(推荐阅读 [英]威廉·奥康纳·莫里斯:《法国大革命与法兰西第一帝国》,高苗译,华文出版社)

法兰西第一共和国 法国历史上的第一个资产阶级共和国。始建于 1792 年 9 月 22 日。法国大革命初期由君主立宪派掌权,保留君主政体。1791 年 6 月国王路易十六出逃未遂,暴露出国王的反革命面目,在巴黎掀起一场群众性的反对王政、要求共和的运动。1792 年 4 月奥地利、普鲁士等国干涉法国大革命的战争爆发。在这场战争中,国王与王后暗中同敌国勾结,背叛国家,反革命面目进一步暴露。广大群众又掀起第二次共和运动高潮。1792 年 8 月 10 日巴黎人民举行起义,推翻国王。9 月 21 日,新选出的国民公会正式开幕,宣布废除王政。9 月 2 日,国民公会正式宣布建立共和国,史称法兰西第一共和国。期间政治斗争激烈,历经吉伦特派统治、雅各宾专政、热月党和督政府、执政府等阶段,先后颁布《1793 年宪法》《1795 年宪法》《1799 年宪法》,雾月十八日政变后已名存实亡。1804 年 5 月拿破仑·波拿巴称帝,共和国为法兰西第一帝国取代。

法老 古埃及国王的尊称。希腊语的音译。原意为"大房子"、"宫殿",为国王所居之地。自新王国第 18 王朝图特摩斯三世起,逐渐演变成对国王的一种尊称。第 22 王朝(公元前 945—前 730 年)以后,成为国王的正式头衔。法老自称是"太阳神之子",是古埃及的最高统治者,掌握全国的军政、司法、宗教大权,其意志就是法律,对臣民拥有至高无上的权力。法老的主要助手是首相,掌管司法和财政。(推荐阅读 [法]商博良:《法老统治下的埃及》,李颖枫译,上海社会科学院出版社)

法隆寺 位于日本古都奈良的一片古老木结构建筑群,又称"法隆学问寺"或"斑鸠寺"。相传,它是圣德太子在 7 世纪初所建,因此,它也是日本佛教圣德宗的总院。据说,法隆寺最初是日本用明天皇发愿修建,由圣德太子和推古天皇完成,供奉药师如来,曾经过多次修建和增建。法隆寺占地面积大约 19 万平方米,由东院和西院两院落组成,共有 40 多座建筑物,其中有 11 座建筑物建于 8 世纪以前或期间,建筑风格深受中国南北朝建筑的影响。

东院由原来圣德太子住的斑鸠宫改建而成,有梦殿、讲堂、僧房、钟楼等,西院是法隆寺的中心伽蓝,包括南大门、金堂和五重塔等。法隆寺建筑群以木结构为主,是日本也是世界上保存最完好、最古老的木结构建筑群。1993年,法隆寺地区的佛教古迹被列入《世界遗产名录》。(推荐阅读　[日]西冈常一等:《法隆寺》,张秋明译,上海人民出版社)

法西斯主义　"法西斯"一词,源于拉丁文,原意指中间插着一把战斧的棍棒,是古罗马帝国高级长官的一种权力标志。古罗马帝国高级长官出巡时,扈从每人肩负一束,寓意人民必须服从至高无上的国家权威,否则将立即遭斧钺之诛。实际上,这既是一种身份,又是一种法律的象征。"现代法西斯"指一战后在意大利、德国和日本等国家出现的反动社会思潮、社会运动和国家政权。广义而言,这个术语适用于任何右翼民族主义、极权主义的运动和政府。法西斯主义崇尚非理性的精神和意志的力量;宣传法西斯国家至上论和种族主义;主张实行专制集权统治;鼓吹领土扩张,认为法西斯国家或"优等种族"的对外扩张是合理的和必然的。第一次世界大战后,意大利墨索里尼的法西斯党最先提出。1922年墨索里尼的法西斯党、1933年德国希特勒的纳粹党,都用暴力建立法西斯专政。日本也推行法西斯主义,对外奉行侵略掠夺政策。它们竭力推行反共、反人民和侵略扩张的政策,发动了第二次世界大战并在战争中遭到彻底失败。(推荐阅读　[英]斯图亚特·胡德:《法西斯主义》,石梅芳译,文化艺术出版社)

凡尔赛—华盛顿体系　第一次世界大战后英、法、美等国围绕对战败国领土及其殖民地再分割等问题构成的体系。一战结束,以战胜国英、法、美、日、意等为一方,以战败国德国为另一方,于1919年6月28日在巴黎凡尔赛宫签订《凡尔赛和约》。之后,战胜国又分别同德国的盟国奥地利、保加利亚、匈牙利、土耳其订立和约。这些条约规定的战后世界安排构成了凡尔赛体系。1921年11月12日—1922年2月6日,美、英、法、意、日、葡、比、荷、中九国在华盛顿召开会议,解决巴黎和会未能解决的帝国主义列强之间关于海军力量对比和在远东、太平洋地区特别是在中国的利益冲突问题。会议签订《四国公约》、《五国关于限制海军军备条约》、《九国公约》,各项条约和通过的决议案构成华盛顿体系。凡尔赛—华盛顿体系暂时调整了战胜国

之间的关系,但它并未消除帝国主义之间的矛盾。列强之间的均势很快就被打破,凡尔赛—华盛顿体系最终在第二次世界大战前夕瓦解。(推荐阅读徐蓝:《战争、国际关系体系与人类文明的发展》,《史学理论研究》2007 年第 3 期;孙丽萍:《从欧洲国际体系到全球性国际体系——基于历史和理论的双重视野》,《史学集刊》2014 年第 5 期)

反法同盟　英国支持欧洲各君主国为了绞杀法国资产阶级革命和阻止其对欧洲影响而组织的同盟。16—17 世纪欧洲大陆绝大多数国家仍处于封建专制统治之下。1789 年 7 月,法国人民通过革命推翻封建专制统治,建立资产阶级政权。1793 年 1 月,法国政府处决国王路易十六。英国、荷兰、西班牙、撒丁王国、那不勒斯等国以此为由,同奥地利、普鲁士组成第一次反法同盟。此后至 1815 年间,英国与欧洲封建诸国又先后六次组织反法同盟,发动对法战争。在成功粉碎第二至第五次反法同盟后,拿破仑帝国达到强盛顶点,欧洲大部分地区处于法国直接或间接控制之下。1812 年,侵俄战争失败使法兰西第一帝国元气大伤,各种反法力量再度联合。莱比锡和滑铁卢战役的失败,使法国未能粉碎第六和第七次反法同盟,也最终结束了拿破仑传奇般的军事和政治生涯。经过法国大革命的洗礼,法国及欧洲各国封建专制制度受到沉重打击,资产阶级的自由、民主和平等思想得到广泛传播,影响了 19 世纪上半叶欧洲资产阶级革命运动和拉丁美洲民族解放运动,有力地推动了资本主义在欧洲的发展。(推荐阅读　周锦(石钦):《略论法国大革命时期第一次反法同盟形成的原因》,《史林》1989 年第 2 期;范瑞祥:《1793 年—1815 年的七次反法同盟》,《历史教学问题》1986 年第 5 期)

泛非会议　非洲和世界各地黑人为反对种族歧视和殖民统治,要求民族独立和争取全世界黑人大团结而召开的会议。"泛非"一词意为把非洲人作为统一的整体联合起来。一战后,黑人中不断出现争取平等权利和要求非洲各族人民实行自决的运动,美国黑人运动领袖杜波依斯以此为宗旨,主张召开泛非大会。1919 年 2 月,杜波依斯与塞内加尔的布莱兹·迪亚涅共同主持在巴黎召开的第一届泛非大会。此后,杜波依斯亲自主持历届泛非大会,被尊为"泛非运动之父"。截至 1974 年,泛非会议先后举行过 6 届。1945 年 10 月,第五次泛非大会提出"全世界一切殖民地和被压迫的人民联

合起来"的口号。从此,泛非运动进入争取非洲独立解放的新阶段。1974 年
6 月,第六届泛非大会建议把每年 5 月 25 日定为"泛非日",呼吁非洲各国人
民和全世界人民采取共同行动,为铲除帝国主义、新老殖民主义、种族隔离
而斗争。泛非主义运动反映了非洲人民要求团结统一、非洲人的问题由非
洲人自己来解决的强烈愿望,对第二次世界大战后非洲国家争取自治独立
和非洲统一运动有重大影响。(推荐阅读　张象:《论非洲民族主义主旨泛
非主义的演变及历史特征》,《安徽史学》2017 年第 3 期;舒运国:《泛非主义
与非洲一体化》,《世界历史》2014 年第 2 期)

梵高(1853—1890 年)　荷兰印象画派的著名代表画家,被称为"扑向太
阳的画家"。他生于牧师家庭,当过店员、教师、矿区传教士等。初期作品用
色较暗,着色方法源于德拉克洛瓦,如《吃马铃薯的人》。后受印象画派、点
彩派和日本浮世绘的影响。1886 年到法国,结识高更、毕沙罗等,画面色彩
变得明亮,冷暖对比强烈,以跃动的线条、凸起的色块,表达主观的感受和激
动的情绪。代表作品《向日葵》让人感受到灼热阳光下的灿烂,对西方现代
绘画影响很大。(推荐阅读　章志、周芳编著:《梵高》,海南出版社)

非暴力不合作运动　甘地领导的印度人民反抗英国殖民统治的运动。
第一次世界大战后,印度人民反抗英国殖民统治、争取民族独立的斗争蓬勃
发展。1920 年,甘地在印度发起"非暴力不合作运动",倡导以和平方式抵制
政府、机关、法庭、学校,以及采取总罢业、抵制英货、抗税等非暴力手段进行
斗争,企图用非暴力的和平方式迫使英国当局让步。该运动在不同时期有
不同的内容和名称,重要的有四次:第一次(1920—1922 年)称"非暴力不合
作运动";第二次(1930—1934 年)称"公民不服从运动"或"文明不服从运
动";第三次(1940—1941 年)称"个人公民(文明)不服从运动";第四次
(1942—1944 年)称"退出印度运动"。甘地领导的非暴力不合作运动沉重地
打击了英国在印度的殖民统治,为二战后印度独立创造了条件。(推荐阅读
〔法〕罗曼·罗兰:《甘地传》,高勋、闻中译,广西师范大学出版社;徐琰编
著:《甘地》,北京师范大学出版社)

《非战公约》　1928 年 8 月 27 日,法国、美国、英国、比利时、德国、波兰、
意大利、捷克斯洛伐克、日本等 15 个国家在巴黎签订《关于废弃战争作为国

家政策工具的一般条约》,简称《非战公约》。因由法国外长阿里斯蒂德·白里安和美国国务卿弗兰克·B.凯洛格发起,亦称《白里安—凯洛格公约》。公约包括序言和3条正文,主要内容是:缔约国谴责用战争解决国际争端,废弃战争作为实施国家政策的工具,只能用和平方法解决缔约国间的一切争端或冲突。中国于1929年加入。至1934年5月,共有64国签约。公约的主要缺陷有:一是笼统地使用"战争"一词,而未能明确区分战争的正义与非正义性质;二是使用了"废弃战争"一词,而不是"禁止使用武力";三是公约的拘束力因美、英、法等国提出的"保留"条件而受到削弱。公约是在全世界人民反对帝国主义战争、渴望和平的压力下缔结的。它是历史上国家间首次宣称放弃以战争作为国家政策工具的条约,公约所倡议的非战理念为其后的《联合国宪章》等国际文件所继承,并成为第二次世界大战后审判德日主要战犯的重要法律依据。公约同时也催化了世界人权运动和国际组织的发展。但是,由于公约既不能解决任何国际纠纷,更不能有效遏制国家间的冲突,因而并没有起到有效制止侵略战争的作用。(推荐阅读　王明中:《评凯洛格非战公约》,《江汉论坛》1980年第2期)

非洲大饥荒　一般指20世纪80年代发生在非洲的由严重干旱引起的大饥荒。据世界银行统计资料显示,1982—1984年撒哈拉以南的非洲发生历史罕见的严重旱灾,波及36个国家1.87亿人口,整个地区至少缺粮1840万吨。联合国世界环境与发展委员会的调研报告指出,此次干旱加速了由环境破坏引起的危机,约有上百万非洲灾民饿死,3500万人背井离乡。1986年初,联合国在纽约专门召开会议,讨论非洲饥荒和其他经济问题。直到1987年,联合国粮农组织年底的一份报告还透露,撒哈拉以南非洲有45个国家急需粮食大量进口或救援。非洲大饥荒加剧了非洲农业危机,甚至引发了严重的国家经济危机,引起国际社会广泛关注与同情。(推荐阅读　丁隆:《大饥荒:非洲之角在呼救》,《世界知识》2011年第17期)

腓尼基字母　古代腓尼基人创造而成的一套拼音字母。约3300年前产生于地中海东岸,由古埃及文字演变出的北闪米特字母发展而来,后由腓尼基商人传播到整个地中海地区。字母共22个,都是辅音字母。这种字母传入希腊后促进了希腊字母的产生,希腊字母后来又衍生出拉丁字母和斯拉

夫字母,因此它是欧洲各种字母的共同来源。在东方,腓尼基字母对阿拉伯、印度、亚美尼亚等地字母文字的产生也有重大影响。(推荐阅读　何丹:《人类文字演化阶段和演化规律新论》,《浙江大学学报》(社会科学版)1996年第2期;袁立:《字母文字象形论史证钩沉》,《北京社会科学》2000年第2期)

吠陀时代　约公元前1500—前600年古印度被雅利安人征服、国家逐渐形成的时期。因反映该时期社会情况的主要文献是雅利安人的宗教经典《吠陀》,故名。雅利安人对印度河流域的入侵从公元前1500年持续到公元前1100年左右。这些来自中亚草原的游牧部族,沿兴都库什山口不断南下,占据被称为"五河""七河"的地区,定居于今天的巴基斯坦和印度西北部。雅利安人不仅带来了破坏,也带来了文化,形成了以婆罗门祭司为社会核心、以祭祀为生活中心、以吠陀经为圣典的吠陀时代。从社会生产角度看,吠陀时代是雅利安人从游牧转向农耕的时期,手工业和贸易也繁荣起来。在工商业发展的基础上,城市等较大居民定居点开始出现。伴随经济发展和社会分化而来的,是种姓制度的产生、国家机构的逐步完善以及体现统治阶级意志的婆罗门教的形成。(推荐阅读　崔连仲等选译:《古印度吠陀时代和列国时代史料选辑》,商务印书馆)

废奴运动　美国19世纪30年代初开始的要求废除黑奴制度的群众运动。1833年全国性废奴组织"美国反对奴隶制协会"成立,标志着一个有组织有纲领的废奴运动的兴起。废奴运动著名领袖有劳埃·加里森、温德尔·菲利普斯及黑人弗雷得里克·道格拉斯等,北部工人、农民、小资产阶级、黑人及先进的知识分子是运动的骨干力量。1859年10月16日,废奴主义者约翰·布朗带领16名白人(包括他的3个儿子)和5名黑人在弗吉尼亚的哈普斯渡口举行起义。起义的目标是在阿巴拉契亚山区建立一个废奴主义共和国。经过两天激战,终因众寡悬殊,被奴隶主镇压下去。废奴运动之所以在这期间广泛发展起来,其原因有二:一是内在的,由于棉花生产的增长和奴隶制的迅速发展,奴隶的处境日益恶化,奴隶起义的爆发也日益频繁,激起了人民群众反对奴隶制的情绪;二是外在的,英国于1833年决定解放西印度群岛的奴隶,并定于1838年生效,这加强了美国人民群众废除奴隶

制的信心。废奴运动具有一定的群众民主意义,打击了南方的奴隶制。(推荐阅读 [美]约翰·乔治·尼古拉:《林肯时代:废奴运动与南北战争》,王伟芳译,东方出版社)

弗莱明(1881—1955 年) 英国细菌学家、青霉素的发现者,曾任伦敦大学教授,瑞特—弗莱明研究所所长,著有《青霉素——它的实际应用》等。1921 年弗莱明鉴定并游离了溶菌酶(存在于某些动物组织和分泌物,如泪液和唾液中的酶,有抗生性)。1928 年弗莱明用葡萄球菌进行研究时发现:点青霉的孢子污染了葡萄球菌培养物后,霉菌菌落周围有一圈无细菌生长。经研究发现该霉菌中有一种物质,在稀释 800 倍时也能抑制细菌生长,他称之为"青霉素"。1929 年,弗莱明在《英国实验病理学杂志》上发表了这一研究结果。青霉素的发现标志着抗生素纪元(或称化学治疗黄金时代)的开始,为使用抗生素治疗传染病开辟了道路。此后,英国病理学家弗洛里和德国生物化学家钱恩肯定了它的治疗价值,三人共获 1945 年诺贝尔生理学或医学奖。(推荐阅读 李鹏:《疾病故事与人类探索》,《北京科技报》2020 年 3 月 23 日第 30 版)

佛教 世界三大宗教之一,广泛流行于亚洲,对东方世界的宗教、文化、社会生活发挥重要作用。相传为公元前 6—前 5 世纪古印度迦毗罗卫国(确切位置不详,可能在尼泊尔和印度交界处)王子乔达摩·悉达多(即释迦牟尼)所创。是当时反婆罗门教的思潮之一,基本教义是把现实人生断定为"无常""无我""苦"。佛教指出摆脱轮回痛苦之路,唯有按修持"戒""定""慧"三学,以断除烦恼、超越轮回,达到一种叫作"涅槃"的精神解脱。佛教经典繁多,总称为"经""律""论"三藏。公元前 3 世纪,由于摩揭陀孔雀王朝阿育王的信奉,佛教在印度国内外得到广泛流传,逐渐发展为世界性宗教,并在许多国家和地区形成各具民族特色的教派。流传于今斯里兰卡、缅甸、泰国、柬埔寨、老挝和中国傣族等居住地区的巴利语经典系,通称"南传佛教"(属小乘);流传于中国、朝鲜半岛、日本、越南的汉语经典系及中国藏族和蒙古族居住地区的藏语经典系,通称"北传佛教"(属大乘)。印度本土佛教在 9 世纪后渐趋衰微,13 世纪初归于消灭。佛教在两汉之际传入中国。对于中国哲学、文学、艺术和民间风俗有较大影响。(推荐阅读 杜继文主

编：《佛教史》，江苏人民出版社）

浮动园地　又称"奇南帕"，是阿兹特克人发明的在湖底丛生的杂草上面铺垫上湖土、由生长的杂草固定在湖底的浮岛。每次播种之前，农民们都要挖些新的湖土，铺在"浮动园地"上。因此，其表面随着一次次耕种而不断增高。然后，农民们再挖去表层的泥土，用于建造新的"浮动园地"，开始了一个新的循环。直到今天，某些地区仍使用这种耕作方法。"浮动园地"的修建是阿兹特克人扩大耕地面积以应对人口增长的一种创造，有利于当地的粮食生产、人口发展和财富积累。（推荐阅读　［美］乔治·C.瓦伦特：《阿兹特克文明》，朱伦等译，译林出版社）

浮世绘　日本德川幕府统治时期（亦称"江户时代"，1603—1867 年）盛行的一种风俗画。"浮世"的意思是转瞬即逝的尘世、现世。它以描绘市民生活为主，常常以美女、歌舞伎演员为主要内容。浮世绘最初以墨色印刷，后来发展出丹绘、锦绘等多色样式，色彩鲜艳、线条简练，深受日本人民的喜爱。因多数绘画反映当时的民间生活，得到广泛的流传和发展，至 18 世纪末期逐渐衰落。19 世纪后期，随着日本国门的打开，浮世绘传到西方，对西方印象派产生过重要影响。在其风行的 200 多年历史中，出现了三四十个大小流派、八百多位画家和刻版家，著名的有铃木春信、西山祐信、喜多川歌麿、葛饰北斋和安藤广重等。（推荐阅读　［日］大村西崖等编著：《浮世绘三百年》，万般等译，湖北美术出版社）

福利国家　声称已经建立起普遍完善的社会福利制度的国家。其思想渊源于 19 世纪英国的自由主义思潮。第二次世界大战结束后，西方国家为了解决贫困、失业、社会不公等问题，提出政府应积极承担社会责任，实行加大社会福利投入的政策。具体内容包括兴办保险事业、增加就业机会、开展社会救济、实行高额累进税制、完善劳工立法和规定最低工资标准等。福利国家制度曾为维护西方社会稳定，以及巩固资本主义制度发挥了重要作用。然而，由于福利制度对西方各国经济造成越来越大的负担，以及带来政府调控社会资源能力丧失等问题，福利制度改革已经成为西方国家紧迫的任务。（推荐阅读　刘娟凤：《福利国家》，国家行政学院出版社；赵雅轩、王晓杰主编：《福利国家》，高等教育出版社）

福斯塔特遗址 埃及中世纪伊斯兰文明遗址。福斯塔特位于开罗南部、尼罗河东岸,为埃及阿拉伯化之后的第一个首都。公元 642 年,阿穆尔·本·阿斯率领阿拉伯军队占领埃及,并在科普特人居住区的东北面建立福斯塔特,这是穆斯林在埃及建立的最早的聚居区或称城市,后成为政治和经济活动中心。1168 年十字军东征时遭破坏,此后的阿尤布王朝曾试图重建,但再也无法恢复往日的繁华。因瘟疫流行、尼罗河改道,作为港口城市的福斯塔特在 14 世纪以后逐步废弃,遭流沙和废墟覆盖。1912 年来自欧美和日本的考古队对福斯塔特遗址进行调查和发掘,在绵延数公里的废墟中,陆续发掘出众多的建筑遗迹和大量的遗物,其中最引人注目的是出土的大量中国古瓷(如青花瓷)。福斯塔特遗址已成为中国陶瓷文化传承和保护的重要载体,表明中国与阿拉伯及非洲地区交往源远流长。(推荐阅读 马文宽、孟凡人编著:《中国古瓷在非洲的发现》,紫禁城出版社)

《高丽史》 朝鲜史书,记述王氏高丽(918—1392 年)政治、军事、外交和经济、社会、文化的纪传体史书。李朝初年,由郑麟趾(1396—1478 年)等编撰,于 1451 年成书,共 139 卷,包括世家 46 卷、志 39 卷、表 2 卷、列传 50 卷,目录 2 卷。为研究中古朝鲜史的主要史料之一。(推荐阅读 郑麟趾:《高丽史》,港台原版,文史哲出版社;魏志江、陈卓:《〈高丽史〉版本源流与编纂体例考》,《史学史研究》2020 年第 1 期)

高丽王朝 朝鲜封建王朝(918—1392 年)。918 年,弓裔的部将王建发动政变,推翻篡权弓裔政权,自立为王,改国号为高丽,定年号为天授,定都松岳(今开城)。此后高丽王朝日益强盛,不断进攻新罗和后百济。935—936 年新罗王朝和后百济先后被高丽消灭,朝鲜半岛重新统一在高丽王朝的治下。高丽王朝统一后,为了巩固统治,一方面对人民实行怀柔政策,把原来每顷 6 石租税减为 2 石,并规定 3 年免税;另一方面,采取各种措施竭力加强中央集权专制统治,如颁行"田柴科"制。但由于"田柴科"制本身存在的矛盾,加上统治阶级内部争权斗争频仍,动乱不已,最终引起全国人民大起义。在全国人民大起义和外族入侵的打击下,高丽王朝日趋衰落,1392 年,李成桂废恭让王自立,1396 年改国号为朝鲜,高丽王朝由是灭亡。(推荐阅读 张春海:《高丽政权的自称抉择、记忆筛选与中国认同》,《安徽史学》

2018 年第 1 期;龚延明:《唐宋官制对高丽前期王朝官制之影响——以中枢机构为中心之比较研究》,《中国史研究》1999 年第 3 期)

高卢　古地名。主要包括两大地区:阿尔卑斯山南或内高卢,即意大利北部波河流域;阿尔卑斯山北或外高卢,相当于今日的法国、比利时、卢森堡及荷兰、瑞士的一部分。公元前 6 世纪时,高卢的主要居民为克尔特人,罗马人称之为高卢人。公元前 58—前 51 年被罗马统帅凯撒征服。5 世纪初被日耳曼人征服,5 世纪末并入法兰克王国。6 世纪中叶,法兰克人统治整个高卢后改称法兰西,高卢之名逐渐被废弃。(推荐阅读　[古罗马]凯撒:《高卢战记》,任炳湘译,商务印书馆)

格劳秀斯(1583—1645 年)　荷兰资产阶级法学家、社会活动家、近代西方资产阶级思想的先驱之一,自然法、“社会契约”思想和现代国际法的奠基人。出身于荷兰一个知识分子家庭,自幼受到良好的教育,获得奥尔良大学法学博士学位,担任过律师和荷兰驻英国公使。后来,因卷入荷兰政治与宗教冲突被捕入狱,被判终身监禁。从狱中逃脱后,亡命巴黎。在法学、政治学等领域造诣深厚,撰写了许多有影响的著作。在国际法领域的影响尤为深远。著作有《论海上自由》(又译《海上自由论》1609 年出版)和《战争与和平法》(1625 年出版)等。在自然法原则的基础上,系统地论述了近代国际法的基本原理,被后世誉为国际法理论的奠基人。他认为国际法是处理国家之间关系的法律,目的是维护国际社会的集体安全;国际法的主体是主权国家,国家主权“对内最高,对外独立”。他还提出了天赋的自然权利和社会契约的观念,这些思想后来为启蒙思想家所吸收。格劳秀斯对国际法的产生和发展做出了重要贡献,被誉为“国际法之父”。(推荐阅读　[荷]胡果·格劳秀斯:《战争与和平法》,马忠法、王秋雯等译,上海人民出版社)

工厂制　资产的运营或经营活动主要以工厂为基本单位的企业组织制度或组织形式。随着工厂的出现,工厂制度逐渐形成。为保证机器的昼夜运行,工人往往实现倒班制。工厂主制订了严格的规章制度,以罚款、体罚和解雇等方式强化纪律意识,迫使工人服从管理。生产流水线被广泛应用到生产过程中,各生产环节协同劳作,整个生产过程处于工厂主的监督管理之下,以保证生产效率与产品质量原料由工厂统一供应、合理调配。工厂制

度带来生产组织和管理形式的巨变,有利于科学管理、提高生产效率,从而产生更大的经济效益。随着近代工厂制度建立后,实现了资本与劳动的分离,一举改变了劳动者的社会地位。资本家从市场上招募大批劳动者进入工厂,他们出卖自身劳动力,成为资本的雇佣劳动者、资本的奴役工具。(推荐阅读　陈日化:《19世纪英国对工厂制度的规制:实践与立法》,《贵州社会科学》2014年第1期;钱乘旦:《第一个工业化社会》,四川人民出版社)

公民法　亦称市民法。在罗马法中与"万民法"相对,意指仅适用于享有罗马公民权的罗马市民的法律,包括部分习惯法、《十二铜表法》和一些新制定的法律在内。可以细分为人法、物法和诉讼法三部分,主要用以调整拥有公民权的罗马公民之间的关系。(推荐阅读　周枏:《罗马法原论》,商务印书馆)

共产国际　亦称第三国际(1919—1943年),各国共产党的国际联合组织,国际共产主义运动的组织者和领导者。共产国际的任务是团结工人阶级和劳动群众,推翻资本主义和帝国主义统治,确立世界范围的无产阶级专政,建立世界苏维埃社会主义共和国联盟,彻底消灭阶级,实现社会主义和共产主义。理论基础是马克思列宁主义,组织原则是民主集中制;成员最多时包括70多个国家和地区的共产党组织、409多万党员;召开过7次代表大会、13次执行委员会全体会议。共产国际存在的24年间,对许多国家共产党的诞生、马克思主义的传播和革命干部的培育,对各国无产阶级和被压迫人民的解放事业,对世界人民反对法西斯主义的斗争,起了重大的历史作用。但共产国际也在相当一段时间内,过分强调集中统一领导,忽视各国革命斗争的民族特点,将一国经验和国际领导机构的决议教条化、神圣化,作出一些不符合各国国情的决定。尽管如此,共产国际还是对国际共产主义运动的发展壮大起了巨大的推动作用。(推荐阅读　王伟光主编:《世界各国共产党和国际共产主义运动发展态势》,中国社会科学出版社)

共产主义者同盟　世界上第一个以科学社会主义理论为指导的国际无产阶级的政党。1847年6月,在马克思、恩格斯的直接领导和大力支持下,成立于1836年的正义者同盟正式改组为共产主义者同盟。1847年6月在伦敦举行第1次代表大会,拟定章程,并使用"全世界无产者联合起来"的国

际主义口号。同年 11 月 29 日至 12 月 8 日在伦敦举行第 2 次代表大会,审查并批准章程,明确规定同盟的目的是:"推翻资产阶级,建立无产阶级统治,消灭旧的以阶级对立为基础的资产阶级社会和建立无阶级、无私有制的新社会。"马克思和恩格斯受大会委托起草同盟纲领,这就是 1848 年 2 月发表的《共产党宣言》。《共产党宣言》第一次较完整系统地阐述了科学社会主义的基本原理,阐明了社会发展的客观规律,标志着马克思主义的诞生。1851 年以后,同盟组织被破坏,并遭遇国际反动势力的迫害,共产主义者同盟于 1852 年 11 月 17 日宣告解散。共产主义者同盟在领导工人运动、指导革命工作的实践中以及丰富马克思主义思想的理论方面起着重大作用。(推荐阅读　王学东等编:《国际共产主义运动历史文献》,《共产主义者同盟文献1》第 1 卷,中央编译出版社)

古埃及太阳历　公元前 3000 年左右,古埃及人根据对尼罗河河水涨落周期的长期观察,制定出的一种方便的历法,是人类历史上最早的太阳历。古埃及人把每年一度的尼罗河泛滥日定为一年的开始,还根据尼罗河河水的涨落和作物生长的规律,将一年分为泛滥、播种和收割 3 个季节,每一季节为 4 个月,共 12 个月,每月 30 天。年末余下 5 天称"闰日",作为节日,因此全年共 365 天。古埃及人创造的这种历法简明实用,对后来世界上通用公历的形成有着直接的影响,古罗马著名的《儒略历》就是在埃及太阳历基础上进行的创新。(推荐阅读　令狐若明:《古代埃及的历法及其传播》,《阿拉伯世界》2000 年第 2 期)

古登堡(约 1398—1468 年)　德国工匠和发明家。出生于德国美因茨,年轻时曾学金工,后从事金属伙子的铸造和金属活字版印刷的研究,并建立了活字版印刷工场。大约于 1450 年,用所制活字字模浇筑铅活字,排版印刷了《四十二行圣经》等书,为现代金属活字印刷术奠定了基础。曾根据压印原理制成木质印刷机械以代替手工印刷。(推荐阅读　[德]克里斯蒂娜·舒尔茨·莱斯:《印刷的革命》,李柯薇译,江苏凤凰文艺出版社)

寡头政治　奴隶制国家和封建制国家由贵族中极少数人掌握政权的政治制度。为古希腊思想家亚里士多德划分的政体类型之一。寡头政治是贵族政治的一种形式,而这种贵族政治是指少数人统治。古希腊大多数城邦

贯穿着寡头派与民主派的斗争。在斯巴达、科林斯等古希腊城邦中曾存在过寡头政治制度。后来,凡国家政权由统治阶级中极少数人垄断者,往往也被称为"寡头政治"。(推荐阅读 [英]伦纳德·惠布利:《古希腊寡头政治:特征与组织形式》,孙晶晶等译,上海三联书店)

《关于建立常任文官制度的报告》 奠定英国文官制度基础的重要文献,又称《诺斯科特——杜威廉报告》。1853年,英国政府为了改革当时政治腐败、行政效率低下的文官制度,阿伯丁内阁委派财政部高级官员 S. 诺斯科特和 C. E. 杜威廉进行全面调查,并在调查基础上提出一份报告。报告建议设立一个考试委员会,按照才能和受教育程度录用应考者,并就文官制度改革提出4项重要建议:(1)通过公开考试选拔文官;(2)高级文官职位的提升以上级的年终考核报告为依据,低级事务人员的提升则以年资为基础;(3)各部人员实行统一管理,各部之间人员可以互相转调和提升;(4)将政府行政事务工作分为"智力"工作和"例常"工作,前者挑选大学毕业生担任,后者由文化程度较低者担任。报告最后阐明了其主要目标:通过适当的考试制度,为公共服务提供一个完全有效的阶层;鼓励勤勉和培养功绩,教育所有公务员根据自己的成绩期待晋升;减轻因常设公务员制度组织零散而产生的弊端。这一报告奠定了英国文官制度的基础。此后,英国政府于1885年和1870年分别颁布了两个枢密院令,将报告的有关内容法制化。特别是1870年6月4日枢密院令的颁布,通常作为英国近代文官制度正式建立的标志。(推荐阅读 龚祥瑞:《文官制度》,人民出版社;楚树龙、唐娜编著:《美国文官制度评介》,党建读物出版社;潘兴明:《英国文官制度及其改革》,《欧洲研究》2004年第6期)

《关于难民地位的公约》 1951年7月28日联合国讨论难民和无国籍人地位全权代表会议上通过的旨在保证难民可以享有基本权利和自由而不受歧视的国际公约。该公约规定:(1)缔约国应不分种族、宗教或国籍,对于其领土内的难民在初等教育、公共救济、劳动和社会安全、宗教自由、财政征收、工业产权、作品版权、诉讼权等方面给予国民待遇;在动产和不动产、自由职业、初等教育以上的教育、选择住所和行动自由等方面给予不低于一般外国人所享有的待遇;在就业、非政治性和非营利性社团的结社方面给予最

惠国待遇。(2)缔约国应尊重难民以前由于个人身份而取得的权利,特别是关于婚姻的权利,并给予难民身份证件、旅行证件和其他行政协助;难民赴另一国定居时,缔约国应准许其转移资产。(3)缔约国对于直接来自生命或自由受到威胁的领土、未经许可而进入或逗留于缔约国领土的难民,不得因其非法入境或逗留而加以惩罚。(4)除因国家安全或公共秩序理由外,缔约国不得将合法在其领土内的难民驱逐出境,不得以任何方式将难民驱逐或推回至其生命或自由受到威胁的领土边界。(5)缔约国应尽可能便利难民的入籍和同化。(6)难民应遵守所在国的法律和规章以及为维持公共秩序而采取的措施。公约以"不推回原则"为基石,维护了"难民"的法律地位。(推荐阅读　丁强:《对1933年〈关于难民国际地位的公约〉的历史考察》,《历史教学(高校版)》2009年第12期)

《关于难民地位的议定书》　对1951年《关于难民地位的公约》进行补充的国际法律文书。因《关于难民地位的公约》仅适用于1951年1月1日以前出现在欧洲的难民,不适应此后发生的新的难民情况,《关于难民地位的议定书》(以下简称《议定书》)于1967年1月31日签署,1967年10月4日生效。截至2021年4月15日,共有149个国家签署和批准。《议定书》扩大了《关于难民地位的公约》的适用范围,消除了地理和时间限制,不再仅适用于因1951年1月1日以前发生的事情而变成难民的人,所有缔约国境内的一切难民都享有同等的地位。(推荐阅读　吴慧:《国际法中的难民问题》,《国际关系学院学报》1998年第4期)

广田弘毅(1878—1948年)　日本第32任首相,第二次世界大战甲级战犯。1933—1936年任日本外相,1935年5月日本帝国主义侵犯中国华北,10月国民党政府和日本进行谈判,广田弘毅提出"广田三原则",积极策划侵华活动。1936年二二六事件后组阁,任第32任日本首相兼外相。制定"国策基准",将"北进"和"南进"列为日本国策,缔结日德《反共产国际协定》,炮制"华北政务委员会"。1937年近卫文麿组阁时又任外相,参与发动全面侵华战争。日本投降后,广田弘毅在东京审判中根据9项罪状被起诉,法庭对导致军部独裁内阁的现役武官制的复活展开问责,认定其至少从1933年起就参加了实行侵略战争的共同计划和阴谋,作为外务大臣参加对华战争,且无

视遵守对俘虏及平民的条约,最终被远东国际军事法庭判处绞刑。(推荐阅读　程兆奇:《东京审判——为了世界和平》,上海交通大学出版社)

贵霜帝国　1—6世纪统治中亚地区及印度北部的帝国,古代世界四大帝国(汉、贵霜、安息、罗马)之一。出自月氏的统治世系。公元前132—前130年,大月氏迁至阿姆河北岸,旋即征服南岸之大夏。于公元前1世纪初年分其国为五大部分,首领称"翕侯",贵霜即其中之一。公元1世纪40年代,贵霜翕侯丘就却(亦作"丘就劫")攻灭其他四翕侯,自立为王,创立贵霜王朝,建都于喀布尔。丘就却享年八十余,约卒于公元1世纪70年代中期。此后,在迦腻色伽一世及其后继者的统治下,贵霜帝国臻于鼎盛,北起花剌子模、南达文迪亚山,包括中亚、阿富汗和印度半岛西北部的大国;迁都路沙布逻(即富楼沙,今巴基斯坦白沙瓦)。崇尚佛教,发展国外贸易,远与中国、罗马帝国相交通。境内的犍陀罗雕刻艺术最为著名。3世纪后帝国分裂。5世纪遭嚈哒人入侵灭亡。(推荐阅读　余太山:《贵霜史研究》,商务印书馆;[印]帕尔梅什瓦里·拉尔·笈多等:《贵霜王朝货币史》,张子扬等译,中国金融出版社)

《国策基准》　又称《基本国策纲要》,是日本法西斯势力第一次具体表明除对中国进行全面侵略外,还要称霸亚洲和太平洋地区的纲领性文件。该文件最初由日本陆军、海军两省于1936年6月30日提出的名为"国策大纲"草案,获得总理大臣、外务大臣、大藏大臣赞同。8月7日,五大臣再次集会,通过了最后的修正方案,并在当月11日签字通过,正式成为日本的《国策基准》。主要内容为:在确保帝国在东亚大陆地位的同时,向南方海洋发展;巩固日"满(伪满洲国)"国防,消除北方苏联的威胁,防范英美,扩充陆军和海军军备,实现日、"满"、华三国的紧密合作;外交和国防相互配合,指导和统一国内舆论,以皇道精神麻痹民众,响应战争号召。《国策基准》不仅涉及日本军事、外交、财政等各方面的国家政策纲领,还首次把"北进"和"南进"两个方面并列为国策,明确了向大陆和海洋全面进行侵略的计划。由此,日本的战争准备全面升级,国家被置于军事控制之下。《国策基准》成为日本发动侵略战争蓄谋已久的重要证据。(推荐阅读　冯玮:《从"满蒙领有论"到"大东亚共荣圈"——对日本殖民扩张主义的再认识》,《抗日战争研究》2002年第2期)

国会纵火案　德国纳粹党策划的焚烧柏林国会大厦,借以陷害德国共产党和革命民主力量的阴谋事件。1933 年 2 月 27 日晚,德国国会大厦突然起火,纳粹头目诬称这是共产党起义的信号,趁机废除《魏玛宪法》赋予公民的基本权利,并大肆逮捕和迫害进步人士,取缔其他政党,当时在德的保加利亚共产党领袖季米特洛夫也被捕。1933 年 9 月 21 日—12 月 23 日,在莱比锡的审判法庭上,季米特洛夫面对法西斯的非法审讯,变法庭为讲坛,义正词严地揭露纳粹分子的反动本质和血腥罪行,勇敢地捍卫了共产党人的立场。在世界无产阶级和反法西斯力量的声援下,莱比锡法庭被迫于 1933 年 12 月 23 日宣布季米特洛夫等 4 人无罪。国会纵火案的目的在于转移舆论,打击共产党。尽管如此,纳粹党在后来的选举中仍未获得绝对多数,但他们却驱迫国会通过一项《授权法》,将国会的全部立法权力交给帝国内阁,从而批准独裁制度。国会纵火案成为纳粹党建立独裁政权的关键性事件。(推荐阅读　陈特安:《纳粹制造的"国会纵火案"真相(上)》,《国际问题资料》1984 年第 2 期;陈特安:《纳粹制造的"国会纵火案"真相(下)》,《国际问题资料》1984 年第 3 期)

国际复兴开发银行　联合国专门机构,亦称"世界银行",总部设于华盛顿。根据 1944 年 7 月布雷顿森林会议签订的《国际复兴开发银行协定》,于 1945 年 12 月成立,1946 年 6 月开始营业。只有国际货币基金组织的成员才有资格申请为该行的成员,至 2017 年有成员 189 个。银行由理事会、执行董事、行长及工作人员进行管理。理事会由成员国派代表组成,每年开会一次,有权批准全部贷款。出版刊物有《世界发展报告》《世界银行年度报告》等。银行资金来源于成员国认定份额的已缴资本、在世界资本市场上发行债券以及银行本身的纯利,美国因认缴资金最多而获得最大投票权。国际复兴开发银行成立初期的宗旨是致力于战后欧洲的经济复兴,后来则转向全球性的发展援助,为成员国提供长期贷款和技术援助。世界银行、国际货币基金组织和关贸总协定被公认为调整当代世界经济贸易和金融的三大支柱,反映出世界经济朝着体系化、制度化方向发展,对世界经济的复兴和发展具有积极作用,但也强化了美国的经济霸权。(推荐阅读　辛敏盛编著:《国际复兴开发银行》,中国展望出版社;陈秀英:《浅议世界银行衡量国家财

富新标准》,《世界经济与政治》1996 年第 7 期)

《国际古迹保护与修复宪章》 保护文物建筑及历史地段的国际原则, 是关于古迹保护的第一个国际宪章,又称为《威尼斯宪章》。1964 年 5 月 31 日在联合国教科文组织倡议下的第二届历史古迹建筑师及技师国际会议上 通过。宪章分定义、保护、修复、历史地段、发掘和出版 6 部分,共 16 条。宪 章肯定了历史文物建筑的重要价值和作用,将其视为人类共同的遗产和历 史的见证。强调对文物古迹的保护以历史的真实性为第一要义,只有通过 保护文物的真实性和完整性才能真正做到保护文物。文物修复必须尊重原 始资料和确凿的文献,绝不能有丝毫臆测。对历史文物建筑的一切保护、修 复和发掘工作都要有准确的记录、插图和照片。宪章作为历史文物建筑保 护的统领性纲要,被翻译成多种文字,为全世界所认知,其丰富的理论和全 面的应用将继续发挥积极作用。(推荐阅读 何流、詹长法:《〈威尼斯宪章〉 的指导思想和现实意义》,《中国文化遗产》2015 年第 1 期)

国际货币基金组织 联合国专门机构,根据 1944 年 7 月布雷顿森林会 议签订的《国际货币基金组织协定》于 1945 年 12 月成立,总部设在华盛顿。 负责向成员国提供短期资金借贷,以便保证国际货币合作、稳定国际汇率及 扩大国际清偿能力。宗旨:稳定国际汇兑;协助建立多边支付制度;加强国 际货币合作,通过提供短期贷款,缓解成员国际收支不平衡。流动资金由各 成员国政府根据其国际贸易规模的大小、国民收入及国际储备能力分配认 定份额。成员国发生国际收支困难时,可以用其国家货币向货币基金组织 购买所需外汇。主要机构有:国际货币基金组织和世界银行理事会部长级 联合发展委员会,为决策和指导机构;理事会;执行董事会。出版刊物《世界 经济展望》《国际金融统计》《国际货币基金概览》等。国际货币基金组织的 设立对二战后世界经济复苏起到了重要帮助作用,但随着经济全球化的发 展,世界经济格局发生了很大变化,国际货币基金组织在应对危机中的表现 难以让人满意,国际社会对其进行改革的诉求日益强烈。(推荐阅读 刘宇 飞编著:《国际货币基金组织》,中国大百科全书出版社)

国际货币体系 各国政府为适应国际贸易与国际金融的需要,对货币 在国际范围内发挥世界货币职能所确定的原则、采取的措施和建立的组织

形式的总称,包括国际汇率制度、国际收支调节体系、国际储备资产、国际资本流动的管理、国际货币金融政策的合作框架和国际金融机构在促进全球金融稳定方面的各种机制。近代国际货币体系产生于工业革命时期,伴随着早期殖民侵略和海外贸易在全球范围内扩张,先后经历了一战前的金本位体系,两次世界大战间的金本位、金汇兑本位混合体系,二战后的布雷顿森林体系。国际货币体系是经过一定的市场选择的结果,是世界经济格局的反映,建立权威的国际金融监管机构,形成国际金融协调与合作的新机制,实现国际货币体系运行由无序到有序,是对现行的国际货币体系进行改革的主要内容。(推荐阅读　戴金平等:《国际货币体系:何去何从?》,厦门大学出版社)

国际联盟　第一次世界大战后建立的政府间政治性国际组织。亦译"国际联合会",简称"国联"。根据 1919 年巴黎和会上通过的《国际联盟盟约》,于 1920 年 1 月成立,总部设在瑞士日内瓦。相继加入的国家有 63 个,后有 18 个国家先后退出或被逐出。美国为倡议国之一,威尔逊政府曾企图把国联作为建立世界霸权的工具,后因英、法、意、日等国的反对未能如愿。美国国会拒绝批准《凡尔赛和约》,因而未参加国联。主要机构有大会、行政院秘书处,附设国际法庭、国际劳工局等。大会和行政院的决议,除程序性问题外,须全体一致通过。这种表决方式决定国联难于采取保卫和平安全的有效行动。国联标榜以"促进国际合作,维持国际和平与安全"为目的,由于帝国主义之间的利害冲突,在审理和解决国际争端方面成效很少。第二次世界大战期间停止活动,1946 年 4 月正式宣告解散,所属财产和档案移交联合国。(推荐阅读　[加拿大]苏珊·佩德森:《守护者:国际联盟与帝国危机》,仇朝兵译,社会科学文献出版社)

哈拉帕文明　又称印度河文明。南亚次大陆早期文明的代表。1921 年第一次在旁遮普邦的哈拉帕发现,1922 年又在信德邦境内印度河畔的摩亨·佐达罗发现(现皆属巴基斯坦)。考古学家在此发现公元前 23 世纪—前 18 世纪的青铜器文化遗物,包括火砖建筑、下水道、工具陶器、艺术品等,同时筑有卫城。还发现刻在印章上的文字符号,迄今尚未完成解读。(推荐阅读　亚布、韦达:《哈拉帕文明全档案》,中华文化出版社)

哈里发 阿拉伯语音译,原意为"继承者"。历史上伊斯兰国家的统治者。632 年穆罕默德去世后,由艾卜·伯克尔接替他的职务,称"真主使者的哈里发"。大约在第二代哈里发欧麦尔时期,哈里发成为穆斯林国家政教首脑的名称。四大哈里发时代(即艾布·伯克尔,632—634 年在位;欧麦尔,634—644 年在位;奥斯曼,644—656 年在位;阿里,656—661 年在位)之后,哈里发改为世袭。历史上,阿拉伯帝国和一些伊斯兰国家执掌政教大权的最高统治者,沿袭这一称号。1924 年土耳其共和国大国民议会通过法案,废除哈里发制。(推荐阅读 哈全安:《哈里发国家史》,天津人民出版社)

哈特谢普苏特女王 古埃及第十八王朝女法老(约前 1473—前 1458 年在位)。图特摩斯一世之女,后为异母兄弟图特摩斯二世的王后,掌握实权。约公元前 1504 年图特摩斯三世幼龄即位,她任摄政,次年自立为法老。她自称"太阳之子""好神灵""两地之主""阿蒙神深爱的、法老们的保护者"。因不满足于自己的性别,希望被当作男人,故穿着男性服装,戴着人造的胡须。哈特谢普苏特女王非常重视改革行政管理制度和发展商业;她复修了许多古建筑、神庙,如底比斯的阿蒙神殿,并赠送给神庙 4 座高达 30 余米的石雕方尖碑。图特摩斯三世独掌大权后,着手消除哈特谢普苏特治国痕迹,下令毁掉许多刻有其名及形象的雕刻。(推荐阅读 刘文鹏:《古代埃及史》,商务印书馆;[英]乔治·罗林森:《古埃及史:环境基因、地缘争霸与文明兴衰》,姜燕译,中国画报出版社)

汉志商道 位于阿拉伯半岛西部沿海地区的一条商道。大约于 5—6 世纪逐渐形成,6—7 世纪一度达到顶峰,后由于汉志地区受到拜占庭与阿拉伯世界冲突的影响,日渐衰微。被贩运而来的东方商品,先运抵也门,然后用"沙漠之舟"骆驼沿汉志商道转运至巴勒斯坦和叙利亚地区,再进入欧洲。商人定期组织大规模的商队,结伴而行。在鼎盛时期,商道沿途还出现了一些集市。后来,随着多条商路的开辟,汉志商道逐渐淡出了历史。(推荐阅读 北京大陆桥文化传媒编著:《香料之路》,中国青年出版社)

荷马时代 古代希腊氏族制度解体的历史阶段(约公元前 11—前 9 世纪)。因反映该时期社会情况的主要史料是荷马的史诗《伊利亚特》《奥德赛》,故名。该史诗中描述了诸多英雄故事,因此又称"英雄时代"。荷马时

代处于迈锡尼文明衰落之后希腊历史在一些方面出现暂时曲折的时期,因而被称为"黑暗时代"。迈锡尼文明中心的城市、宫殿、文字以及以宫殿为中心的经济组织和官僚机构消失了。希腊人日益广泛地掌握冶铁技术,并在农业和手工业中普遍使用铁制工具。已出现氏族贵族和为数不多的奴隶,失地的农民常沦为雇工。由氏族或大氏族(胞族)结成部落,进而结成部落联盟。管理公共事务的机构是军事首长(巴赛勒斯)、议事会和成年男子组成的人民大会;一般称"军事民主制"。随着阶级社会的形成,公元前9—前8世纪第一批希腊城邦产生,荷马时代告终。(推荐阅读 [古希腊]荷马:《伊利亚特》《奥德赛》,罗念生、王焕生译,上海人民出版社)

荷马史诗 古希腊的一部史诗作品,相传为荷马所作,包括《伊利亚特》和《奥德赛》两部史诗,各24卷。叙述的是古代希腊人与特洛伊人之间的战争。《伊利亚德》全诗15693行,以希腊联军统帅阿伽门农和大将阿喀琉斯之间的冲突为焦点,详细叙述了特洛伊战争十年里发生的故事。主要情节集中于战争最后一年的4天中发生的事件,注重对大小战斗场面的精彩描写。《奥德赛》全诗12110行,记录伊塔卡国王奥德修斯在战争后历经十年(其实诗中情节只涉及这十年中的最后6个星期)漂泊、返回家园的故事。诗人通过奥德修斯这一人物形象,歌颂了人与自然奋斗的精神以及人在奋斗过程中的智慧。《荷马史诗》被视为古代史诗艺术的典范,是古希腊人留下的丰富文化遗产之一;同时,因其包含了政治、宗教、社会生产和生活等多方面的内容,被视为是一部百科全书式的作品。在古希腊,它一直是学校教育的重要教材;时至今日,仍具有重要的文学价值和历史价值。(推荐阅读 [古希腊]荷马:《伊利亚特》《奥德赛》,罗念生、王焕生译,上海人民出版社;晏绍祥:《荷马社会研究》,上海三联书店)

赫梯帝国 古代西亚奴隶制国家,由小亚细亚赫梯古国发展、扩张形成,首都为哈图萨斯。约始于公元前17世纪初,前12世纪瓦解。赫梯人大概来自黑海以北地区,他们最初占领安纳托利亚中部,约前17世纪中叶,其首领拉巴尔那建国,不断对外扩张,发展成为军事强国。极盛时期在和埃及争夺叙利亚、巴勒斯坦的斗争中取得优势。前13世纪末,遭海上民族入侵,赫梯陷入分裂,前8世纪并入亚述版图。赫梯帝国时期,农牧业及贸易均较

发达,手工业出现更细的分工,有制陶、木器、皮革、裁缝、纺织等行业。由于经济的发展,赫梯帝国时期的政治体制已不再是城邦或城邦联盟,而是中央集权制帝国。国王是统揽军事、行政、外交、司法、宗教等权力的最高统治者。"太阳"取代古王国时期的"塔巴尔那",成为国王的王衔。国王死后被尊奉为神。赫梯人使用的楔形文字,已被捷克学者赫罗兹尼等译解。在所发现的赫梯文献中,约前15世纪编成的《赫梯法典》具有重要价值。(推荐阅读 李政:《赫梯文明研究》,昆仑出版社;李政:《赫梯条约研究》,昆仑出版社;《赫梯法典》,喻世红、郭琛等编译,法律出版社)

亨利二世(1154—1189年) 英国国王,金雀花王朝(安茹王朝)奠基人。1133年3月5日生于法国的勒芒。1154年以亨利一世外孙身份继承英格兰王位,开创金雀花王朝,加冕为英国国王,史称亨利二世。他登基前,英国长期内战,经济凋零,社会动荡不安,封建贵族筑堡自固,王权衰落。亨利二世为依靠骑士、市民和自由农民上层的支持,进行行政和司法改革,健全行政管理和司法制度,稳定社会秩序,加强王权。此外,亨利二世通过战争迫使爱尔兰、威尔士和苏格兰臣服。又通过联姻和对外战争,使英王控制的版图空前扩大,除不列颠群岛外,还占领欧洲大陆南起比利牛斯山、北至法国大部分地区的广阔疆域,获得"安茹帝国"的称号。亨利二世统治后期被内忧外患所困,1189年7月6日亨利二世死于今法国的希农。他是英国历史上颇有建树的国王之一。(推荐阅读 [英]威廉·斯塔布斯:《金雀花王朝:从亨利二世到爱德华二世》,程莹译,华文出版社)

花剌子模 旧译"火寻",花剌子模有时也被写作"花拉子模"。阿姆河下游的古国,位于今乌兹别克共和国境内。中亚地区著名古代文化中心之一。公元前第1千纪上半叶,花剌子模形成最初的国家组织。公元前6世纪,波斯军队的入侵,花剌子模成为波斯帝国的行省。公元前5世纪末或前4世纪初,摆脱异族的统治,完全独立,后来受贵霜帝国控制。公元2世纪末至3世纪初,复独立,钱币上开始出现花剌子模的铭文。3世纪,萨珊王朝的势力占据中亚西南部及花剌子模。7世纪前后,花剌子模被阿拉伯人征服,阿拉伯人强迫当地居民信奉伊斯兰宗教,传统文化遭到彻底破坏。1037—1194年,花剌子模受塞尔柱帝国统治,12世纪,这里兴起了以其命名的王

朝，强盛时期囊括中亚河中地区、霍拉桑地区与伊朗高原大部，1231 年被蒙古帝国所灭。古代花剌子模农业和水利灌溉十分发达，城市建筑和文化非常著名，在东西方贸易中也发挥了重要作用。（推荐阅读　齐小艳：《文献与钱币：古代花剌子模历史的演变与特征》，《吐鲁番学研究》2019 年第 2 期）

华夫脱运动　埃及的爱国民族主义运动。1918 年 11 月，埃及独立运动领袖、华夫脱党创始人扎格鲁尔把立法议会和各爱国阶层的代表们团结在一起，组成了"华夫脱"（阿拉伯语，意为"代表团"），提出《委托书》《向列强的呼吁书》等文件，号召群众在《委托书》上签名，签名人数很快超 200 万，发展为群众性的反帝运动，迫使亲英的埃及政府首相辞职。1919 年 2 月，扎格鲁尔发表讲话，强烈要求终止殖民保护制度和允许华夫脱党参加巴黎和会。英国殖民当局拒绝并逮捕扎格鲁尔等 4 位华夫脱领袖，把他们流放到马耳他岛。这激起人民群众的抗议，华夫脱运动由和平签名请愿转入暴力抗议和武装起义。开罗、亚历山大等城市的大中学校举行罢课、游行示威，各行业工人、政府机关和司法机关职员举行罢工，农民起而响应，在乡村同英国军警进行战斗。埃及人民的斗争此伏彼起，英国政府被迫于 1922 年 2 月 28 日发表"英国埃及关系宣言"，放弃对埃及的保护，承认埃及有限独立。1923 年 4 月，埃及颁布宪法，宣布实行君主立宪，同年举行国会选举，华夫脱党获胜，扎格鲁尔出任首相。非洲现代史上第一个民族独立国家诞生了。华夫脱运动迫使英国废除殖民保护制度，促成埃及君主立宪制的建立，为埃及民族解放运动进一步发展奠定了基础。（推荐阅读　王少奎：《华夫脱和埃及民族独立运动（1918—1922 年）》，《历史教学》1981 年第 1 期）

华盛顿会议　第一次世界大战后，帝国主义国家为了对战后远东、太平洋的殖民地和势力范围进行再分割而召开的会议，亦称"太平洋会议"。1921 年 11 月 12 日—1922 年 2 月 6 日在华盛顿举行。有美、英、法、意、日、葡、比、荷、中九国参加。会上主要签订了三个条约：（1）美、英、日、法四国于 1921 年 12 月 13 日签署的"四国条约"，全称《关于太平洋区域岛屿属地和领地的条约》，规定了四国相互尊重彼此在太平洋区域内岛屿属地和领地的权利；（2）按一定比例规定美、英、日、法、意五国海军力量的《五国关于限制海军军备条约》；（3）掠夺中国的《九国公约》。此外，在会议之外，在美英斡旋

下,中日两国于 1922 年 2 月 4 日在会外签订了《解决山东悬案的条约》。这些条约所体现的国际关系格局总称为"华盛顿体系"。华盛顿会议实质上是巴黎和会的继续,其目的是要解决《凡尔赛和约》未能解决的帝国主义列强之间关于海军力对比和在远东、太平洋地区特别是在中国的利益冲突,修补第一次世界大战后的帝国主义和平体系。但它并未消除帝国主义之间的矛盾,此后,美日两国之间在远东及太平洋地区的争夺愈演愈烈。(推荐阅读 王笛:《华盛顿会议前后的美国对华态度——以美国主流媒体的中国报道为中心》,《近代史研究》2019 年第 5 期)

《黄金诏书》 又称"金玺诏书",先后有 1222 年《金玺诏书》和查理四世皇帝《金玺诏书》。其中,1222 年《金玺诏书》是匈牙利国王安德拉什二世于 1222 年颁布,全文 31 条,一式 7 份,已全部散失。诏书承认中小贵族的利益,在一定程度上也有利于被压迫阶级,如允许农民以实物代替现金缴纳教会什一税、铸造含银成分较高的货币以及约束州官们的为非作歹等。查理四世皇帝《金玺诏书》是由神圣罗马帝国皇帝查理四世颁布,1355 年 7 月查理四世在罗马加冕为皇帝后返回德意志,立即召集诸侯在纽伦堡集会。1356 年 1 月 10 日颁布《金玺诏书》的前 23 章;经与诸侯在梅斯进一步协商后,同年 12 月 25 日增加最后 8 章。《金玺诏书》颁布的目的是要把德意志统治者的选举牢牢置于 7 名选侯手中,并保证使候选人只要得多数票,即可继承皇位,不必争议。这样就可以不理睬教皇提出的对竞选者进行考察和对选举进行批准的要求。皇帝空位时,由萨克森公爵和巴拉丁伯爵担任摄政,这又否定了教皇的摄政要求。该文献从法律上将神圣罗马帝国皇帝的威望进一步降低,加速了帝国内部的瓦解和分裂。(推荐阅读 王银宏:《1356 年〈金玺诏书〉与德意志国王选举制度》,《史学月刊》2016 年第 7 期;王银宏:《"帝国基本法"与统治的契约化——契约观念下神圣罗马帝国的"帝国改革"(1500—1521)》,《史学月刊》2017 年第 10 期)

基层治理 一般指城市社区和农村的社会治理,是在一个政治制度框架或政治结构之中最基层的权力运作过程。在这个过程中,各种不同的行为者都是参与主体,遵循特定的制度规则和程序,以合作、协商的方式,持续地推进公共利益。当前,国内学界对基层治理的理解因为视角的差异而存

在着不同观点:其一,将基层治理理解为一种政策过程,即将基层治理作为推进某项政策的手段和方式;其二,将基层治理理解为一种民主发展形式,即将基层治理看成是中国民主发展的切入点,是进一步推进民主、完善民主和发展民主的路径选择,如村民自治、社区自治、乡镇体制改革等;其三,将基层治理看成是现代国家建构的方式与手段,即随着中国从传统走向现代,从革命走向建设,整体社会的转型同时伴随着现代国家的建构,实现一种理性的、规范的、制度的国家体制。(推荐阅读　田先红:《国家性、地方性与基层治理》,中国社会科学出版社)

　　基督教　信奉耶稣基督为救世主的各教派的统称,包括天主教、东正教和新教以及一些较小派别。与佛教、伊斯兰教并称世界三大宗教。公元 1 世纪起源于罗马帝国的东部巴勒斯坦地区,原为犹太教一支派,相传为耶稣所创立。信仰上帝(或称天主)创造并主宰世界,认为人类从始祖起就犯了罪,即原罪并将永世受苦,只有信仰上帝及其独生子耶稣基督才能得救。以《旧约全书》《新约全书》为主要经典,合称为《圣经》。4 世纪末,确立为罗马帝国国教。1054 年,基督教分裂为东西两派,形成东正教和罗马公教(即天主教)。欧洲中世纪时,基督教神学成为封建社会的精神支柱,教会也成为欧洲最大的封建主。16 世纪,天主教内发生反对教皇制统治的宗教改革运动,陆续产生脱离天主教的新宗派,统称"新教",主要有路德宗、加尔文宗和安立甘宗三大派。后新教又不断分化,派系日繁。16 世纪以后传播到非洲、美洲、南亚、东亚、大洋洲各国。对欧美各国历史、文化发展有深远影响。基督教聂斯脱利派曾于唐初(7 世纪)传入中国,称为"景教"。天主教于元代传入中国,后于明万历年间再度传入。在中国,通常专指基督教新教,亦称"耶稣教"。(推荐阅读　[美]布鲁斯·L.雪莱:《基督教会史》,刘平译,上海人民出版社;游斌:《基督教史纲》,北京大学出版社)

　　基辅罗斯　又称古罗斯,或罗斯国。公元 9 世纪中叶至 12 世纪初在东欧平原上建立的以基辅为首都的早期封建国家。公元 8—9 世纪,东斯拉夫人社会阶级分化日益扩大,各部落之间互相攻伐,战争不断,客观上要求建立国家组织,以维持社会秩序。在这样的形势下,掌握专职武装的瓦里亚格人军事首领被东斯拉夫人新兴贵族推上历史舞台。862 年诺曼人留里克率

领亲兵队在诺夫哥罗德登上王公宝座,建立了第一个罗斯王国。同时,另外两个军事首领阿斯科德和迪尔也在基辅建国。879年留里克去世,奥列格继任王公,率领亲兵队南征,占领斯摩棱斯克和波洛茨克等战略要地。882年占领第聂伯河中游的基辅城把罗斯国的首都迁到基辅,开始了基辅罗斯公国时期。10世纪初,基辅罗斯不断扩张,版图东至伏尔加河口,经克里米亚半岛迄多瑙河口,北起拉多加湖,循波罗的海沿岸,南临草原。弗拉基米尔一世·斯维亚托斯拉维奇和他的儿子雅罗斯拉夫统治的时期,被认为是基辅的黄金时期。当时他们接纳东正教,也创立了罗斯法典。由于基辅罗斯的法律赋予所有王子继承权,国家逐渐走向四分五裂,出现了弗拉基米尔公国等一批公国。基辅城于1169年被弗拉基米尔公国的弗拉基米尔大公占领,丧失了首都的地位。(推荐阅读　曹维安、郭响宏:《俄国史新论:从基辅罗斯、莫斯科罗斯到彼得堡罗斯》,科学出版社)

吉尔伽美什　古代两河流域苏美尔的一部文学作品。目前所知最早的史诗。由民间的神话传说和口头创作所形成。基本内容在公元前3000年苏美尔城市国家时期已具雏形,约公元前2000年古巴比伦王国时期定型成文,公元前7世纪亚述都城的图书馆再次修订,成为今日流行的定本。全诗共3000多行,分为四个部分,用楔形文字分别记述在12块泥板上。第一部分叙述乌鲁克王吉尔伽美什迫使臣民修筑城墙和神庙,人民向神诉苦,神派超自然力的英雄恩启都与之对抗,二者在决斗中不分胜负而成为朋友。第二部分主要叙述吉尔伽美什和恩启都一起为民除害。第三部分叙述神为了惩罚吉尔伽美什和恩启都,使恩启都在一场噩梦后病死。吉尔伽美什对自己的生命产生怀疑与恐惧,并历尽艰险去寻求长生不死的药方,归途中药方竟被蛇吞食。第四部分叙述吉尔伽美什得到神的帮助与恩启都的亡灵相见,并要求恩启都告诉他死后世界的情况。史诗歌颂了为民除害,敢于反抗神意和与大自然斗争的英雄行为,也流露出人生无常的思想。(推荐阅读　拱玉书:《吉尔伽美什史诗》,商务印书馆)

笈多帝国　印度第一个统一的封建王朝。疆域包括印度北部、中部及西部部分地区。首都为华氏城(今巴特那)。笈多王朝是中世纪印度的黄金时代。4世纪初,北印度小国林立,摩揭陀国王旃陀罗·笈多一世(320—约

330 在位)据华氏城为首都,建立笈多王朝。沙摩陀罗·笈多(海护王,约330—约 380 在位)以武力征服政策,统一北印度。此外,海陆并进南下征服奥里萨、德干东部,直抵帕拉瓦王国首都建志。旃陀罗·笈多二世(超日王,约 380—约 415 在位)时期北印度尽入笈多王朝版图,笈多王朝至此达到鼎盛时期。笈多王朝时期,大乘佛教盛行,印度教兴起。信仰毗湿奴、湿婆和梵天等三大主神的三大教派广泛流行。笈多诸王虽都信奉印度教,但为缓和民族及教派之间的矛盾,采取宗教兼容政策,放任各派宗教自由发展。大乘佛教中心那烂陀寺,成为印度中世纪前期的宗教和学术文化中心。此外,笈多王朝时期,在文学、艺术、哲学、政治、建筑等多种学科中出现了著名的学者和有价值的作品;在天文、医药、数学、冶金和建筑等方面都有成就。(推荐阅读　周启迪、沃淑萍:《古代印度波斯文明》,北京师范大学出版社;崔连仲:《古代印度》,商务印书馆)

《几何原本》　古希腊数学家欧几里得的一部数学著作名称。公元前300 年左右,在托勒密王的邀请下,欧几里得来到亚历山大,并长期在那里工作,建立了以他为首的数学学派。在总结希腊数学成果和精神的基础上,他写成 13 卷的《几何原本》,使几何学成为一门独立的学科。第 1 卷至第 6 卷的内容主要为平面几何。第 7 卷至第 9 卷主要阐述了数论。第 10 卷讨论了无理数。第 11 卷至第 13 卷主要讨论立体几何。《几何原本》既是数学巨著,也是哲学巨著,并且第一次完成了人类对空间的认识。自问世之日起,历经多次翻译和修订,至今已有一千多种不同的版本,成为受研究、使用和传播最为广泛的著作之一。汉语的最早译本是由意大利传教士利玛窦和明代科学家徐光启于 1607 年合作完成,仅翻译了前六卷。正是这个译本奠定了中国现代数学中的诸如三角形、角等基本术语。日本、印度等东方国家皆使用中国译法,沿用至今。(推荐阅读　[古希腊]欧几里得:《几何原本》,燕晓东译,江苏人民出版社)

英国济贫制度　英国通过立法手段救济贫民的制度。16 世纪英国圈地运动迫使众多农民背井离乡,沦为流浪汉,失业现象日益严重。英国统治者被迫考虑救济贫民问题。1572 年,英格兰和威尔士开始征收济贫税,1576年又设立教养院,收容流浪者,并强迫其劳动。1601 年颁布第 1 个重要的济

贫法,授权治安法官以教区为单位管理济贫事宜,征收济贫税及核发济贫费。斯图亚特王朝于 1662 年通过《住所法》,规定贫民须在其所在的教区居住一定年限者方可获得救济。1834 年议会通过《济贫法(修正案)》,这是 1601 年以后最重要的济贫法,史称新济贫法。该法在中央设置三人委员会,在地方各教区联合区组成济贫委员会,管理济贫事宜。1847 年,中央的三人委员会改为济贫法部。1871 年,济贫事务改由地方政府部管理,但习艺所(劳动救助机构)的惩治原则一直未变。20 世纪以来,济贫法的重要性逐渐降低。待到 1946 年的《国民保险法》和 1948 年的《国民救助法》通过后,卫生部主管的社会保险已完全代替济贫,济贫法失去作用。(推荐阅读　丁建定:《英国济贫法制度史》,人民出版社)

加洛林王朝　8 世纪中叶至 10 世纪统治法兰克王国的封建王朝。由其家族惯用名字加洛尔(拉丁文为 Carolus,即查理)而得名。在此之前,其家族成员以宫相的身份摄理王国朝政。其中查理·马特之子矮子丕平于公元 751 年在罗马教皇支持下废墨洛温王朝自立,建立加洛林王朝。他将所侵夺的意大利中部土地赠给教皇作为酬谢,又征服南部高卢。矮子丕平之子查理在位时(768—814 年),经过连年征战,控制了西欧大部分地区,建立庞大帝国,并于 800 年由罗马教皇加冕称帝,史称查理大帝。查理死后,帝国走向解体。虔诚者路易在位时(814—840 年),封建内战加剧。843 年,他的 3 个儿子缔结《凡尔登条约》,帝国一分为三:日耳曼人路易领有东法兰克王国,秃头查理领有西法兰克王国,罗退尔一世领有中法兰克王国,形成后来德意志、法兰西和意大利三国的雏形。东法兰克(德意志)的加洛林王朝于 911 年中断,西法兰克(法兰西)的加洛林王朝于 987 年告终。(推荐阅读　[法兰克]艾因哈德:《查理大帝传》,戚国淦译,商务印书馆)

迦太基　古代非洲北部以迦太基城(腓尼基语意为"新城",遗址在今突尼斯)为中心的奴隶制国家。约公元前 814 年由来自腓尼基城邦提尔(Tyer)的移民所建。前 7—前 4 世纪发展成为西地中海的强国,领有科西嘉、撒丁岛、西西里西部、巴利阿里群岛及西班牙东部沿海一带;公元前 6 世纪起,与希腊的海上势力相抗衡。居民主要经营海外贸易,造船业发达,也使用奴隶劳动。实行贵族寡头统治。文化多受腓尼基及希腊、埃及影响。从

公元前 3 世纪中叶至前 2 世纪中叶,迦太基与罗马发生了 3 次战争,史称布匿战争,结果迦太基被灭,迦太基城被夷为平地,领土成为罗马治下的阿非利加省。公元前 29 年,奥古斯都定迦太基为罗马阿非利加行省的省会,此后更名"凯撒迦太基殖民地"。439 年汪达尔人占领迦太基。533 年成为东罗马帝国的属地,并成为东罗马帝国重要文化中心。7 世纪因阿拉伯帝国的崛起引发的战乱而被彻底废弃。(推荐阅读　[英]理查德·迈尔斯:《迦太基必须毁灭》,孟驰译,社会科学文献出版社)

《家庭、私有制和国家的起源》　恩格斯关于古代社会发展规律和国家起源的著作名称,是马克思主义国家学说的代表作之一。副标题为"就路易斯·亨·摩尔根的研究成果而作"。全书包括 2 篇序言,9 章正文。第 1、2 章研究史前各文化阶段与家庭的起源、演变和发展,着重论述了人类史前各阶段文化的特征、早期的婚姻关系和从原始状态中发展出来的几种家庭形式,指出一夫一妻制家庭的产生和最后胜利是文明时代开始的标志之一。第 3—9 章阐述了原始社会的基本特征,分析了原始社会解体的过程和私有制、阶级的产生,揭示了国家的起源、阶级本质及发展和消亡的规律,指出国家和阶级、私有制一样,不是从来就有的,而是经济发展到一定阶段产生的。国家是阶级矛盾不可调和的产物,是经济上占统治地位的阶级进行政治统治的工具,是凌驾于社会之上而且日益与社会脱离的特殊公共权力,其作用是协调各阶级的矛盾。国家随阶级的产生而产生,也必将随阶级的消亡而消亡。此书是恩格斯运用唯物史观研究国家的重要成果,它科学地阐明了家庭、私有制、阶级的起源与国家产生的关系,极大地丰富了马克思主义的政治学说。(推荐阅读　吕世荣:《恩格斯〈家庭、私有制和国家的起源〉一书的历史性贡献》,《马克思主义研究》2021 年第 7 期)

价格革命　16—17 世纪由于美洲廉价金银流入欧洲而引起的欧洲金银贬值及物价上涨的经济现象。15 世纪地理大发现后,西班牙人入侵美洲,破坏了美洲印第安人的印加和阿兹特克文明,并且掠夺大量(主要是黄金白银)贵重金属输入欧洲,但是各项物资并未增加,加上人口增加,以致商品农产品产量不足,物价急剧上涨,各种商品上涨幅度前所未有。在一个世纪里,西班牙的物价上升了大约四倍,其他欧洲国家虽然没有达到这个程度,

但它们传统的经济关系也受到了严重的冲击。它对西欧封建制度的解体和资本主义关系的产生和发展起了加速作用。(推荐阅读 [美]大卫·哈克特·费舍尔:《价格革命:一部全新的世界史》,X. Li 译,广西师范大学出版社)

教皇国 又称教会辖地。罗马教皇在 756—1870 年间拥有主权的意大利中部的领土,曾包括今拉齐奥、翁布里亚、马尔凯以及艾米利亚—罗马涅的一部分。领土的范围随着教皇控制的程度在各个世纪不同。早在 4 世纪,教皇已在罗马周围取得很多地产。从 5 世纪开始,随着罗马帝国的权势在西方的崩溃,教皇在意大利中部的影响大有增长。当 8 世纪 50 年代伦巴德人要占据整个意大利半岛时,教皇司提反二世(三世)求助于法兰克人统治者矮子丕平三世,使意大利中部这块土地重归罗马教廷。这次"丕平赠礼"(754 年)为教廷要求世俗权力奠定了基础。根据帕维亚条约,伦巴德国王艾斯杜尔夫割让了意大利北部和中部领土。因此,教皇成为拉韦纳、彭塔波里斯和罗马地区周围一带的统治者。教皇国由罗马教皇统治,与神圣罗马帝国有着密切关系,是当时欧洲最有影响力的国家之一。1861 年,教皇国的绝大部分领土被并入撒丁王国,即后来的意大利王国。1870 年罗马城也被并入意大利,教皇国领土退缩至梵蒂冈。教皇庇护十一世时期,墨索里尼在 1929 年与枢机主教加斯佩里签订《拉特兰条约》,罗马教廷正式承认教皇国灭亡。(推荐阅读 张尧娉:《一场政治交易的结果——教皇国的建立》,《世界文化》2010 年第 7 期)

教皇子午线 1494 年在罗马教皇仲裁下,西班牙和葡萄牙瓜分殖民地的分界线。1492 年哥伦布到达美洲后,西、葡两国为争夺殖民地、市场和掠夺财富,长期进行战争。为缓和两国日益尖锐的矛盾,由教皇亚历山大六世(1492—1503 年在位)出面调解,并于 1493 年 5 月 4 日作出仲裁:在大西洋中部亚速尔群岛和佛得角群岛以西 100 里格(1 里格约合 3 海里,约 5.5 千米)的地方,从北极到南极划一条分界线,史称教皇子午线。线以西属于西班牙人的势力范围;线以东则属于葡萄牙人的势力范围。根据这条分界线,大体上美洲及太平洋各岛属西半部,归西班牙;而亚洲、非洲则属东半部归葡萄牙。葡萄牙国王若昂二世(1481—1495 在位)对此表示不满,要求重划。

1494 年 6 月 7 日,西、葡两国签订了《托德西利亚斯条约》,将分界线再向西移 270 里格,巴西即根据这个条约被划入葡萄牙的势力范围。这条由教皇作保规定的西、葡两国同意的分界线,开近代殖民列强瓜分世界、划分势力范围之先河。1529 年双方又签订《萨拉戈萨条约》,在摩鹿加群岛以东 17°处再划出一条线,作为两国在东半球的分界线,线西和线东分别为葡萄牙和西班牙的势力范围。西、葡两国首次瓜分了整个地球,疯狂进行殖民掠夺。(推荐阅读 崔凤、陈默:《突破教皇子午线:荷兰的海洋强国之路——社会变迁的视角》,《中国海洋大学学报》(社会科学版)2015 年第 4 期)

《解放黑人奴隶宣言》 1863 年 1 月 1 日由美国总统林肯发布的解放美国黑人奴隶的法令。宣言声明:1863 年 1 月 1 日起,凡在当地人民尚在反抗合众国的任何一州之内,或一州的指明地区之内,为人占有而做黑奴的人们都应在那时及以后永远获得自由。在适当条件下,这些人们可参加合众国的军事工作,驻守炮台、阵地、卫戍区域以及其他地区,以及在各种军舰上服役。《宣言》可被视为指导联邦军队的政策方针,也可被视为随着战线推移而生效的解放文告。宣言为招募黑人士兵打开绿灯,引起了大批黑人的响应。在战争后期,有近 18 万名黑人穿上联邦军服参战。宣言也为联邦政府赢得国际社会广泛的支持。宣言豁免的对象不包含未脱离联邦的边境州,以及联邦掌控下的诸州,但明显地给人身奴役制度以致命打击,为最终废除全美奴隶制度预先铺路。(推荐阅读 梁茂信:《美国革命时期黑奴制合法地位的确立》,《历史研究》1997 年第 6 期)

金本位制 19 世纪末 20 世纪初资本主义各国普遍实行的一种以黄金为本位币的货币制度。1821 年英国首先实行,到 20 世纪初,资本主义各国都实行金币本位制,使金币本位制成为国际性的货币制度。在金本位制下,每单位的货币价值等同于若干重量的黄金(即货币含金量);当不同国家使用金本位时,国家之间的汇率由它们各自货币的含金量之比——金平价来决定。第一次世界大战前夕,各帝国主义国家为了准备世界大战,加紧对黄金的掠夺,使金币自由铸造、价值符号与金币自由兑换受到严重削弱,黄金的输出入受到严格限制。第一次世界大战爆发以后,帝国主义国家军费开支猛烈增加,纷纷停止金币铸造和价值符号的兑换,禁止黄金输出,从根本

上破坏了金币本位制赖以存在的基础,导致金币本位制彻底崩溃。金本位制的优点是可以限制政府或银行过度发行纸币、引发价格膨胀的能力,但在货币供应方面不能提供充足的灵活性。(推荐阅读　程皓:《货币本位制度比较研究——兼论人民币稳定锚的构建》,科学出版社)

金元外交　美国从塔夫脱总统执政时期(1909—1913年)开始执行,鼓励和支持银行家扩大海外投资,以实现向外扩张的外交政策。西奥多·罗斯福总统推行的"大棒政策",遭到世界各国特别是拉丁美洲人民的反对,故塔夫脱和国务卿诺克斯鼓吹积极的经济扩张政策。塔夫脱提出"用金元代替枪弹",诺克斯则提出"每个外交官都是推销员"的口号。他们主张运用外交政策推动和保护美国银行家的海外投资,特别是对拉丁美洲加勒比海地区和中国扩大投资,在这些地区排挤和取代其他帝国主义国家。他们认为海外投资可以帮助美国实现向外扩张的目标。在这种政策的鼓励下,美国资本大量投入加勒比海地区各国,美国银行家还挤入国际银行团,参加对中国湖广铁路的贷款计划,并积极策划扩大对中国东北地区的投资和经济渗透。由于这种使弱小民族沦为美国附属国的政策具有一定的欺骗性,此后美国政府经常实行金元加实力的政策,直至1934年才稍有改变。事实上,金元并没有完全取代枪弹,而只是枪弹的补充,二者常常交替使用或同时使用。(推荐阅读　马伟:《从"经济帝国"到"规则霸权"——美国崛起过程中对"外围国家"的经济关系及政策探析》,《美国研究》2023年第6期)

金砖国家　最初指中国、俄罗斯、印度、巴西四个经济发展潜力较好的新兴市场国家。因四国英文名称首字母组成的单词发音同英文单词"砖"相同,故名。2011年南非正式加入,金砖国家扩大为五国。2006年,金砖国家外长举行首次会晤,开启金砖国家合作序幕。2011年11月,金砖国家领导人在法国戛纳二十国集团峰会前夕举行首次非正式会晤。2023年8月22—24日,金砖国家领导人第十五次会晤在南非约翰内斯堡举办,决定邀请阿根廷、埃及、埃塞俄比亚、伊朗、沙特、阿联酋六国,自2024年1月1日起成为金砖合作机制的正式成员。作为新兴经济体的代表和南南合作的新平台,金砖国家合作机制成立以来,合作基础日益夯实,领域逐渐拓展,已形成以领导人会晤为引领,以安全事务高级代表会议、外长会晤等部长级会议为支

撑,在经贸、财金、科技、农业、文化、教育、卫生、智库等数十个领域开展务实合作的多层次架构。金砖国家合作的影响已经超越五国范畴,成为促进世界经济增长、完善全球治理、推动国际关系民主化的建设性力量。(推荐阅读　魏建国、李锋:《金砖国家合作机制研究》,社会科学文献出版社)

金字塔　一种方锥形建筑物,用砖、石材料建造,或表面覆以砖、石。底部为矩形,四面为倾斜的三角形在顶点相交(有时四面为梯形,顶部为平台),形似汉字"金",故名。在不同的时代里,埃及、苏丹、埃塞俄比亚、西亚地区、希腊、塞浦路斯、意大利、印度、泰国、墨西哥、南美洲和一些太平洋岛屿上都曾建有金字塔,其中以埃及和中南美洲的金字塔最为著名。古代埃及金字塔是法老(国王)的陵墓。其中以古王国第四王朝胡夫的金字塔最大,今仍存于开罗近郊吉萨,其塔基呈正方形,每边长约232米,高约146.5米,使用约230万块巨石叠成,塔内有甬道、阶梯、墓室等复杂结构;据说由农民、奴隶历时30年筑成。古代美洲金字塔是宗教建筑,一般用土建造,表面砌石,并且以呈阶梯形、顶部为平台或神庙建筑为特征。最著名的有墨西哥中部特奥蒂瓦坎的太阳金字塔,塔基也略呈正方形,边长约210米,高约64米,其规模与胡夫大金字塔不相上下,始建于公元1世纪,是美洲现存金字塔中最大者。(推荐阅读　[英]乔安·弗莱彻:《埃及四千年》,杨凌峰译,浙江文艺出版社)

禁欲主义　又称"苦行主义",宗教上为了实现精神上的理想或目的而克制自己肉体或心理上的欲望的一种实践。几乎任何宗教都具有苦行主义的痕迹和某些特征。苦行主义源于人们企图达到种种最后目的或理想,比如柏拉图主张压制肉体欲望,以便灵魂能自由寻求知识。历史上,苦行主义在加强人的意志及其精神力量方面的价值,使它已成为许多宗教和哲学的一部分。近代哲学家康德、叔本华等也按照斯多葛派的准则坚持苦行主义以培养德行。东方的佛教、婆罗门教和中世纪西方的基督教,把这种禁欲主义推向极端,并在修道院或僧寺、尼庵中使其制度化,成为一种宗教式的道德原则和生活方式。在中国封建社会,禁欲主义思想则长期与儒家伦理思想相结合,特别是在宋明理学(见理学)的"存天理灭人欲"的道德说教中得到强化。禁欲主义的社会意义在于传播安贫忍辱思想,为掩盖剥削阶级的

腐化堕落的生活方式和巩固剥削、压迫制度服务。（推荐阅读　［德］马克斯·韦伯:《新教伦理与资本主义精神》,马奇炎、陈婧译,北京大学出版社）

《京都议定书》　全称《联合国气候变化框架公约的京都议定书》。世界各国缩减排放温室气体、抑制全球变暖的议定书。旨在限制发达国家温室气体排放量,以抑制全球变暖的国际性公约。因 1997 年在日本京都召开的《联合国气候变化框架公约》缔约国第三次大会通过,因此习惯称之为《京都议定书》。议定书以"共同承担责任,但是有区别的责任"为原则,共有两个附件。附件 A 列出了要缩减排放的温室气体的种类和部门;附件 B 规定各国需缩减排放的目标量,并定有到达目标量的时限。《京都议定书》是气候谈判进程中关于减排的唯一具有法律约束力的国际文件,于 2005 年 2 月 16日正式生效。其第一承诺期为 2008—2012 年,规定发达国家的温室气体排放量需相对于 1990 年平均削减 5.2％,但《京都议定书》对执行的规则和条件等方面未做明确规定。2011 年《联合国气候变化框架公约》缔约国第 17次大会通过决议,自 2013 年起实施《京都议定书》第二承诺期并启动绿色气候基金。（推荐阅读　格瑞希拉·齐切尔尼斯基等:《拯救〈京都议定书〉》,李秀敏、史桂芬译,经济科学出版社）

经济大危机　又称"大萧条",在北美洲、欧洲和世界其他工业化地区发生的经济衰退,是资本主义历史上破坏力最大、波及范围最广、持续时间最长的一次世界性危机。大危机从 1929 年 10 月纽约证券交易所股票灾难性暴跌开始,全面的经济危机接踵而至:大批银行倒闭,企业破产,市场萧条,生产锐减,失业人数激增,农产品价格下跌,人民生活水平骤降。危机期间,一方面生产过剩,商品积压,甚至销毁大量农产品和牲畜,另一方面广大劳动人民又缺衣少食。美国约三分之一的人无法维持生计,栖息在破烂的"胡佛村"里。大危机开始于美国,但由于一战后美国与欧洲各国经济间形成了特殊和密切的关系,很快就变成全世界的经济萧条。德国的失业人数到1932 年初达 600 万人,占劳动力的 25％。英国直到二战以前,工业和出口部门一直严重衰退。到 1931 年,许多国家都不同程度地受到大危机的影响。到 1932 年,世界贸易总值减少一半以上。面对大危机,胡佛政府基本上采取传统的放任主义政策,实施有限的反危机措施,收效甚微,直至罗斯福总统

实施"新政"才使美国逐渐从危机中走过来。为了摆脱危机，各国走上了不同的道路，其中德、日走上法西斯道路，加速了第二次世界大战的爆发。（推荐阅读　刘鹤主编：《两次全球大危机的比较研究》，中国经济出版社）

经济全球化　世界各国在经济上联系日益加强，经济活动的全球性日益加深的过程。各国实行开放型的发展战略和经济体制是经济全球化的基础，运输、通信和信息技术的迅速进步有力地促进了经济全球化的发展。在经济全球化进程中，商品、服务和各种生产要素跨国界流动的障碍日益减少，管理国际经济活动和交易网络的组织结构不断出现，跨国公司迅速发展，各国经济的相互依存和相互影响日益加深。（推荐阅读　罗维晗等：《经济全球化相关问题思考与探索》，中国金融出版社；刘淼主编：《经济全球化与国际经济》，暨南大学出版社）

卡尔纳克神庙　古埃及最大庙宇，与卢克索尔神庙组成了底比斯阿蒙神庙。卡尔纳克神庙遗址在今埃及开罗以南700多公里的卡尔纳克村，始建于埃及中王国时期，到托勒密时期完成。神庙充分体现古埃及的宗教、历史、文化、建筑、绘画以及雕刻等方面的艺术成就。神庙中有巨大的法老石雕像、狮身人面像、柱廊、大殿等建筑群。庙内最著名的是阿蒙神主庙，总面积达5000平方米，殿中有巨石圆柱多达134根，最高的12根，高70英尺，圆周长35英尺，柱上架设横梁，用来支撑当屋顶的大石块。每个柱头呈开花状，可立百人，柱身布满象形文字和浮雕画面。卡尔纳克神庙的建筑技艺堪称建筑史上的杰作，其艺术后为波斯人、希腊人和罗马人所承袭。（推荐阅读　[法]吕克·贾宝德：《卡尔纳克神庙的起源与阿蒙神崇拜的开始》，高伟、郭子林译，《中东研究》2017年第2期；[英]理查德·H.威尔金森：《埃及神庙》，颜海英、赵可馨译，贵州人民出版社）

《开罗宣言》　全称为《中美英三国开罗宣言》，是确定日本侵略罪行及战后处理日本问题的重要国际文件。1943年11月22—26日由中、美、英三国政府首脑在开罗举行国际会议并签署该宣言。会议结束后经斯大林同意于1943年12月1日公布于世。宣言声明：三国表示对日作战的目的在于制止并惩罚日本侵略，无拓展领土之意；剥夺日本自第一次世界大战开始后在太平洋地区所夺得或占领之一切岛屿；日本所窃取于中国之领土，例如：满

洲(中国东北)、台湾、澎湖列岛等,归还中国,日本亦将被逐出于其以暴力或贪欲所掠夺的所有土地;恢复朝鲜的自由独立;坚持日本无条件投降。这对于维护、巩固反法西斯联盟的团结和加速反法西斯战争的胜利,起了重大作用。然而,美、英不愿放弃它们在远东的殖民利益。此外,宣言虽规定剥夺日本占领的太平洋岛屿统治权,却避而不谈具体如何处理。关于朝鲜独立只作含糊规定,对中国香港的地位的规定亦不明确,这些都反映了美、英的意图,体现了该宣言具有的大国强权主义色彩。二战后,美国出于自身利益的考虑,推行霸权主义,从根本上违反了《开罗宣言》的原则和规定。(推荐阅读 刘玉山、徐纪阳:《论美英对〈开罗宣言〉文本解释的"异化"——以美英历史档案为中心的考察》,《军事历史研究》2023 年第 2 期)

凯撒(公元前 100—前 44 年) 全名盖尤斯·尤利乌斯·凯撒。古罗马将军、独裁者、政治家,作家,著有《高卢战记》《内战记》等。在希腊—罗马世界的历史进程中,凯撒起到了很大的作用,"凯撒"之名,后来成为罗马及欧洲帝王习用的头衔。凯撒出生于罗马最早的贵族尤利乌斯家族,年轻时就把投身政治作为自己的理想。曾经是反对苏拉反革命派成员,担任过财务官、监察官、祭司长、大法官、大民政官等职。公元前 62 年,当选为掌握军权的执政官。公元前 60 年,与庞培、克拉苏结成前三头政治联盟。凯撒征服过高卢全境,攻袭过日耳曼人,侵入不列颠,权势一度扩大,后被元老院和庞培联合解除军权。公元前 49 年初,进占罗马,后取得法萨罗战役胜利,追庞培于埃及,助克娄巴特拉七世争夺王位,转战小亚细亚。公元前 46 年,经北非返回罗马,建立独裁统治,着手整顿希腊—罗马世界的秩序。公元前 44 年 3 月,被共和派刺杀。其死后,养子和继承人屋大维最终成为罗马帝国的第一任皇帝。凯撒编订的《儒略历》至今仍在部分信奉基督教东正教的国家中使用。(推荐阅读 [英]阿德里安·戈兹沃西:《凯撒:巨人的一生》,陆大鹏译,社会科学文献出版社)

考迪罗 源自西班牙语的音译名称,意为"首领"或"头目"。起初,考迪罗是指在阿根廷的普拉塔地区作战的军事首领,后来泛指拉丁美洲各国的军事独裁者。这种军事独裁统治制度或政治形式在拉丁美洲广泛存在,称为"考迪罗主义"。其主要特点是:通过暴力夺取政权,然后又依靠暴力维持

统治。在独立战争中发挥了重要作用的军事领袖在独立后大都掌握实权，成为考迪罗。后来上位的考迪罗也大多是军官或地主集团的首领，他们既不同于封建时代的国王或封建主世袭继位，也不是资产阶级民主制的产物，都是凭借实力夺权的，因此，考迪罗的统治时间从几年到几十年不等，但能体面下台的不多。考迪罗在国内大多与大地产主勾结，拼命攫取财富；对外则对欧美发达资本主义国家卑躬屈膝，取得财政和政治支持以维持统治，同时经常对周边国家发动战争。（推荐阅读　潘芳：《对阿根廷考迪罗的文化解析——以曼努阿尔·德·罗萨斯为例》，《世界历史》，2015 年第 2 期）

科索沃战争　1999 年以美国为首的北约组织以科索沃地区的民族冲突为借口而发动的对南斯拉夫联盟共和国的战争。波黑战争结束后，南联盟发生科索沃危机，并不断激化。1991 年 9 月 30 日，科索沃的阿族举行全民公决，宣布科索沃为独立的自由国家，南联盟坚决捍卫国家主权，反对科索沃独立。科索沃危机为北约东扩提供了借口。1999 年 2 月 6 日，在法国举行解决科索沃问题的和平谈判。在谈判中，南联盟反对科索沃独立，反对北约部队进驻科索沃，而科索沃阿族则坚持要获得独立地位。经过一个多月的谈判，未能达成协议。3 月 19 日，西方国家宣布谈判破裂，北约随即宣布将对南联盟实施空中打击。以美国为首的北约部队，从 24 日起对南联盟持续空袭 78 天，给南联盟造成重大财产损失和环境破坏，以及许多无辜平民的伤亡。北约的战争行动没有得到联合国安理会的授权，违反《联合国宪章》，在国际关系史上开创了一个危险的先例。战争最后以南联盟军队从科索沃撤出，北约军队进驻而告结束。（推荐阅读　韩英林主编：《科索沃战争研究》，吉林文史出版社）

科学社会主义　马克思主义的三个组成部分之一，马克思主义理论体系的核心，是关于阶级斗争、无产阶级革命和无产阶级专政、建设社会主义并进而实现共产主义的科学理论。1848 年 2 月《共产党宣言》的发表，标志着科学社会主义的诞生。科学社会主义在 19 世纪中期形成，是人类历史尤其是资本主义发展的必然结果，有着深刻的社会历史原因。马克思唯物史观和剩余价值学说的两大发现，既揭示了社会主义必然代替资本主义的客观规律，又找到了实现这个客观规律的社会力量，从而把社会主义置于科学

的基础上,使社会主义从空想变成了科学。科学社会主义的诞生是社会主义学说的历史性变革,是社会主义思想史上最伟大的理论成就,它指明了人类社会的发展方向和道路,实现了工人运动和社会主义的结合,使无产阶级有了科学理论作为自身解放运动的指南,国际共产主义运动和世界各国的民族解放运动从此进入了一个崭新的阶段。(推荐阅读 《科学社会主义概论》编写组:《科学社会主义概论》,人民出版社)

克里米亚战争 亦称克里木战争或东方战争。1853—1856年间俄国与英国、法国、土耳其(奥斯曼帝国)、撒丁王国之间的战争。因其主要战场在克里米亚而得名。自18世纪下半叶起,俄国在近东势力急速发展,力图攻占或与列强瓜分日趋衰落的土耳其帝国,控制黑海海峡,实现俄国南出地中海的夙愿。这就与在近东有重大政治经济利益的英、法两国发生冲突。克里米亚战争为时两年多,俄军死亡30万人、法军死亡10万人、英军死亡6万人。战后,俄国的国际地位大为低落,西进之路受阻,于是它把侵略矛头转向中亚和远东,削弱了它对普鲁士的影响。克里米亚战争也是俄、奥关系的分水岭,两国由战前的相互勾结转为战后相互对立。(推荐阅读 赵欣:《克里米亚战争期间俄军与英法联军在北太平洋海域的军事冲突》,《军事历史研究》,2020年第6期)

空想社会主义 亦称"乌托邦社会主义",一种不具现实性的改造人类社会的社会主义理想。它产生于16世纪初,19世纪上半叶达到顶峰。欧洲早期空想社会主义代表人物是英国的莫尔(1487—1535年)和意大利的康帕内拉(1568—1639年)。莫尔的《乌托邦》深刻揭露资本主义原始积累过程中的悲惨景象,描绘了没有压迫人人平等的理想社会。19世纪伴随着工业革命和资本主义的迅速发展,资本主义社会内部矛盾和弊病日益暴露。英法出现了以圣西门(1760—1825年)、傅立叶(1772—1837年)、欧文(1771—1858年)为代表的形态最完备的空想社会主义。他们不但对资本主义进行尖锐的揭露和批判,而且论证未来社会代替资本主义的必然性和合理性,精心描绘未来社会的蓝图,有的还进行社会改造的试验,为科学社会主义的形成提供了许多有益的思想材料。空想社会主义虽然对资本主义进行无情批判,提出对未来社会的天才设想,但却无法找到实现其社会理想的正确道路

和社会力量。(推荐阅读 《科学社会主义概论》编写组:《科学社会主义概论》,人民出版社)

孔雀王朝 古代印度摩揭陀国最著名的奴隶制王朝。因其创造者旃陀罗笈多出身于孔雀家族而得名。公元前 323 年,旃陀罗笈多趁马其顿国王亚历山大大帝入侵印度之际,赶走马其顿驻军,统一北印度,建立孔雀王朝。公元前 305 年,塞琉古王国入侵印度,战败求和,把大体相当于今阿富汗和俾路支斯坦的大片土地割让给印度。约公元前 297 年,旃陀罗笈多去世,其子频头娑罗继位。20 余年后频头娑罗死,其子阿育王继位。在阿育王时期,南亚次大陆除极南端一部分外,囊括在孔雀王朝的版图之内。首都为华氏城(今巴特那)。古代奴隶制君主专制的集权统治达到顶峰。孔雀王朝时期生产力有很大提高,铁器的制造和使用已非常普遍,农产品种类增多,农业占有显著优势,纺织、金属加工和造船等手工业都有发展。当时印度同中国、两河流域、埃及等地有较活跃的贸易关系。阿育王死后,帝国逐渐分裂,其势力仅及恒河部分地区。约在公元前 187 年(或公元前 185),孔雀王朝末代国王布利哈德罗陀为其部将普士亚密多罗·巽伽所杀。至此,孔雀王朝灭,巽伽王朝兴。(推荐阅读 刘欣如:《印度孔雀王朝时期的奴隶制特殊性》,《世界历史》1987 年第 3 期)

拉丁字母 古罗马人使用的字母文字,又称罗马字母,是世界上应用最广泛的字母文字体系。拉丁字母起源于腓尼基字母,形成于公元前 6 世纪,由埃特鲁斯坎字母发展而来。古典时期的拉丁字母只有 23 个,有些照搬希腊字母,有些做了修改,到了中世纪,最终形成完整的 26 个拉丁字母表,与现代英语相同。拉丁字母随着罗马帝国版图的不断扩大而广为传播,成为世界上最广泛应用的文字体系。古罗马时代,拉丁字母有大写体和草写体两种类型,到中世纪以后,又出现很多种书体,其中的圆形"人文主义书体"和有棱角的草写体,分别衍生出了现在印刷的楷体和斜体字母。拉丁字母表与拉丁字母书体的形成,是现代拉丁字体的基础,拉丁字体以后的发展,都是基于此为开端的。(推荐阅读 [奥]雷立柏编:《简明拉丁语教程》,商务印书馆)

老普林尼(23—79 年) 古罗马科学家、作家,出生于富裕的骑士家庭。

在日耳曼服过役,在西班牙当过代理总督,公元59年返回罗马担任过一些官职,最后担任那不勒斯湾舰队司令,负责肃清海盗。公元79年,在一次维苏威火山爆发的救援和调查中,普林尼被火山喷出的毒气窒息而亡。普林尼一生写过涉及历史、哲学等多部著作,其中仅存下来的也是最有价值的著作是《自然史》(亦称《博物志》)。《自然史》成书于77年,共37卷,以巨大的篇幅极为详尽地记述了作者所生活时代几乎所有方面的知识,其中涉及大量的自然科学,被认为是百科全书的起源。著作从问世起就一直受到学术界的关注,在中世纪,《自然史》被视为知识的源泉,19世纪的拉丁文学者认为其是古代经典中最伟大的作品之一。(推荐阅读 [古罗马]普林尼:《自然史》,李铁匠译,上海三联书店)

冷战 两国或两个国家集团之间除直接军事交战以外的一切敌对行为的总称,一般特指二战后西方国家与社会主义国家之间的对抗状态。这种对抗除了直接的大规模军事冲突,还涉及政治、军事、经济和意识形态等等领域,是一种埋藏着战争危机的和平状态,也是一种以和平形态表现的战争。1946年3月丘吉尔的铁幕演说揭开冷战的序幕,1947年3月杜鲁门主义的出笼标志冷战的正式开始。冷战的主要参加者是美国以及西方盟国,苏联和华沙条约组织成员国。中国和许多发展中国家都自觉不自觉、程度不同地卷入了冷战。冷战的主要战场在欧洲,并逐步扩展到整个世界。美国在反对共产主义扩张的旗号下,在政治、经济、军事和文化等各方面对苏联进行全方位遏制。苏联则针锋相对,予以坚决还击。美苏之间遏制与反遏制的斗争不断升级,导致了两大阵营和两极格局的形成。1991年苏联解体,标志冷战结束。冷战在当代国际关系中占有特殊地位,是战后国际关系的基本内容,严重阻碍了国际关系的正常发展,深刻影响了人类生存与发展的环境和各国人民的命运。(推荐阅读 刘金质:《冷战史:1945—1991》,世界知识出版社;[美]加特霍夫:《冷战史:遏制与共存备忘录》,伍牛、王薇译,新华出版社)

黎轩 古国名,通"犁靬""黎轩",泛指古罗马帝国。中国史籍中称罗马帝国为大秦,《魏略·西戎传》载:"大秦国,一号犁靬。"《后汉书·西域传》载:"大秦国一名犁鞬,以在海西,亦云海西国。地方数千里,有四百余城。

小国役属者数十。以石为城郭。列置邮亭,皆垩墍之。有松柏诸木百草。人俗力田作,多种树蚕桑。皆髡头而衣文绣,乘辎軿白盖小车,出入击鼓,建进旌旗幡帜。"(推荐阅读　范晔:《后汉书》,中华书局)

李维(公元前59—公元17年)　古罗马历史学家,与萨卢斯特、塔西佗并称为罗马三大历史学家。李维出生在意大利北部帕多瓦,受过良好的教育,在文学、史学、哲学、修辞学方面都受过训练。他一生著述丰富,最著名的就是《建城以来史》,共142卷,记述了罗马城建立起至公元前9年的历史。《建城以来史》包含了丰富的史学致用思想,李维以历史循环论作为史学致用的前提,认为罗马传统道德关乎国运,是联系罗马古今的重要纽带,亦是影响罗马历史循环发展的重要力量。李维通过不同方式点明需要读者关注的道德价值与历史经验,他也会通过改写史料来凸显说教的效果。李维认为史学致用是有限度的,人们应该根据条件与环境的变化理性地运用过去的范例。《建城以来史》对研究古罗马的历史有无可比拟的史料价值。(推荐阅读　蔡丽娟:《李维史学研究》,商务印书馆;赵北平:《论李维的史学致用思想》,《史学史研究》2020年第3期)

联邦制　一种政治组织模式,即把分散的邦或其他政治实体联合在一个总的政治体制中,以便让它们保持其本身基本的政治完整性。联邦制的各种政治制度彼此有很多不同之处,但也具有某些共同的特点和原则,如成文宪法、非中央集权化、地区分权。联邦与成员单位间的权限划分由联邦宪法规定。有联邦的宪法、法律、立法机关和政府,各成员单位也有自己的宪法、法律、立法机关和政府。各成员单位的公民同时又是联邦的公民,有统一的国籍。"美国1787宪法"规定的联邦制是美国特有历史条件的产物,它的核心是联邦与州的分权问题。《联邦宪法》大大加强了中央的权力,但是它并未建立中央集权的体制,把相当多的权力保留给各州。这样既避免了《邦联条例》的极端,又避免了中央集权的弊害;既把各州团结成为一个国家,又保障了地方的一定程度的自治地位,有利于发挥地方的积极性和首创性。(推荐阅读　[加拿大]乔治·安德森:《联邦制导论》,田飞龙译,中国法制出版社)

《联合国家宣言》　第二次世界大战中反法西斯盟国对德、意、日法西斯

国家作战的第一个共同纲领性文件。太平洋战争爆发后,为拟定作战计划,提高国际声望,1941 年 12 月,美国总统罗斯福、英国首相丘吉尔在华盛顿举行会谈,倡议对法西斯国家作战各国签署一项宣言。经与苏联磋商并告知有关国家后,1942 年 1 月 1 日,在美国的倡导下,中国、美国、英国、苏联、澳大利亚、加拿大、哥斯达黎加、多米尼加、萨尔瓦多、希腊、危地马拉、古巴、荷兰、捷克斯洛伐克、海地、洪都拉斯等 26 个国家的代表在华盛顿举行会议,签署《联合国家宣言》。嗣后又有 21 个国家陆续在宣言上签字。宣言采纳《大西洋宪章》的宗旨和原则,宣告各国政府保证使用全部的军事和经济资源,反对德、意、日轴心国及其附庸;每个国家的政府保证互相合作,不单独与敌人缔结停战协定或和约。宣言最后表示,凡在战胜希特勒主义斗争中给以物质上援助和贡献的国家,均可加入本宣言。《联合国家宣言》的发表标志着国际反法西斯联盟的形成与壮大,为创建联合国组织和世界人民争取反法西斯战争的胜利奠定了基础。(推荐阅读 梁亚滨:《联合国家共同宣言》诞生记,《党史纵览》2020 年第 11 期)

联合国粮食及农业组织 第二次世界大战末期,联合国最早的常设专门机构。总部设在罗马,附属机构遍及全球。其宗旨是消灭饥饿、改善营养状况。粮农组织还致力于协调各国政府与技术机构在实施发展农业、林业及渔业计划方面的工作。粮农组织的工作内容有:进行科研;对各成员国提供以项目为基础的技术支援;通过研讨会及训练中心实施教育计划;收集世界农产品的生产贸易及消费等方面的统计资料;出版若干期刊年鉴及科研公报。两年召开一次的粮农组织大会是粮农组织的管理机构,由各成员国代表组成。大会选举理事会,由成员国政府代表组成。出版刊物《粮农状况》《谷物女神》等。(推荐阅读 张帅:《联合国粮食及农业组织》,社会科学文献出版社)

联合国难民事务高级专员公署 简称"联合国难民署"。1950 年 12 月14 日由联合国大会创建,并于 1951 年 1 月 1 日开始工作。办事处设于日内瓦,分支机构设于提供庇护的各主要国家。《关于难民地位的公约》是联合国难民署的基础性文件,为帮助难民以及为联合国难民署制定基本的工作章程奠定了法律基础。联合国难民署负责领导和协调全球行动,保护难民

并寻求难民问题的解决方案。联合国难民署致力于确保每一个人享有寻求庇护的权利,并可以在其他国家得到安全庇护,或者在情况允许时自愿重返故乡、就地融合或者安置到第三方国家。作为一个非政治性的人道主义机构,联合国难民署得到联合国授权,负责保护难民,并帮助难民找到脱离困境的办法。在过去六十多年中,联合国难民署不断推动各国政府及国际组织共同营造保护人权、和平解决纷争的有利条件,以减少被迫流离失所的情况。联合国难民署因其帮助欧洲难民的开创性工作以及对世界范围内难民的援助,先后于 1954 年和 1981 年两次获得诺贝尔和平奖。(推荐阅读　何慧:《论联合国难民署的历史地位与现实作用》,《国际论坛》2004 年第 4 期)

《联合国气候变化框架公约》　联合国要求世界各国控制和限制人类活动造成的温室气体排放、减缓全球变暖过程的原则性公约。1992 年 5 月 9 日在美国纽约制定,同年 6 月在巴西里约热内卢召开的联合国环境与发展会议上通过。为政府间公约,由各国元首、政府首脑或外交部长签署。1994 年 3 月 21 日,该公约生效。公约由序言及 26 条正文组成,根据"共同但有区别的责任"原则,公约对发达国家和发展中国家规定的义务以及履行义务的程序有所区别,要求发达国家作为温室气体的排放大户,采取具体措施限制温室气体的排放,并向发展中国家提供资金以支付他们履行公约义务所需的费用。而发展中国家只承担提供温室气体源与温室气体汇的国家清单的义务,制订并执行含有关于温室气体源与汇方面措施的方案,不承担有法律约束力的限控义务。到 2015 年 12 月,已有包括中国在内的 197 个国家、地区和组织成为缔约成员。公约奠定了应对气候变化国际合作的法律基础,是具有权威性、普遍性、全面性的国际框架。(推荐阅读　高风:《联合国气候变化框架公约》,《世界知识》1998 年第 2 期)

《联合国宪章》　1945 年 4 月 25 日—6 月 26 日在美国圣弗朗西斯科(旧金山)举行的"联合国国家国际组织会议"上通过和签订的宪章,同年 10 月 24 日起生效。这一天被定为联合国日。宪章共 19 章 111 条。宪章的序言和第一条规定联合国的宗旨是:维护国际和平与安全;发展国际间以尊重各国人民平等权利及自决原则为基础的友好关系;促进国际合作,以解决国际间经济、社会、文化和人类福利性质的问题,增进并激励对于全体人类的人

权和基本自由的尊重。宪章的第二条规定实现上述宗旨的原则为:各会员国主权平等;各会员国应忠实履行其按宪章规定所承担的义务;以和平方法解决国际争端;不得对别国使用武力或以武力相威胁;对联合国依宪章规定而采取的行动,各会员国应尽力协助;联合国在维护国际和平与安全的必要范围内,应确保使非会员国遵循上述原则;联合国不得干涉本质上属于任何国家国内管辖之事件。宪章还规定了联合国会员国的义务和权利及六个主要机构的职能范围。宪章经联大包括安理会常任理事国在内的三分之二会员国表决并由三分之二会员国批准可进行修改。第二十九届联大会议后,成立了关于联合国宪章问题特设委员会,具体研究和审议各国政府提出的意见和建议。《联合国宪章》是现代国际关系史上的一件大事,也是二战后规划和平体制的一项重大成就,反映了战后世界人民的和平愿望。(推荐阅读 张清敏:《人类命运共同体理念的外交意义》,《历史研究》2021 年第 6 期)

两极格局 第二次世界大战后出现的以美、苏为首的资本主义阵营和社会主义阵营之间,既非战争又非和平、长期对峙与竞争状态下的国际关系格局。国家战略、国家利益、社会制度和意识形态上的对立和冲突,是美苏冷战的主要原因。伴随着以美国为首的北约和以苏联为首的华约的出现,两个阵营间在政治、经济、军事乃至意识形态上进行了全方位对抗:政治上表现为资本主义制度和社会主义制度间的政治制度斗争;经济斗争表现为封锁与反封锁;军事上表现为整体冷战、局部热战;在意识形态上表现为和平演变与反和平演变的斗争。两极格局一定程度上避免了世界大战的爆发。1991 年冷战结束标志着两极格局的解体。(推荐阅读 [美]罗伯特·基欧汉:《霸权之后:世界政治经济中的合作与纷争》,苏长和等译,上海人民出版社)

列文虎克(1632—1723 年) 荷兰生物学家,显微镜学家、微生物学的开拓者。他是首位观察到细菌和其他微生物的科学家。早年学会了琢磨玻璃制造透镜的技术,并制成简单的显微镜。一生制造了四百多种显微镜,至今有九种仍在使用,被称为"光学显微镜之父"。他于 1675 年第一次用显微镜观察到细菌和微生物。在 1676 年 10 月 9 日把自己的发现以信件形式告诉

伦敦皇家学会,并对那些微生物的形态进行描述,也就是今天的球菌、杆菌和螺旋菌。1677年进一步研究动物的有性生殖,并证实精子对胚胎发育的重要性。他也观察了动植物的显微构造,被后人称为"微生物学之父"。(推荐阅读 乔治·罗森:《公共卫生史》,黄沛一译,译林出版社)

垄断资本主义 即帝国主义,是资本主义的垄断阶段,也是资本主义发展的最高阶段和最后阶段。垄断资本主义的实质是资本主义从自由竞争阶段进入垄断阶段。这一过程在19世纪末20世纪初最终形成。垄断指少数资本主义大企业控制某些产业部门的生产和流通,凭借这种垄断地位,通过垄断价格和其他垄断手段获取高额垄断利润。因此,垄断是自由竞争的对立物,是资本主义的基本矛盾即生产社会化与资本主义私人占有形式之间矛盾发展的结果。(推荐阅读 唐永、蒋永穆:《百年未有之大变局下列宁"帝国主义论"的当代适用性再审视》,《科学社会主义》2023年第1期)

垄断组织 资本主义大企业间联合、合并而形成的垄断经济同盟。19世纪末,随着欧美资本主义国家国内生产的发展,企业规模日益扩大,企业对资本的需求日益增多,从而使股份制公司式的集资经营方式开始得到广泛的发展,由此进一步扩大了企业的规模,成为生产高度社会化的超大型企业或企业集团。此后少数资本雄厚的大企业借助于竞争和经济危机控制、吞并了许多中小企业,大企业之间签订协议共同确定价格和市场范围,或者直接进行企业合并,从而产生垄断组织。垄断组织旨在瓜分原料产地和商品销售市场,保证高额垄断利润,从而再次进行经济扩张。其主要形式有卡特尔、辛迪加、托拉斯、康采恩等。(推荐阅读 程恩富、鲁保林等:《论新帝国主义的五大特征和特性——以列宁的帝国主义理论为基础》,《马克思主义研究》2019年第5期)

卢德运动 英国工人以破坏机器为手段反对工厂主压迫和剥削的自发工人运动。首领称为"卢德王",故名。相传,莱斯特郡一个名叫卢德的工人,为抗议工厂主的压迫,第一个捣毁织袜机。工业革命时期,大批手工业者破产,工资下跌。当时工人尚未认识到资本主义剥削的实质,把机器视为贫困的根源,用捣毁机器作为反对企业主,争取改善劳动条件的手段,但禁止对人身施用暴力。1769年,英国国会颁布法令予以镇压。1811年初卢德

运动开始形成高潮。其中心诺丁汉郡的袜商不顾行业规矩,生产一种劣质长筒袜,压低袜子价格,严重冲击了织袜工人的正常收入。一些织工秘密组织起来,以"路德将军"的名义捣毁商人的织袜机。1812 年,英国国会通过《保障治安法案》,动用军警对付工人。1813 年政府颁布《捣毁机器惩治法》,规定可用死刑惩治破坏机器的工人。1813 年在约克郡绞死和流放破坏机器者多人。1814 年企业主又成立了侦缉机器破坏者协会,残酷迫害工人。但运动仍继续蔓延,1816 年这类运动仍时有发生。这种运动直接把机器当作资本本身,大规模毁坏机器,显然是不成熟的。(推荐阅读 钱乘旦:《卢德运动新探》,《南京社会科学》1991 年第 2 期;刘金源:《论 19 世纪初期英国政府的劳资政策》,《复旦学报》(社会科学版)2012 年第 2 期)

卢克莱修(约公元前 99—约前 55 年) 古罗马哲学家和诗人,伟大的无神论者,他主张唯物主义原子论以及进化论思想,对于古代哲学、现代哲学和科学的发展产生了重要的影响。卢克莱修的哲学诗篇《物性论》是现存的古希腊罗马唯物主义原子说唯一完整的著作,全书以诗的语言全面系统地阐述并发展了德谟克利特与伊壁鸠鲁的原子说与无神论思想,总结和反映了当时自然科学的成就。他猜测到了物质自身的运动,并认为宇宙是无限的,宇宙中有无数的世界在形成、发展与消灭。(推荐阅读 [古罗马]卢克来修:《物性论》,方书春译,商务印书馆)

路易斯·巴斯德(1822—1895 年) 法国微生物学家、化学家。微生物学、免疫学、疫苗学的主要奠基人。主要著作有《乳酸发酵》《酒精发酵》。曾任里尔大学、巴黎高等师范学校教授,巴斯德研究所所长。在微生物发酵和病原微生物方面的研究,奠定了工业微生物学和医学微生物学的基础,并开创微生物生理学。发现有机化合物(酒石酸)的光学异构性和消旋作用,奠定现代"立体化学"基础。主张生命只能来自生命的"生源论"。提出传染病发生的细菌病因说,系统论述迄今仍广泛使用的"一种疾病、一种细菌、一种疫苗"的传染病控制理论,发明炭疽和狂犬病疫苗。研究出家喻户晓的巴氏杀菌法,亦称"巴斯德消毒法"、"低温消毒法",一种专用于果酒、啤酒、牛奶或酱油等液态食品的低温消毒方法。此法可杀灭物料中的无芽孢细菌(尤其是结核分枝杆菌和一些沙门菌等病原菌),但不影响其营养和风味。曾挽

救了法国和其他国家的啤酒业、葡萄酒业及丝绸业。巴斯德一生成就斐然，并以言论"科学虽无国界，但科学家却有自己的祖国"、"在科学研究的观察领域，机会只垂青那些有准备的头脑"影响着一代代科学工作者。（推荐阅读　[美]洛伊斯·N.玛格纳：《传染病的文化史》，刘学礼主译，上海人民出版社）

伦勃朗（1606—1669 年）　伦勃朗·哈尔曼松·凡·莱因，欧洲 17 世纪最伟大的画家之一，也是荷兰历史上最伟大的画家。伦勃朗早年师从皮尔特·拉斯特曼，1625 年在家乡开设画室。从 1632 年定居阿姆斯特丹到 1640 年，是他创作的成熟阶段。他早年的成名作《尼古拉·特尔普教授的解剖课》（现藏于海牙莫里斯皇家绘画陈列馆），突破团体肖像画呆板的程式，构图巧妙，人物神情逼真而又生动，具有巴洛克画风。1636 年所作《参孙被弄瞎眼睛》，人物表情细腻且复杂，被评论家誉为可媲美于莎士比亚笔下的麦克白夫人。伦勃朗一生留下 600 多幅油画、300 多幅蚀版画和 2000 多幅素描。其他代表性画作还有《木匠家庭》、《夜巡》、《浪子回头》等。（推荐阅读　[英]拉里·西尔弗：《伦勃朗画笔下的荷兰》，徐明皓译，东方出版社）

罗伯特·富尔顿（1765—1815 年）　美国工程师，以蒸汽机为动力的新式船舶的发明家。生于宾夕法尼亚州爱尔兰移民家庭，自幼贫困，勤奋好学，17 岁起就离家自谋生活。早年曾在英国学习绘画，后改学机械和制图，从事发明。1807 年用英国蒸汽机创制轮船"克莱蒙特"号，并在哈得逊河上试航成功。次年又建造两艘轮船，使之达到实际应用的水平，实现水上交通工具的重大变革。1809 年组织渡轮建造公司。除研究和创制轮船外，还在运河闸门、纺麻机器等方面有发明创造。为人类航海事业的发展作出了卓越的贡献，被人们誉为"轮船之父"。（推荐阅读　曹关桐：《罗伯特·富尔顿——轮船发明家》，《航海》1981 年第 2 期）

罗马大竞技场　古罗马时期最大的圆形角斗场，亦称"科洛西姆"，用于举办各种娱乐和残酷的活动，如角斗士比赛、海战表演、处决罪犯和异教徒等等。建于公元 72—82 年间，现存遗迹位于意大利罗马市中心。它平面呈椭圆形，长径 188 米，短径 156 米，四周为看台，分四层，下三层为券廊，可容 5 万—8 万名观众。它是迄今遗留下来的古罗马建筑中最卓越的代表，也是

世界上最受欢迎的旅游目的地之一。(推荐阅读 [英]约翰·B·沃德—珀金斯:《罗马建筑》,吴葱等译,中国建筑工业出版社)

《罗马民法大全》 拜占庭帝国皇帝查士丁尼时期所有立法著作的统称。主要著作包括在 529 年 4 月正式颁布《查士丁尼法典》(10 卷),在 533 年颁布的《法学汇纂》(50 卷),以及在 534 年公布的《法理概要》(4 册)。这三部法典均以拉丁文写成。534 年以后颁布的敕令被称为《新法典》(大部分以希腊语拟就)。12 世纪初,罗马法研究在欧洲复兴,《查士丁尼法典》《法学汇纂》《法理概要》《新法典》被统称为《民法大全》,流传至今。查士丁尼所有的法典作为通行立法的产物,反映了当时社会变化,为大多数现代社会的立法提供了基本原则,因而,民法大全至今仍具有广泛的现实意义。(推荐阅读
黄凤:《罗马法》,中国人民大学出版社;陈志强:《拜占庭文明对古代文明的继承》,《光明日报》2015 年 8 月 1 日第 11 版)

罗马平民 起源于罗马共和时代的一个特定社会等级,地位介于自由民和奴隶之间。最初来源于外来移民、被征服地区的居民以及战俘,之后,大量被释放的奴隶也被纳入平民阶层。最初虽有人身自由,但无政治权利,无权参与国家公有土地的分配,不能与贵族通婚。后来在与贵族阶层的长期斗争中陆续取得了一些权利,其身份受到法律保障,可担任官职,并分得一部分土地。(推荐阅读 [英]玛丽·比尔德:《罗马元老院与人民:一部古罗马史》,王晨译,民主与建设出版社;胡玉娟:《罗马平民起源问题初探》,《世界历史》2001 年第 1 期)

《罗摩衍那》 古印度的两大史诗之一,成书不早于公元前 300 年,一般传说作者为蚁垤。全诗共 24000 颂(古印度常用的诗体单位,每颂两行 32 个音节),分为七篇,分别是《童年篇》、《阿逾陀篇》、《森林篇》、《猴国篇》、《美妙篇》、《战斗篇》和《后篇》,其中第二篇到第六篇是原作,第一篇和第七篇可能是后来补遗而来。它以罗摩和悉多的悲欢离合为故事主线,描写印度古代宫廷内部和列国之间的战争。《罗摩衍那》被誉为印度文化的来源之一,在音乐、宗教、绘画、雕塑等领域产生了重要影响。(推荐阅读 [印]蚁垤:《罗摩衍那》,季美林译,译林出版社)

马丁·路德(1483—1546 年) 16 世纪欧洲宗教改革运动发起者,基督

教新教路德宗创始人。曾在埃尔福特大学学习法律,深受唯名论哲学和人文主义思潮影响。1505 年入奥古斯丁会研究神学,1512 年获神学博士学位后在维滕堡大学任神学教授。1517 年撰写《九十五条论纲》,反对罗马教廷出售赎罪券,揭开宗教改革的序幕。他在神学上强调因信称义,宣称人们能直接读《圣经》获得神启。提倡用民族语言举行宗教仪式,将《圣经》翻译成德文,以《圣经》的权威对抗教皇权威。1520 年,路德发表《罗马教皇权》、《论基督徒的自由》和《致德意志基督教贵族公开书》等重要著作,系统地提出信仰得救、建立廉俭教会和改革文化教育的主张,号召驱逐罗马天主教会势力、建立德意志教会。马丁·路德的改革推动了广大民众的反封建斗争,沉重打击了天主教会和封建势力,对德意志历史起到了重要作用。(推荐阅读 王艾明:《马丁·路德及新教伦理研究》,译林出版社)

马尔萨斯人口论　英国人口学家马尔萨斯所倡导的人口理论。产生于 18 世纪末英国资本主义迅速发展、劳动人民日益贫困化的时期。1798 年马尔萨斯发表论著《人口原理》,认为生活资料是按算术级数增加,而人口则按几何级数增长,所以人口增长的速度总超过生活资料增长的速度,因而人口数量和生活消费资料数量的脱节是自然的、永恒的规律。由此他得出,人类的贫穷和困苦无法避免,只有通过饥饿、繁重劳动、限制结婚以及战争等手段来控制和缩减人口,才能削弱这个规律的作用。该理论把资本主义制度所造成的一切灾难和罪恶,都归于所谓自然规律的作用。到帝国主义时期,又产生了新形式的马尔萨斯主义,以人口问题为帝国主义的战争政策作辩护。(推荐阅读 〔英〕马尔萨斯:《人口原理》,朱泱等译,商务印书馆)

马可·波罗(1254—1324 年)　中世纪意大利著名旅行家,威尼斯商人尼柯罗·波罗之子。1254 年生于威尼斯一个商人家庭。据称 17 岁时,马可·波罗跟随父亲和叔叔前往中国,历时约 4 年,于 1275 年到达元大都,与元世祖忽必烈建立了友谊。他在中国游历了 17 年,曾访问当时中国的许多古城。回到威尼斯之后,马可·波罗在一次威尼斯和热那亚之间的海战中被俘,在监狱里口述了在中国的旅游纪实,兼及途径西亚、中亚和东南亚等一些国家和地区的情况,由鲁斯蒂记录成书,即《马可波罗行纪》,又名《马可·波罗游记》或《东方见闻录》。该书后来在欧洲广为流传,激起了欧洲人

对东方的热烈向往,对以后新航路的开辟产生了巨大的影响。同时,西方地理学家还根据书中的描述,绘制了早期的"世界地图"。(推荐阅读 [意]马可·波罗:《马可波罗行纪》,冯承钧译,商务印书馆)

《马可波罗行纪》 威尼斯商人马可·波罗撰写的长篇游记,也称《马可·波罗游记》或《东方见闻录》。1271 年,马可·波罗跟随父亲和叔父从威尼斯出发,沿古代丝绸之路东行,于 1275 年到达中国,之后在中国居住、游历了 17 年。1295 年,马可·波罗返回故乡,一年后在与热那亚的海战中被俘入狱,于狱中口述了在中国和东方诸国的见闻,由狱友鲁斯悌谦笔录成书。主要内容是马可·波罗在中国的旅行纪实,以及西亚、中亚、东南亚等一些国家和地区的情况。全书以纪实的手法叙述了马可·波罗在中国各地包括西域、南海等地的见闻,记载了元初的政事、战争、宫廷秘闻、节日、游猎等,尤其详细记述了元代大都的经济文化和民情风俗,以及西安、开封、南京、扬州、杭州、福州、泉州等各大城市和商埠的景况。游记第一次较为全面地向欧洲人介绍了发达的中国物质文明和精神文明,将地大物博、文教昌明的中国形象展示在世人面前,极大地扩展了欧洲人对东方世界的眼界和对中国的认识,大大促进了中西交通和文化交流。游记被称为世界一大"奇书",对马可·波罗及其作品的研究逐渐成为一门国际性、综合性的学科——马可·波罗学。(推荐阅读 马晓林:《马可·波罗研究在欧洲》,《历史教学》(下半月刊)2019 年第 6 期)

马其顿王国 约公元前 800 年到前 146 年间存在于小亚细亚及希腊地区的奴隶制王国。整个地区被分为两部分:上马其顿是连绵不断的崎岖高原,向西一直延伸到巴尔干山脉;下马其顿是一个巨大的沿海平原,濒临爱琴海。马其顿王国与南部邻居希腊久有交往,并采用希腊文字。公元前 4 世纪中叶,腓力二世建立了统一的马其顿国家。公元前 338 年,在喀罗尼亚战役中打败希腊后,马其顿王国从希腊北部的一个小国崛起为东地中海最强大的国家。腓力二世之子亚历山大继位后向东扩张,消灭波斯帝国,建立起一个横跨欧、亚、非三大洲的亚历山大帝国。亚历山大死后,帝国分裂成为三个部分,即马其顿安提柯王朝、塞琉古王朝、托勒密王朝。后经四次马其顿战争,马其顿安提柯王朝被罗马帝国完全征服。(推荐阅读 [美]詹姆

斯·罗姆：《王座上的幽灵：亚历山大大帝的遗产与马其顿帝国的分裂》，葛晓虎译，社会科学文献出版社）

马歇尔计划　第二次世界大战后美国援助欧洲复兴的计划。1947 年 6 月由美国国务卿马歇尔在哈佛大学演讲中提出，故名。1948 年，美国国会通过《1948 年对外援助法》，主要内容有：美国拨款 100 余亿美元以援助西欧各国复兴战后经济；受援国必须购买一定数量的美国货，并接受美国对使用美援的监督。英、法、意、联邦德国等 17 个西欧国家先后接受了这一计划。马歇尔计划是战后美国对外经济技术援助最成功的计划，为北约和欧共体的建立奠定了基础，促进了西欧的联合和区域经济的恢复，强化了美国对西欧的控制，加剧了冷战对抗的国际关系格局。（推荐阅读　齐世荣主编：《当代世界史资料选辑》第 1 分册，美国国务卿马歇尔在哈佛大学的演说（节录），北京师范学院出版社）

玛雅文明　中美洲尤卡坦半岛的古玛雅人创建的一种文明。诞生于公元前 10 世纪，曾活跃于现在的墨西哥、危地马拉、洪都拉斯和萨尔瓦多等地区，分为前古典期（公元前 1200—公元 300 年，历法与文字的发明、建筑的兴建均在此时期）、古典期（250—900 年，文字的使用、建筑及艺术均达到极盛）和后古典期（900—1524 年，北部有城邦兴起，文化逐渐式微）三个阶段。近两千年的玛雅文明，不仅有高度发达的农业（以种植玉米为主）、数学（采用 20 进制，提出"零"的概念）、天文学、历法和宗教，发明了独特的象形文字，会制造精美的陶器，还建有大量庞大的用于祭祀的石砌金字塔庙宇。10 世纪后，玛雅文明开始衰落，16 世纪时为西班牙殖民者所毁灭。（推荐阅读 ［美］林恩·V. 福斯特：《古代玛雅社会生活》，王春侠译，商务印书馆）

曼哈顿计划　美国陆军部在第二次世界大战期间研制核武器的工程计划。该工程项目集中了当时西方（除纳粹德国）最优秀的核科学家，如奥本海默、费米等人。该计划历时 3 年，耗资巨大，最终于 1945 年 7 月 16 日使世界上首颗原子弹试爆成功。此时，法西斯德国已经崩溃，为加速日本军国主义者的投降，同时也为了彰显美国的军事实力，以此确立美国在战后世界的优势地位，美国政府分别在 1945 年 8 月 6 日和 8 月 9 日向日本广岛和长崎各投放了一颗名为"小男孩"和"胖子"的原子弹。8 月 15 日，日本宣布无条

件投降,第二次世界大战宣告结束。(推荐阅读　[美]莱斯利·R.格罗夫斯:《现在可以说了:美国制造首批原子弹的故事》,钟毅、何伟译,原子能出版社;王颖鹏:《美国曼哈顿计划的安全防卫管理与情报隐患》,《史学月刊》2022年第12期)

曼萨·穆萨(?—约1332年)　14世纪马里帝国国王,全名曼萨·康康·穆萨。1307年继位,是马里帝国第9位国王。他是马里王国全盛时期的统治者,在他统治下,马里的疆域最为辽阔,国内外贸易发达,国内出现较长的稳定和繁荣局面。据说他在1324—1325年赴麦加朝圣时带了500名奴隶、100驮黄金,其奢侈挥霍和慷慨施舍,引起开罗金价的下跌,从此马里帝国名扬海外。400年后,他的名字和画像在欧洲地图上仍作为西苏丹的同义词。曼萨·穆萨鼓励伊斯兰教的传播,礼遇伊斯兰学者,建造许多清真寺,中世纪西苏丹的文化中心廷巴克图,就是此时迅速发展起来的。曼萨·穆萨死后不久,马里即陷入内乱,最后被桑海帝国所灭。(推荐阅读　[美]戴维·C.康拉德:《中世纪西非诸帝国》,李安山译,商务印书馆)

贸易保护主义　一国为保护本国产业免受国外竞争压力而对进口产品设定较高关税、限定进口配额或其他减少进口额的经济政策。贸易保护主义始于十五六世纪欧洲的重商主义时期。在资本主义发展初期主要通过保护性关税政策保护本国工业,抵制进口产品竞争,以维护本国产业的利益。第二次工业革命后,逐渐为自由贸易政策所取代。在当代,发达国家往往实行超贸易保护政策,以垄断资本垄断国内市场、进行对外经济扩张和攫取全球高额利润。发展中国家则多实行贸易保护政策,避免外国经济贸易活动的倾轧,以维持本国经济基础的稳定,促进新生产业的有序发展。(推荐阅读　[美]贾格迪什·巴格沃蒂:《贸易保护主义》,王世华等译,中国人民大学出版社)

美第奇家族　中世纪意大利佛罗伦萨的名门望族。以银行业起家,后逐渐获取政治地位,是14—17世纪佛罗伦萨实际上的统治者。1378年萨尔维斯特罗·美第奇当选为佛罗伦萨市政委员会主席。1434年科西莫在佛罗伦萨建立僭主统治,广与欧洲各国王室联姻。1494年萨伏那洛拉起义爆发时一度逃亡。16世纪家族先后受封为佛罗伦萨公爵、托斯坎尼大公,多人出

任枢机主教,二人当选教皇。18 世纪家族走向衰落。美第奇家族最大的成就在于艺术和建筑方面,对文艺复兴也起到很大的促进作用。代表人物有罗棱佐·美第奇、科西莫一世等,他们提倡文学艺术,赞助艺术天才,米开朗琪罗就是受他们赞助的艺术家之一。(推荐阅读 [英]克里斯托弗·希伯特:《美第奇家族的兴衰》,冯璇译,社会科学文献出版社)

美国 1787 年宪法　世界上第一部资产阶级成文宪法。为解决美国独立战争后建立的邦联政府的权力过小,难以巩固和发展独立战争的成果的问题,1787 年 5—9 月,制宪会议通过了《美利坚合众国宪法》,并最终获得批准生效。宪法序言说明制定宪法的目的:建立更完善的联邦,树立正义,保障国内安宁,提供共同防务,促进公共福利,使人民及其后代享受自由民主的幸福。宪法正文还规定:实行联邦和州分权的联邦制,建立立法、行政、司法三权分立,相互制衡的资产阶级民主共和政体;立法权属于美国国会,行政权属于美国总统,司法权属于美国联邦最高法院。同时还规定了各州的相互关系和义务,宪法修正案提出和通过的程序以及联邦宪法和按照宪法制定的法律为全国最高法律等。宪法奠定了美国政治制度的法律基础,美国在世界上第一次创造出既不同于英国君主立宪制的民主共和制,也不同于议会内阁制的总统制,使美国成为一个具有全国统一的中央政权的联邦制国家。这种政治体制和国家结构形式后来为许多国家所仿效。但是,宪法没有赋予美国境内妇女、黑人及其他有色人种同等的选举权,具有一定的局限性。(推荐阅读 杨洪斌:《制宪、建国与司法审查——美国 1787 年〈宪法〉的结构与司法审查在其中的位置》,《华东政法大学学报》2016 年第 6 期)

美国"9·11"事件　也称"9.11"恐怖袭击事件。2001 年 9 月 11 日国际恐怖主义分子在美国本土制造的一系列恐怖袭击事件的总称。是日上午,19 名基地组织恐怖分子劫持 4 架美国民航客机,袭击了美国的地面目标。其中两架撞击纽约世界贸易中心大楼,导致大楼爆炸并最终坍塌;第三架撞击了位于弗吉尼亚州美国国防部五角大楼一角,引起大火;第四架因机上乘客及机组人员的奋勇抵抗而在宾夕法尼亚州郊区坠毁。此次恐怖袭击事件共造成 2996 人丧生。这是第二次世界大战以来,美国本土首次遭受来自空中并造成重大伤亡的外来袭击,对美国民众造成的心理影响极为深远,严重

削弱了民众对美国国家政治及经济上的安全感。(推荐阅读　安高乐:《"9·11"事件后美国国家安全观与"反恐"》,时事出版社)

美国文官法　美国有关文官考试、任用、考核、奖惩、培训、工资、待遇、晋升、调动、离职、退休、职位分类和管理机构等项制度的总称。南北战争结束后联邦政府机构内无能、贪污、腐败、盗窃等现象剧增,公众普遍要求改革文官制度以绝其弊。1883 年国会通过《彭德尔顿法》,建构美国文官法基础。该法主要内容包括:保证人人经过公开考试,只根据能力、知识、技能来决定文官录用和提升;不论求职者和文官的宗教、种族或出生国,公平合理地对待;同工同酬,对工作优秀者给予适当鼓励;工作成绩良好者继续任职,不够好者改进,不改进者免职,后发展为考试晋升制;为文官提供有效的教育和训练机会,以不断改进工作;禁止文官使用其权力和影响去干预选举结果;保证文官不因进行合理的揭发而遭受打击报复。至 1980 年,90％以上的联邦雇员都受到此法的保护。在文官法建构的文官制度下,职业文官一经录用,便受法律保护,不受政府更迭的影响,在政治中保持中立,不参加政党竞选活动。这种文官制度有利于政府工作的稳定性和持续性,促进了国家治理水平的提高,但同时容易滋生官僚习气和僵化现象。(推荐阅读　石庆环:《论美国文官制度的三项基本原则——从 1883 年〈彭德尔顿法〉谈起》,《东北师大学报》(哲学社会科学版)2003 年第 3 期)

美索不达米亚　意为"河间的土地",主要指幼发拉底河和底格里斯河之间的冲积平原,为人类文明的摇篮之一。在这里,苏美尔人创造过灿烂的文明,也曾建有巴比伦和亚述等古国,这些文明从公元前 3500 一直延续到前 500 年。在美索不达米亚,人类率先开始从狩猎采集的生活方式转变为以农业为基础的定居生活方式。古代美索不达米亚在文化上成就卓越:陶器制品、楔形文字的泥版书、数学上时计和度数的 60 进位法、将一日 24 小时分为两个时段即 12 小时制、天文上的黄道 12 宫,神话、史诗等也达到较高水平,《汉谟拉比法典》尤为有名。美索不达米亚于 7 世纪被阿拉伯人征服,此后的历史汇入伊拉克历史。(推荐阅读　[美]斯蒂芬·博特曼:《古代美索不达米亚社会生活》,秋叶译,商务印书馆)

美西战争　美国为夺取西班牙殖民地而发动的一场重新瓜分世界的帝

国主义战争。在 19 世纪最后 30 年间,美国垄断资产阶级为扩大商品销售市场,取得廉价原料和新的投资场所,走上向外侵略扩张和争取世界霸权的道路。在美国对外扩张的目标中,古巴具有突出的地位。此外,在太平洋和远东地区,美国还想从西班牙手中夺取菲律宾,并以此作为据点,参与掠夺中国。1895 年 2 月古巴爆发反抗西班牙殖民统治的大起义。西班牙殖民当局进行血腥镇压,但未能扑灭起义。美国的扩张主义者乘机制造舆论,加强战争宣传。1898 年 2 月 15 日派往哈瓦那保护侨民的美舰"缅因号"在该港爆炸沉没。这一事件为正在煽动战争狂热的美国资产阶级报刊提供极好的借口。4 月 25 日美国正式对西班牙宣战。1898 年 10 月 1 日,美西两国开始在巴黎举行和谈,12 月 10 日签订《巴黎和约》。美国从西班牙手中取得波多黎各和关岛等殖民地,还以 2000 万美元的代价,取得对菲律宾的宗主权;西班牙承认古巴独立。通过美西战争,美国大大加强了它在加勒比海和太平洋远东地区的军事和政治经济地位,为进一步扩大对拉丁美洲和中国的侵略创造了有利条件。(推荐阅读 李庆余:《美西战争》,商务印书馆)

门罗主义 1823 年 12 月 2 日美国第五任总统詹姆斯·门罗提出美国对外政策的原则,被称为"门罗宣言",后被称为"门罗主义"。门罗总统宣称:美国将不干涉欧洲列强的内部事务或它们之间的战争;美国承认并且不干涉欧洲列强在拉丁美洲的殖民地和保护国;欧洲列强不得在南、北美洲开拓殖民地;欧洲任何列强控制或压迫南北美洲国家的任何企图都将被视为是对美国的敌对行为;提出"美洲是美洲人的美洲"的口号。它在客观上起到了防止已独立的拉美国家再沦为欧洲列强的殖民地的作用,实际上是将拉丁美洲视为美国的势力范围。因此,门罗主义可谓是美国侵略拉丁美洲的一种政策。(推荐阅读 [美]弗雷德里克·洛根·帕克森:《新美国:从门罗主义、泛美主义到西奥多·罗斯福新国家主义的蜕变》,刘岚译,华文出版社)

米隆(? —前 440 年) 古希腊雕塑家,希腊古典主义早期艺术家的代表之一。他的雕塑题材包括神、英雄、运动员和动物等,多为青铜作品,善于运用写实手法,创造性地刻画人物在剧烈运动中的形态。原作已散佚,现存《掷铁饼者》等为罗马时代的摹制品。(推荐阅读[英]A. S. 默里:《古希腊雕

塑史：从早期到菲迪亚斯时代》，张铨等译，江苏美术出版社）

模范议会 1295 年由英王爱德华一世召集的封建等级代表会议。1258 年，英王亨利三世（1216—1272 年在位）为干预意大利战争，向诸侯索取军费。为达成目的，亨利三世于 1263 年无视《大宪章》，指定亲信取代具有否决权的 15 人会议。国王同贵族之间以及贵族内部出现纷争，贵族孟福尔在一些诸侯、骑士和市民支持下获胜，一度俘虏亨利三世和王子爱德华，控制了国家。他于 1265 年在威斯敏斯特宫召集有僧俗贵族、骑士和市民代表参加的大会，称"孟福尔议会"。1295 年，国王爱德华一世（1272—1307 年在位）为筹集战费，再次召集议会。约有 400 名议员出席，除僧俗贵族外，还有每郡骑士代表 2 人、每市市民代表 2 人参加，史称"模范议会"。议会此后经常召开，1297 年获批准赋税权，14 世纪又获立法权。由于贵族议员和市民、骑士议员的利益要求各不相同，经常不在一起开会，因此从 14 世纪以后分为上、下两院。以后下院权力不断扩大，到 15 世纪末，已具有提出财政议案权和法律议案权。议会的出现对以后英国历史发展虽有积极意义，但总的说来，中世纪时期的议会是封建性质的等级代议机构，为统治阶级服务。（推荐阅读 ［英］诺顿：《英国议会政治》，严行健译，法律出版社）

《摩诃婆罗多》 古印度两大史诗之一，与《罗摩衍那》齐名。一般认为成书时间在公元前 4 世纪至公元 4 世纪之间，传说作者为毗耶娑。该诗绝大部分采用简单易记的阿奴湿图朴诗律，共 75595.5 颂，为古代世界最长的史诗。内容主要包括《初篇》《大会篇》《森林篇》《毗罗吒篇》《斡旋篇》《毗湿摩篇》《德洛纳篇》《迦尔纳篇》《沙利耶篇》《夜袭篇》《妇女篇》《和平篇》《教诫篇》《马祭篇》《林居篇》《杵战篇》《远行篇》《升天篇》，讲述了俱卢家族的两兄弟，持国和般度的后代，为争夺王位进行的战斗，最终导致发生俱卢之野大战。故事以黑天的死，王朝覆灭，般度家族的兄弟升入天国为结尾。《摩诃婆罗多》呈现出了神化的古印度历史，是研究史诗神话的宝贵资料库。（推荐阅读 ［印］毗耶娑：《摩诃婆罗多》，金克木、赵国华、席必庄译，中国社会科学出版社）

摩加迪沙 索马里首都、第一大城市、最大港口城市，亦是索马里的政治、经济和宗教中心。中国史书曾称其为"木骨都束"。该城始建于公元 9 世

纪,皈依伊斯兰教,盛行奴隶制。借助地理优势,它将从内陆收购的象牙、黄金等向外输出,同时将从东方购得的丝绸、瓷器等销往内陆。13世纪前成为东非海上贸易中心,明航海家郑和下西洋时曾两次航行至此。15世纪末以来,该地区遭到葡萄牙殖民者的入侵,商业随之渐趋凋敝。1889年,索马里地区成为意大利殖民地,1903年摩加迪沙成为意属索马里首府,1960年索马里独立后定为首都。摩加迪沙具有较强的交通区位优势,除公路通埃塞俄比亚和肯尼亚外,还有国际航空站。此外,摩加迪沙也是索马里的教育中心,有索马里大学、伊斯兰学院等高等学府。城内名胜古迹众多,仅清真寺就有150多处,最古的法克拉德亚丁清真寺,已有七八百年的历史。(推荐阅读　闫伟:《索马里的伊斯兰化与阿拉伯认同的历史起源》,《阿拉伯世界研究》2020年第6期)

摩尼教　波斯古代宗教之一,3世纪由摩尼吸收琐罗亚斯德教、基督教、佛教等教义而创立。该教奉《彻尽万法根源智经》《净命宝藏经》《赞愿经》为主要经典,认为光明与黑暗是世界的本原,光明王国与黑暗王国对立,进行着激烈斗争。善人死后可获幸福,而恶人则须堕地狱。摩尼在世及死后,其教义已传至北非、南欧与亚洲其他地区。6—7世纪传入今中国新疆地区,7世纪末传入内地,旧译"明教"、"末尼教"、"明尊教"。9世纪初,在洛阳、太原敕建摩尼寺,后在内地被严禁,但仍秘密流传曾被一些农民起义用作组织形式,其中最著者为920年的母乙起义和1120年的方腊起义。元明以后渐融合于其他教派。(推荐阅读　马小鹤:《光明的使者:摩尼与摩尼教》,兰州大学出版社;林悟殊:《摩尼教及其东渐》,中华书局)

莫斯科公国　13世纪末至17世纪末俄罗斯的封建国家,因首都为莫斯科而得名。13世纪末以莫斯科(建于1147年)为中心形成。14—15世纪期间,莫斯科公国经济和政治地位不断提高,成为反抗鞑靼压迫、争取民族独立和消灭封建割据、统一东北罗斯的中心。1328年伊凡一世由钦察汗国册封为"弗拉基米尔大公"后,开始号令罗斯诸王公,并把东正教罗斯教区总主教驻地从弗拉基米尔迁到莫斯科。德米特里·顿斯科伊(1359—1389年在位)在库利科夫战役中击败鞑靼军队,确立莫斯科公国在罗斯各公国的领导地位。瓦西里一世(1389—1425年在位)和瓦西里二世(1425—1462年在

位)统治时期,兼并科斯特罗马公国、加里奇公国、白湖公国等广大东北罗斯地区。伊凡三世(1462—1505 年在位)完成对雅罗斯拉夫尔公国和罗斯托夫公国的兼并,并于 1478 年灭亡诺夫哥罗德封建共和国。15 世纪末,伊凡三世摆脱对钦察汗国的依附,统一东北罗斯大部分地区,称"俄罗斯大公"。1547 年后伊凡四世始称沙皇。1713 年,以莫斯科公国为核心的俄罗斯统一集权国家正式形成,改名为俄罗斯帝国。(推荐阅读　[英]杰弗里·霍斯金:《俄罗斯史》,李国庆等译,南方日报出版社)

墨西哥新宪法　即 1917 年《墨西哥合众国宪法》。1910—1917 年墨西哥爆发了对内反对封建主义、对外反对帝国主义的资产阶级民主革命,该宪法即是这场革命的直接产物,也是当时拉丁美洲最激进、最具革命性的资产阶级宪法。该宪法以墨西哥"1857 年宪法"为蓝本,同时也吸收 1906 年墨西哥自由党的一些改革方案。新宪法"反对外国干涉",强调墨西哥是一个主权国家。规定了国家对土地、矿藏的绝对所有权和支配权,公民的生存权以及经济、社会、政治等权力。然而,鲁维奥政府执政时期严重违背宪法精神。1933 年 12 月,国民革命党举行代表大会,卡德纳斯被推为总统候选人。卡德纳斯执政后,恢复"1917 年宪法"。卡德纳斯的土地改革敢于触动封建大庄园和外国资本家的土地,废除债役制,将这些土地分配给农民。墨西哥新宪法的颁布和实施以及护宪运动的开展,为墨西哥实现工业化和民族经济的发展奠定了制度基础。(推荐阅读　[英]布莱恩·R.哈姆内特:《墨西哥史》,何晓静译,东方出版中心)

缪斯宫　一般认为位于埃及亚历山大城的亚历山大博物馆,约公元前 280 年由托勒密王国国王所建。英文中的博物馆一词源于希腊语的缪斯宫一词,意为"缪斯的居所"。缪斯为古希腊罗马神话中一系列掌管艺术和科学的女神。缪斯宫其实是一座大型研究院,在王室的资助下,供奉许多学者,里面有工作室、演讲室、动物园和天文台,还兴建大型图书馆。亚历山大博物馆是古地中海世界的教育、科研和文化中心,是东西方文化交融的产物,为世界文明的发展做出巨大的贡献。(推荐阅读　田明:《古埃及亚历山大博物馆》,《阿拉伯世界》2003 年第 1 期)

幕府政治　日本封建武士通过幕府实行的政治统治,又名武家政治。

幕府一词始自古代汉语,指出征时将军的府署。在日本,最初指近卫大将住所,后指武士首脑征夷大将军(简称将军)府邸,之后又称将军为首的中央政权为幕府。幕府统治时期,天皇只是名义上的最高统治者,无实权。幕府将军是国家真正的最高权力者。幕府政治始于1192年镰仓幕府建立,中经室町幕府,至1867年德川幕府的德川庆喜还政于天皇,幕府政治结束。(推荐阅读 李卓:《略论家族主义的幕府政治》,《日本学刊》1996年第3期;蒋立峰:《尊王攘夷运动在日本近代史上的地位和作用》,《世界历史》1984年第3期)

《慕尼黑协定》 全称《关于捷克斯洛伐克割让苏台德领土给德国的协定》。1938年9月30日,由英国首相张伯伦、法国总理达拉第、德国的希特勒、意大利的墨索里尼在德国的慕尼黑签订,史称《慕尼黑协定》。协定规定,捷克斯洛伐克将苏台德地区及同奥地利接壤的南部地区割让给德国,捷方应于1938年10月1—10日间从上述领土撤离;上述地区的任何设备都不得损害,无偿交给德国。协定的附件规定,捷克斯洛伐克的其余领土由英、法保证不再受无端侵犯,德、意则在捷克斯洛伐克境内的波兰和匈牙利少数民族问题解决之后,才给予保证。捷克斯洛伐克政府在德国的军事威胁和英法的压力下接受了这个条件。同年10—11月,德军占领苏台德地区。《慕尼黑协定》的签订标志着英法绥靖政策的顶峰,它破坏了英、法在东欧的同盟体系,加强了纳粹德国的经济和军事实力,助长了法西斯的侵略气焰,加速了第二次世界大战的爆发。(推荐阅读 徐蓝:《国外绥靖政策研究述评》,《光明日报》2015年7月18日第11版)

穆罕默德(约570—632年) 伊斯兰教创始人,阿拉伯半岛统一的奠基人,被伊斯兰教奉为"至圣"。穆罕默德出身于阿拉伯半岛麦加城古莱什部落哈申族,其祖父阿卜杜勒·穆塔利布在麦加享有盛名。他未出生时即丧父,7岁丧母,先后由祖父穆塔利布和伯父阿布·塔利布抚养。幼小孤苦,为人牧过羊。十几岁时随伯父去叙利亚经商,25岁与麦加富孀赫蒂彻结婚。受流行于半岛的一神教思想影响,于610年宣称自己受到安拉的启示,为其使者,负有向人们"报喜讯、传警告"的使命。他宣称安拉是天地万有的创造者和人类衣禄的赐予者,并说信安拉而且行善者将在天堂里享受幸福,不信

者将在地狱中受到惩罚,要求人们信仰和顺从唯一神安拉。穆罕默德传教活动的发展,引起麦加古莱什部落上层和富有者的反对,迫使他于622年迁往麦地那,后逐步建立政教合一的麦地那政权,他本人成为这一政权的精神和政治领袖。630年穆罕默德率军10万进攻麦加,古莱什人不战而降,接受伊斯兰教。同年,穆罕默德派兵北向,兵力达边境城市塔布克。至此,伊斯兰教成为居统治地位的宗教,阿拉伯半岛大体归于统一。632年6月8日,穆罕默德因病逝世,享年63岁,葬于麦地那。(推荐阅读 [比]亨利·皮朗:《穆罕默德与查理曼》,王晋新译,上海三联书店)

《拿破仑法典》 1804年颁布的法国民法典。它是1789年法国资产阶级大革命的产物,于1804年公布施行,其间几经修改,至今仍然有效。法典共分四篇:第一编是人法,其中包括民事权利的享有、人格的保护、住所、监护、教养、父母子女间的关系、婚姻、配偶之间的关系、宣告婚姻无效或离婚而解除婚姻;第二编是物法,即对各种财产权(所有权、用益权和役使权)的规定;第三编是取得权利的各种方法,即继承、赠予、结婚时授予妻子的财产和债务关系;最后一编分别规定了各种契约、法定的和约定的抵押、诉讼时效和权利取得的法定期限。按照法典规定,所有的公民一律平等,废除长子继承权、世袭贵族和阶级特权,民法制度摆脱了教会的控制,人身自由、契约自由和私有财产神圣不可侵犯成为基本原则。法典在巩固法国大革命成果、发展资本主义方面发挥了重要作用。19世纪,许多欧洲与拉丁美洲国家自动采用了拿破仑法典,推动了这些地区的法治建设和社会进步。(推荐阅读 李贵连:《〈法国民法典〉的三个中文译本》,《比较法研究》1993年第1期)

那尔迈调色板 古埃及前王朝(约公元前5300—前3000年)末期的重要遗物。19世纪末,在埃及希拉康坡里地区发现。调色板两面铭刻着清晰完整的浮雕,板的正面,一位国王左手抓着敌人的头,右手握着权标头,高高举过头顶,准备捶打敌人。在国王后面是他的贴身仆人,他前面是国王的隼鹰,握着一条穿过俘虏嘴唇的绳子。隼鹰脚下的植物是表示6000的象形文字符号,表明了俘虏的数量。板的反面,是国王率领的胜利队伍正前往"大门"处,或许是去神庙里。游行队伍前面是敌人的尸体,都捆绑着,头被砍掉

并置于两腿之间。在下面的空间里,象征着国王的公牛攻破设防的城市,正在践踏着企图逃窜的敌人。那尔迈调色板展示的这些历史事件和场景中,那尔迈出现的形象各不相同,有戴着白王冠的上埃及国王,有戴着红王冠的下埃及国王以及一头公牛。众多学者对那尔迈浮雕做出了各种解释,其中的一种解释比较流行,即那尔迈调色板记载了那尔迈统一上下埃及、建立地域王国的丰功伟绩。据此解释,那尔迈调色板堪称古埃及统一国家和文明形成的标志,也是古埃及前王朝时期的历史记忆。(推荐阅读　郭子林:《古埃及那尔迈调色板的社会记忆功能》,《东北师大学报》(哲学社会科学版)2020 年第 1 期;郭丹彤:《那尔迈调色板和古代埃及统一》,《历史研究》2000 年第 5 期)

南北问题和东西问题　南北问题是以发展为核心的发展中国家与发达国家间的关系问题,东西问题是以战争或和平为核心的资本主义阵营和社会主义阵营间的关系问题。邓小平曾指出:"和平与发展是当今世界的两大问题","东西问题实际上是战争与和平的问题,也就是反对霸权主义、维护世界和平的问题"。自二战结束到 20 世纪 80 年代末,东西问题经历了冷战、缓和等几个不同阶段。20 世纪 80 年代末 90 年代初,东欧社会主义国家发生巨变,苏联解体,标志着以美苏对立为核心的东西问题的终结。1959 年,英国银行家弗兰克首次使用"南北问题"的提法。此后,人们把"南"泛指发展中国家,因为它们大多是在南半球,把"北"泛指工业发达国家,因为它们大多是在北半球。南北问题的解决方式主要有南北对话和南南合作。(推荐阅读　陶永祥、王朝祥主编:《邓小平的实在话》,华文出版社,中央文献出版社)

牛顿(1643—1727 年)　英国物理学家、数学家与天文学家。在力学上,他提出了万有引力和三大运动定律,这些理论促进了物理学的发展,并为现代工程学奠定了基础。在光学上,他致力于色的现象和光的本性研究。1666 年用三棱镜分析日光,发现白光是由不同颜色(即不同波长)的光构成,成为光谱分析的基础,并制作了牛顿色盘。1675 年观察到牛顿环,主张光的微粒说。1704 年出版《光学》一书。在热学上,他确定了冷却定律。在天文学上,1671 年创制反射望远镜,初步考察了行星运动规律,解释潮汐现象,预

言地球不是正球体,并由此说明岁差现象等。在数学上,提出"流数法",并与莱布尼茨并称为微积分的创始人,建立了二项式定理。牛顿的哲学思想基本上属于自发的唯物主义,他承认时间、空间的客观存在,但把时间、空间看作是同运动着的物质相脱离的,相互间也并无联系,因而提出了绝对时间和绝对空间的观点,具有形而上学的性质。他还受到亚里士多德的影响,提出一切行星都在某种外来的"第一推动者"作用下由静止开始运动的说法。晚年致力于编写以神学为题材的著作,著有《自然哲学的数学原理》等。(推荐阅读 [美]詹姆斯·格雷克:《牛顿传》,吴铮译,高等教育出版社)

诺贝尔奖 以瑞典化学家、工程师、发明家、军工装备制造商和炸药的发明者诺贝尔的部分遗产作为基金而设立的奖项。诺贝尔曾在英、美、法、俄、意、德等 20 个国家设立近 100 座工厂,积累了巨额财富。1895 年,他留下遗嘱,把 920 万美元遗产存入银行作为基金,每年将利息奖给世界上对和平、文学、物理、化学、生理或医学做出重大贡献的人,这就是闻名世界的诺贝尔奖。1901 年首次颁发。诺贝尔奖包括金质奖章、证书和奖金,每年在诺贝尔逝世日 12 月 10 日颁发。每个奖项可发给一个人,也可由团队分得,当年若无适当人选可不发。除和平奖由挪威议会五人委员会评定外,其他各奖项均由瑞典有关科研机构评定。(推荐阅读 [美]伯顿·费尔德曼:《诺贝尔奖》,杨群等译,湖南科学技术出版社)

诺曼底登陆 1944 年 6—7 月,世界反法西斯联盟为开辟欧洲第二战场在法国北部诺曼底地区对德军进行的登陆战役。苏德战争爆发后,美、英、苏三国经过多次协商,最终在 1943 年 5 月华盛顿会议上决定,于 1944 年 5 月在西欧开辟第二战场。经过长时间的周密准备,1944 年 6 月 6 日,英、美联军集中兵力近 288 万、飞机 15700 多架、舰艇 6000 多艘等,在总司令艾森豪威尔的指挥下,横渡英吉利海峡,在法国北部的诺曼底登陆,开辟了欧洲第二战场。由于德军的抵抗,诺曼底登陆战役持续了近两个月。盟军东西配合,相互支援,使德军腹背受敌,最终以盟军的胜利告终。该战役为英、美联军解放法国、攻入德国本土铺平了道路。(推荐阅读 [美]道格拉斯·鲍汀:《诺曼底登陆》,张晓莉译,中国社会科学出版社)

诺亚方舟 源于希伯来神话,《圣经·创世纪》中的传说。主要情节是:

人类始祖亚当和夏娃因偷吃禁果被逐出伊甸园，从此人类必须艰苦劳作，导致人类之间充满怨恨和恶念，互相仇视和争斗。上帝见人间充满罪恶，决定用洪水毁灭世界。上帝选择留下善良的诺亚一家，并嘱咐诺亚造一只方舟，携带每种生物雌雄各一只，入方舟避难。此后大雨倾盆，连下了 40 个昼夜，整个世界洪水滔天，只有方舟幸存。洪水传说和方舟的故事在很多神话中有记载，苏美尔神话中就有相似的传说。诺亚方舟到底是否存在、存在哪里，目前仍未有定论。（推荐阅读 ［美］房龙:《圣经的故事》，朱振武等译，上海译文出版社）

欧洲一体化 第二次世界大战后欧洲从经济到政治、从西欧到东欧的全面一体化过程。1950 年法国外长舒曼提出建立"欧洲煤钢共同体"的计划。1951 年欧洲煤钢共同体建立，推动欧洲的联合，并促成欧洲共同市场的建立。1955 年法国、联邦德国、意大利、荷兰、比利时、卢森堡六国外长通过《墨西拿决议》，决定将经济一体化措施从煤钢领域扩展到所有经济部门，建立一个欧洲共同的经济市场。1957 年《欧洲经济共同体条约》和《欧洲原子能共同体条约》正式签署，欧洲经济共同体和欧洲原子能共同体宣告成立，成为欧洲政治、经济一体化过程中的重要一步。1965 年，共同体六国签订《布鲁塞尔条约》，决定将欧洲煤钢共同体、欧洲原子能共同体和欧洲经济共同体合并，统称欧洲共同体（简称"欧共体"）。1991 年 12 月欧共体在荷兰马斯特里赫特召开首脑会议，通过《欧洲联盟条约》，即《马斯特里赫特条约》。该条约的签署，标志着欧洲一体化进程取得历史性突破。1993 年 11 月，《马斯特里赫特条约》生效，欧盟正式成立。目前，欧洲一体化的深度和广度仍居于世界区域一体化的前列。（推荐阅读 陈会颖:《欧洲一体化史举报》，时事出版社）

帕特农神庙 祭祀古希腊雅典城邦的女守护神雅典娜·帕特农的神庙，雅典卫城上最负盛名的建筑，被誉为古代七大奇观之一。帕特农神庙建于公元前 447—前 432 年，是原始宗教的庙宇。神庙用白色大理石砌成，外形为希腊多利克柱式，神庙长 70 米、宽 31 米，总面积达 1200 平方米。帕特农神庙在继承传统的基础上又做了许多创新。从外形看，气宇非凡，光彩照人，细节处也精细无比。帕特农神庙是古希腊全盛时期建筑和雕刻的主要

代表,自中世纪后历经破坏,今仅存残迹。(推荐阅读 罗静兰:《古代希腊建筑艺术》,商务印书馆;解光云:《古典时期的雅典城市研究》,中国社会科学出版社)

庞贝古城 亚平宁半岛西南角坎帕尼亚地区遗留下来的一座古罗马城市。它始建于公元前 6 世纪,公元 79 年毁灭于维苏威火山大爆发。从 1748 年起考古发掘持续至今,为世人了解古罗马社会生活和文化艺术提供了重要的资料。古城略呈长方形,有城墙环绕,四面设置城门,城内大街纵横交错,街坊布局犹如棋盘。重要建筑围绕市政广场,有朱庇特神庙、阿波罗神庙、大会堂、浴场、商场等,还有圆形剧场、体育馆、斗兽场等建筑。庞贝遗址面积广阔而具有极大的重要性,有丰富的关于古代世界的社会、经济、宗教和政治生活的各个方面的资料,被誉为古罗马文明的"活化石"。(推荐阅读 〔意〕马里萨·拉涅里·帕内塔:《庞贝古城:永恒的历史、生活和艺术》,张晓雨译,华中科技大学出版社;〔英〕玛丽·比尔德:《庞贝:一座罗马城市的生与死》,熊宸、王晨译,民主与建设出版社)

普法战争 1870—1871 年法国和普鲁士进行的欧洲争霸战争。1870 年 7 月,战争以法国军队的进攻为开始。9 月 2 日,双方在色当进行会战,法国军队惨败,拿破仑三世率领 10 万法军投降。9 月 4 日,巴黎爆发革命,推翻法兰西第二帝国,宣布成立共和国。普军仍长驱直入,包围巴黎,普方由防御转为进攻。10 月法军溃败,在梅斯投降。1871 年 1 月,法同普方签订停战协定,普鲁士国王威廉一世在法国凡尔赛宫加冕为德意志皇帝。3 月 18 日,巴黎无产阶级夺取政权,28 日宣布成立公社,法政府迁到凡尔赛。1871 年 5 月,德法签订《法兰克福条约》,继而镇压巴黎公社。经此战,普鲁士完成了德意志的统一,建立德意志帝国,欧陆国家的力量对比和地区国际格局迎来巨大转折。(推荐阅读 〔美〕杰弗里·瓦夫罗:《普法战争:1870—1871 年德国对法国的征服》,林国荣译,社会科学文献出版社)

七十七国集团 20 世纪 60 年代以后发展中国家为维护自身权益,改变不合理的国际经济秩序而形成的发展中国家集团。1963 年第 18 届联合国大会讨论召开贸易和发展问题的会议,会上 75 个国家的代表提出《发展中国家联合宣言》,从而形成"七十五国集团"。1964 年 3 月 23 日至 6 月 16 日,

在日内瓦举行了第一届联合国贸易和发展会议上，75 国集团增加为 77 个国家和地区，并发表了《七十七个发展中国家联合宣言》。宣言谴责发达国家在国际贸易中对发展中国家自然资源的掠夺和控制，提出建立平等互利的国际经济新秩序的要求，并决定在每次贸易会议开会前召开部长级会议，以便协调发展中国家的立场，研究应采取的对策，由此形成"七十七国集团"。这次会议标志着第三世界国家在经济上进一步走上联合斗争的道路，此后该集团成员国数量虽不断增加，但"七十七国集团"这一名称沿用至今。（推荐阅读　常健、殷浩哲：《南南合作对世界人权发展的贡献》，《学术界》2018年第 5 期）

骑士文学　中世纪西欧封建社会中骑士制度盛行时代的文学作品。它是一种不同于教会文学的世俗文学，反映了骑士的生活理想，具有一定的反封建色彩。随着骑士社会地位的提高，他们要求世俗享乐，向往爱情，追求个人英雄主义与除暴安良和温文尔雅的骑士精神。骑士文学主要包括抒情诗和叙事诗两种体裁。骑士抒情诗起源于法国南部普罗旺斯，流行形式有情歌、感兴诗、辩论诗、牧歌、晨歌等。骑士叙事诗的中心在法国北部，有数百行的短篇故事诗，也有 7000—10000 行的八音节诗句的长篇故事诗。它们有的取材于古希腊、罗马故事，如《亚历山大故事》、《特洛伊故事》等，有的以英国亚瑟王及其侍臣的故事为中心，如《朗斯洛》、《伊凡》、《特列斯丹和绮瑟》等，还有的取材于东方拜占庭题材，如《奥迦桑和尼柯莱》。骑士文学对以后欧洲诗歌和小说的形成产生较大影响。（推荐阅读　杨慧林、黄晋凯：《欧洲中世纪文学史》，译林出版社）

启蒙运动　17—18 世纪欧洲的思想解放运动。启蒙运动最初产生在英国，而后发展到法国、德国与俄国，此外，荷兰、比利时等国也有波及。其中，法国成为运动的中心。其主要特点：强调经验和理性以及建立一个自由、民主、世俗社会，怀疑甚至反对宗教迷信和传统权威，批判中世纪宗教哲学；经济上主张以自由放任，反对封建官僚的束缚；政治上主张社会契约论，否定王权神授，主张建立君主立宪政体或民主共和政体，限制王权，实行立法、行政、司法三权分立，提倡法治，反对人治。主要代表人物有：英国的洛克、霍布斯等，法国的孟德斯鸠、伏尔泰、卢梭、狄德罗等，德国的席勒、歌德等。西

欧启蒙运动是继文艺复兴之后的又一次伟大的思想解放运动,它既为新兴资产阶级的政权提供了思想理论上的支持,也为他们夺取政权提供了最有力的思想武器。启蒙运动还推动了美国独立战争和法国大革命,为资本主义政治制度的建立提供政治思想理念。(推荐阅读 [英]罗伊·波特:《启蒙运动》,殷宏译,北京大学出版社)

恰塔尔·休于遗址 西亚新石器时代遗址,现位于土耳其境内,距今约6000年,是人类已知最早的城市遗址之一。1961—1965年由英国考古学家梅拉尔特进行发掘。遗址为多组房址相互叠压、挤挨形成的土堆,分布范围30公顷,堆积厚达21米,可分为18层。每层均无街道分布,根据遗址推测古人应在房顶活动,并依靠梯子从房顶进出房屋。房里有西侧室和主室,西侧室有很多小间,可能用来加工和储藏物品。主室一般有火塘、梯子、台子、白灰面等,白灰面下埋有墓葬。同时,每座房屋的墙表都会按月涂抹白灰,有的也会装饰牛头骨或豹子图案。研究发现,尽管卡塔尔·休于遗址有在同一地点重复建房的现象,但每一层房屋的结构、面积基本相同。尽管房屋基本结构未发生变化,但墓葬越多的房屋,主室面积越大,侧室面积随之变小,屋内的装饰等级也越高。关注同一地点的房屋变化时,会发现初期的房屋仅有很少的装饰,下一次重新建造时就会有更多的装饰,房屋墓葬也开始增多。尽管从每座房屋的面积看相对平均,但仍有一些房屋与其他房屋相比,居于重要地位。恰塔尔·休于的居民生活以农业和畜牧业为主,也进行渔猎和采集。居民会驯养牛、绵羊等牲畜,会制作陶器,遗址中有丰富的黑曜石制品。该遗址的艺术遗存主要有壁画、浮雕及雕像等。这一遗址的发掘,为了解西亚高原地区定居公社的社会生活提供了最早的材料。(推荐阅读 王涛:《土耳其恰塔胡由克遗址考古记》,《大众考古》2014年第9期)

乔凡尼·贝利尼(约1430—1516年) 文艺复兴时期意大利威尼斯画派的奠基者,著名画家乔尔乔涅和提香的老师。贝利尼的早期作品是蛋彩画,后来以油画为主。他发展了油画技法,熟练地运用油画颜料易于调和及可以覆盖的特性,显示威尼斯画派在色彩上的独到之处。其早期的作品主要限于圣母、哀悼基督或基督受难等宗教题材,后期的画作在场面和背景上日益丰富。代表画作有《在花园里的悲哀》、《圣母加冕》、《群神宴》等。德国画

家丢勒 1506 年到威尼斯时,评价他是威尼斯最伟大的画家。(推荐阅读　吴泽义编著:《威尼斯画派》,人民美术出版社)

乔治·斯蒂芬森(1781—1848 年)　英国工程师。1781 年出生于英国纽卡斯尔一带的煤矿工人家庭,长大后成为一名工程师。第一次工业革命期间,因发明蒸汽火车机车而被誉为"铁路机车之父"。他曾亲自驾驶自己设计的机车——"旅行者号",牵引着 6 节煤车和 20 节客车厢,奔驰在英格兰斯托克敦至达林敦之间的商用铁路上,标志着"铁路时代"的到来。他的发明促进了铁路运输事业的飞跃,加速了第一次工业革命的进程,为工业社会的发展与人民的生活提供了便利。(推荐阅读　汪建丰:《英、法、德早期铁路建设模式比较》,《世界历史》1996 年第 3 期)

《区域全面经济伙伴关系协定》　亚太地区的一项自由贸易协定,由中国、日本、韩国、澳大利亚、新西兰和东盟十国(印度尼西亚、马来西亚、菲律宾、泰国、新加坡、文莱、柬埔寨、老挝、缅甸、越南)共 15 方共同参与制定。2012 年由东盟十国发起,同年 11 月启动建设,历时八年。协议领域涵盖货物贸易、服务贸易、投资和经济技术合作等领域。该协议旨在共同建立一个现代、全面、高质量以及互惠共赢的经济合作框架,以促进区域贸易和投资增长,加强相互间经济合作,拓宽和深化亚太经济一体化,推动区域经济增长和平等发展。《区域全面经济伙伴关系协定》是亚太地区规模最大、最重要的自由贸易协定谈判,覆盖世界近一半人口和近三分之一的贸易量,已成为世界上涵盖人口最多、成员构成最多元、发展最具活力的自由贸易区。(推荐阅读　盛斌、果婷:《亚太区域经济一体化博弈与中国的战略选择》,《世界经济与政治》2014 年第 10 期)

圈地运动　15 世纪末至 19 世纪中叶西欧新兴资产阶级和新封建贵族使用暴力剥夺农民土地的过程。这种情况在英、德、法、荷、丹等国都曾先后出现过,而以英国最为典型。所谓圈地,即用篱笆、栅栏、壕沟把强占的农民份地以及公有地圈占起来,变成私有的大牧场、大农场。大批丧失土地和家园的农民成为一无所有的雇佣劳动者。这是资本原始积累的最重要手段之一。在圈地运动中,以农民的血肉和尸骨换来了农业资本主义的大发展。大部分破产农民流入城市,成为雇佣工人和产业后备军,为产业革命提供了

廉价劳动力。农村阶级结构已由大地主、资本主义农场主和农业工人组成。马克思高度地概括圈地运动的后果:"自亨利七世以来,资本主义生产在世界任何地方都不曾这样无情地处置过传统的农业关系……从历史上遗留下来的一切关系,不仅村落的位置,而且村落本身,不仅农业人口的住所,而且农业人口本身,不仅原来的经济中心,而且这种经济本身,凡是同农业的资本主义生产条件相矛盾或不相适应的,都被毫不怜惜地一扫而光。"(推荐阅读 石强:《英国圈地运动研究》,中国社会科学出版社)

《全球基础电信协定》 世贸组织推进全球电信服务贸易自由化的重要成果之一。该协定于 1997 年 2 月 15 日,由占全球电信市场 91% 份额的 69 个世贸组织成员签订,自 1998 年 2 月 5 日起正式生效和实施。协定由《服务贸易总协定》第四议定书及其所附《各成员承诺减让表》《最惠国待遇豁免清单》和《参考文件》组成。"第四议定书"十分简短,只规定了生效时间等程序性事项。《各成员承诺减让表》和《最惠国待遇豁免清单》则是《全球基础电信协定》的主要内容,是关于基础电信开放的减让表以及对世贸组织基础电信谈判小组的《参考文件》所做的承诺,是一个冗长的清单。世贸组织成员在各自的减让表和豁免清单中,就基础电信服务承诺了不同程度的市场开发水平。《参考文件》主要包括 6 项原则,分别是:保护竞争的原则、保障互联互通的原则、中立的普遍服务原则、许可证发放保持透明的原则、独立监管机构的原则、稀缺资源分配与使用公正的原则。协定的目的在于约束各成员在提供电信服务时,不应以电信作为限制其他成员的服务提供者提供服务的行为,或对提供服务的行为造成障碍。在客观公正的基础上,非歧视地向世界贸易组织成员承诺部分或全部开放国内的基础电信服务市场。该协定为推进国际电信服务贸易市场的竞争奠定了市场和制度基础。(推荐阅读 刘丁有、黎虹:《世界贸易组织规则概论》,对外经济贸易大学出版社)

《人权宣言》 法国资产阶级革命时所发表的《人权与公民权宣言》的简称,人类自由权利的基本宪章之一。《宣言》包含激励法国大革命的原则,计17 条,于 1789 年 8 月 26 日由法国制宪议会通过,并成为《1791 年宪法》和《1793 年宪法》的序言。《宣言》的基本原则是"人人生而自由,权利平等",明确规定:自由、私有财产、人身不可侵犯和反抗压迫的权利;法律面前人人平

等,人人有权直接或间接参加立法;没有司法机关命令,任何人不受逮捕;宗教自由和言论自由,在"公共秩序"和"法律"的范围内受到保护;私有财产不可侵犯,国家只有在给予赔偿时才可以取得财产权;官职和地位向中产阶级开放。《宣言》体现18世纪法国思想的特征,打碎君权神授的神话,否定封建等级制,激发革命人民的巨大热情,起到动员、组织人民群众参加反封建斗争的作用。(推荐阅读 姚远:《马克思何以优先关注法国"人权宣言"》,《马克思主义与现实》2019年第3期)

人首飞牛石雕 亚述王朝时期王宫大门两侧的守护神兽的雕像,又称人首翼牛像。亚述人称此神兽为"舍都",它有着人首、狮身、牛蹄和鹰翅,头顶高冠,胸前挂着一绺编梳过的长胡须,有5条腿,背上有一对巨大的张开的羽翼。石雕竖立于宫门口,彰显国王的丰功伟绩以及王权的不可侵犯,是亚述王朝时期展现国王权威和力量的代表作品形式之一。(推荐阅读 〔俄〕泽内达·A.拉戈津:《亚述:从帝国的崛起到尼尼微的沦陷》,吴晓真译,商务印书馆)

人文主义 欧洲文艺复兴运动的指导思想。其基本特征是:提倡人性,反对神性;提倡人权,反对神权;提倡个性自由,反对精神禁锢;肯定人是现世生活的创造者,反对教会的来世观念和禁欲主义;要求文学艺术表现人的思想感情,主张科学为人生谋福利、教育要发展人的个性和智慧。它的兴起为宗教改革运动的展开、自然科学和唯物主义的发展开辟了道路。实质上,其一切主张均以资产阶级个人主义为前提。(推荐阅读 〔瑞士〕雅各布·布克哈特:《意大利文艺复兴时期的文化》,何新译,商务印书馆;解光云:《试析意大利最早发生文艺复兴的原因》,《史学月刊》1998年第2期)

日本"和平宪法" 1947年日本施行的宪法文件,又称《战后宪法》或《昭和宪法》。该宪法以国家最高法律形式承诺放弃战争、不保有武力,这是日本战后回归国际社会的前提,也是日本战后奉行和平主义路线的法律基石,因此也被称为"和平宪法"。它由日本政府于第二次世界大战战败投降后制定,驻日盟军总司令部在该宪法的撰写中居于主导角色。该宪法的实施,使战后日本从战前的军国主义化天皇制专制国家转变为资产阶级民主制国家,构筑了日本在第二次世界大战结束后走和平道路的法律基石。日本由

此得以集中国家人力、财力、物力和科学技术力量发展本国经济。(推荐阅读　隋淑英:《麦克阿瑟与日本"和平宪法"的制定》,《齐鲁学刊》2008年第4期)

日本封建武士　日本封建制社会中的一个社会阶级。日本律令体制解体后,农民从班田收授法中得以解放并快速成长。领主阶层为维护自身的土地权利,开始自发建立武装组织,逐渐形成武士团体。随后,武士团体逐渐发展为一种制度化的专业军事组织,其基础是宗族和主从关系。至10世纪,朝廷无力镇压地方势力的叛乱,不得不借助各地武士的力量,武士遂更进一步得到了中央的承认,成为日本的特权统治阶级。在此过程中,经过神道教、儒教、佛教的思想融合,形成了崇尚以"忠君、节义、廉耻、勇武、坚忍"为核心的日本武士道精神并持续完善。镰仓时期,武士的封建等级制及武士道开始形成,在近七百年间武士对日本的历史进程产生了重大影响。(推荐阅读　[日]高桥昌明:《日本武士史》,黄霄龙译,社会科学文献出版社)

日本军部　日本军部是日本对外发动战争的军事指挥枢纽。它包括陆军省、海军省、直辖于天皇的参谋本部和军令部以及元帅府和军事参议院。"军部"作为近代天皇制的产物,其与近代天皇制和军国主义的发展密切相关。此外,"军部"不仅具备一般军事上、国防上的职能,而且是对内政、外交等国家政治具有重大影响力和控制力的政治力量。总之,"军部"既是统治机关,又是军事政治的势力集团。除军事机关和军队等军事力量外,"军部"还包括准军事力量,如在乡军人会等。1921年3名赴德国考察的军官永田铁山、小畑敏四郎、冈村宁次在莱茵河畔的巴登温泉聚会,订立归国后将全力推动改造日本的盟约,东条英机也参与其中,标志着军队法西斯化的开端。经济大萧条发生后,在军部推动下,日本政府的政策也一步一步走上了对外扩张的道路。1936年的"二·二六兵变",傀儡政权广田弘毅内阁被扶持上台,这是日本国家法西斯主义确立的标志,第二次世界大战的亚洲策源地形成,直到1945年因战败而崩溃。(推荐阅读　陈杰:《军部当国:近代日本军国主义冒险史》,陕西人民出版社)

日本锁国时代　从1633—1854年日本采取禁止对外交通和贸易,实行海禁政策的历史时期。自16世纪中期起,葡、西、荷、英等国传教士和商人至

日本传教和贸易。但随着天主教与幕府之间的矛盾加剧、德川幕府统治者垄断商业的愿望加深,幕府最终采取了锁国政策。以 1633—1639 年 5 次颁布《锁国令》为标志,规定除与中国、荷兰进行有限的贸易外,严禁与外国通商。直到美国海军军官培里于 1853 年率舰叩关,之后订立《安政条约》,锁国时代才结束。海禁政策下的"锁国时代"保证了日本的和平,德川幕府也在和平环境下发展其政治机构及文化经济资源,但"锁国"也是日本晚于西方进入近代化进程的主要原因。(推荐阅读 [美]约翰·惠特尼·霍尔:《日本从史前到现代》,邓懿、周一良译,商务印书馆)

日本庄园制度　日本封建社会中期的土地制度。8 世纪中叶,随着日本政府发布《垦田永世私有法》,真正的私有领地出现。自 8 世纪末起,奈良、京都的贵族和寺社大规模开田垦荒,在垦地上修建起房舍和仓库,形成庄园。庄民负责生产,向庄主提供实物地租,并承担各种杂役。最初,庄园向政府交租,受制于地方政府。9 世纪末以后,大贵族庄园主逐渐获得不向政府输租和不受限于国家行政管控的特权,即不输不入。10 世纪以后,封建武士崛起,在 12 世纪末至 16 世纪的武家政权镰仓幕府和室町幕府统治时期,生产力有较大发展,货币经济发达,庄园产品商品化,逐渐瓦解了庄园自给自足经济。武家政权先后做出的守护地头制、庄园贡租地头承包制、庄园土地领主地头均分制等一系列规定,剥夺领主土地所有权,庄园制趋于衰退。丰臣秀吉在统一日本过程中,掌握了全国的土地,进行土地清丈,确立一耕地归一耕者占有的原则,使延续 8 个世纪之久的庄园制彻底废止。(推荐阅读 [日]安田元久:《日本庄园史概说》,童云扬译,武汉大学出版社)

日耳曼法　欧洲早期封建制时期,在日耳曼国家中适用于日耳曼人的法律的总称。由于当时罗马人称日耳曼人为"蛮族",因此也被称为"蛮族法"或"蛮族法典"。日耳曼法最初只是习惯法,后因受到罗马人重视以法典治国的影响,5—9 世纪,日耳曼王国相继开始以拉丁文编纂成文法典。这些法典以各自的习惯法为基础,并吸收罗马法的一些原则和术语,最终形成了一个显性的、整体的日耳曼法。日耳曼法的基本内容包括王国的权力体制、财产制度、债权制度、婚姻家庭和继承制度、刑事制度和司法制度等。日耳曼法的体系比较凌乱,注重形式。日耳曼法与罗马法、教会法一起被视为近

现代欧洲法律文明史上的三大基本渊源,是构成中世纪西欧大陆的三大法律支柱之一,为后世法律提供了不可替代的因素。(推荐阅读　李秀清:《日耳曼法研究》(修订版),社会科学文献出版社;李宜琛:《日耳曼法概说》,中国政法大学出版社)

日耳曼人　北欧的古代民族,最早居住在波罗的海西岸与斯堪的纳维亚半岛南部,是近代德意志、奥地利、卢森堡、荷兰、英吉利、瑞典、丹麦、挪威等族的祖先。1世纪,在多瑙河、莱茵河和维斯瓦河之间的广大地区定居下来,过着亦农亦牧的生活,成为罗马帝国北方的邻居,被罗马人称为"蛮族"。日耳曼人共有20多个部落,其中最著名的有哥特人、法兰克人、勃艮第人、盎格鲁人、撒克逊人、伦巴德人等。4世纪起,因匈奴人西征,日耳曼人开始了向罗马帝国武力迁徙的历程,迁徙的范围波及中欧、西欧、南欧和北非等广大地区。4—5世纪与斯拉夫人等联合罗马奴隶、隶农起义,推翻西罗马帝国,在罗马领土上建立了许多王国,形成封建社会。日耳曼人在欧洲数个世纪的统治,深刻影响了欧洲的历史和文明演变历程。(推荐阅读　[古罗马]塔西陀:《阿古利可拉传　日耳曼尼亚志》,马雍、傅正元译,商务印书馆)

日内瓦会议　1954年,中、苏、美、英、法等国在瑞士日内瓦召开的外交会议,主要议题为和平解决朝鲜问题和恢复印度支那和平问题。会议首先讨论朝鲜问题,未能达成协议。此后,会议开始讨论印度支那问题。越南人民抗法战争中的奠边府战役的胜利为印度支那问题的讨论营造了有利环境,与会国最终达成协议,签订关于在印度支那三国(越南、老挝、柬埔寨)停止敌对行动的协定,并通过会议最后宣言。美国拒绝在最后宣言上签字。日内瓦会议是中华人民共和国首次以五大国之一的身份参加的国际会议,反映了共和国的和平外交政策,促进了东南亚地区的和平。(推荐阅读　钱江:《周恩来与日内瓦会议》,中共党史出版社)

萨拉热窝事件　1914年发生在波斯尼亚首府萨拉热窝的刺杀事件,被视为第一次世界大战爆发的导火索。1914年6月28日,奥匈帝国军队在波斯尼亚首府萨拉热窝举行以塞尔维亚为假想敌的军事演习,前往检阅的奥匈帝国皇储弗朗茨·斐迪南被塞尔维亚秘密民族主义组织——"青年波斯尼亚"的成员普林西普刺杀。事件发生后,同盟国集团和协约国集团都把它

作为发动战争、实现侵略野心的借口。奥匈帝国在德国支持下,于 7 月 23 日向塞尔维亚提出最后通牒,并于 28 日正式宣战。之后德国、俄国、法国、英国等欧洲大国相继加入战争,保加利亚、土耳其加入同盟国作战,日本、罗马尼亚、意大利、美国、中国等加入协约国一方。到 1918 年,共有 30 个国家加入战争,形成了历史上首次世界规模的"大战"。(推荐阅读   [美]悉德尼·布拉德肖·费伊:《第一次世界大战的起源   大国博弈之殇》,于熙俭译,文化发展出版社)

赛璐珞   即硝酸纤维素塑料、硝化纤维素塑料。早在 19 世纪中叶,就已经出现了硝酸纤维制品,1872 年美国人海厄特把硝酸纤维和樟脑制出的改良产品命名为"赛璐珞"。20 世纪初期,美国化学家贝克兰用苯酚和甲醛缩合,再添加木粉等填料制成酚醛塑料,并于 1928 年发明氯乙烯塑料,此后美国和德国先后投入生产。1932 年发明增塑剂后,英国卜内门公司于 1937 年使用磷酸酯增塑剂生产出聚氯乙烯。赛璐珞特点是色浅而透明,坚韧,易着色,绝缘,耐腐蚀,质轻,尺寸稳定,易加工成性。缺点是易燃,光热作用下易褪色老化。可作绝缘材料、建筑材料及各种工业的构造材料和零件,也可作各种日用品,如洗漱用品、玩具、建材等,在日常生活和生产中用途广泛。(推荐阅读   张昕:《台球·象牙·赛璐珞——塑料诞生始末》,《国企管理》2017 年第 10 期;许祖恩:《早期塑料之王——赛璐珞》,《化学教育》1995 年第 2 期)

三级会议   法国中世纪的等级代表会议,参加者有僧侣、贵族和市民三个等级的代表。它的主要职能之一是批准国王征收新税。国王在需要寻求援助时而紧急召集会议,在会议期间,三个等级各自讨论议案,各有一票表决权,只有在拟定对国王的回答时才举行联席会议。1300 年,法国与佛兰德交战,财政支出增加。腓力四世向法国教会征税,遭到罗马教皇卜尼法斯八世拒绝,双方发生冲突。为了争取社会各阶层的支持,1302 年腓力四世召开首次三级会议。英法百年战争时期(1337—1453 年),为了抵抗外敌,三级会议有权监督政府。1356—1358 年巴黎人民起义期间,三级会议成为常设性的执行机关,无论御前会议、军队和国家机构,都要受三级会议的监督。16—17 世纪初,专制王权加强,三级会议的权力被削弱。从 1614 年到路易

十六统治时期,三级会议中断了175年。法国大革命前夕,由于国王财政困窘,1789年5月5日在凡尔赛重新召开三级会议。第三等级代表要求取消等级区分,按人数表决。提出三个等级一起开会,共同审查代表资格的建议,在遭到拒绝后,第三等级于6月17日自行召开国民议会。至此,以等级为基础的三级会议完成了历史使命。(推荐阅读 [法]托克维尔:《旧制度与大革命》,冯棠译,商务印书馆)

桑奇大塔 印度著名古迹,早期王朝时代的佛塔。始建于公元前3世纪孔雀王朝时期,位于印度中央邦首府博帕尔附近的桑奇村。阿育王时代有8座佛塔建在桑奇,现仅存3座,桑奇大塔是其中最大的一座。大塔为半球形建筑,直径约为36.6米,高约16.5米,分成四个基本部分:塔基、塔身、平头和伞盖。其原为埋藏佛骨而修建的土墩,后在覆钵形土墩上加砌了砖石,涂饰银白色与金黄色灰泥,顶上增修方形平台和三层伞盖,并在底部构筑石制基坛和围栏。桑奇大塔是佛塔比较原始样式的代表,体现了古印度的佛教艺术,也是目前印度最著名的世界文化遗产之一。(推荐阅读 扬之水:《桑奇大塔浮雕的装饰纹样》,《敦煌研究》2012年第4期)

莎草纸 古埃及人广泛采用的书写材料,用当时盛产于尼罗河三角洲的莎草属植物的茎制成。莎草属于禾草样的水生植物,株高4—5米,茎为木质、钝三角形。人们将这种植物采摘来后,将其茎秆中心的髓切成细长的狭条,用两层狭条压成纸,制成卷轴样的书籍或文件。由于埃及气候干燥,书写在这种莎草纸上的文字或绘制的图画,虽历经几千年,仍能保持原有的鲜亮色泽。莎草纸一度成为古埃及的宝藏,其创造的收入为法老带来了大规模的财富。从公元前3000年开始,古埃及人乃至古希腊人、古罗马人和阿拉伯人,都对莎草纸极度依赖。(推荐阅读 [美]约翰·高德特:《法老的宝藏:莎草纸与西方文明的兴起》,陈阳译,社会科学文献出版社)

商业革命 16世纪随着新航路开辟引起的欧洲商业和世界市场的一系列新变化。商业革命主要表现为世界市场的扩大、流通商品种类的增多、新商路的开辟以及贸易中心的转移。商业革命的发生扩大了亚欧非三洲之间的商业贸易,白银、劳动力、商品以三角贸易的方式进行全球流动。亚、非、美洲的诸多商品,开始大量出现在欧洲市场上。欧洲的商业贸易大扩张使

商品种类与流通量成倍增长,股份公司与证券交易所纷纷出现。欧洲商业格局也随之发生重大变化,经济和贸易重心转移到大西洋沿岸,意大利的商业城市趋于衰落,英国、葡萄牙、荷兰等西欧临海国开始崛起。商业革命的出现,为欧洲尤其是西欧实现了大量的资本原始积累,直接促成了资本主义全球化的开始和世界经济格局的变革。(推荐阅读　唐文基:《16 至 18 世纪中国商业革命和资本主义萌芽》,《中国史研究》2005 年第 3 期)

社会保障制度　国家和社会按一定的立法对公民的基本生活需要、特殊困难和意外灾害提供保障的福利制度。该制度起源于 19 世纪末的欧洲工业社会。现代社会保障制度的核心部分是为劳动者提供社会保险。现代社会保障制度萌芽于英国,德国在 19 世纪 80 年代成为世界上第一个建立起社会保险制度的国家。第二次世界大战以来,面临突出的贫困、失业等社会不平等矛盾,经过人民的长期斗争,资本主义国家扩大公民民主权利,构建社会保障体系,保证公民享受福利,致力于建立"福利国家"。20 世纪 80 年代,美、英、法等国为了在提高社会效率和维护社会公平之间寻求新的平衡,开始采取减少政府公共开支,改革社会保障制度的措施。中国的社会保障制度坚持"以人民为中心",始终把人民利益摆在首位,应保尽保、应助尽助、应享尽享、覆盖全民。(推荐阅读　丁建定:《社会保障制度论》,社会科学文献出版社;刘苓玲、刘万:《社会保障制度国际比较研究》,经济科学出版社)

《社会契约论》　1762 年法国思想家卢梭发表的政治论著名称。社会契约就是共同意志的体现,代表所有人的权利与自由。这是至高无上的人民主权,不可侵犯。全书贯穿"天赋人权"和"主权在民"的主张,宣称人生而平等且自由,抨击封建等级特权与专制制度。它认为被统治阶级在其生命、自由和财产受到封建统治者的侵犯时,有权进行革命推翻政府,以恢复天赋人权。该学说在反对中世纪君权神授说和封建专制的斗争中起过进步作用,为法国大革命提供思想武器,并且深刻地影响了欧洲的革命运动和英属北美殖民地的独立战争,但它否认国家是阶级矛盾不可调和的产物,掩盖了国家的阶级性。(推荐阅读　[法]卢梭:《社会契约论》,李平沤译,商务印书馆)

社会主义革命　"无产阶级革命"的别称。在共产党的领导下,无产阶

级带领劳动人民,推翻资产阶级统治和资本主义制度,建立无产阶级专政和社会主义制度的革命。是资本主义社会内部矛盾发展的必然结果,是人类历史上最广泛、最深刻、最彻底的革命。根据无产阶级革命的经验,在无产阶级夺取政权以前,社会主义革命的中心任务是通过革命斗争彻底打碎旧的国家机器,建立无产阶级专政。无产阶级夺取政权后,要镇压阶级敌人的反抗,对生产资料私有制进行社会主义改造,建立和发展社会主义公有制,解放和发展社会生产力;消灭剥削阶级及其政治思想影响,完善社会主义的生产关系和上层建筑,发展社会主义民主,健全社会主义法治,统筹推进社会主义经济建设、政治建设、文化建设、社会建设、生态文明建设。1917年俄国十月革命的胜利,开辟了社会主义革命的新时代,对世界历史有深远的影响。新中国成立后,三大改造的基本完成,生产资料私有制转向社会主义公有制,标志着中国社会主义革命的完成以及社会主义制度的基本确立,中国社会进入社会主义初级阶段。(推荐阅读 褚一纯:《社会主义革命和建设的理论研究》,安徽人民出版社)

神道教 简称"神道",日本传统民族宗教。大致可分为神社神道、教派神道和民俗神道三大系统。崇拜多神,号称"天地神祇八百万",而以崇拜代表太阳神的"天照大神"为中心,并尊之为日本民族的祖神。对神的祭祀一般由"祭主"、"宫司"、"祢宜"等在神社或神宫中举行。起源于氏族社会的自然崇拜、祖先崇拜和巫术。4世纪,随着以大和朝廷为中心的、统一的奴隶制国家成立后,形成比较完整的宗教体系。自称日本民族是"天孙民族",天皇是"天照大神"的后裔并且是后者在人间的代表,皇统即神统。8世纪佛教在日本盛行后,神道和佛教相混合,形成两部神道、真言神道、天台神道等,并把许多神解释为佛或菩萨的化身,当作佛教的保护神。17世纪后部分神道学者吸收朱熹理学,强调尊皇忠君,并主张神道教独立,形成吉川神道、垂加神道等。19世纪中叶明治维新后,日本政府为了巩固统治,尊神道教为国教,成为明治政府教导民众忠君爱国的工具。二战后,在盟军要求下,日本政府宣布政教分离,废除国家神道,政府不得资助神社。据新的宗教法令,神道教成为民间宗教。(推荐阅读 [美]詹姆斯·麦克莱恩:《日本史》,王翔译,海南出版社)

神圣罗马帝国　中世纪欧洲的封建帝国,因罗马教皇的加冕而得名。962 年,德意志国王、萨克森王朝的奥托一世在罗马由教皇约翰十二世加冕称帝(962—973 年在位),成为罗马的监护人和罗马天主教世界的最高统治者。帝国统治者自命为罗马帝国和查理大帝的继承者,对外大肆扩张,对内则以农奴制和依附农制的形式剥削农民。11—12 世纪,神圣罗马帝国皇帝同罗马教皇为争夺主教叙任权(在中世纪文献中,叙任权有多义性,可泛指一般神职授任)发生激烈斗争,这不仅是争夺教会控制权的斗争,也是中央王权同地方封建分离主义势力的斗争。13 世纪末,帝国出现许多独立的封建领主,皇帝对其直辖领地外的封建诸侯没有管辖权。16 世纪宗教改革后,帝国实际上分裂为信奉新教的北部、主要信奉天主教的西南部及纯粹信奉天主教的东南部。地方诸侯和皇室中央政权的斗争在三十年战争中达到顶点。战争使帝国遭受严重破坏,阻碍了帝国经济的发展,国家在政治上分崩离析,皇帝徒具虚名,各邦诸侯拥有完全自主权。1806 年 8 月 6 日,拿破仑迫使弗兰茨二世放弃神圣罗马帝国皇帝称号,神圣罗马帝国彻底瓦解。(推荐阅读　[英]詹姆斯·布赖斯:《神圣罗马帝国》,孙秉莹等译,商务印书馆)

圣马丁(1778—1850 年)　阿根廷民族英雄,南美南部独立战争领导人。军官家庭出生,早年受卢梭、伏尔泰等人的思想走上革命道路。1808 年参加法西战争,协助西班牙抗击拿破仑·波拿巴率领的法军入侵。1812 年返国,参加反西殖民统治斗争,1814 年任北路军总司令,后组织"安第斯军"。1817 年率军越过安第斯山,屡败西班牙军队,促使智利独立。1820 年攻入秘鲁,次年进驻利马,宣布秘鲁独立,膺"护国主"称号。圣马丁领导了南美南部抗击西班牙殖民者的斗争,为南美各国推翻西班牙殖民统治,争取民族独立做出了重大贡献。(推荐阅读　[阿根廷]米特雷:《圣马丁传》,仇新年编译,新华出版社)

圣索菲亚教堂　一般指在今土耳其伊斯坦布尔的旧圣索菲亚教堂,原为拜占庭帝国的宫廷教堂。建于公元 532—537 年,设计者为小亚细亚人安提莫斯(Anthemius)和伊索多拉斯(Isodorus),因其巨大的圆顶而闻名于世,被誉为是一幢"改变了建筑史"的拜占庭式建筑典范。建筑平面呈长方形,中央部分的屋盖由一个直径约 33 米的圆形穹窿和前后各一个半圆形穹窿组

合而成。穹窿底部开窗采光,并由帆拱支撑,顶端离地约 60 米。大厅高大明亮,墙上饰以彩色玻璃马赛克壁画和白色雪花石膏贴面。15 世纪后改为清真寺,在周围加建邦克楼。1935 年改为博物馆。1980 年 8 月将其中一所经堂重新开放,供穆斯林礼拜。(推荐阅读　陈志强:《拜占庭帝国通史》,上海社会科学院出版社)

剩余价值论　马克思创立的揭示剩余价值来源、资本主义生产方式剥削的实质等的理论体系,是马克思主义经济学的基石和核心内容。该理论主要包括劳动力商品理论、资本积累理论、劳动从属资本理论。马克思认为,人的劳动能力是人们在劳动过程中所运用的体力和智力的总和。在资本主义时代,生产资料归资本家所有,工人为了生存,需要把劳动力作为商品来出卖,在资本家的监督下进行劳动。同其他商品一样,人的劳动能力成为商品后也具有价值。但与其他商品不同,劳动力商品的最大特点在于它的使用价值的特殊性,即一般商品一旦被使用或消费,其使用价值也随之消失或转移到其他商品中去,不发生增值,而劳动力不仅能生产出满足其自身生存和延续劳动力本身所必需的生活必需品,资本家还会通过延长雇佣工人的工作日长度,或者在工作日长度不变的条件下通过缩短必要劳动时间、相应地延长剩余劳动时间生产出剩余价值。资本家无偿占有这些剩余价值,并将之用来扩大资本的规模和加强对雇佣劳动的剥削,以占有更多的剩余价值。剩余价值转化为资本,形成了资本主义的资本积累。当资本家不再将剩余价值看成是可变资本的产物,而作为满足其资本需求之外的增加额时,剩余价值就成为资本家个人的利润。资本家为了更高的利润而展开激烈的竞争,最终会导致资本间的调整和妥协,使得社会利润率趋向平均,形成平均利润,这实际上使工人不但受到个别资本家的剥削,而且受到整个资产阶级的剥削。而这一资本转化的过程,很好地掩盖了资本主义生产方式剥削的实质。马克思剩余价值论科学分析了资本主义社会的矛盾及其产生的根本原因,以此为基础,马克思建立了政治经济学科学体系。(推荐阅读　王丰:《当代资本主义剩余价值的源起、变化及其未来走向》,经济科学出版社)

十二铜表法　古罗马第一部成文法典,因刻在十二块铜板上而得名。

在罗马共和国早期,法律是不成文的习惯法,司法权完全被贵族垄断,引起平民的激烈反抗,并要求制定成文法,限制贵族专政。经过斗争,平民与贵族达成妥协,由贵族成立立法委员会制定法律。公元前 449 年,完成立法并公布,公元前 390 年,毁于高卢人入侵。现在所知文本为学者从各种文献中收集、整理而成。该法典是罗马固有习惯法的汇编,内容以奴隶主私有制为核心,同时保留父权家长制和同态复仇。各表内容分别为传唤、审理、执行、家长权、继承和监护、所有权和占有、土地和房屋、私犯、公法、宗教法、前五表的补充和后五表的补充。铜表法打破了贵族对法律的垄断和"法律神授"的宗教信条,奠定了后世整个罗马法体系的基础。(推荐阅读　《世界著名法典汉译丛书》编委会编:《十二铜表法》,法律出版社)

《世界粮食安全首脑会议宣言》　世界粮食首脑会议之原则宣言。1996年 11 月在意大利首都罗马召开的世界粮食首脑会议上通过。世界粮食首脑会议的目标是各国政府重申消除饥饿和营养不良,并实现人人享有可持续粮食安全的承诺。宣言分析了世界粮食安全的严峻形势,指出贫困是粮食不安全的重要根源,在消除贫困方面取得可持续的进展,是增加获得粮食机会的关键所在。宣言指出,和平、稳定及有利的政治、社会和经济环境是使各国能够充分重视粮食安全和消除贫困的必要基础。宣言说:"必须制止违反国际法和联合国宪章并危害粮食安全的单方面措施。"宣言强调,"粮食不应作为一种施加政治和经济压力的手段",并重申国际合作和声援的重要性。宣言号召全球各国立即行动起来,担负起对当代和子孙后代实现粮食安全的责任。该项宣言表达了各国政府对世界粮食安全的关注和解决粮食问题的决心,重申人人有获得安全而富有营养的粮食的权利,为人人享有可持续粮食安全奠定了基础。(推荐阅读　冯维江:《21 世纪以来的世界粮食危机及其发生机理》,《人民论坛》2023 年第 5 期)

世界贸易组织　当今世界处理国家间贸易规则的最具权威性的全球性国际组织。该组织成立于 1995 年,隶属于联合国,总部设于日内瓦,前身为1948 年成立的《关税及贸易总协定》。其宗旨是:助力成员通过贸易促进经济和贸易发展,以提高生活水平、保证充分就业、保障实际收入和有效需求的增长;达成互惠互利的协议,大幅度削减和取消关税及其他贸易壁垒;消

除国际贸易中的歧视待遇。世界贸易组织通过非歧视原则、互惠原则、关税减让原则、市场准入原则、公平贸易原则、透明度原则以及鼓励和发展经济改革等原则,建立了一体化的多边贸易体制。世界贸易组织的最高决策机构是部长级会议,通常每两年召开一次,下设总理事会和秘书处,负责世贸组织日常会议和工作。总理事会还作为贸易政策审议机构和争端解决的机构。截至 2016 年 7 月 29 日,世界贸易组织共有 164 个成员。中国在 2001年加入世界贸易组织后,切实履行承诺,坚定支持多边贸易体制,在对外贸易方面获得了巨大发展,同时也为世界贸易和经济的发展做出了巨大贡献。(推荐阅读 解俊贤、张瑛编著:《世界贸易组织概论》,中国经济出版社)

世界难民日 联合国设立的国际性纪念日之一。难民是指因战争、国家内部政治矛盾、边界变动、自然灾难、经济恶化等各种原因而形成的一个不能或者不愿返回原籍国的特殊群体。难民是世界上最脆弱的群体之一,因其产生的原因,难民又被分为战争难民、政治难民、自然灾难难民、经济难民等类型。1974 年 6 月 20 日,非洲通过了一项关于非洲难民问题的公约,并决定将每年的这一天定为"非洲难民日"。为颂扬全世界因冲突或迫害而被迫逃离母国的人们所展现出来的力量和勇气,引起世人对难民问题的关注,并对难民为社会做出的贡献有所认识和尊重,联合国大会于 2000 年 12月一致决议,将每年的 6 月 20 日的"非洲难民日"扩名为"世界难民日"。自2001 年将首个难民的主题设为"尊重"后,每年的难民日均会设立一个主题,2023 年难民日的主题为"远离家园之处的希望"。难民是国际社会一个十分棘手的问题。目前,1951 年《联合国难民公约》和 1967 年《关于难民地位的议定书》是国际社会保护难民权益的主要国际法依据。世界难民日的设立有助于国际社会对难民群体及其产生原因的关注,但当今国际难民问题的现实也警示人们,解决这一问题仍任重道远。(推荐阅读 张永义:《难民伦理:世界主义与非世界主义的视角》,《哲学动态》2019 年第 11 期)

世界市场 世界各国交换商品、服务、科技的场所。广义指世界范围内商品交换关系的总和,狭义指国际间商品交易的场所或领域。真正的世界市场形成于世界历史形成之后。世界市场是在各国市场和区域市场的基础上形成的,是近代以来资本主义扩张推动的结果。十五六世纪新航路的开

辟为世界市场的形成奠定了地理条件。此后在区域贸易和跨洋贸易的基础上，至18世纪中叶，形成以西欧为中心的国际商品交换网。18、19世纪的产业革命以及由此带来的列强对世界的瓜分狂潮，致使世界市场在19世纪末20世纪初最终确立。尽管从十月革命至冷战结束，世界表面上存在着资本主义市场和社会主义市场对立的局面，但世界市场已经成为不可分割的一个整体，且资本主义市场及其规则一直居于主导地位。冷战结束后，随着国际政治、经济秩序的深刻变化，世界市场进一步扩大。近年来，以金砖国家、东亚等为代表的新兴国家或者地区市场的崛起，对近代以来西方主导的世界市场秩序造成越来越明显的挑战。世界市场的形成加强了各国、各地区的相互联系，导致世界经济体系的形成。（推荐阅读　释启鹏：《作为世界秩序"底层逻辑"的世界市场——兼论人类文明新形态的经济基础》，《社会科学》2024年第2期）

《世界遗产公约》　全称为《保护世界文化和自然遗产公约》，是为集体保护具有突出的普遍价值的文化遗产和自然遗产而制定的最具权威性的国际公约。该公约在1972年11月经联合国教科文组织一致通过，1975年12月正式生效。该公约基于的理念是世界上的某些地方具有突出普遍价值，正因如此，它们应作为人类共同遗产的一部分。它首次将自然保护和文化保护联系起来，旨在将代表着人类共同遗产且无法替代的财产定义为世界文化和自然遗产。1976年设立了"世界遗产委员会"负责公约的实施，并设立了《世界遗产名录》，以登记被确定且受保护的世界遗产。世界遗产委员会每年举行一次会议，以确定世界遗产项目、管理"世界遗产基金"、监测世界遗产的保护情况等。公约规定，缔约国领土内的世界遗产的保护主要是有关国家的责任，同时整个国际社会有责任合作予以保护。目前已经有194个国家批准了该公约，中国于1985年加入。为弥补公约在时代、价值观念、知识范围方面的局限性，自1977年开始，联合国教科文组织开始发布不断修订的《世界遗产公约操作指南》。公约生效后在国际领域发挥了相当大的作用，是联合国体系中最成功的公约之一。（推荐阅读　杜晓帆、王一飞：《世界遗产的知识体系与学科建设初探》，《复旦学报》(社会科学版)2023年第6期）

《世界遗产名录》 联合国教科文组织世界遗产委员会于 1976 年设立的、用于登记和介绍世界遗产的汇总目录。世界遗产共分三类：文化遗产、自然遗产、文化与自然双重遗产。广义上的世界遗产还包括记忆遗产、非物质文化遗产、文化景观遗产。《世界遗产公约》界定了确定三种遗产资格的普遍性条件，且规定其中面临被毁坏危险的遗产将进一步被列入濒危世界遗产名录。世界遗产获准的程序共三步：(1)《世界遗产公约》签署国向联合国教科文组织提交材料申请；(2) 国际古迹遗址理事会（ICOMOS）、国际自然保护联盟（IUCN）和国际文化财产保护与修复研究中心（ICCROM）进行评估；(3) 由 21 个选举产生的会员国代表组成世界遗产委员会，在每年一次的审议会议中做出决定。一旦列入名录，遗产单位就承担着为全人类保护好这个遗产的神圣责任，同时向国际社会提供该遗产的自然会文化遗迹特点的有关信息，并为科研和环境监测提供场所。《名录》目前共列入了一千多处遗产地。中国自 1985 年加入世界遗产公约，至 2021 年 7 月 25 日，共有 57 个项目被联合国教科文组织列入《名录》之中，位居世界第一。《名录》为民众认识人类文明的多元性和自然世界的美好提供重要参考，为这些遗产的保护和研究提供重要的舆论基础。（推荐阅读　张有为：《谈谈国际环境法对世界珍贵遗产保护》，《法学杂志》1988 年第 1 期）

市民文学 封建社会中，手工业和商业城市兴起以后，适应城市居民需要而产生的一种文学。在内容上，大多描写市民社会中家庭生活和爱情生活的悲欢离合，反映市民阶层的要求和愿望。在揭露和批判封建主义的黑暗统治上有一定的进步意义，但同时带有封建的糟粕和低级趣味。市民文学是在民间创作的基础上发展而来的，取材于现实生活，充满乐观精神，主要采用讽刺手法，风格生动活泼。欧洲的市民文学于 11 世纪左右在意大利出现，代表作有法国的《列那狐传奇》。晚期的市民文学已是近代资产阶级文学的先河。中国的市民文学从唐代传奇开始，而以宋人话本最为突出。（推荐阅读　杨慧林、黄晋凯：《欧洲中世纪文学史》，译林出版社）

斯巴达克起义 公元前 73—前 71 年间在斯巴达克的领导下，罗马共和国爆发的一次大规模奴隶起义。起义的主要原因是罗马奴隶社会内部的阶级矛盾激化。斯巴达克在一次反罗马的战斗中被俘，沦为奴隶，后成为角斗

士,很快他以其勇敢和智慧成为角斗士们的精神领袖。斯巴达克起义历时 3
年多,人数发展到 12 万多人,从坎帕尼亚扩展到意大利南部阿普利亚、卢卡
尼亚、布鲁蒂乌姆地区,最后在阿普利亚省南部一场激战中,斯巴达克全军
覆没,斯巴达克也壮烈牺牲。斯巴达克起义发展迅速,沉重打击了罗马奴隶
主的统治,加速了罗马由共和国向帝国的过渡。(推荐阅读 [古希腊]普鲁
塔克:《希腊罗马名人传》,陆永庭、吴彭鹏译,商务印书馆;陈德贤:《斯巴达
克起义与西西里起义比较》,《世界历史》1994 年第 2 期)

斯大林格勒保卫战   第二次世界大战期间苏联反法西斯战争中的决定
性战役。战役从 1942 年 6 月底开始至 1943 年 2 月结束,历时六个半月。在
1941 年 9 月至 1942 年 1 月的莫斯科攻防战失败后,1942 年 4 月初,希特勒
签发了占领斯大林格勒地区的"第 41 号作战计划",意图通过攻占斯大林格
勒,切断苏联中部与南部的联系,向南夺取高加索石油区,向北迂回包围莫
斯科,进而消灭苏军主力。1942 年 6 月 28 日,德军 97 个师分两路,分别对
斯大林和高加索发动进攻。战役主要分两个阶段:第一阶段为 6 月至 10 月
的苏联防御阶段,苏联承受住了德军的狂轰滥炸,苏联军民虽伤亡惨重,但
也对德军造成极大消耗,为苏联的反击准备提供了时间;第二阶段为 10 月至
次年 2 月的苏联反攻阶段。10 月,苏联集结兵力 110 万和大量武器,对德军
发起猛攻。最终德军溃败,苏军仅在斯大林格勒就歼灭德军 14 万人,而在整
个战役期间,德、意等法西斯军队在苏联死伤、失踪、被俘近 150 万人。斯大
林格勒战役是苏德战场中历时最长、最为激烈的一次战役,它不仅是苏联反
法西斯斗争走向胜利的开始,而且对第二次世界大战的整体进程也具有重
大意义。(推荐阅读 [英]尼克·科尼什:《血战斯大林格勒:镜头里的斯大
林格勒保卫战》,郝兴丽译,当代中国出版社)

苏格拉底(公元前 469—前 399 年)   古希腊雅典著名哲学家,与柏拉
图、亚里士多德共同奠定了西方文化的哲学基础。苏格拉底把哲学真正变
成一门研究人的学问,提出了"认识你自己"、"美德即知识"、"有思想力的人
是万物的尺度"等思想主张,他在逻辑学、伦理学、政治学和教育学等方面都
有建树。苏格拉底 70 岁时,被雅典法庭以"不敬神明"、"信仰新神"、"蛊惑青
年"罪名审判,最终选择喝下毒酒而死。苏格拉底的思想对后世的哲学家产

生强烈的影响。苏格拉底对艺术、文学和大众文化的描述使他成为西方哲学传统中最广为人知的人物之一。(推荐阅读　[古希腊]色诺芬:《回忆苏格拉底》,商务印书馆)

苏联新宪法　1936年12月苏维埃第八次代表大会通过的苏联宪法,全称为《苏维埃社会主义共和国联盟宪法》,又称"斯大林宪法"。所谓"新",主要是相对于"1918年宪法"和"1924年宪法"两大"旧"宪法而言。1918年宪法是世界上第一部社会主义类型的宪法,巩固城乡无产阶级与贫农的专政,剥夺非劳动阶级及其集团的政治权力。"1924年宪法"确定苏联和结盟共和国之间的权限范围,对社会结构、公民权利等问题涉及较少,突出体现苏联社会由资本主义向社会主义过渡的特点。随着苏联工业化和农业集体化的实施,苏联的经济结构和社会阶级结构随之发生根本性变化。为了在法律上确认这一变化,1936年新宪法应运而生。宪法规定,苏联是工农社会主义国家,它的经济基础是社会主义经济制度和生产资料的社会主义所有制,政治基础是各级劳动者代表苏维埃。新宪法宣告第一个社会主义国家的建成,也标志着斯大林创建的经济政治体制的形成。这一经济政治体制的主要特点是,在政治上将苏联塑造成权力高度集中于党中央的最高领导机构,在经济上将苏联建成为一个以国家为核心、高度集中的行政命令体制。从短期看,这一体制发挥了巨大的推动作用,但从长远看,它阻碍了苏联的经济发展和生产力的提高。1977年10月苏联通过新宪法,1936年宪法退出历史舞台。(推荐阅读　涂四益:《五四宪法之公民权利义务规范的特点——兼论与苏联1936年相关宪法规范的区别》,《法学评论》2011年第4期;郑异凡:《苏维埃社会主义共和国联盟:从成立到解体》,《国际共运史研究》1992年第1期)

苏美尔　位于底格里斯河与幼发拉底河之间、美索不达米亚的最南部分,已知人类最早文明的发祥地之一。生活在这个地区的古代居民被称为苏美尔人。公元前4500—前2000年左右,苏美尔人在这里创造了苏美尔文明,它是古代两河流域文明的第一个文明发展阶段。苏美尔人及两河流域南部冲积平原居民共同创造了人类历史上最古老的文明,其主要表现为:农业的产生和定居生活的开始;城市的出现与社会组织的日益复杂化;国家的

形成;文字、科技、艺术、建筑等文化要素的发展等多个方面。（推荐阅读
拱玉书:《日出东方——苏美尔文明探秘》,云南人民出版社;刘建:《苏美尔
文明基本特征探析》,《外国问题研究》2016 年第 2 期）

    苏维埃   俄文音译,意为会议或代表会议,诞生于 1905—1907 年俄国革
命时期,是由各工厂代表组成、领导工人罢工斗争的群众性政治组织。最早的
苏维埃组织为乌拉尔阿拉帕耶夫斯克工厂的工人在 1905 年 3 月建立的工人代
表苏维埃,后俄国多地工厂纷纷效仿。随着革命的深入,部分苏维埃组织成为
指挥起义的机构,成为未来革命政权的萌芽。1917 年"二月革命"后,各地工
人、农民和士兵普遍建立苏维埃,其中彼得格勒工兵代表苏维埃成为革命力量
全俄苏维埃的代表。苏维埃在十月革命爆发中起了领导作用,此后建立了统
一的工人、农民和红军代表苏维埃,1936 年改称劳动者代表苏维埃,1977 年又
改称人民代表苏维埃。它们既是群众性社会组织,又是国家权力机关。1988
年 6 月苏共第十九次代表会议决定,将最高苏维埃作为国家最高权力机
关——苏联人民代表大会的常设机构。1991 年苏联解体后,俄罗斯很快将其
解散。"苏维埃"一词传入中国之初,经历了一个由意译到转为音译的过程。
十月革命不久,中国报刊多将之翻译为劳农政府、军工代表会、劳兵会等词汇。
1918 年,北京大学教授张君劢首次将该词音译为"苏维埃"。1919 年 11 月苏维
埃一词正式出现在中国报刊上。1920 年在中国已经较为流行,并成为中国共
产党建党时的主要政治概念和政治制度。1931 年 11 月 7 日,在江西瑞金举行
的第一次全国工农兵代表大会决定建立"中华苏维埃共和国",苏维埃制度转
变为中国共产党领导的革命政权的国家政体。随着中国共产党对马克思主义
中国化的不断探索和认知的深入,以及中国革命阶级基础的实际变化,1937 年
9 月中共中央正式宣布取消苏维埃制度,为期十年的苏维埃革命至此终止。此
后,"苏维埃"一词更多地以一种中国共产党历史认识的经验形态和中国革命
的阶段符号而存在。（推荐阅读   闻一:《苏维埃文化现象随笔》,江西人民出
版社;郑晓颖:《1905—1907 年第一次俄国革命中的全俄农民联盟:农民阶级政
治觉悟的提高》,《历史教学》(高校版)2008 年第 6 期）

    苏伊士运河   位于埃及东北部,它贯通苏伊士地峡,连接地中海与红
海,是沟通大西洋、印度洋直至"富饶的东方"的最近航道。运河由法国公司

在 1859 年开始兴建,历时 10 年,花费 1860 万镑,死亡穷苦埃及人超过 12 万,才挖掘出一条总长约 174 公里,河面宽 58 米、河底宽 22 米、深 6 米的运河通道。由于该运河重要的地缘和经济价值,它成为列强争夺的对象,进而形成了以争夺苏伊士运河控制权为核心的苏伊士运河问题。1875 年,英国趁埃及财政拮据之机,廉价买进埃及持有的全部运河公司的股票。1882 年英国直接出兵占据运河区,开始控制运河。1936 年以前,埃及政府在公司最高权力机构的董事会中竟无一席,运河的收益绝大部分也为英法所攫取。埃及人民为收复运河的主权进行了艰苦斗争。1956 年 7 月埃及宣布将运河公司收归国有,英法不甘心完全失去对运河的影响力,遂联合以色列发动苏伊士运河战争,战争以英法以三国的失败而告终。1967 年第三次中东战争期间再次关闭,直到 1975 年才重新开放。苏伊士运河目前仍是世界上最繁忙的海上航道之一。然而,由于埃及政府财政不足、运河区建设的敏感性、运河航运的重要性、新航运通道和运输方式的变化等,使得运河一直以来难以满足世界运输的需求。近年来,作为全球海上交通大动脉的苏伊士运河所出现的大型船舶拥堵事件,进一步降低了世界对苏伊士运河可靠性的认知。(推荐阅读 张明生:《阿拉伯世界重要海上通道探析》,《江淮论坛》2014 年第 1 期;吴德成:《古苏伊士运河》,《阿拉伯世界》1983 年第 2 期)

绥靖政策 第二次世界大战前,英法等国以牺牲小国、弱国利益而对德意法西斯侵略扩张采取的姑息、妥协、纵容的政策。“绥靖”在英文语境中有两个含义:第一为“讲和、调解”;第二为“用满足要求的办法息事宁人”。在 20 世纪二三十年代,西方政治家、作家也多将之视为一个正面词汇,直到第二次世界大战爆发前,英国首相张伯伦奉行的对法西斯的“讲和政策”愈加消极之后,该词的第二含义才被世人越来越多地使用,其贬义的色彩也愈加浓厚,因此“绥靖政策”一词更适合翻译为“姑息政策”或者纵容政策。1938 年 9 月《慕尼黑协定》签订,绥靖政策达到了顶点。绥靖政策助长法西斯的侵略气焰,阻碍国际反法西斯统一战线的建立,加速法西斯发动战争的行径。(推荐阅读 齐世荣:《论英国对意大利的外交政策(1936 年 7 月—1938 年 11 月)》,《历史研究》2002 年第 1 期;杜华:《西方绥靖政策的开端——不承认主义》,《山东师大学报》(社会科学版)1997 年第 3 期)

塔哈·侯赛因（1889—1973 年）　埃及现代著名作家、文学家、文艺批评家和思想家。1889 年生于上埃及南部尼罗河左岸一个小村庄里，家中兄弟姐妹共 13 人，他排行第七。4 岁之时，因眼疾救治不善，导致失明。但他热爱学习，矢志不渝，13 岁即考入埃及最高学府——爱兹哈尔大学，1907 年转入新成立的埃及大学（今开罗大学）继续学习。1914—1919 年塔哈留学法国。一位法国姑娘被塔哈坚毅乐观、刻苦钻研的精神所感动，并成为他一生的伴侣。从 1919 年到 20 世纪 60 年代的 40 多年里，塔哈先后担任埃及大学教授和埃及教育部部长，成为埃及文学和学术活动的中心人物。在教育领域，他提出了大量有关振兴民族教育以及学术研究自由的思想理论，发表《再念艾布·阿拉》、《文学与文艺批评论述》、《埃及文化的未来》等文论，努力实践其教育思想。在哲学和宗教方面，他重视精神的作用，认为人类生活受到宗教、道德和理性等精神因素的控制，主张从精神内涵层面划分文明，并提出应对宗教在社会文明的地位和作用加以规范。在社会政治层面，他主张民族独立，提倡社会民主自由，认为应借鉴欧洲先进文明，重建民族发展之路，促进社会的现代转型等。塔哈以其毕生精力为埃及乃至整个阿拉伯世界的文化、政治、宗教、教育等领域的复兴做出了重大贡献，是现代阿拉伯复兴的卓越代表。（推荐阅读　汪琳、曹芮：《埃及文学在中国的翻译与研究》，《非洲研究》2016 年第 2 期；何英琴、余章荣：《塔哈·侯赛因博士与鲁迅先生之比较》，《阿拉伯世界》2002 年第 1 期）

《天方夜谭》　一部阿拉伯民间故事总集，因中国明朝以后称阿拉伯国家为"天方国"而得名，又名《一千零一夜》。故事来源于古代波斯和阿拉伯游牧民族的口头文学，大致有三个部分：第一部分来源于波斯故事集《一千个传说》，这是全书的核心；第二部分 10—11 世纪创造于伊拉克；第三部分 13—14 世纪创作于埃及。自 8 世纪起，经过许多文人的辑录整理和提炼加工，并且不断加进新的内容。例如，第二部分主要取材于阿拔斯王朝哈里发哈伦·拉希德统治时期的宫廷奇闻、名人轶事、恋爱故事，第三部分添进了许多冒险、神话故事，全书思想内容也受到伊斯兰教影响。全书既具有时代特点，又带有浓厚宗教色彩，还表现出人民群众对美好生活的向往和追求。（推荐阅读　《一千零一夜》，纳训译，人民文学出版社）

天皇制度　日本的政治制度。天皇是日本皇帝的称号。自推古朝以来,摄政圣德太子为首的日本统治者试图改革政治体制,建立中央集权的天皇制国家。646 年大化改新开始后,以中大兄为首的改新派以"法律完备"的唐代集权制国家为典范,采取措施推动日本建立以天皇为中心的律令制国家。701 年,日本参照中国律令编成了第一部律令法典《大宝律令》,并基于此建立天皇专制主义的中央集团制官僚政治体制。1192 年,镰仓幕府成立后与天皇朝廷并存,名义上将军由天皇任命,实际上天皇朝廷只是象征性的中央政府,而以将军为首的幕府才是真正的中央权力机关。1867 年 11 月 9日,德川庆喜上奏辞表,将"政权奉还朝廷",天皇的权力日益膨胀,形成绝对天皇制,并逐渐军国主义化。自 20 世纪后期以来,日本天皇制军国主义的侵略性给周边国家带来深重灾难。第二次世界大战战败后,日本在 1947 年实行新的《日本国宪法》。宪法规定"天皇是日本国的象征",由国民选举产生的国会是国家最高权力机关,天皇对日本社会实际事务的影响被完全排除,日本成为议会制君主立宪制国家。(推荐阅读　王金林:《日本天皇制及其精神结构》,天津人民出版社)

廷巴克图　又称通布图,马里中部历史名城。位于撒哈拉沙漠的南端、尼日尔河中游北岸,是一座极富传奇色彩的古城。古代为西非和北非骆驼商队的必经之地。廷巴克图在 11 世纪末建城并逐渐伊斯兰化,起初仅是图阿雷格游牧民的宿营地,营地中央有一口井,"廷巴克图"即"沙丘中的水井"之意。13 世纪后期并入马里帝国,1468 年被桑海王朝征服,1591 年又被摩洛哥人占领。15 世纪中期,廷巴克图成为西非乃至整个非洲的伊斯兰文化中心,其中 1493—1591 年被称为"黄金岁月"。经济发展的同时,其文化也灿烂一时,以至于当时有"盐来自北方,黄金来自南方,知识和文化来自廷巴克图"之说。1670 年该地被纳入班巴拉王国势力范围,1787 年重新被图阿雷格人占领,1894 年被法国占领后衰落,1960 年归属马里共和国,今为马里廷巴克图区首府。今天的廷巴克图,其繁华已成过往,但其境内的 3 座古清真寺、16 座苏菲派穆斯林圣墓、1 家公立图书馆和 20 多家私立图书馆所珍藏的近20 万卷古阿拉伯文手稿,仍向世人彰显着它昔日的辉煌。(推荐阅读　朱梦魁:《阿拉伯文化与马里历史名城廷巴克图》,《阿拉伯世界》1983 年第 2 期)

图特摩斯三世（前 1514—前 1425 年）　古埃及第十八王朝法老，公元前 1479—前 1425 年在位，是该王朝最杰出的政治家、军事家和埃及帝国的缔造者。图特摩斯三世在位期间对亚洲发起 17 次远征，征服叙利亚、巴勒斯坦地区和努比亚，并采取不同的统治政策。通常认为，是图特摩斯三世使埃及完成了从一个地域性王国向横跨亚非的洲际大帝国的转变。在与古埃及王室相关的神话中，图特摩斯三世被塑造成为最伟大的法老之一。（推荐阅读 ［英］查尔斯·弗里曼：《埃及、希腊与罗马：古代地中海文明》，李大维、刘亮译，民主与建设出版社）

瓦特（1736—1819 年）　英国著名发明家。出生于英国格林诺克的普通家庭，父亲是造船工人，母亲是一位家庭主妇。瓦特自由体弱多病，性格较内向，又常遭同学欺负，很早便退学。瓦特 17 岁时其母去世，父亲生意惨淡，这使得瓦特不得不到钟表店谋生。他聪明好学，刻苦上进，自学了很多科学知识。1757 年，瓦特进入格拉斯大学从事教学仪器的维修工作。1768 年，在吸收纽科门蒸汽机经验的基础上，于 1768 年制造出能够真正运转的蒸汽机，并在次年申请了发明专利。1776 年，瓦特又制造出第一台有实用价值的蒸汽机，之后经过一系列重大改进，使之成为"万能的原动机"，标志着人类进入蒸汽时代。他还发明了压力计，提出了"马力"的概念。为了纪念这位伟大的发明家，人们把功率的单位命名为"瓦特"。（推荐阅读　韩玉德、安维复：《试论詹姆斯·瓦特的工匠精神》，《自然辩证法研究》2021 年第 1 期）

万民法　又称"各族人民的法"，罗马法中调整非罗马人之间相互关系的法律。公元前 3 世纪中叶以前，罗马法律的适用范围仅限于罗马公民，居住在罗马的异邦人不能享受此法的保护，被称为公民法或者市民法。随着罗马对外征服地区的扩大，罗马的社会政治和经济都发生了巨大变化，公民法不足以解决帝国疆域内出现的各种复杂的问题，于是在罗马逐渐形成了普遍适用于罗马统治范围内一切自由民的法律，这就是万民法。3 世纪，公民法和万民法合而为一，罗马法结束了二元并立的局面。（推荐阅读　周枏：《罗马法原论》，商务印书馆）

万神殿　古罗马建筑，又称万神庙。始建于公元前 27 年，用以供奉罗马诸神。80 年，万神殿的大部分因火灾而损毁。118—128 年，哈德良皇帝予

以重建。3 世纪初,塞维鲁和卡拉卡拉两位皇帝又加以修缮。万神殿规模宏大,构造和设计极为卓越,穹顶直径 43 米,基座以上高 22 米。其前廊为典型的希腊神庙式空间,16 根整齐排列的科林斯式立柱支撑着上方三角形的山墙。内部大厅是万神殿最引人注目的部分,内径为 43 米的无筋混凝土圆顶结构的建造原理至今成谜。圆顶中心的开口更是具有功能、美学以及神学方面的多重含义。609 年,万神庙改为圣马利亚圆厅教堂,沿用至今,是迄今唯一一座完整保存的罗马帝国时期的建筑。(推荐阅读　[英]约翰·B. 沃德—珀金斯:《罗马建筑》,吴葱等译,中国建筑工业出版社)

《万叶集》　日本第一部和歌总集。一般认为由著名歌人大伴家持编成于日本奈良时代(710—794 年)。作者十分广泛,既有天皇、皇后、皇子,也有浪人、乞丐等,几乎囊括当时日本各个阶层的人物,一半以上均佚名。总集共收载各类和歌 4516 首,分编为 20 卷,包括各种歌体,主要以五音句或七音句交错成章,最后以七音双句结尾。按内容可分为杂歌、相闻、挽歌等,其中最早的作品是仁德天皇的皇后磐姬思念天皇的四首短歌。在经历了从舒明皇朝(629—641 年)到奈良时代中期的长时间发展,和歌的形式逐渐固定。《万叶集》开创了日本后世和歌的道路,是日本诗歌的典范。(推荐阅读《万叶集选》,李芒译,人民文学出版社)

威廉·哈维(1578—1657 年)　17 世纪英国著名的生理学家和医生。以发现血液循环和心脏功能而闻名于世,这一发现奠定了近代生理科学发展的基础。哈维 1578 年 4 月生于英国肯特郡福克斯通镇,15 岁进入剑桥大学学习医学,1600 年进入意大利帕多瓦大学,主修解剖学。24 岁时,获取剑桥大学医学博士学位。1603 年开始在伦敦行医。他医术精湛,也曾救治过很多名人,例如英国国王詹姆斯一世、国王查尔斯一世、哲学家弗朗西斯·培根等。在哈维之前,关于心脏与血液的关系,在西方生物学界有很多猜测,例如在心脏内食物转化为血液、血液在心脏中被加热、动脉里充满了空气等。1628 年哈维出版著作《动物心血运动解剖论》,很快震惊整个西方医学界。哈维推断,血液由动脉从心脏输出而由静脉输入心脏。他还指出,心脏的功能是作为血液泵推动血液进入心脏。该书被世界公认为生理学史上最伟大的著作,也标志着新的生命科学的开始。此外,1651 年哈维还出版著

作《生物的生殖》,被视为当代胚胎学研究的起点。他在书中提出,胚胎结构今古相同,现在的胚胎结构是逐渐发展形成的。哈维终身未婚,也无子嗣,1657 年在伦敦逝世,享年 79 岁。(推荐阅读　李振良:《哈维"生理学革命"的社会历史背景》,《自然辩证法通讯》2012 年第 1 期)

威斯特伐利亚体系　历史上第一个现代意义上的国际体系,因《威斯特伐利亚和约》而得名。所谓国际体系,是指在国际社会中,各个国际行为主体之间相互影响与作用所形成的有机统一整体。1500 年前后,文艺复兴、宗教改革运动不断冲击天主教会和世俗封建主联合统治的欧洲旧秩序。形成于 15 世纪 50 年代的意大利城邦国家常驻外交使节和均势观念的发展,1494 年因法国侵略意大利和教皇划分西班牙、葡萄牙势力范围对西欧国家殖民扩张野心的刺激,均预示着欧洲大变革的开始。在宗教改革运动的推动下,教皇、波兰支持的哈布斯堡集团和英、俄支持的反哈布斯堡集团进行了长达 30 年(1618—1648 年)的战争,此次战争几乎将所有的欧洲国家卷入。1648 年 10 月 24 日,战争双方在德意志西北部签署和平条约,史称《威斯特伐利亚条约》。和约确立了一系列具有现代意义的国际关系基本原则,如主权原则、以国际会议解决国家间纠纷、现代外交惯例、常驻外交使团制度、对破坏条约者实行集体制裁等原则,具有划时代的意义。需要注意的是,威斯特伐利亚体系还不具备全球性的特点,它所展现的更多的是欧洲的国际秩序。(推荐阅读　刘建飞:《威斯特伐利亚体系:现代国际关系的开端》,《学习时报》2020 年 1 月 10 日第 2 版)

维吉尔(公元前 70—前 19 年)　古罗马诗人。维吉尔创作《牧歌》,描写田园生活,颂扬奥古斯都的统治。后来又有以农业生产为题材,创作《农事诗》4 卷,论述节令与农业的关系,介绍农业知识。他的代表作史诗《埃涅阿斯纪》受到荷马史诗的影响。史诗中歌颂罗马历史,赞扬帝国制度,宣扬罗马民族的自豪感和爱国精神。其作品特别强调罗马建国的艰辛,告诫人们要珍视罗马帝国的和平,表现出强烈的爱国精神。他的作品对古典主义时期和欧洲文艺复兴时期的文学影响较大。(推荐阅读　[古罗马]维吉尔:《埃涅阿斯纪》,杨周翰译,译林出版社;[古罗马]维吉尔:《牧歌》,杨宪益译,上海人民出版社;[古罗马]维吉尔:《农事诗》,党晟译,商务印书馆)

维京人　又称古斯堪的纳维亚人或"北方人",是由探险家、狂战士、商人、水手、海盗、巫师和工匠组成的一类族群集合体。他们来源于现代挪威中部和南部、丹麦全境以及瑞典中部和南部,向波罗的海岛屿和俄罗斯扩张的是瑞典人,而向奥克尼、法罗群岛及冰岛拓居的则是挪威人。公元8—11世纪,他们侵扰并殖民了大部分欧洲沿海地区,如法国的诺曼底、西西里岛及南意大利、拉脱维亚全境、芬兰南部和西部等诸多区域,其中尤以英格兰的丹麦王朝和乌克兰的基辅罗斯最具代表性。维京人的足迹遍及北极乃至北美洲东部,形成一片广阔的内海疆域。在欧洲历史上,这一时期被称为"维京时期"。维京人的造船术、建筑学、重型进攻武器、北欧神话体系和针织花纹的造诣处于欧洲的顶尖位置,但其防御型武器、社交文化、饮酒习俗、文学和奢侈工艺品相较于同时期的欧洲则较为原始野蛮。在维京人接受基督教之后,逐渐被欧洲人同化,但位于北欧的维京人三国(丹麦、瑞典、挪威)至今仍然保有大量有别于其他基督教欧洲国家的文化遗产。(推荐阅读李筠:《中世纪——权力、信仰和现代世界的孕育》,岳麓书社)

维也纳体系　19世纪初英、俄、普、奥等国通过维也纳会议在欧洲建立的国际关系体系,因主要依据维也纳会议确立的原则而命名。1789年法国大革命的爆发,以及之后的法国革命战争和拿破仑战争,极大地震撼了整个欧洲的封建秩序,冲击了威斯特伐利亚体系所确立的相对稳定的欧洲多极均势格局。面对这一挑战,英国、俄国、普鲁士、奥地利、西班牙等国先后组织七次反法同盟,最终使拿破仑帝国崩溃。拿破仑战败后,参战国于1814—1815年在奥地利首都维也纳举行会议。会议通过《维也纳会议最后议定书》及有关条约、宣言和文件,确立"正统主义"、"遏制"和"补偿"三原则,并且规划拿破仑战争后的欧洲新秩序。为维护"正统主义"原则,1815年9月,俄国、奥地利、普鲁士根据基督教教义组建的所谓"神圣同盟",除英国、罗马教皇国和奥斯曼帝国外,其他欧洲国家很快加入。此外,为遏制法国,维持欧洲均势的局面,英、俄、奥、普四国达成同盟条约。通过维也纳会议确立的原则、神圣同盟和四国同盟,创制了给欧洲带来长达几十年和平的欧洲协调体制,即通过大国的一致行动来协调国际事务,维护欧洲和平与均势,史称这一体系为"维也纳体系"。然而,1848年在欧洲爆发的革命极大地冲击了维

也纳体系所推行的正统主义原则。1853 年欧洲列强争夺近东的克里米亚战争爆发,欧洲协调体制遭受重创。19 世纪 50 年代意大利的统一运动,1871 年德意志帝国的建立,改变了欧洲的均势格局,维也纳体系完全解体。(推荐阅读　章永乐:《万国竞争——康有为与维也纳体系的衰变》,商务印书馆)

魏玛共和国　德国第一个资产阶级议会民主制共和国。因国会设在德国魏玛,史称"魏玛共和国"。1918 年德国十一月革命推翻了霍亨索伦王朝,德国社会民主党多数派与军人兴登堡妥协,于 1919 年 2 月在魏玛召开国民议会,选举艾伯特为总统。同年 7 月通过新宪法,宣告废除帝制,实行共和。但是,魏玛共和国政府因接受巴黎和会对德国的安排而在德国国内丧失了权威。政府希望通过保留旧的官僚机构来稳固政权,但这些旧官僚之后却时时威胁着德国的共和体制。大战后,德国社会动荡不安,赔款以及由此引起的经济问题成为政府的难题,并引发 1923 年法国入侵德国鲁尔工业区。20 世纪 20 年代中期以后,德国进入战后相对稳定时期。美国通过"道威斯计划""杨格计划"缓和了德国的赔款问题,促进德国经济的恢复和高速发展。但 1929—1933 年资本主义的大萧条,使严重依赖美国资金输入的德国社会重新陷入混乱。魏玛政府的弱势地位,德国社会的混乱,对战后德国地位的不满,以及德国社会复仇情绪的高涨,促进了德国以希特勒为代表的右翼政治势力的崛起。1930 年 9 月,希特勒领导的纳粹党成为魏玛国会第二大政党,1932 年 7 月后成为第一大政党。1933 年 1 月,希特勒被任命为总理,3 月希特勒以法西斯的手段停止实施《魏玛宪法》,实施独裁,共和国体制名存实亡。1934 年 8 月,希特勒强令国会通过《国家元首法》,总统和总理权力合二为一。8 月 19 日,希特勒通过"公民投票",成为国家元首,标志着德国纳粹集权体制的形成,魏玛共和国灭亡。(推荐阅读　[德]汉斯·蒙森:《魏玛共和国的兴亡》,常晅等译,译林出版社)

乌尔王陵　两河流域苏美尔文明时期的乌尔古城皇陵遗址。乌尔是《圣经》中所记载的希伯来人的始祖、先知——亚伯拉罕的诞生地,位于今天伊拉克南部的笛卡省。1922 年,以英国考古学家莱昂纳多·乌利领导的,由大英博物馆和宾夕法尼亚大学博物馆组成的联合考古队对乌尔地区进行了

持续 12 年的考古发掘,获得重大发现。考古队首先对乌尔古城中的一处塔庙遗址进行了考古挖掘,发现它是一座保存完好的祭祀月神的金字塔型寺庙。考古队之后又对塔庙周围的 660 座古墓葬进行考古发掘,其中有 16 座墓葬与其余墓葬对比差异明显。墓葬中丰富的随葬品和多人殉葬现象,以及后来在古墓中发现的刻有关于国王和王后字样的印章证实了这是乌尔王陵。王陵中出土的精美文物,包括大型绘画、珠宝首饰、金银器物、乐器等,极大地改变了美索不达米亚考古学和文化的公众视野。出土于 789 号王陵的牛头琴,因其极其精美的装饰而引人注目,显示出苏美尔文明高超的艺术水平。(推荐阅读 [美]伦纳德·伍雷:《苏美尔人》,王献华、魏桢力译,上海三联书店)

屋大维(公元前 63—公元 14 年) 罗马帝国第一位皇帝(公元前 27—公元 14 年在位),元首制的创立者。出身骑士阶层,凯撒的甥孙,公元前 44 年被凯撒收为养子。凯撒遇刺后,利用凯撒威望登上政坛。公元前 28 年,屋大维改组元老院,自任“元首”(意为“第一公民”或“首席元老”)。次年,在元老院发表演说,宣布交卸权力,还政于民,元老院为此授予他“奥古斯都”尊号,这也标志着罗马由共和国时代进入到帝国时代。对内,屋大维实行独裁统治,提高元老和骑士两大等级的政治地位和社会荣誉,扩大他们的特权;改善行省管理制度,调整对行省的统治政策;独揽军权,对军队进行整顿和改编,使罗马军队完成了向职业常备军的过渡,军队成为其对内独裁和对外扩张侵略的工具。对外,屋大维继续推行扩张政策,拓展罗马帝国的疆域。他创立的元首制实际是披着共和外衣的君主制,是罗马奴隶主阶级统治的工具。屋大维根据罗马从城邦发展到庞大帝国这一基本变化,对原有不适应新形势的政治体制做出改革,并采取一系列顺应形势的内外政策,开创了相对稳定的政治局面。(推荐阅读 [英]特威兹穆尔:《奥古斯都》,王以铸译,商务印书馆)

无限制潜水艇战 第一次世界大战期间,德国海军为对英国进行封锁而实行的一种潜艇作战方法。所谓无限制,是指德国潜艇可以事先不发警告,任意击沉任何开往英国水域的商船。第一次世界大战爆发后,同盟国集团和协约国集团的速决战计划很快破产。1915 年,两种集团进入了对峙状

态。1916 年，德国把进攻重点再次转向西线，力争打败法国。但是经过消耗巨大的凡尔登战役、索姆河战役后，德国人力物力消耗巨大，协约国方面却可以依托海洋运输和对德国的海上封锁，迅速补充战力，战场形势越来越不利于德国。1917 年 2 月 4 日，德国海军部正式宣布实行"无限制潜艇战"，企图切断英法海上交通线。1917 年 4 月 30 日，英国海军部决定在所有交通线上实行护航制，并成立指挥护航的运输专门机构。在战争中一直保持中立并利用战争大发横财的美国以德国宣布恢复"无限制潜艇战"和德国密谋与墨西哥结成反美联盟为理由，于 1917 年 4 月对德宣战。由于护航制和其他反潜措施以及美国参战，德国的无限制潜艇战走向失败。（推荐阅读　龚阿媛、郑天然：《打赢明天的水下战争》，《中国青年报》2023 年 8 月 31 日第 8 版；张玉坤：《潜艇在战争中的应用》，《现代军事》1999 年第 9 期）

吴哥窟　柬埔寨著名的佛教遗迹。吴哥窟的意思是"寺之都"，是古代石构建筑和石刻浮雕的典型代表。该建筑是国王苏利耶跋摩二世（1113—1150 年在位）为供奉毗湿奴而建，费时三十余载。吴哥窟坐东朝西，主体建筑是距正门 347 米、位于围墙之内的三层宝塔式建筑物。在最高一层的平台上，矗立着象征神话中诸神之家和宇宙中心的五座尖顶宝塔。整个吴哥窟全部用古连山的砂岩石吻合而成，平稳牢固。吴哥窟的艺术杰作还在于它的浮雕石刻，全部的石砌回廊、殿柱、门楼、宝塔都有精美的浮雕石刻，而以最低一层的浮雕回廊最为精美。浮雕画面大多取材自印度史诗《罗摩衍那》和《摩诃婆罗多》中的神话故事。15 世纪上半叶，吴哥城被废弃，吴哥窟随之荒芜。1860 年，吴哥窟重新被发现，如今已成为柬埔寨的国家标志，被描绘在柬埔寨的国旗上。1992 年，联合国教科文组织将吴哥古迹列入世界文化遗产。（推荐阅读　［新西兰］查尔斯·海厄姆：《东南亚大陆早期文化：从最初的人类到吴哥王朝》，蒋璐、孙淥娜译，文物出版社）

武士道　日本武士所遵守的道德原则和行为准则。武士在日本最初被称为"侍"，意思是卫士或随从，起源于庄园最初豢养的武装，依附于主人存在。"武士道"一词出现于 16 世纪，其核心是"忠"、"仁"、"勇"。源赖朝依靠武士支持夺得京都，控制朝廷，成为依靠武士支持建立幕府政权的开创者。日本武士曾先后建立镰仓幕府、室町幕府、德川幕府等武家政权。在德川幕

府时期,武家形成严格的身份等级制度,依赖主从关系为纽带的武士团。为加强战斗力,以忠节、武勇、孝行、廉耻、无欲等要求武士,使之养成绝对服从主君、重言诺、轻生命、勇于战斗的性格。自镰仓幕府起,这些要求以法规形式成为封建武士必须遵守的封建伦理。德川幕府成立后,武士受儒学影响,对五伦、五常非常信仰,山鹿素行将这一时期的武士言行与信仰理论化、系统化,定名为"武士道"。武士阶级的思想体系遂全面形成。明治维新后,日本军国主义者以效忠天皇的形式体现武士道精神,在军内外大力宣扬武士道,使之成为整个社会的伦理观念。随着日本军国主义的对外侵略扩张,军国主义者又将武士道与法西斯相结合,形成现代的法西斯武士道精神。(推荐阅读 [日]新渡户稻造:《武士道》,张俊彦译,商务印书馆)

物种交换 主要是指农作物、家畜的长距离移动。在新航路开辟前,欧、亚、非之间就存在物种交流。新航路开辟后,原产美洲的物种也开始向其他地区传播。甘薯首先传入西班牙,16世纪中期传至菲律宾等地,之后传入亚洲各地。明神宗万历年间,甘薯由吴川名医林怀兰、越南侨商陈振龙及从事海外贸易活动的其他商人从菲律宾等地带回。由于产量高,甘薯在中国迅速推广开来。玉米被引进西班牙、葡萄牙及欧洲其他地区后,由海路传到东南亚沿海各地,然后传入中国。马铃薯在16世纪末至17世纪初由荷兰人引入日本。17世纪中叶,荷兰人又将马铃薯带进中国台湾,后经由台湾引入大陆。除此之外,从美洲传入中国的还有花生、辣椒、菠萝、番荔枝等。这些作物的传入,不仅大大丰富了中国的农作物品种,改变了中国人的饮食结构,还促进了中国粮食总产量的巨大增长,对明清中国人口的增长和贫瘠地区的开发产生直接影响。同时,物种交换对世界各地生态系统产生深远影响。(推荐阅读 [美]克罗斯比:《哥伦布大交换:1492年以后的生物影响和文化冲击》,郑明萱译,中国环境科学出版社2010年版)

西欧封建庄园 中古西欧的庄园最初称"维拉",源自罗马共和国后期的奴隶制农庄。中古时期,欧洲各国对庄园的称呼不尽相同,甚至在不同时期所用名称也不相同,通常庄园用以泛指封建主拥有的地产。9—13世纪是西欧庄园经济的兴盛时期。一般而言,如果一个村庄属于某个领主,则该村连同其土地被称为一个庄园。庄园的土地分为领主自营地和佃户份地,也

有草地、森林、池塘等公用地,因此它首先是一个封建主经营的经济实体,封建主依靠佃户的无偿劳动获得收成。庄园内有教堂,由堂区神父主持宗教仪式,显示基督教在中古西欧无所不在的影响。庄园内有法庭,负责审判庄园内部的治安案件,主持人经常是领主或其代理人,但农奴也会参会听审,有时也会通过鼓噪施加压力。西欧封建庄园既是自给自足的经济单位,也是主要的基层单位。14—15世纪,由于商品经济发展和农奴制瓦解,庄园逐渐走向衰落。(推荐阅读 马克垚:《西欧封建经济形态研究》,商务印书馆;[美]朱迪斯·M.本内特:《欧洲中世纪史》,林盛等译,上海社会科学院出版社)

西欧封君封臣制度 西欧封建主之间依据土地占有和人身依附关系而形成的一种等级关系。封君封臣制度是社会动荡和自然经济的产物,8世纪后逐渐与封土联系在一起,授予土地者称封君,领取土地者称封臣。封臣要对上级封君宣誓效忠、行臣服礼并承担军事义务而领受土地和管辖采邑。封臣对封君的义务有"效忠"、"帮助"、"劝告"三项。封君对封臣也有"保护"和"维持"的义务,不得伤害封臣的荣誉、财产和生命。"保护"就是封臣若受到他人攻打,封君有义务不惜以武力保护;"维持"就是封君要提供条件保证封臣能承担军役,或是直接供给封臣及家庭以衣食,或是给他一块封土。10世纪后封土制十分盛行。通过封君封臣制度维护了整个封建主的利益,使其成为统治阶级,有利于西欧社会秩序的稳定。但是,国王或者皇帝只是名义上的最高统治者,实际权力有限。此外,各地封建主在各自领地内独立行使权力,出现不同程度的分裂割据局面。随着封君和封臣关系的松弛和封建骑士在作战中作用日益缩小,封君封臣制度逐渐衰落。(推荐阅读 [美]朱迪斯·M.本内特:《欧洲中世纪史》,林盛等译,上海社会科学院出版社;杨正香:《西周分封制与西欧中世纪分封制的异同》,《探索与争鸣》2001年第12期)

西塞罗(公元前106—前43年) 古代罗马政治家、演说家和哲学家。出身于阿尔皮努姆的骑士家庭,年轻时曾在希腊学习修辞学和哲学。公元前63年任执政官。公元前60年"前三头同盟"成立后,拒绝凯撒对其参加政治同盟的邀请。公元前57年被放逐,次年被召回。公元前51年任奇里乞亚

行省总督。公元前 49 年罗马内战爆发后追随庞培。凯撒被刺后,西塞罗热衷于恢复共和,连续发表多篇演说抨击安东尼,公元前 43 年 12 月 7 日被安东尼部下杀害。西塞罗著述丰富,主要著作有《论国家》、《论法律》、《论神的本质》、《论善与恶之定义》等。西塞罗在政治上属于维护共和制的贵族保守派,认为罗马共和国是最理想的政体。他的哲学思想呈现出折衷主义,主张"等级和睦",提供了一套哲学术语,推动了古罗马哲学的发展。其传世作品不仅是研究公元前 1 世纪罗马社会的重要史料,也被视为拉丁文散文的典范。(推荐阅读　[英]伊丽莎白·罗森:《西塞罗传》,王乃新等译,商务印书馆)

　　希波克拉底誓言　据称是出自古希腊医师希波克拉底之手的医学道德准则。一直被医务人员视为行为指南,至今仍在许多医学院校的毕业典礼上宣读。目前对希波克拉底的生平所知甚少,也不知当时是否只有一个名叫希波克拉底的医师,但有一批手稿(称为《希波克拉底文策》)流传至今。其内容涉及作者观察及治疗疾病的方法,也涉及疾病、症状及诊断等医学问题。同时,手稿为医学教师及其学生规定了操守的准则。这些准则分为两大部分:第一部分陈述了医师与医学生之间应当相互承担的义务;第二部分是医师的誓约,医师要发誓尽其所能为患者谋福利,不能使患者遭受祸害,在其私生活及医务方面要堪为楷模,保证决不帮助意图自杀的人或企图堕胎的妇人,绝不利用患者对自己的信任去谋私利,要保守在诊疗过程中得悉的秘密等。(推荐阅读　[古希腊]希波克拉底:《希波克拉底誓言:警诫人类的古希腊职业道德圣典》,綦彦臣编译,世界图书出版公司)

　　希腊化时代(公元前 334—前 30 年)　通常指从马其顿国王亚历山大远征到罗马最终征服托勒密埃及为止这一段时期。"希腊化"一词最早由德国历史学家德罗伊森(1808—1884 年)在其著作《希腊化史》中所使用。公元前 334 年,马其顿国王亚历山大率军进攻波斯,历经 10 年征战,灭波斯并征服了从小亚细亚到印度河流域的广大地区。亚历山大在埃及自称法老之子,他试图以希腊文化为主导,融合埃及和西亚文化。在波斯,他以波斯帝国正统继承人自居,沿用波斯帝国的君主专制制度。公元前 323 年,亚历山大大帝逝世后,帝国一分为三,即托勒密埃及、塞琉古王国和马其顿王国,这些区

域被统称为"希腊化世界",它们遍布于地中海东部和中东地区,成为传播希腊文化的骨架。希腊化时代占主导地位的政体,是存在地区差异的以国王为中心的君主专制。希腊化国家的主要经济部门是农业,商品经济在这一时期也取得了发展。这一时期,希腊文化的中心逐渐东移,亚历山大里亚、安条克和帕加玛等城市成为新的希腊文化中心。被征服地区的本土文化和希腊文化的交融,促进了文学和科学等许多领域的发展。(推荐阅读 [德]约翰·古斯塔夫·德罗伊森:《希腊化史:亚历山大大帝》,陈早译,华东师范大学出版社;[英]威廉·塔恩:《希腊化文明》,陈恒译,上海三联书店;陈恒:《希腊化研究》,商务印书馆)

希腊字母 约公元前 1000 年在希腊发展起来的文字体系。字母文字起源于西亚地区的腓尼基。为了方便记录,这里的人们发明了由 22 个字母组成的文字,即"腓尼基字母"。腓尼基字母向西传入希腊,形成希腊字母,再演化出拉丁字母。为了在书写语言时更加精确而易读,希腊字母有所改进,把原先字母表中只代表辅音的符号改为代表元音的符号。标准希腊字母表有 24 个字母,其中 7 个是元音。在公元 5 世纪前,希腊字母分为两个主要分支:卡尔西迪(西部)字母和爱奥尼亚(东部)字母。卡尔西迪字母之后成为现在大多数欧洲语言所使用的拉丁字母的间接来源。希腊字母也被广泛应用于数学、物理、化学等学科,对古代希腊文化乃至西方文化产生了深远影响。(推荐阅读 [奥]雷立柏编著:《古希腊语入门教程》,北京联合出版公司)

希罗多德(约公元前 484—约前 425 年) 古希腊历史学家。希罗多德生于小亚细亚哈利卡纳苏斯,在青年时代因反对该城僭主被放逐。他曾游历埃及、巴比伦、黑海北岸等地,寻访各地历史遗迹,考察风俗民情,搜集大量关于希波战争的资料。后来他以这些资料为基础,从个人观察和研究的视角,撰写关于希波战争的《历史》(又名《希波战争史》)共 9 卷。在该书的卷首,他点明了写作此书的目的,强调这本书是记载已经发生的历史事件及其发生的原因,以免这段历史"被人们遗忘"。该书 1—5 卷主要记述西亚、北非及希腊诸地区的地理、历史和民族习俗等,讲述希波战争的背景。后半部分主要叙述希腊人与波斯人之间的战争进程。《历史》以其独有的史料价值和

生动流畅的写作风格而著称，开创叙事体的撰史体裁，对欧洲史学传统的形成产生重要影响。希罗多德以"有闻必录"的写作方式，不囿于个人观点而记录、保存众多原始资料，对西方历史学发展作出重大贡献，在古罗马时期被尊称为"历史之父"。（推荐阅读　[古希腊]希罗多德：《历史》，王以铸译，商务印书馆）

希洛人　亦称"黑劳士"，斯巴达国有奴隶。关于希洛人的种族起源，推断可能是拉科尼亚（斯巴达首都周围地区）的原始居民，他们在被人数较少的斯巴达人征服后贬为奴隶。公元前 8 世纪，斯巴达征服美塞尼亚后，美塞尼亚人也降低到希洛人的地位。希洛人生活非常艰苦，没有政治权利，耕种斯巴达人的份地，缴纳实物租并负担劳役，如有反叛迹象则会不经审判直接被暗杀。在战争时，希洛人随军出征，担任搬运武器、运输粮草的任务。希洛人制度在拉科尼亚持续到公元前 2 世纪。作为斯巴达的国有奴隶，希洛人在社会生产和对外作战中都发挥了重要作用。（推荐阅读　祝宏俊：《古代斯巴达政制研究》，中央编译出版社）

线形文字　在克里特岛和伯罗奔尼撒半岛各地发现的由线条构成的一种古代文字，多刻画于黏土版上。学者根据其先后分为线形文字 A 和线形文字 B。线性文字 A 是通行于公元前 1700 年—前 1600 年间的克里特文字，发现的数量较少，其发现是克里特文明产生的重要标志之一。由于尚未被解读出来，学者们只能依据宫殿、陶器、印章等材料窥测克里特文明的特点。线形文字 B 的泥版档案数量较多，发现于克里特岛和希腊半岛的迈锡尼、派罗斯等地。线性文字 B 是公元前 1400 年—前 1150 年用来书写希腊语的音节文字，在 1953 年被英国学者文特里斯等译解成功。关于线性文字 A 与线性文字 B 的关系，有一些学者认为后者是由前者发展而来，另一些学者认为两者是平行发展而来。线形文字的发现和线性文字 B 的译读成功，不仅为研究古代希腊早期的档案和档案工作状况提供了可靠的史料，而且为研究整个爱琴文明和希腊社会的上古历史提供了珍贵的文献资料。（推荐阅读　晏绍祥：《克里特国家的起源及特征》，《史学集刊》2021 年第 5 期；郝际陶：《漫谈古希腊的文字》，《大众考古》2018 年第 9 期）

香料贸易　历史上的香料交易活动。香料包括肉桂、决明子、豆蔻、姜

等物品。古代香料贸易主要是通过海运发展起来的。中国人很早就穿过马来群岛的水域，远至东印度群岛进行贸易活动。亚历山大港曾经是印度香料销往希腊和罗马帝国市场的集散地。早在13世纪初，威尼斯人就垄断了中东的香料贸易，葡萄牙、西班牙率先打破了这种垄断，之后，英国、荷兰也加入了香料贸易的竞争。海上航路的贯通，有助于欧洲与远东之间乃至全球的香料贸易。16—19世纪初，中国大陆堪称是世界上最大的香料市场，东南亚的大部分香料都销往这里，广州成为早期东南亚香料的集散中心。香料贸易被称为是"历史悠久并具有伟大文化和经济意义的行业"。（推荐阅读　严小青：《冲突与调适——16—19世纪广州口岸的中外香料贸易》，《广东社会科学》2016年第6期）

象形文字　亦称"表形文字"，用于图画文字体系中的符号，由表音符号、表意符号和限定符号组成，可以表示其所描绘的对象，代表一定的意义，有一定的读音。例如，早期的古埃及文字、苏美尔楔形文字和古汉字中用图符构成的字等。象形文字约形成于公元前4世纪末，一直使用到公元4世纪。在此期间，象形文字经历了多种变化。例如，在埃及历史发展过程中，象形文字经历了不断简化的过程，符号数量越来越少。一个象形文字可以用几乎是纯粹的图画形式表示出来，比如一个人用手指着自己的嘴巴这个符号可以表示"吃"。一个象形文字还可以表示或暗示图中所提示的另一个词，比如"太阳"的符号可以用作"白昼"的符号。象形文字在一定程度上可以反映创字时的生态环境、经济生活和思想观念等。（推荐阅读　郭丹彤：《古代埃及象形文字文献译注》，东北师范大学出版社）

小亚细亚　亚洲西部的半岛，位于土耳其境内，北临黑海，西临爱琴海，南部濒临地中海，东邻伊朗高原，东西长1600千米，南北宽800千米，面积约75.58万平方千米，主要由安纳托利亚高原和土耳其西部低矮山地组成。其中部高原为中亚的延续部分，无通航的河流，缺乏天然通途、景色单调、气候恶劣。其西海岸则河谷肥沃、气候宜人，这些条件都不利于安定。小亚细亚因位于欧亚两洲交界处，自有文明开始即为许多民族由欧亚大陆迁徙或互相征战的十字路口，故而自古以来就以东西方之间的战场而闻名。历史上著名的特洛伊战争就在土耳其的爱琴海沿岸发生，之后的波斯大流士、马其

顿亚历山大、罗马帝国和拜占庭帝国先后统治过这个地区。小亚细亚的历史不仅是游牧民族和外来民族进军及诸国兴衰的历史,同时是东西方不同文化交流互鉴的历史。(推荐阅读 亓佩成:《古代西亚文明》,山东大学出版社)

楔形文字 古代西亚地区广泛使用的一种文字,大多刻写在石头和泥板上,笔画呈楔状,因此得名。楔形文字是迄今所知世界上最早的文字。现已证实的最早使用楔形文字书写的文献是公元前 4000 年—前 2000 年之间,美索不达米亚平原东南部和迦勒底地区的居民所使用的苏美尔语文献。早期图画形的楔形文字到公元前 3000 年逐渐演变为线性笔画文字。大约同一时期入侵美索不达米亚的阿卡德人和闪米特人以及后来的亚述人、赫梯人、波斯人在书写他们的语言时也使用楔形文字。楔形文字也是各个古国间交换外交文书的通用文字,亚洲两河流域的各个奴隶制国家的法律也都使用楔形文字制定,如古巴比伦王国的《汉谟拉比法典》。后来,由于波斯帝国的壮大,楔形文字使用的越来越少。19 世纪以来,考古学家发现的楔形文字泥版陆续被译解,从而形成了一门研究古史的新学科——亚述学。(推荐阅读王钢编译:《泥版书:楔形文字史话》,中国社会科学出版社;吴宇虹:《古代两河流域楔形文字经典举要》,黑龙江人民出版社)

协约国 第一次世界大战中的战争集团之一。法国和俄国在 1892—1894 年间先后签署了包括军事协定在内的一系列政治协议,结成军事同盟,以对抗德国、奥匈帝国和意大利而组成的三国同盟集团。随着英国逐渐将德国视为主要威胁,1904 年英法缔结协约,调和双方在殖民地的矛盾。1907 年,英俄又缔结协约,协调双方在波斯、阿富汗、中国西藏的殖民矛盾。法俄同盟与英法协约、英俄协约一起,构成三国协约。三国协约形成后,欧洲形成两大军事集团对峙的局面,双方陷入激烈军备对抗中,并导致地区局部冲突不断,直至第一次世界大战的爆发。战争爆发后,两大集团在世界范围内掀起了对盟友的争夺,站在协约国方面参战的有 31 个国家和地区,其中日本于 1914 年、意大利于 1915 年、美国于 1917 年参战,中国北洋政府也于 1917 年加入协约国阵营。中国参战主要采取"以工代兵"、"以工代战"的形式,即以中国农民为主组成的劳工为协约国西线战场提供重要劳动力。十月革命

后,苏俄退出协约国集团。最终,协约国赢得了第一次世界大战的胜利。协约国中的主要国家英、法、美、日等共谋主导建立了战后的世界秩序。(推荐阅读 沈永兴:《集团对峙——同盟国和协约国的形成》,《世界知识》1983 年第 21 期)

新教　基督教派别之一,与天主教、东正教合称为"基督教三大派别"。在中国,常以"基督教"指新教,有时亦称"耶稣教"。16 世纪,欧洲宗教改革运动中脱离天主教而产生的路德宗、加尔文宗、安立甘宗等新宗派。16 世纪20 年代,受人文主义思想影响的神学教授马丁·路德十分痛恨罗马教会在德意志的神权统治与经济搜括,主张"因信称义"、《圣经》是人唯一信仰的权威、建立民族和廉洁教会,沉重打击了天主教会和封建势力,并在各地引起极大反响。此后,加尔文在瑞士日内瓦提出"先定论"的思想,进一步宣传自由、平等和个人主义,传播到欧洲许多地区,日内瓦被称为"新教的罗马"。同一时期,英国国王亨利八世颁布一系列改革教会的法令,进一步打击了教会势力。改革后的英国基督教称为英国国教,也是民族教会。后来,新教陆续传播西北欧、中欧和北美洲。新教教派和不同民族的国家相结合,使各个王国迅速发展壮大,欧洲的各个国家也因为各自的宗教信仰而加强了民众的民族意识和国家的精神凝聚力。新教是欧洲西北部英格兰和美洲英语地区的主要宗教,在天主教占优势的拉丁美洲也已建立立足点,在亚洲和非洲,与天主教一起是少数人民信仰的宗教。(推荐阅读 刘林海:《宗教改革时期的新教与罗马公教研究》,中国社会科学出版社;[英]托马斯.马丁.林赛:《宗教改革史》,孔祥民等译,商务印书馆)

新经济政策　苏俄为恢复和发展国民经济,于 1921 年开始推行的向社会主义过渡的经济政策,因不同于之前的"战时共产主义"旧政策而得名。十月革命胜利后初期,面对帝国主义的干涉和国内战争对苏俄政权的威胁,为巩固政权,苏俄开始强制农民交售国家规定数量的粮食和其他农产品。这种政策助力苏俄赢得了战争,但是作为一种特殊时期的政策,它也导致战后苏俄的经济危机和政治危机。1921 年 3 月苏俄颁布了《关于以实物税代替粮收集制》的法令,5 月底苏维埃中央正式将这一政策命名为"新经济政策"。该政策的实质是通过广泛利用商品货币关系,建立大工业同小农经济

的联系,巩固工农在经济上的联盟,而并非苏俄国内一些反对者所言的"复辟资本主义的行径"。新经济政策的主要内容包括:以征收粮食税代替余粮收集制,即农民纳税后可自由支配余粮。此外,允许多种经济存在,农民可自由使用土地,恢复工业领域的私人小企业、实行租让制、租借制,进行管理体制的改革,废除平均主义的实物配给制等等。新经济政策的实施,保证了国民经济的迅速恢复及其社会主义改造,是苏维埃政权在战时共产主义政策遭遇挫折后找到的一种适合俄国向社会主义过渡的正确政策。到20世纪20年代末,苏联实际上已停止新经济政策。1936年斯大林认为苏联已经基本实现社会主义,正式宣布新经济政策的终结。(推荐阅读 王敏、俞良早:《新经济政策时期列宁的社会主义价值取向》,《当代世界与社会主义》2003年第6期)

新罗 朝鲜古代国家。据传,公元前57年由朴赫居世所建,都城庆州。4—7世纪,与百济、高句丽鼎足而立。7世纪下半期,与唐朝结盟,先后灭百济和高句丽。675年,辖大同江以南疆土,基本上统一朝鲜半岛,国势极盛,封建制度逐渐确立。实行禄邑制和丁田制。吸收儒家学术,以巩固中央集权的封建统治。9世纪晚期,爆发全国性农民起义,各地豪强乘机割据。935年为王建建立的朝鲜高丽王朝所灭。(推荐阅读 杨雨蕾等编著:《韩国的历史与文化》,中山大学出版社)

星球大战计划 1983年3月美国总统里根提出的旨在遏制苏联的战略防御计划。美国新闻界借用当时美国知名科幻电影的名字,将这一计划称为"星球大战计划"。该计划旨在研制和部署以激光、粒子束、微波等武器为主体的反弹道导弹防御技术,在敌方战略导弹来袭的各个阶段进行多层次的拦截,并攻击敌方的外太空洲际战略导弹和航天器,实现既保存自己又消灭对方的目的。在确立对苏联的全面军事优势而采取的战略的同时,美国也想凭借其强大的经济实力,通过太空武器竞争,把苏联的经济拖垮。1984年1月6日,该计划付诸实施。当时估计完成整个计划需耗时30年(至2015年),耗资4000亿—1.2万亿美元。该计划分四阶段实施:1985—1989年为研究阶段;20世纪90年代为系统发展阶段;2000年后为部署阶段;2005年为最后完成阶段。冷战结束后美国政府于1993年5月13日宣布中止该

计划。"星球大战计划"打破了美苏之间的战略均势特别是两国间的核平衡,使综合国力的较量比单纯的军事实力竞争更具决定意义,加剧美苏的军备竞赛,给苏联造成沉重的经济负担和心理压力。(推荐阅读　李仲伯、张国友主编:《太空军事化——美国"星球大战"计划剖析》,国防科技大学出版社)

修昔底德(约公元前 460—前 401 年)　古希腊历史学家。流传至今的代表作《伯罗奔尼撒战争史》按照编年体记事,是修昔底德用 30 余年的时间编撰的一部未完成之作。全书共 8 卷,记录公元前 5 世纪前期至公元前 411年(距离战争结束还有 6 年半以上的时间)斯巴达与雅典之间的战争。之后数位历史学家如色诺芬、克拉提普斯都是从修昔底德作品中断的部分开始他们的写作,由此可见修昔底德的著作在发表之后很快便闻名于世。修昔底德修史的目的在于垂训后世,他相信历史发展有一定的规律,过去发生的事情可供后人借鉴。书中除对战争的政治原因进行分析外,还强调雅典人与伯罗奔尼撒人,尤其是与斯巴达人的性格冲突,同时也对战争技术进行研究。修昔底德在整个写作过程中一直对战争的记录作增补,强调史料的真实性,致力于写出严格意义上的"当代史"。这令他宣称其历史著作为"永久的财富"。(推荐阅读　[古希腊]修昔底德:《伯罗奔尼撒战争史》,谢德风译,商务印书馆)

选帝侯制度　神圣罗马帝国参与选举德意志国王(经教皇加冕后称为皇帝)的诸侯制度。这一制度约从 1273 年开始,1356 年皇帝查理四世颁布《黄金诏书》,正式予以确认。选帝侯在不同时期数量时有变化,但大多数时候为七人,即科隆总教区总主教、美因茨总教区总主教、特里尔总教区总主教、莱茵—普法尔茨伯爵、萨克森—维滕贝格公爵、勃兰登堡藩侯与波希米亚国王。拥有选举皇帝权力的教区与国家称为选侯国。选举出的国王经教宗加冕即可称为神圣罗马帝国皇帝。1806 年,神圣罗马帝国被拿破仑勒令解散,选侯权失去了意义。选帝侯虽在后来的德意志帝国以一种荣誉爵位的形式继续存在,但已与原意相去甚远。(推荐阅读　金海民:《选帝侯——皇帝的选举人》,《学习时报》2009 年 9 月 7 日第 9 版)

雅尔塔体系　第二次世界大战后形成的国际体系。二战结束前夕,战

时盟国领导人从德黑兰、雅尔塔直至波茨坦会议以及期间的其他双边和多边会谈中所形成的一系列公报、议定书、协定声明和备忘录等,对战后世界秩序进行了安排,其中 1945 年 2 月雅尔塔会议通过的《雅尔塔协定》最为重要,因此以"雅尔塔体系"命名这一战后新的国际体系。雅尔塔体系的主要内容包括:重新划分或确定了东欧国家、德国、日本、意大利等国的疆界或被占领地区的边界;划分美、苏、英等大国的势力范围;建立被视为体现和维护战后国际秩序基础的联合国、国际货币基金组织、世界银行和关税及贸易总协定;对德、日、意的殖民地以及国际联盟的委任统治地实行托管,原则上承认被压迫民族的独立权利;审判战犯,肃清法西斯主义和军国主义等。作为第二次世界大战暨世界反法西斯战争的产物,雅尔塔体系为战后世界的和平、安全与发展提供了结构框架。联合国的建立使战后国际社会有了一个调解国际争端、解决全球问题的平台。国际货币基金组织、世界银行和关贸总协定等国际组织,对战后世界经济的恢复与发展发挥了积极作用,具有一定的历史进步性。但是雅尔塔体系仍然蕴含着大国决定一切的基本准则,同时也在全世界制造东西方对抗的两极格局,并且把意识形态之争掺杂进现代国际关系的复杂纷争里。雅尔塔体系随着 1991 年苏联的解体而瓦解。(推荐阅读 李世安:《从国际体系的视角再论雅尔塔体系》,《世界历史》2007 年第 4 期)

雅各宾派 法国大革命期间的一个主要代表中、小资产阶级利益的激进派政治团体,又称"雅各宾俱乐部"。因该团体的会议常在一个多明我会隐修院举行,该会修士被称为雅各宾修士,因而得名。1793 年 6 月雅各宾派上台执政。上台之初,雅各宾派废除一切土地的封建权力,摧毁封建制度;打击非法投机活动;颁布全民皆兵法令,打击外国势力的干涉。从 1793 年 9 月 5 日开始,进入雅各宾派"恐怖统治"时期,主要措施:制定和实施商品价格限价法令等经济立法,建立革命军,强制推行和维护限价法令;建立以救国委员会为中心的、适应恐怖统治需要的集权政治体制等。这一措施虽然在短期内平稳了物价,镇压了国内的叛乱,扭转了危险的局面,但这种恐怖政策并没有随着局势的好转而被放弃,反而继续存在,并转变为雅各宾派剪除异己、维护集权的手段。这种对恐怖和集权的追求也最终导致雅各宾派内

部发生分裂,该派领导人罗伯斯庇尔先后镇压了反对派——忿激派、埃贝尔派、丹东派,自身实力也大大削弱。1794 年 7 月热月党人成功发动政变,雅各宾派的政治活动基本完结,1799 年最终被解散。(推荐阅读　阿·索布尔、郑德弟:《雅各宾派和雅各宾主义(上)》,《历史教学问题》1982 年第 1 期;阿·索布尔、郑德弟:《雅各宾派和雅各宾主义(中)》,《历史教学问题》1982年第 2 期;阿·索布尔、郑德弟:《雅各宾派和雅各宾主义(下)》,《历史教学问题》1982 年第 3 期)

雅利安人　古代印欧人的一支,其语言属于印欧语系,最早可能起源于东欧平原。公元前 1500 年左右,进入南亚次大陆,征服原住民后定居下来,并逐渐建立起一系列国家。因其外表和语言与原住民有明显不同,他们皮肤比较白皙,身高笔挺,自认为比原住民高贵,自称"雅利安人",意为"高贵的"。雅利安人进入印度时,尚处于原始社会时期。随着生产力进步,出现贫富差距和阶级分化,祭司和贵族拥有更多权力,雅利安人社会中逐渐形成了祭司、贵族和一般劳动者(氏族普通成员)三个不同的阶层,他们分别被称为"婆罗门"、"刹帝利"、"吠舍",被征服的原住民和没有氏族成员资格的雅利安人被称为"首陀罗"。印度一种以血统论为基础的社会体系即种姓制度,自此形成。种姓制度最主要的特点是职业世袭和内部通婚,由此固化了社会阶层。为了维护统治阶层的既得利益,雅利安人在其原始宗教的基础上创造了婆罗门教。(推荐阅读　尚会鹏:《种姓与印度教社会》,北京大学出版社)

亚当·斯密(1723—1790 年)　英国古典政治经济学体系的建立者。1723 年生于苏格兰的柯科迪,1737 年入格拉斯哥大学,1740 年转赴牛津大学学习,1746 年返回故乡。1748—1750 年冬在爱丁堡公开讲学。1751 年 1月受聘为格拉斯哥大学逻辑学教授,次年改任伦理学教授。1759 年出版《道德情操论》。他最重要的著作是 1776 年发表的《国民财富的性质和原因的研究》(简称《国富论》),主张以经济自由为中心思想,以国民财富为研究对象,第一次系统地论述了政治经济学的主要内容。本书的重点内容是自由市场,自由市场表面看似混乱而毫无拘束,实际上却是由一只被称为"看不见的手"所指引。斯密反对绝大多数政府管制经济的行为,包括关税在内,他

认为关税最终将导致长期的效率低下以及价格的居高不下。这本书发展出现代的经济学学科，也提供了现代自由贸易、资本主义和自由意志主义的理论基础。亚当·斯密被誉为"经济学之父"，他的头像被印在 2007 年 3 月 13 日发行的 20 元英镑的背面。他主张自由竞争，抨击重商主义，对英国经济政策起过重大作用。（推荐阅读　[英]杰西·诺曼：《亚当·斯密传：现代经济学之父的思想》，李烨译，中信出版集团）

亚里士多德（公元前 384—前 322 年）　古希腊哲学家和教育家。亚里士多德出生于希腊北部的斯塔伊拉。他的父亲是马其顿的宫廷御医，孩提时代的亚里士多德便在家中学习行医的基础知识。公元前 367 年，他被送到柏拉图创立的"学园"接受教育，在雅典学园的 20 年时间是亚里士多德思想发展的一个重要阶段。在柏拉图去世以后，亚里士多德离开雅典，开始长达 12 年的游历，在这期间他还给年仅 13 岁的亚历山大当过老师。多年的游历对其思想的发展产生深远影响。虽然师从柏拉图，但他在诸多知识领域有独特建树。公元前 355 年，他在雅典创办名为吕克昂的学校，形成亚里士多德学派，亦被称为"逍遥学派"。亚里士多德首次将哲学和其他科学区别开来，奠定逻辑学和政治学的基础，并开创伦理学体系。亚里士多德作为一位"百科全书式的"学者，他的一生著述宏富，主要代表作有《工具论》、《形而上学》、《政治学》、《诗学》、《物理学》等。（推荐阅读　[希腊]塔索斯·阿帕斯托利迪斯：《亚里士多德传》，郑彦博译，四川文艺出版社；靳希平：《亚里士多德传》，河北人民出版社）

亚里士多德的《政治学》　古希腊哲学家亚里士多德的名著，被认为是政治学的开创之作。全书内容基本上包括关于政治理论和现实政制两种问题的讨论。因为政治学事关城邦国家的公共利益，故亚里士多德把政治学当作"主要科学"。该书的核心任务是探究什么是最好的政体，并且探究在特定情况下什么是最合适的政体。亚里士多德提出，人"天然"是一种政治动物，并以此为前提，阐发国家理论，区分不同的制度，讨论适应不同特殊环境、特点以及公民状况的最好国家。该书还探讨了政治动乱和革命的性质、原因以及教育等相关问题。（推荐阅读　[古希腊]亚里士多德：《政治学》，吴寿彭译，商务印书馆；黄洋：《西方政治学的前史：公元前 5 世纪希腊的政治

思想》,《历史研究》2020 年第 1 期;俞可平:《最好政体与最坏政体——亚里士多德的〈政治学〉及其政体观再评》,《北京大学学报》(哲学社会科学版)2020 年第 1 期)

亚历山大二世(1818—1881 年)　俄国罗曼诺夫王朝第 16 位沙皇,沙皇尼古拉一世的长子,于 1855 年继位。继位之初,与各国签订《巴黎和约》,结束克里米亚战争。面对沙俄严重的社会危机,他主张进行各项社会改革。改革涉及政治、司法、教育和经济等多方面内容,其中最重要的措施是在 1861 年签署的废除农奴制的法令。改革使大量农奴获得自由,为俄国资本主义发展提供大量自由劳动力,推动俄国走向资本主义发展之路。但是改革保留了大量的封建残余,对俄国以后的发展产生了消极影响。(推荐阅读[俄]爱德华·拉津斯基:《亚历山大二世:最后的伟大沙皇》,周镜译,新世纪出版社)

亚述帝国　古代两河流域北部的古国。至公元前 8 世纪,亚述通过大举向外扩张,不仅统一整个两河流域地区和小亚细亚的一部分,而且一度征服埃及,成为统治范围比较广大的帝国。公元前 745 年,提格拉特帕沙尔三世执政,进行军事改革,组建包括步兵、骑兵、战车兵、工兵等在内的多兵种部队,大大加强了亚述的军事力量,几乎战无不胜。改革还包括改变对被征服地区的政策,一定程度上缓和了统治阶级中各不同集团之间的矛盾,最终确立亚述在西亚的霸主地位,提格拉特帕沙尔三世也成为亚述帝国的真正创建者。亚述帝国时期,由于铁器的使用和对外征服带回的财富和战俘,社会经济得到很大发展,奴隶制也得到发展。公元前 612 年,亚述首都尼尼微被攻陷,亚述帝国灭亡,其遗产被新巴比伦王国和米底王国瓜分。亚述帝国将西亚两河流域和埃及两大文明中心统一在同一帝国之内,促进了不同文明的交流和发展。(推荐阅读　[俄]泽内达·A. 拉戈津:《亚述:从帝国的崛起到尼尼微的沦陷》,吴晓春译,商务印书馆;于殿利:《古代美索不达米亚文明》,北京师范大学出版社)

伊本·白图泰(约 1304—1369 年)　中世纪阿拉伯旅行家,著有世界历史上著名的《游记》一书。在三十年里,他到过大部分的穆斯林世界,也到过许多非穆斯林地区,最远行至中国和苏门答腊,途经现今的 44 国,旅途长达

11.7万公里。1326年,他抵达埃及亚历山大,经叙利亚抵达麦加。朝觐完毕后,穿越阿拉伯沙漠到达伊拉克、伊朗南部、阿塞拜疆和巴格达。1327—1330年定居于麦加和麦地那两地。1330年率领一批追随者由吉达出海,沿红海海岸到达也门,后又从亚丁启程,沿东非海岸访问了一些贸易城邦,最远到达基卢瓦岛,即现在的坦桑尼亚。回程经阿拉伯半岛南部、阿曼、霍尔木兹和伊朗南部,横渡波斯湾,于1332年回到麦加。他还取道呼罗珊和阿富汗,越过兴都库什山脉,于1333年到达印度。印度苏丹穆罕默德任命他为德里大法官,1342年派他充当赴中国的特使。东行途中屡经波折,历时数载才由海路到泉州、杭州(中国旅程的真实性存疑)。1348年,他回程经苏门答腊、马拉巴尔、波斯湾、巴格达、叙利亚、亚历山大,此间正好遇到黑死病大流行。在阿拉伯世界,白图泰拥有崇高的声名,摩洛哥人将其作为英雄加以纪念。(推荐阅读　伊本·白图泰:《伊本·白图泰游记》,马金鹏译,宁夏人民出版社)

伊本·西那(980—1037年)　11世纪阿拉伯医学家、哲学家、诗人、自然科学家,拉丁语名称阿维森纳(Avicenna)。西那为塔吉克族人,生于古波斯布哈拉(今属乌兹别克斯坦)附近。他精通伊斯兰法律、医学和家学,因将萨曼王朝努哈·伊本曼苏尔亲王的病治愈,被特许使用皇家图书馆。他的主要代表作有《治疗论》和《医典》。《治疗论》是一部智学和科学百科全书,包括逻辑学、心理学、几何、天文、算术、音乐等自然科学和玄学。这部著作中的思想大部分源于亚里士多德,同时也受到其他希腊思想家和新柏拉图主义的影响。《医典》是东、西方医学史上之名著,是17世纪以前的几百年时间内亚欧广大地区的主要医学教科书和参考书,所以被人们称他为世界医学之父。1022年,西那逃至伊斯法罕,平静地度过一生中最后14年,完成最后一部重要哲学著作《指导和评论》。他在东方医学、智学和神学界曾产生重大影响,这种影响在伊斯兰思想界至今仍然存在。(推荐阅读　[阿拉伯]伊本·西那:《阿维森纳医典》,朱明译,人民卫生出版社;[阿拉伯]伊本·西那:《论灵魂:〈治疗论〉第六卷》,王太庆译,商务印书馆)

伊凡四世(1530—1584年)　别名"伊凡雷帝",莫斯科大公和俄国第一个沙皇。1547年,他正式加冕为沙皇。伊凡四世在位期间积极强化中央集

权,1549年首次召开缙绅会议,1550年颁布新法典,并改革军役制度,组建特辖军团。他继承莫斯科公国的扩张传统,征服伏尔加河流域的喀山汗国和阿斯特拉罕汗国,并与立陶宛和波兰等进行战争。他生性多疑,经常猜疑别人要谋害他,甚至连自己的亲儿子都被他处死。伊凡四世对俄罗斯君主专制制度的确立和中央集权国家的巩固起了重大的作用,同时他也是一位残暴的专制君主和扩张主义者。(推荐阅读 [俄]斯克伦尼科夫:《伊凡雷帝传》,何渝生译,商务印书馆)

《伊戈尔远征记》 古俄罗斯文学的一部杰作,叙述诺夫哥罗德—谢韦尔斯基公爵伊戈尔于1185年远征波洛夫齐人遭受失败的故事。写成于12世纪末,作者不详。除序诗和结尾以外,其主要部分可分为三个篇章:首篇记叙了伊戈尔不成功的远征、被俘及罗斯军队失败的严重后果。第二篇描写了基辅大公斯维雅托斯拉夫号召团结起来,保卫罗斯国土的过程。第三篇叙述伊戈尔逃出波洛夫齐人的囚禁,重归祖国的经过。史诗描写了罗斯人民生活画面,展现出爱国主义精神,影响后代很多俄罗斯的文学和音乐创作。(推荐阅读 [俄]佚名:《伊戈尔远征记》,魏荒弩译,人民文学出版社)

伊拉克战争 2003年美国及其盟友对伊拉克发动的侵略战争。1991年以美国为首的多国部队发动对伊拉克萨达姆政权的打击后,萨达姆继续执行反美政策。为推翻萨达姆政权,实现自身的地缘政治图谋,美国当年以一小瓶"白色粉末"为证据,指责伊拉克拥有大规模杀伤性武器,并以此纠集包括45国在内的"志愿者联盟",绕过联合国,于2003年3月20日悍然发起对伊拉克的入侵战争。2003年4月8日,美军攻占伊拉克首都巴格达。4月15日,美国控制伊拉克全境。12月13日,躲避已久的萨达姆被捕,并被美国推上审判台,2006年11月5日被判绞刑。伊拉克战争后,美国不断对伊拉克进行所谓"民主改造",很快将原本为中东强国的伊拉克变为一个"失败国家"。尽管2011年12月18日美军撤离伊拉克,但它仍然以各种方式干涉伊拉克内政。战争导致伊拉克经济崩溃和停滞,政治局势长期不稳,社会团结和国家凝聚力也被摧毁,人民的人身安全和发展权严重被破坏,社会风气和道德严重下降,同时也激化了中东的恐怖主义问题。伊拉克战争充分展示了美式霸权的强权面目和巨大危害。(推荐阅读 江红:《石油、美元与霸

权——小布什发动阿富汗战争和伊拉克战争的历史透视》,中国社会科学出版社;展学习:《伊拉克战争》,人民出版社)

伊斯兰教   世界性宗教之一,与佛教、基督教并称为世界三大宗教。7世纪初兴起于阿拉伯半岛,由麦加人穆罕默德(约570—632年)创立和传播。"伊斯兰"一词源自阿拉伯语,意为"顺从",信奉伊斯兰教的人统称为"穆斯林"(意为"顺从者")。麦加、麦地那和耶路撒冷是伊斯兰教的三大圣地。伊斯兰教是严格的一神教,其基本信条是"万物非主,唯有安拉;穆罕默德是安拉的使者",即信奉唯一的真主安拉,认为安拉是宇宙万物的创造者,而穆罕默德是安拉的使者和最后的先知。除了理论教义,伊斯兰教义的实践部分包括伊斯兰教徒必须遵行的"五功"。伊斯兰教的主要经典是《古兰经》,即"安拉的启示",包含着伊斯兰教完整的神学体系,是伊斯兰国家立法的理论基础,也是所有穆斯林生活的最高准则。伊斯兰教的创立顺应了阿拉伯的社会发展趋势,推动一个统一的阿拉伯民族国家的形成,伊斯兰教强大的精神力量塑造了无数杰出的穆斯林学者,创造辉煌灿烂的伊斯兰文化。(推荐阅读   金宜久:《伊斯兰教史》,江苏人民出版社;李兴华等:《中国伊斯兰教史》,中国社会科学出版社)

《医典》   东、西方医学史上的名著,是一部医学百科全书。作者是中世纪波斯哲学家、医学家伊本·西那(欧洲人称其为阿维森纳)。其中大部分内容为以罗马帝国时代希腊医生成就和阿拉伯的医学著作及其自身经验为基础,包括解剖学、生理学、病理学、治疗学、药物学、卫生学和营养学,既有实践,又有理论,在从11世纪到17世纪的600年间,在东方和西方均成为标准的医学教科书,伊本·西那也因之被时人称为世界医学之父。(推荐阅读[阿拉伯]伊本·西那:《阿维森纳医典》,朱明译,人民卫生出版社)

印度贱民   古代印度种姓制度规定的四个种姓之外的阶层,比首陀罗还要低等的阶层,处在社会的最底层,被认为是"不可接触者"。如昌达拉人、希范帕卡人、保尔卡萨人、爱瑜盖弗人、尼斯艾德人等土著人,大部分是雇农、佃农和贫苦的手工业工人。他们只能从事最脏、最苦的被人认为是"下贱"的职业,不能和高级种姓通婚,不能与高级种姓同吃同坐,不能共同饮水、敬神,甚至不能一起走路。他们不仅受到歧视和限制,还经常被迫给

地主和高利贷者进行无偿劳动。20世纪以来随着贱民阶层不断高涨的觉悟，甘地和阿姆伯哈尔博士分别提出两种不同的途径来提升贱民的地位。前者认为可以在种姓制度下提高贱民的地位，后者直接抨击贱民阶层的根源——种姓制度，认为只有摧毁种姓制度才能解放贱民阶层。在印度摆脱英国殖民统治取得独立后，终于在法律中废除种姓制度和贱民。但是在现实社会中，只有纸上的法律条文还远远不够，种姓制度的影响依然广泛存在。（推荐阅读　尚会鹏：《种姓与印度教社会》，北京大学出版社；[印]苏林德·约德卡：《当代印度的种姓制度》，徐梦洁译，中信出版社）

印度教　由婆罗门教演变而来的一种印度宗教，亦称为"新婆罗门教"。印度教的源头可以追溯到印度河流域文明以及雅利安人所信奉的婆罗门教。由于战乱和阶级压迫问题的加剧，高等种姓婆罗门逐渐垄断了包括宗教话语权在内的几乎所有社会资源，使得整个社会阶层日趋固化，由此引发抵制印度社会阶层固化的"沙门思潮"。该思潮表达了对婆罗门教义中"婆罗门至上"的不满，导致中下层教徒皈依佛教和耆那教等新兴宗教，也使得婆罗门教陷入危机。同一时期，婆罗教中出现一位划时代的改革者——商羯罗。他针对婆罗门教中的弊端，在强调梵天、毗湿奴、湿婆这三大主神基本信仰不变的前提下，改革婆罗门教纷繁复杂的教义，指出世界万物皆由"梵"组成，"梵"是世界本源，进一步简化婆罗门教的宗教仪式，并支持中下层种姓参加婆罗门教的宗教活动。改革使婆罗门教渡过难关，并逐渐发展为更加强大的印度教。印度教在伊斯兰教的冲击以及近代西方殖民侵略的影响下，进行多次内部改革，不断增强其适应性并扩大影响。现如今，印度教已传播至东南亚、非洲、欧洲及美洲等地区，对当地社会、文化、政治和经济等产生一定影响。（推荐阅读　邱永辉：《印度教概论》，社会科学文献出版社；朱明忠：《印度教》，福建教育出版社）

印加帝国　11—16世纪时位于美洲的古老帝国，亦译"印卡帝国"。故地在今南美洲西南部，中心区域分布在南美洲的安第斯山脉上，范围涵盖秘鲁、厄瓜多尔、哥伦比亚、玻利维亚、智利、阿根廷等地，其主体民族印加人也是美洲三大文明之一——印加文明的缔造者。印加人属印第安人克丘亚部落集团，原居秘鲁东南部库斯科省地区。印加帝国1533年被皮萨罗所率西

班牙殖民者所灭。印加帝国统治时期,农业和畜牧业已经比较发达,手工业水平也有独到的成就。在此基础之上,帝国很早就建立比较完善的交通系统,城市规划和建筑工艺也有很高的水准。印加帝国最著名的遗迹——马丘比丘(意为"古老的山")位于库斯科西北方的 130 公里处,整个遗址高耸在山脊上,俯瞰着乌鲁班巴河谷,被誉为世界新七大奇迹之一。(推荐阅读 [美]金・麦夸里:《印加帝国的末日》,冯璇译,社会科学文献出版社;[美]贾雷德・戴蒙德:《枪炮、病菌与钢铁》,谢延光译,上海译文出版社)

印加文明   南美洲地区古文明之一,与玛雅文明、阿兹特克文明并称为"印第安三大古老文明",因印加人在统一安第斯山区中建立印加帝国而得名的。其文明范围辐射了南美绝大部分地区。印加人采用结绳记事法,城市建有完善的道路系统和雄伟建筑。农业发达,种植玉米、薯类,有灌溉系统,驯养羊驼,且擅长铜、金、银的冶炼和加工。(推荐阅读沈小榆:《失落的文明・印加》,华东师范大学出版社;薛恩伦:《马丘比丘:印加帝国的世外桃源》,中国建筑工业出版社)

印欧人   古印欧人,是大约 6000 年以前生活在今乌克兰东部和俄罗斯南部的乌克兰平原上的原始民族,是今天欧洲人和印度人的共同祖先。从公元前 2000 年起,以印欧人为主体的游牧部落陆续进入西起欧洲、东到印度的广大地区,整个过程延续了上百年甚至上千年。印欧人凭借马和马拉战车等武力上的优势,或征服迁入地区的居民,或与被征服者融合,分别形成了赫梯人、波斯人、希腊人和雅利安人,对整个亚欧大陆区域文化的发展产生了重要影响。(推荐阅读 [荷]加里奇・G.奥斯腾:《众神之战:印欧神话的社会编码》,刘一静、葛琳译,陕西师范大学出版社)

印章文字   印度哈拉帕文化遗址中出土的印章上面的文字。这种文字主要刻在由皂石、赤陶、象牙或铜制成的印章上,故称"印章文字"。从哈拉帕文化遗址中出土的印章有 2500 多枚,这些印章上的图画主要是动物形象。每枚印章上的文字不多,大都只有五六个符号,最多的也不超过 26 个,多为单行,按从右到左的顺序书写。考古学家从这些印章中发现了 500 多个文字符号,常见的只有 22 个,许多符号具有象形文字的特征。印章文字至今没有被释读出来,因此人们对哈拉帕文化还不甚了解。(推荐阅读 [英]简・R.

麦金托什:《失落的神秘之地:古印度河文明》,陈明辉、林森译,浙江大学出版社)

英法百年战争 1337—1453 年发生在英、法两国间持续百余年的战争。英法百年战争爆发的原因错综复杂,包含国家间政治、经济、社会、国际关系等各种因素。1337 年,法国国王腓力六世向英格兰国王爱德华三世提出收回阿基坦领土的要求,从此触发英法两国争夺富饶的佛兰德斯和英王在法国境内的封建领地持续一个多世纪的英法战争。英国首先宣战,战争分两个阶段。在第一阶段,英军在克勒西(1346 年)、普瓦提埃(1356 年)战役中大败法军,俘法王约翰。法国因战败而国内赋税加重,导致巴黎市民起义(1356 年)和北部农民起义(1358 年)。1360 年两国签订《布勒丁尼和约》,法国失去大片领土。在第二阶段,法国进行改革,后于 1369 年向英国发起进攻,至 1380 年收复大片失地。1396 年双方缔结停战协定。不久法国封建主发生内讧,部分贵族与英国勾结,英军遂在阿金库尔大败法军,占领以巴黎为中心的法国北部。1420 年双方签订《特鲁瓦和约》,英国对法国实行分而治之。1428 年英军南进围攻奥尔良城,法国人民奋起抗英,在民族女英雄贞德率领下取得奥尔良之战的胜利。至 1453 年,战争最后以英国失败告终,除加来港外,法国收复英国在法国境内的全部领土。战争胜利使法国完成民族统一,更为日后在欧洲大陆扩张打下基础。英格兰几乎丧失所有的法国领地,但也使英格兰的民族主义兴起。之后英格兰对欧洲大陆推行"大陆均势"政策,转往海外发展。(推荐阅读 [英]德斯蒙德·苏厄德:《百年战争简史》,文俊译,四川人民出版社)

英国议会 又称威斯敏斯特议会,起源于 13 世纪,是英国的最高司法和立法机构。13 世纪时,英国贵族在市民支持下,迫使国王在限制王权的《大宪章》上签字。1265 年,贵族、骑士和市民等召开会议,这是英国议会的开端。当时的议会拥有赞成或拒绝征收新税等权利。14 世纪上半叶,议会分为上、下两院,上院又称贵族院,下院又称平民院。随着资本主义的发展,很多新兴资产阶级和新贵族进入议会特别是下议院。光荣革命后,议会的权力大增,1689 年后议会通过了《权利法案》等一系列旨在限制国王权力的法案。1832 年后英国议会进行多次改革,19 世纪后期确立普选制。在日益成

熟的资产阶级议会民主制度下,议会中的反对党发挥着对执政党的监督作用。由于以英联邦国家为代表的许多国家,其立法机构以英国议会为原型,因此英国议会制度通常被称为西方国家的"议会之母"。(推荐阅读 沈汉:《英国议会政治史》,南京大学出版社;钱乘旦、许洁明:《英国通史》,上海社会科学院出版社)

英国资产阶级革命 1640—1688 年英国爆发的资产阶级领导的推翻封建统治的革命。17 世纪初期,随着资本主义农业和国内工场手工业的不断发展,英国资产阶级和新贵族力量壮大。1603 年斯图亚特王朝开始了在英格兰的统治。詹姆士一世和查理一世的专制统治使英国社会的各种矛盾迅速激化。英国民族国家发展期间出现的国教与新教之间、君主专制与议会传统之间的矛盾没有得到解决并且日益尖锐,苏格兰人民的起义使革命形势成熟。1640 年国王查理一世为筹措军费重新召开国会,国会拒绝筹款,并抗议国王的专横统治。1642—1646 年爆发第一次内战。议会取得马斯顿荒原战役和纳西比战役等重大胜利,克伦威尔率新模范军打败王党军。1648 年王党挑起第二次内战,后又被击溃,1649 年 1 月国王查理一世被处决。同年 5 月,共和国成立,独立派掌权。在镇压了代表小资产阶级的平等派和代表贫苦农民的掘土派后,以克伦威尔为首的资产阶级—新贵族专政得以建立。1653 年克伦威尔改共和政体为护国主政体,自任"护国主",实行军事独裁。克伦威尔死后,统治集团陷于混乱。逃亡国外的查理一世的儿子乘机策动王党叛乱,1660 年斯图亚特王朝复辟。复辟王朝的反动政策引起辉格党人和各阶层的反对。资产阶级、新贵族与部分封建主实行妥协,发动 1688 年"光荣革命",推翻复辟王朝,建立起土地贵族和大资产阶级联盟的君主立宪政权。这场革命被称为英国内战或清教徒革命,对英国和整个欧洲产生了深远的影响。(推荐阅读 孙庆:《英国资产阶级革命》,山东科学技术出版社)

英荷战争 17 世纪英国为争夺殖民地市场和海上霸权与荷兰进行的三次海战,又称英荷三次战争。1651 年,英国颁布打击荷兰海上贸易的《航海条例》,导致 1652—1654 年的战争,英国获胜。1665—1667 年、1672—1674 年,因英国争夺荷兰在北美、东印度诸岛的殖民地和市场,双方又爆发了两

次战争。战后,荷兰丧失海上霸主地位,英国由此确立其海上优势。(推荐阅读 杨豫:《三次英荷战争的经过》,《历史教学》1984 年第 1 期;陈文艺:《十七世纪后半期三次英荷战争的背景与后果》,《历史教学》1984 年第 1 期)

犹太教 犹太人信奉的宗教,人类最古老的一神教之一。该教敬奉雅赫维(即耶和华)为唯一真神。公元前 6 世纪"巴比伦之囚"时期基本形成,其形成中受拜火教和希腊化思想影响。犹太教以《圣经·旧约》为经典,包括《律法书》(《摩西五经》)、《先知书》和《圣录》三大类。其教义教规主要为"摩西十诫",包括守"安息日"、敬事父母、不可贪图他人财物等,还有严禁崇拜偶像、禁食猪肉之类的不洁之物等。耶路撒冷和圣殿是犹太教徒宗教生活的中心。公元 70 年,此处圣殿被罗马人拆毁后,犹太人的宗教活动分散到各地的会堂,由宗教领袖主持。现如今,世界各地的犹太教有多种派别,包括正统派、改革派、保守派等。犹太教对伊斯兰教和基督教的形成有较大影响,比如基督教承袭了《旧约》中的宇宙起源论、十戒等大部分教义,且将其自己所编的圣经命名为《圣经·新约》。此外,犹太教的伦理和政治方面的学说对后代也有深远影响。(推荐阅读 [法]安德烈·舒拉基:《犹太教史》,吴模信译,商务印书馆;徐新、凌继尧主编:《犹太百科全书》,上海人民出版社)

元老院 古罗马重要的政权机构。在共和国早期罗马的政权机构中占有突出地位,处于权力中心,是贵族势力的堡垒。元老开始由执政官任命,之后改为监察官遴选,终身任职。监察官把卸任的高级官员选入元老院逐渐成为惯例,到公元前 4 世纪末通过奥维尼乌斯法,又在法律上得到确认。元老院名义上是咨询机构,但由于元老院集中了当时社会上的显要人物,因而具有很高的威信和影响。加上接连不断的战争,应急的决策往往由元老院商议决定,所以其实际权力在不断扩大,掌握了军事领导权、外交权和财政权在内的多种权力。虽然元老院掌握这些权力不具有法律依据,但在习惯上却为公民所遵守。因此,元老院实际上成为罗马国家最高的行政和监督机构。罗马帝国时期,屋大维建立元首制统治形式,假共和之名,独揽国家大权。公元前 28 年,他改组元老院,把元老名额从 1000 人减至 800 人,并规定了元老的财产资格。公元前 18 和公元前 11 年,又将元老名额降为 600

人。通过改组,屋大维从元老院清除不合格者,安插大量亲信。经过屋大维的改组,元老院的政治地位和社会荣誉得到提升,名义上仍是国家权力机构,而其实际权限已今不如昔了。(推荐阅读 [美]理查德·J. A. 塔伯特:《罗马帝国的元老院》,华东师范大学出版社)

《源氏物语》 日本的一部古典文学名著。11 世纪初问世,全书共 54 回,近百万字,作者为日本平安时代女作家紫式部。写作背景为藤原道长执政下平安王朝贵族社会全盛时期,通过主人公源氏的生活经历和爱情故事,描写了当时贵族社会的腐败政治和淫逸生活。作者以典型的艺术形象,真实地反映当时时代的面貌和特征,揭露贵族统治阶级的黑暗与罪恶,及其不可克服的矛盾,揭示日本贵族社会必然崩溃的历史趋势。它开辟了日本物语文学的新道路,代表日本古典现实主义文学的高峰,对日本文学发展产生重大影响。(推荐阅读 [日]紫式部:《源氏物语》,丰子恺译,人民文学出版社)

《宅地法》 1862 年美国总统林肯颁布的一项旨在无偿分配美国西部国有土地给广大移民的法令,又译《份地法》或《移居法》。法令规定从 1863 年 1 月 1 日起,凡一家之主或年满 21 周岁且从未参加叛乱的美国公民及申请加入美国国籍者,可向土地局申请进占不超过 160 英亩的尚未处理的公共土地。申请者向土地局官员宣誓土地为实际定居和耕种所用、而不是为他人所用之后,只需缴纳 10 美元登记费即可进占所申请之土地。进占者在土地上连续定居并耕种 5 年,方可获得土地证书。法令还规定,申请者如不想在所进占土地上居住 5 年,亦可在居住 6 个月后按政府规定的最低价通过购买的方式获得土地所有权。《宅地法》的颁布标志着美国以财政收入为主的公共土地处理制度向以促进西部开发为导向的公共土地处理制度的转变。法令的实施维护了国家统一,促进移民定居和西部开发,带动美国农业、工业、交通运输业和国内外贸易的发展。然而,由于法令的制定未考虑西部的自然条件,因而法令的实施引发了一系列问题。此后,国会又陆续通过《荒漠土地法》、《扩大宅地法》、《畜牧宅地法》等对《宅地法》进行修正。1976 年,《宅地法》被废除。(推荐阅读 洪朝辉:《经济转型时期的政治冲突与妥协——关于美国〈宅地法〉立法进程的历史思考(1785—1862)》,《世界历史》1990 年第 6 期)

战时共产主义　苏俄在 1918—1920 年国内战争时期采取的经济政策，亦称"战时军事共产主义"。1918 年 9 月 2 日，全俄苏维埃中央执行委员会提出"一切为了前线，一切为了战胜敌人"的口号，并宣布全国的经济、文化、政治转入战时轨道。11 月 10 日，成立了以列宁为首的工农国防委员会。战时共产主义政策的措施是逐步实施的，主要包括：在农业领域实行余粮收集制；在工业领域推行大中小企业一律实行国有化，排斥自由贸易，实行粮食和日用工业品的配给制；实行普遍劳动义务制和劳动军事化；实行贸易国有化和实物配给制。战时共产主义政策共分两个发展阶段：从 1918 年夏到1920 年春，主要采取一系列应对战争威胁的特殊应急措施；从 1920 年春到1921 年春，进一步采取一些超越社会发展客观条件许可的政策措施。战时共产主义政策是苏俄在面对国内战争困境之时，以求将资源尽量用于战胜敌人，保障新生政权必要的物质供给的临时性政策。它对捍卫新生的苏维埃政权、保证国内战争胜利起到了积极作用，但在实施的过程中有些政策超出战时的必要，表明战时共产主义政策作为向共产主义"直接过渡"的道路是行不通的。1921 年被新经济政策所取代。（推荐阅读　宋才发：《论列宁从"战时共产主义"到新经济政策思想的嬗变》，《贵州社会科学》1996 年第2 期）

《战争与和平法》　近代西方第一本比较系统地论述自然法理论的著作，开创了近代理性自然法的先河。由荷兰政治思想家格劳秀斯于 1625 年所著。主要内容有：每个人都有包括自由权、财产权和要求清偿债务的权利等自然权利；人们便通过契约建立了国家，以运用公众的力量保护每个人的财产；国家是主权的共同主体，主权包括决定战争与和平、缔结条约、征收赋税及对其臣民及其财产行使权力的其他类似行为；国际法是得到许多国家同意的、维护各个国家的共同利益和集体安全的法律，因此，其目的是寻求和平、减少战争；战争爆发后，交战双方应该恪守人道主义原则以及战争条约、中立等内容；公海自由以及区分正义战争非正义战争，正义战争是为了恢复自己的财产、自卫和惩罚而发起的战争。格劳秀斯将几何学的演绎方法引入法学和政治学，开创"法学和政治学的'论证'体系时代"。同时，他第一次把国际关系问题引入政治学说，把主权国家作为国际法的主体，奠定了

近代国际法理论的基础。(推荐阅读 刘潇:《格劳秀斯与自然法——简评
〈战争与和平法〉》,《现代法学》2003 年第 1 期)

章西女王 近代印度民族大起义的英雄人物。1857 年,英国殖民者与
印度人民的民族矛盾爆发,部分封建主与下层民众掀起一场席卷全国的反
英武装大起义,争取印度的独立。章西保卫战是该起义中最具盛名的组成
部分之一。1853 年,章西邦王公去世无嗣,英国东印度公司趁机吞并该土
邦。起义爆发后,年轻的王后拉克湿米·巴依领导民众一度收复故土。翌
年,英军卷土重来围攻章西,巴依身先士卒,率领民众与其展开顽强的斗争,
终因寡不敌众而失败。在战斗中,她不幸牺牲,年仅 23 岁。她的英勇事迹在
印度境内广为流传,极大地鼓舞了印度人民的反英斗争。(推荐阅读 [印
度]弗·伐尔马:《章西女王》,庄严译,上海译文出版社;林承节:《印度史》,
人民出版社)

政党分肥制 又称政党分赃制,是 19 世纪一些西方国家施行的官吏制
度,以英美两国最为典型。其主要理论依据是:政府工作是任何普通人都能
胜任的简单工作;在政治上要像在战场上一样,战利品由胜利者独享。选举
获胜的执政党把官职作为"战利品"公然分赃,甚至公开卖官。该制度对国
家治理造成严重的负面影响,弊端重重。政府权力被趋炎附势的平庸之辈
利用金钱、血缘等关系所把持,导致腐败之风盛行,政府行政效率低下。政
党之间彼此倾轧、争斗不休,严重影响了政治稳定。随着工业革命的到来、
社会的不断发展、资产阶级民主政治的不断完善,该制度越来越不能适应资
本主义经济和社会治理的需要,逐渐被新型的文官制度所取代。(推荐阅读
郭道晖、刘永艳:《政党与宪制》,法律出版社;汤勤等主编:《西方行政制度
概论》,中国经济出版社)

至尊法案 1534 年英国颁布的法案。国王亨利八世的离婚案导致英国
与罗马教廷决裂,亨利八世遂组织宗教改革议会否定教权权威,颁布一系列
法案来巩固至尊王权。法案首次以法律的形式明确了王权高于教权,规定
经由英国教职会议的承认、议会法令的确认,英国国王是英格兰教会的最高
首脑,以及国王对于异端审判、制定教会法令等的一系列特权。法案不仅确
立了国王对于英国教会的管辖权,也涉及王权限度的界定。(推荐阅读 赵

博文：《"王权至尊"与都铎时期英国官方宣传机制的形成》，《上海师范大学学报》（哲学社会科学版）2020 年第 3 期）

掷铁饼者　古希腊城邦埃留塞瑞的雕塑家米隆（活动时期约公元前480—前 440 年）的代表作。作品约完成于公元前 450 年，描绘运动员将铁饼举至最高点即将抛出的瞬间，刻画出运动员的生动姿态和几乎完美的形体。原作已佚失，现有大量罗马时期的复刻品存世，最佳临摹品为目前收藏于国立罗马博物馆的大理石像。（推荐阅读　［德］托尼奥·赫尔舍：《古希腊艺术（插图版）》，陈亮译，世界图书出版公司）

中世纪行会　11—16 世纪欧洲盛行的一种为促进行业利益而形成的互助保护性协会。中世纪的行会主要包括商人行会和工匠行会。商人行会为某一城镇或城市的全体或多数商人的协会，他们从事地方贸易或长途贩运，批发或零售各类商品。工匠行会则是职业协会，通常由某一行业或商业部门的全体手艺人和工匠组成。行会在本地经济中履行各种重要职能，在本地区或某一行业或商业部门中实行垄断，制定并维护本行业中商品质量和公平买卖标准，努力为其产品和商品维持稳定价格，并力图控制城镇或城市的政府以增进会员的利益和达到其经济目标。12—15 世纪，行会处于黄金时期。行会成为一个相对独立的社会单位，它制定了自己的规章制度，其中相当一部分是行会道德准则。行会帮助形成欧洲的经济组织，扩大贩运商、手艺人、商人、工匠和银行家的活动范围，推动欧洲从封建主义过渡到早期资本主义。但是，行会也存在排他性、保守性和垄断性等弊端。（推荐阅读康宁：《在身份与契约之间：法律文明进程中的欧洲中世纪行会》，社会科学文献出版社）

中途岛海战　1942 年 6 月日本海军与美国海军在中途岛附近海域进行的战斗。中途岛地处太平洋东、西两岸的中途，是保卫珍珠港的重要屏障。1942 年春，日军攻占东南亚和西南太平洋的广大地区后，又意图切断美国和澳大利亚的联系，消灭美国太平洋舰队主力。1942 年 6 月 4 日凌晨，日本海军集结 8 艘航空母舰、350 艘各类舰艇、1000 架飞机，分 6 个编队对中途岛发动突袭，中途岛战役爆发。由于美军破译了日军密码，事前了解到日军的动向，因而对日军进行了反伏击，结果日军惨遭失。日本海军从此在太平洋一

蹶不振,失去太平洋的制海权。中途岛海战是太平洋战场战略转折的开端。此后,美国开始成为太平洋战场的进攻方和主导者。(推荐阅读 〔日〕渊田美津雄、〔日〕奥宫正武:《中途岛海战》,商务印书馆;李从嘉:《惊天骇浪:中途岛海战》,中国书籍出版社)

种姓制度 又称"瓦尔纳制度"("瓦尔纳"一词原意为"肤色")。古代雅利安人在印度创立的社会等级制度。大约在公元前900—前600年,雅利安人从印度河流域来到恒河流域,原先出现的是雅利安瓦尔纳(白肤色)和达萨瓦尔纳(黑肤色)两个种姓。随着铁器的使用带来生产力的发展,推动了私有制和阶级的产生,到公元前6世纪,恒河流域形成一系列国家。由于社会分工和阶级分化,雅利安人社会内部形成不同的等级,最终在国家形成的过程中,印度出现贵贱分明、职业世袭、法律地位不平等的种姓制度。种姓制度包括"婆罗门""刹帝利""吠舍""首陀罗"四个等级。婆罗门充任祭司,掌控宗教权力;刹帝利包括国王、官吏和士兵,掌控国家的行政军事权;吠舍的大多数是普通劳动者,从事农业、畜牧业和商业,以及一些比较"高尚"的手工业;首陀罗是指被征服的原住民和没有氏族成员资格的雅利安人,从事农业、畜牧业和渔猎,以及比较"低贱"的手工业,需要为前三个等级服务。在吠陀时代晚期,雅利安人在多神崇拜的基础上发展出来婆罗门教,对种姓制度进行宗教解释,证明种姓制度的合理性。印度独立后虽然废止了这一制度,但其影响仍然广泛存在。(推荐阅读 尚会鹏:《种姓与印度教社会》,北京大学出版社;〔印〕苏林德·约德卡:《当代印度的种姓制度》,徐梦洁译,中信出版社)

种植园经济 通过在大农场种植经济作物获取利润的经济形态。在历史上种植园经济主要有两种类型:一是资本主义国家中农业资本家和垄断资本集团在国内外经营大农场;二是从16世纪开始,欧洲殖民主义者到美洲、非洲和东南亚等地,在掠夺来的土地上开辟大农场,用奴隶或契约劳工种植甘蔗、烟草、咖啡等作物,再通过三角贸易和其他形式的国际贸易,获取大量的财富。在中学历史教学中,种植园经济多指后者。它是资本主义原始积累的手段之一,客观上促进了资本主义的发展。但是,它也给殖民地半殖民地国家和地区人民带来了破坏和灾害,极大地阻碍了这些地区的进步,

尤其是拉丁美洲和非洲地区,甚至在获得独立之后,种植园经济的负面影响仍未消除。(推荐阅读　张红菊:《英属北美殖民地烟草种植园经济研究》,中国社会科学出版社)

轴心国　第二次世界大战前和大战期间结成的法西斯国家联盟。为了在扩大战争的路上加强合作,1936 年 10 月,德国和意大利在柏林秘密签署《德意议定书》,承诺在重大问题上采取共同立场。墨索里尼在米兰的一次演讲中提出"柏林和罗马的垂直线不是壁垒,而是轴心"。后人遂将该议定书称为"轴心协定",把之后形成的法西斯同盟称为"轴心国"。1936 年 11 月,德、日订立《反共产国际协定》,明确要共同对付苏联。1937 年 11 月,德、意、日三国代表在罗马签订了《关于意大利加入反共产国际协定的议定书》,从而形成了柏林—罗马—东京轴心。1938 年初至 1939 年夏,为建立军事同盟,德、意、日在柏林、罗马和东京举行多次谈判,1939 年 5 月,德国和意大利首先订立同盟条约。第二次世界大战爆发后的第二年,德、意、日在柏林签订《德意日三国同盟条约》,宣布三国结盟为期十年的军事经济同盟。三国同盟的签订标志着德、意、日轴心军事同盟的正式形成。二战期间,匈牙利、罗马尼亚、保加利亚、南斯拉夫等先后加入同盟国集团。随着轴心国成员的不断战败,轴心国集团也随着瓦解。(推荐阅读　刘千才、李奎:《轴心国作恶悍将》,团结出版社)

《资本论》　马克思经济学说最主要的著作,全称《资本论——政治经济学批判》。本书共 4 大卷:第 1 卷《资本的生产过程》,揭示了商品关系中使用价值与价值、具体劳动与抽象劳动等一系列的矛盾,论述了剩余价值是怎样从资本中产生的,深刻地揭示了工资形式中所隐藏的资本和雇佣劳动的对立;第 2 卷《资本的流通过程》,揭示剩余价值的实现问题;第 3 卷《资本主义生产的总过程》,从资本总过程的角度研究剩余价值在资产阶级内部的分配;第 4 卷《剩余价值理论》,建立和发展了马克思主义经济学的平均利润和生产价格理论、绝对地租理论、生产过剩危机理论等。《资本论》通过对资本的生产过程、流通过程和总过程的层层剖析,揭示资本主义社会的生产社会化和占有私人性的基本矛盾,阐释资本主义剥削实质和经济危机的根源。它把无产阶级的革命性和科学性结合在一起,集中体现了无产阶级的世界观和方法论。同时,它首次创立了科学的劳动价值论和剩余价值论,为取得

解放的无产阶级和人民群众进行社会主义建设提供了强大思想武器。(推荐阅读　周露平:《唯物史观的历史叙事:基于〈资本论〉的考察》,《厦门大学学报》(哲学社会科学版)2024 年第 1 期;李慧娟:《〈资本论〉对近代西方政治哲学的批判》,《华中科技大学学报》(社会科学版)2024 年第 1 期)

资本原始积累　资本主义生产方式确立前,通过暴力手段强迫生产者与生产资料分离,使资本迅速集中少数人手里,从而推动资本主义迅速发展的历史进程。西欧资本主义原始积累开始于 15 世纪末,结束于 19 世纪初。第一,全球航路开辟后,英国国内掀起了长达三百年的圈地运动。新兴资产阶级和新贵族从羊毛生产和贸易中获取巨额财富,而大量农民流离失所被迫成为雇佣工人出卖劳动力。第二,采取贸易和殖民掠夺的方式。15 世纪末,葡萄牙、西班牙、荷兰、英国、法国等国家通过对殖民地的掠夺和奴役、贩卖黑奴、商业战争等途径,迅速积累大量财富,加速了货币资本的积累。第三,利用国家机器,如通过国债制度、现代税收制度和保护关税制度等进行收入再分配,把国民收入中的一部分集中起来转化为资本。资本主义原始积累大大缩短了封建社会向资本主义社会转型的时间,但却是建立在暴力和剥削、掠夺之上的。这一历史进程充分体现了马克思所说:"资本来到世间,从头到脚,每个毛孔都滴着血和肮脏的东西。"(推荐阅读　邓加荣等:《资本原始积累史》,吉林人民出版社)

资本主义萌芽　开设工场并使用自由雇佣劳动进行较大规模生产的一种早期形态。14、15 世纪欧洲地中海沿岸以威尼斯、佛罗伦萨为代表的城市经济繁荣,工商业冠绝欧洲,资本主义萌芽最早出现于该地区的工商业之中。在手工业领域,少数推行雇佣关系的作坊主在激烈的市场竞争中获得胜利,积累了大量财富,转化为早期的资本家。失败的作坊主则与帮主、学徒一起沦为出卖劳动力的雇佣工人。在商业领域,大量商人转化为包买商,直接提供原料给小生产者,定期向其收购商品。由于包买商垄断商品的生产和销售,小生产者不得不接受他们的控制和剥削,逐渐成为依附于他们的雇佣工人。大商人则成为资本家的重要来源。到了 15、16 世纪,货币地租出现后,农民两极分化加剧,商业资本被吸引到农村地区,出现了租地雇工经营的农业资本家。资本主义生产关系在农业领域也出现和发展起来。(推

荐阅读　张佩国:《"资本主义萌芽"论范式问题再反思》,《学术月刊》2021 年第 12 期;王海明:《资本主义萌芽概念分析》,《东南大学学报》(哲学社会科学版)2016 年第 4 期;杜车别:《中国历史停滞吗?:对资本主义萌芽问题再探讨》,世界知识出版社)

资本主义生产方式　以社会化的机器大生产为物质条件,以生产资料的资本家私有制为基础的社会经济制度,由卡尔·马克思在《资本论》中提出。生产方式即"物质资料的生产方式",社会生活所必需的物质资料的谋得方式,是社会生活的基础和社会发展的决定力量。马克思、恩格斯将资本主义生产方式的形成追溯到 16 世纪初。马克思在《资本论》中所使用的"生产方式"一词,有多种含义,有时仅指生产关系,多数指劳动方式,即技术上的生产方式。因此,资本主义生产方式,广义上指的资本主义生产和生产关系,狭义上是指生产关系或劳动方式。(推荐阅读　刘日明:《马克思对资本主义文明的批判与人类文明新形态》,《哲学研究》2023 年第 2 期;张一兵:《资本主义生产方式:着魔的资本拜物教——马克思〈资本论〉第一卷(德文第一版)研究》,《山东社会科学》2022 年第 10 期)

资本主义世界货币体系　通常是指第二次世界大战后建立的以美元为中心的资本主义世界金融体系。第二次世界大战爆发前,英国以其强大的经济实力,使英镑在资本主义世界占据优势地位。在二战期间和战后,美国以其世界上最雄厚的工业实力和最丰富的黄金储备为依托,在 1944 年倡议举行布雷顿森林会议。会议通过《布雷顿森林协议》,确立美元与黄金直接挂钩,各国货币与美元挂钩的资本主义世界货币制度,这就使美元成为等同于黄金的"世界货币",为美国的世界金融霸权奠定了基础。70 年代初,日本和欧共体对美国的经济和金融霸权形成巨大挑战。从 1960 年至 1973 年,美元爆发 10 余次危机,最终导致美元相对于黄金的固定汇率难以保障。早在 1971 年 8 月,美国宣布废弃美元与黄金的固定利率,此后美元相继两次贬值。1973 年 3 月,各主要西方国家实行浮动汇率制度,以美元为中心的资本主义世界货币体系解体。(推荐阅读　逆水:《资本主义世界货币体系·欧洲货币体系·欧洲货币单位》,《世界知识》1986 年第 4 期;赵敏:《世界货币的本质:信用、权力与剥削关系》,《政治经济学评论》2017 年第 1 期)